Provas no Processo Penal

ANÁLISE CRÍTICA, DOUTRINÁRIA E JURISPRUDENCIAL

Dados Internacionais de Catalogação na Publicação (CIP)

E16p Eberhardt, Marcos.

Provas no processo penal : análise crítica, doutrinária e jurisprudencial / Marcos Eberhardt. 2. ed. rev. e atual. – Porto Alegre : Livraria do Advogado, 2018.

275 p. ; 23 cm.

Inclui bibliografia.

ISBN 978-85-9590-053-0

1. Processo penal. 2. Prova criminal. 3. Corpo de delito. 4. Perícia. 5. Interrogatórios (Processo penal). 6. Confissão (Direito). 7. Presunções (Direito). I. Título.

CDU 343.14
CDD 345.06

Índice para catálogo sistemático:
1. Processo penal : Evidências e provas 343.14

(Bibliotecária responsável: Sabrina Leal Araujo – CRB 8/10213)

Marcos Eberhardt

Provas no Processo Penal

ANÁLISE CRÍTICA, DOUTRINÁRIA E JURISPRUDENCIAL

2ª EDIÇÃO
revista e atualizada

livraria DO ADVOGADO editora

Porto Alegre, 2018

Capa, projeto gráfico e diagramação
Livraria do Advogado Editora

Revisão
Rosane Marques Borba

Rua Riachuelo, 1300
90010-273 Porto Alegre RS
Fone: 0800-51-7522
editora@livrariadoadvogado.com.br
www.doadvogado.com.br

Impresso no Brasil / Printed in Brazil

Nota do autor à 2ª edição

Uma obra que apresenta a prova penal exige constante atualização. Nessa perspectiva, a 2ª edição traz, em alguns temas, as mais novas e importantes decisões.

Também é verdade que a 2ª edição reforçou o prestígio de determinados assuntos como a cadeia de custódia da prova, cooperação jurídica internacional em matéria de prova, condução coercitiva do investigado/acusado, ilicitude da prova e colaboração premiada.

A obra permanece discutindo matérias de interesse prático dos operadores do direito como foi o caso da limitação do rol de testemunhas, da valoração do testemunho por ouvir dizer, correio eletrônico como meio de prova e análise judicial da prova nas infrações de menor potencial ofensivo.

Além disso, nesta 2ª edição as discussões críticas importantes que são propostas ao final de alguns capítulos estarão indicadas no sumário da obra, permitindo ao leitor uma dimensão da profundidade das discussões bem como uma melhor localização de temas na obra.

Acreditando que ainda que há muito mais por vir, permaneço à disposição do leitor em <www.marcoseberhardt.com.br>. Será uma satisfação compartilhar caminhos para melhora constante da obra, que está endereçada aos estudantes e operadores do Direito.

Nota do autor

Esta é uma obra que discute a prova penal e tem a pretensão de trazer ao leitor, a cada ponto tratado, um panorama dogmático, uma leitura crítica e os respectivos posicionamentos dos Tribunais Superiores.

Nesta dialética, trago a apresentação dos pontos com o posicionamento da doutrina e discussões críticas importantes. Ao final de cada item que merece destaque – e são muitos – apresento a posição do STJ e do STF. Para fins didáticos, o livro apresenta não apenas a indicação de ementas – que geralmente não contêm o aprofundamento necessário à compreensão do tema –, preferi trazer "momentos" do desenvolvimento dos julgados como forma de facilitar a compreensão do leitor.

Enfim, o objetivo é levar ao público uma obra que apresente as posições, discussões e decisões mais conhecidas do tema de maior importância e caro ao processo penal: a prova penal.

Sabendo que há muito mais por vir, coloco-me à disposição do leitor em <www.marcoseberhardt.com.br>. Será uma satisfação compartilhar caminhos para melhora constante da obra, que está endereçada aos estudantes e operadores do Direito.

Prefácio

A Prova no Processo Penal

O exame do caso penal, para fins de absolvição ou condenação, ultrapassa a demonstração de sua existência fática e jurídica, bem como da autoria. O senso comum se contenta com a prova da materialidade e da autoria e, raramente, ingressa nas hipóteses justificadoras da conduta. No plano da ciência jurídica, os atores gravitam nas profundezas do caso, revolvem a prova em todas as suas dimensões de reconstrução do ocorrido. É retrospectiva (o que aconteceu, e não o que acontecerá). No presente, busca-se no passado, o que se quer no futuro, com arte, técnica e oratória. Na contemporaneidade, a prova técnica vem assumindo, perigosamente, degraus próprios do tarifamento, da verdade científica, forjada em bases metodológicas incompatíveis com o exame crítico do universo probatório que envolve o processo penal. Neste, fluem as pulsões humanas, apesar de o tratamento da *law in action* ser de um mero amontoado de documentos.

Sob o lastro probatório é que se assentam as teses, a validade dos argumentos e a verificação crítica do caso penal. A persuasão ganha potencialidade na prova. Atos de investigação, atos de prova e argumentos de prova são triturados nas entranhas do processo, rumo ao resultado confirmatório de uma das hipóteses. Por isso, o contraditório público e o exame crítico das provas são inafastáveis na contemporaneidade. Assim, o contraditório eleva-se no confronto da prova, de toda prova. Os métodos de busca, estruturação e produção da prova giram em torno da hipótese acusatória e da resistência defensiva. Dialética e confronto. Essas perspectivas não se bastam na estruturação teórica; necessitam de sua provação e tensionamento no mundo dos fatos e dos casos penais. Essa resposta é encontrada nas decisões dos Tribunais, nem sempre com aderência ao processo penal forjado em bases constitucionais e convencionais. Mas a comparação entre teoria e jurisprudência é fundamental no estudo do direito. Mais um mérito do autor. Quando o jurista escreve, está se desnudando, mostrando a sua formação, o que pensa e quais são suas atividades de militância. Marcos Eberhardt é professor de teoria e também de prática processual penal, além de advogado. Isso aparece na estruturação do texto e da obra, em várias perspectivas.

E o tema "prova" é um dos mais sensíveis do processo penal. Passa pela discussão das fontes, dos meios, do objeto ou *thema probandum*, bem como das metodologias da busca da prova. Em outra perspectiva, mas aderente à anterior, analisam-se as dimensões de proposição, introdução, admissibilidade e avaliação da prova. Há questões de substancial profundeza dogmática e de candente análise, tratadas na presente obra, tais como: o mito da busca da verdade pela prova e seu encontro pacificador; a iniciativa probatória judicial; o encargo probatório no processo penal; as regras de exclusão da prova ilícita, entre outras.

As novas metodologias de busca de prova convivem com os mecanismos clássicos e tradicionais dos depoimentos das pessoas, dos documentos e das perícias. Novas metodologias surgem, muito em face dos avanços tecnológicos, da sofisticação das práticas ilícitas e da ineficiência do Estado na *persecutio criminis*. A obra do Prof. Marcos Eberhardt adentra também nessa nova realidade: delação ou colaboração premiada, extração e utilização de perfis genéticos, para exemplificar.

Trata-se de uma estruturação inédita sobre o tema das provas no processo penal, elaborada com competência e por quem domina a matéria. Não se trata de mais um livro sobre provas (aliás, são poucos). Com isso, o mundo jurídico recebe esta obra como contributo importante no desenvolvimento do processo penal na contemporaneidade.

Parabéns ao Prof. Marcos Eberhardt. Todos estamos de parabéns com esta nova publicação.

Porto Alegre, julho de 2015.

Nereu José Giacomolli
Professor da PUCRS

Sumário

Apresentando o Autor

Conheci o Marcos Eberhardt ainda nos bancos acadêmicos da Faculdade de Direito da Pontifícia Universidade Católica do Rio Grande do Sul – PUCRS. Foi um aluno dedicado à classe e que se mostrava ansioso por participar das discussões emergentes no âmbito das ciências criminais. Desde aquela época, acompanho muito de perto a sua invejável trajetória acadêmica, desde aluno até colega-professor. Percebi o grande crescimento de sua produção científica e o natural amadurecimento de suas ideias a partir dos nossos debates e da própria assistência de diversas de suas exposições em cursos de pós-graduação e nos congressos que participamos nos últimos anos e que estão na minha memória, que é carregada de boas imagens.

Agora, o Professor Marcos Eberhardt alça-se como autor em *Provas no Processo Penal*. O livro recebe prefácio de um dos grandes nomes da ciência processual penal da contemporaneidade, meu colega Prof. Dr. Nereu Giacomolli, por quem nutro admiração. A obra que ora recebe notoriedade é fruto de sério trabalho de pesquisa e é publicada pela prestigiada Livraria do Advogado, cuja Apresentação do Autor oficializo.

A tarefa é bastante simples. Não é difícil apresentar um Autor que lança um texto prefaciado por um jurista de escol e que é publicado por um dos mais tradicionais editoriais do país. Além disso, o Autor, como é de conhecimento geral, tem outras publicações em coautoria, sobretudo o seu *Manual de Prática Penal*, cujo sucesso recentemente levou à 7ª edição, além de inúmeros artigos registrados em periódicos de relevo nacional.

Na última década, percebi que Marcos Eberhardt tinha um horizonte e, como não há horizonte sem superfície, passou pelo Programa de Pós-Graduação em Ciências Criminais da PUCRS – especialização e mestrado –, até ingressar como Professor de Prática Jurídica Criminal na mesma Faculdade. Simultaneamente, desempenhou substanciais serviços aos advogados gaúchos desde sua participação na Direção de Cursos da Escola Superior de Advocacia e no Conselho Seccional da OAB/RS.

Assim, o Professor Marcos Eberhardt, filho da Escola de Ciências Criminais da PUCRS e hoje partícipe muito vivo de sua dinâmica, vem contribuindo, como gosto de sublinhar, com seu papel de destaque na função de difusor de teses acadêmicas no dia a dia forense, uma dupla militância que serve de húmus para o processo de diminuição do distanciamento existente entre a desalentadora jurisprudência produzida pelos Tribunais e a produção científica que vem da Academia. Como Advogado criminal que é, ciente das agruras da Justiça Penal, o Autor expõe a sua natural vinculação com a prova penal, a alma do processo, demonstrando que não é possível ciência sem liberdade e garantias.

Por essas razões, é uma honra apresentar o Autor, que tenho como amigo, que respeito como colega de docência e de advocacia criminal e, que, a partir de muito trabalho, soube ocupar espaços importantes, merecidamente. A idade não nos dá, por si só, a garantia de dizer a verdade, mas o fato é que testemunho com felicidade o fato do meu ex-aluno Marcos Eberhardt ter-se constituído como extraordinário Professor e Advogado, sendo mais um representante da Escola que surgiu no Rio Grande Sul com o nascimento do PPGCRIM da PUCRS e do !TEC, Instituto Transdisciplinar de Estudos Criminais (WUNDERLICH (org.), *Política Criminal Contemporânea*, Porto Alegre: Livraria do Advogado, 2008, p. 9 *et seq.*), que vem adotando em suas investigações um modelo de garantias de essência constitucional, como ocorre na presente obra.

Como anunciava o eminente Professor Armando Câmara, ainda no final da década de 40, a Faculdade de Direito era uma "promissora realidade cultural", seu corpo docente "integrado por figuras expressivas da cultura jurídica do Rio Grande" (FAUSTINO/CLEMENTE, *História da PUCRS*, 2. ed., Porto Alegre: EDIPUCRS, 2002, p. 75). É o caso do Autor Professor Marcos Eberhardt, que brinda o público com um trabalho de fôlego sobre provas no processo penal, indispensável para os estudantes e para aqueles que militam na justiça criminal.

PUCRS, julho de 2015.

Alexandre Wunderlich
Professor Coordenador do Departamento de
Direito Penal e Processual Penal da PUCRS

Parte I

TEORIA GERAL DA PROVA

1. O conceito de prova e a busca pela verdade

A complexa e problemática conceituação do que é provar no processo penal envolve, antes de tudo, um questionamento: "O que é prova?". Para Giacomolli: "A palavra *prova*, no processo penal, passou a representar tudo o que a ela pertine, ou seja, os meios empregados na demonstração dos fatos ou do *thema probandum*, a atividade utilizada pelas partes para levar ao processo os meios de prova, bem como o próprio resultado do procedimento probatório, ou seja, o convencimento exteriorizado pelo julgador".[1] [2] [3]

Neste sentido, para que o magistrado profira uma decisão, é necessário que se convença da maior probabilidade de veracidade de uma hipótese em relação à outra. E é através da produção de provas que ocorrerá a formação desse convencimento, observando-se, sobretudo, o direito ao contraditório, à ampla defesa e ao devido processo legal.

Bizzotto e Rodrigues atentam para o direito subjetivo à prova como faceta da proteção constitucional garantidora, no sentido de que a prova deve ser contundente o suficiente para superar o estado de não culpabilidade constitucionalmente garantido ao réu.[4]

Apesar disso, boa parte da doutrina associa o ato de provar à *descoberta da verdade*, postura da qual não somos adeptos. Registre-se, desde

---

[1] GIACOMOLLI, Nereu José. *O devido processo penal*: abordagem conforme a Constituição Federal e o Pacto de São José da Costa Rica. São Paulo: Atlas, 2015. p. 172.

[2] BADARÓ ressalta que o termo *prova* somente pode ser empregado com relação ao que for produzido em contraditório judicial e que, portanto, tudo que for produzido no inquérito exclusivamente pela autoridade policial será apenas elemento informativo. (BADARÓ, Gustavo Henrique Righi Ivahy. *Processo penal*. Rio de Janeiro: Elsevier, 2014. p.89).

[3] GUZMÁN realiza significativa distinção terminológica ao aduzir que: "*elemento de prueba* o *contenido probatorio* sería el dato, rastro o señal, contenido em un *medio de prueba* realizado, que puede ser utilizado por el juez en el procedimiento inferencial que practica al momento de decidir el caso. El tema probatorio, es decidir, aquello que se pretende conocer mediante um medio de prueba, constituye el *objeto de prueba*." (GUZMÁN, Nicolás. *La verdad en el proceso penal*: una contribución a la epistemología jurídica. Buenos Aires: Del Puero, 2006. p.8).

[4] BIZZOTTO, Alexandre; RODRIGUES, Andreia de Brito. *Processo penal garantista*: visão constitucional e novas tendências. Goiânia: AB, 2003. p. 105.

já, que não se pode pretender o domínio da *verdade* processual como produção de um impecável retrato da realidade. A *verdade* real ou objetiva, fiel aos acontecimentos ocorridos no plano naturalístico, não pode ser objeto do processo, e nem mesmo pode constituir a base do atual conceito de justiça.[5] O que pode haver é uma *aproximação* entre as alegações trazidas pelas partes e os fatos ocorridos, sempre visando ao convencimento do magistrado.

O encontro da *verdade* é, no mínimo, uma caminhada com objetivo inalcançável, para não se dizer inútil. Se até mesmo nas relações sociais o encontro de uma *verdade* como fim é duvidoso, imagine-se num processo judicial no qual existe certa estrutura dialética pautada por interesses eminentemente conflitantes. Por isso, o mais adequado ao processo penal é que o convencimento judicial se dê por motivos determinantes,[6] e não pela certeza de se haver encontrado a *verdade* (muito menos a real).

Neste contexto, referir-se ao ato de provar é tratar de um fato ocorrido, ou seja, do que já é passado. E como tal, sofrendo uma necessária reconstrução, não se reproduzirá assim como ocorreu. Daí que o processo é um ritual de recognição e, consequentemente, uma tarefa de reconstrução aproximada de um fato passado. Isso se dá, principalmente, por meio da prova, que permitirá a reconstrução histórica dos fatos e formará o convencimento do julgador, tornando, só assim, legítima a sua decisão.[7]

Por tal motivo, não se pode pretender o encontro da *verdade* como fim em si mesmo, sob pena de se frustrarem diversas garantias, dentre as quais a imparcialidade judicial e a presunção de não culpabilidade. Se a busca da *verdade* se sobrepõe aos princípios constitucionais – limites ao poder do Estado –,[8] voltamos à retórica do *processo-perseguição* e abandonamos o *processo-garantia*.

Apesar desta complexidade envolvendo o tema, a busca da *verdade real* é *princípio* ainda talhado em vários dispositivos do CPP vigente. Nem mesmo as últimas modificações legislativas conseguiram livrar-se

---

[5] MAIER, Julio B.J. *Derecho procesal penal: parte general*: actos procesales. Buenos Aires: Del Puerto, 2011. p. 71.

[6] QUEIJO, Maria Elizabeth. *O direito de não produzir prova contra si mesmo*: o princípio nemo tenetur se detegere e suas decorrências no processo penal. São Paulo: Saraiva, 2012. p. 53.

[7] LOPES JR., Aury. *Direito processual penal*. São Paulo: Saraiva, 2012. p. 535-6.

[8] Importante referir que, se os direitos fundamentais enquanto limites ao poder punitivo estatal não forem estritamente observados, adentra-se numa dimensão insuportável de crise da própria democracia. Para FERRAJOLI, a noção de democracia não se reduz ao interesse da maioria. Por isso, o autor italiano fala em democracia formal – como forma que condiciona a vigência normativa – e material. Esta última diz respeito ao conteúdo que nem mesmo a maioria pode decidir ou dispor. Visa-se garantir, pelas normas substanciais que regulam e limitam a substância e o significado das decisões, a vinculação aos direitos fundamentais, sob pena de invalidez do ato decisório. (FERRAJOLI, Luigi. *Derechos y garantías*: la ley del más débil. Madrid: Trotta, 2006. p. 23.)

do modelo inquisitivo de busca da *verdade*, no qual o juiz detém o poder máximo sobre a produção e gerenciamento das provas.

O atual Estatuto Processual autoriza que o julgador acredite estar ao lado da *verdade*, recebendo carta branca para determinação de provas e diligências independentemente da vontade dos verdadeiramente interessados sujeitos processuais. Segundo Morais da Rosa, esta: "(...) estrutura 'paranóica', no Processo Penal, aparece sutilmente, eis que encoberta por *recursos retóricos ordenados*, tanto na assunção de uma postura inquisitória na gestão a prova, quanto na *interpretação* da conduta".[9]

Este modelo de processo penal não serve ao jogo democrático e à estrutura acusatória. A prova gerida exclusivamente pelas partes é o instrumento capaz de limitar a atividade jurisdicional, isso porque a existência do processo tem fundamento na contenção do poder de punir, na tentativa de reduzir os danos causados pela fúria punitiva estatal.

Diga-se, por derradeiro, que o direito à prova é uma garantia inerente ao devido processo legal e como tal deve estar endereçado a formar o convencimento do magistrado que terá posição ativa – não na substituição da atividade probatória das partes – mas sim como garantidor do contraditório efetivo e na equalização da paridade de armas. Se, por acaso, *verdade* e decisão coincidirem, isso não é o que mais importa.[10] O que legitimará a decisão judicial é o respeito às regras do jogo processual penal.

- **Na jurisprudência**

STJ: Verdade real, discricionariedade e indeferimento de diligências.

O cotejo das provas relevantes à elucidação da verdade real inclui-se na esfera de discricionariedade mitigada do juiz do processo, o qual, vislumbrando a existência de diligências *lato sensu* protelatórias, desnecessárias ou impertinentes aos autos, poderá indeferi-las mediante decisão fundamentada (HC nº 282322/RS, 5ª Turma, Rel. Laurita Vaz, j. 18/06/2014).

STJ: Busca da verdade real e atuação de ofício do magistrado.

É de ver que, não obstante o prévio requerimento ministerial para a reinquirição de uma testemunha e a oitiva de uma novel, ambas foram arroladas como testemunhas do juízo, nos termos do artigo 209 do Código de Processo Penal. Com efeito, o magistrado de primeiro grau designou nova audiência para ouvir os depoimentos das duas declarantes supramencionadas em decorrência do dito pela própria vítima – vide fl. 178 –, visando dirimir suposta celeuma, atuando, assim, legitimamente em prol da busca da verdade real. (HC nº 257200/SC, 6ª Turma, Rel. Maria Thereza de Assis Moura, j. 22/04/2014).

---

[9] MORAIS DA ROSA, Alexandre. *Decisão penal*: a bricolage de significantes. Rio de Janeiro: Lumen Juris, 2006. pp. 315-166.

[10] LOPES JR., Aury. *Direito processual penal*. São Paulo: Saraiva, 2012. p. 575.

⇒ **Em discussão**

A busca da "verdade" como ponto nevrálgico do processo penal

O processo de acumulação do poder punitivo inquisitorial ajudou a desenvolver o valor instrumental da *verdade*: o útil é o verdadeiro, ponto nevrálgico do processo penal, segundo destaca Streck para quem: "É evidente que o pano de fundo da 'questão da verdade' reside no modelo inquisitivo, que é um vício estrutural do Código de Processo Penal. *Despiciendo* lembrar que o inquisitivismo é sinônimo de autoritarismo, de não democracia. Isso se pode perceber no modo como a denúncia criminal é recebida – embora as recentes alterações – e a *produção/gestão* da prova (o que inclui a apreciação do 'produto final', por intermédio da 'livre apreciação da prova' ou do 'livre convencimento do juiz', nos moldes como o direcionamento da prova ainda é realizado, isto é, somente direcionada ao juiz), para falar apenas nesses aspectos. Acerca do destinatário da prova, parcela considerável dos teóricos ainda não conseguiu superar o modelo solipsista-cartesiano. Ou seja, acredita-se na necessidade de a instrução processual gerar 'certeza' na sua 'convicção pessoal' – e apenas nela – para que o juiz lavre sua sentença".[11]

Nessa mesma linha, já advertimos noutro momento que uma das heranças mais nefastas que o sistema inquisitório deixou é a desenfreada busca pela *verdade* real que, se no medievo perseguia o pecador, hoje quer se justificar pela busca do criminoso como medida de diminuição da criminalidade. Sob o argumento de estar na busca processual da *verdade* real, o magistrado imagina o fato e tenta reconstruí-lo sem limites, quando então determina provas de ofício, ouve testemunhas referidas, interroga novamente o réu e dá valor graduado à fala de informantes.[12]

Para além de tais considerações, o encontro da *verdade* é uma caminhada sem fim. Coutinho arremata a discussão referindo que: "Para conhecer a verdade da coisa, ou digamos, precisamente, da parte, necessita-se conhecer, tanto a sua cara, quanto a sua coroa: uma rosa é uma rosa, ensinava a Francesco, porque não é alguma outra flor; queria dizer que para conhecer verdadeiramente a rosa, isto é, para chegar à verdade, é necessário conhecer não somente aquilo que a rosa é, mas também aquilo que ela não é. Por isso, a verdade de uma coisa nos foge até que nós não possamos conhecer todas as outras coisas e, assim, não podemos conseguir senão um conhecimento parcial dessa coisa. E quando

---

[11] STRECK, Lenio Luiz. O sentido comum teórico dos juristas e o "princípio" da "verdade real": o ponto de encontro do solipsismo com o arbítrio. *Revista de Estudos Criminais*. Vol. 44. Porto Alegre: PUCRS, 2012. p. 131.

[12] JOBIM, Augusto; BIZZOTTO, Alexandre; EBERHARDT, Marcos. Informalização e crise do processo penal. Sistema acusatório: (apenas) uma necessidade do processo penal constitucional. *In:* Rodrigo G. Azevedo; Salo de Carvalho. (Org.). *A crise do processo penal e as novas formas de administração da justiça criminal*. Sapucaia do Sul: Notadez, 2006. p. 13-30.

digo uma coisa, refiro-me, também, a um homem. Em síntese, a verdade está no todo, não na parte; e o todo é demais para nós".[13]

Ao que se vê, fica deslocada a tendência doutrinária que compara o trabalho do juiz ao de um historiador. Apesar de parecer atraente, não coadunamos com tal posicionamento se entendido no sentido de reconstrução da *verdade*. Entendemos que não há mais espaço para garantias como favores;[14] um sistema probatório que mira tão somente a *verdade* atropela o contraditório, a ampla defesa e o devido processo legal. A perspectiva de conformação constitucional é diametralmente oposta: a interpretação e aplicação dos preceitos legais deve-se dar a partir da Constituição e de acordo com esta.[15] Daí entender-se o processo como *instrumento de garantia*, e não como *instrumento de encontro da verdade*.

2. Finalidade ou objeto da prova

A finalidade da prova contém um caráter *objetivo* e outro *subjetivo*. Primeiramente, o ato de provar visa sempre à demonstração do fato, como tentativa de reconstrução do passado. Ressalta-se que se trata de mera tentativa, porquanto como anteriormente citado, a busca pela construção perfeita do passado é meramente ideológica. Assim, o fato delituoso, ou seja, os acontecimentos naturalísticos que devem ser conhecidos pelo julgador para que este possa emitir um juízo de valor, representam o *objeto* imediato da prova e seu aspecto *objetivo*.

De outro lado, o ato de provar tem a finalidade de formar a convicção do juiz. Portanto, *subjetivamente* considerada, a finalidade da prova é formar o convencimento judicial (função persuasiva).

Importante esclarecer que este ato probatório poderá se apresentar de diferentes maneiras, dependendo do sistema processual adotado. Se estivermos falando do sistema inquisitório, o juiz estará preocupado não com outra coisa senão com a condenação a qualquer custo. Eis que não há separação entre aquele que busca a prova e aquele que a valora. O magistrado primeiro fará um pré-julgamento dos fatos para, só então, buscar as provas que corroborem a sua futura (e prévia) decisão. Por

---

[13] COUTINHO, Jacinto Nelson de Miranda. Glosas ao verdade, dúvida e certeza, de Francesco Carnelutti, para os operadores do direito. *In*: *Revista de Estudos Criminais*. Porto Alegre: Notadez. nº 14, 2004. p. 79.

[14] JOBIM, Augusto; BIZZOTTO, Alexandre; EBERHARDT, Marcos. Informalização e crise do Processo Penal. Sistema acusatório: (apenas) uma necessidade do processo penal constitucional. *In:* Rodrigo G. Azevedo; Salo de Carvalho. (Org.). *A crise do processo penal e as novas formas de administração da justiça criminal*. Sapucaia do Sul: Notadez, 2006, p. 13-30.

[15] DIAS, Jorge de Figueiredo. *Direito processual penal*. Coimbra: Coimbra Editora, 1974 (reimpressão em 2004). p. 75.

outro lado, se estivermos diante de um processo de estrutura acusatória, o julgador se manterá numa posição de distanciamento, sem iniciativa probatória, formando sua convicção com as provas trazidas pelas partes. Assim, tanto a condenação quanto a absolvição se equivalem axiologicamente, de modo que o juiz fará apenas uma apreciação técnica e imparcial do material probatório.[16]

Em resumo, a finalidade *subjetiva* da prova sempre será a construção do convencimento do magistrado. No entanto, é a gestão da prova que funda e define o sistema processual, informando o grau de importância do ato de provar.

2.1. Fatos que independem de prova

Como já referimos, na perspectiva objetiva, todos os fatos, em regra, serão objeto de prova no processo penal. Há fatos, todavia, que independem de prova, quais sejam:

Fatos axiomáticos (intuitivos): são fatos induvidosos, considerados evidentes, dispensando questionamento sobre sua existência. Um cadáver em estado de putrefação, por exemplo, dispensa a prova acerca do resultado morte, já que esta é evidente. O art. 162, parágrafo único, do CPP dispõe que: "Nos casos de morte violenta, bastará o simples exame externo do cadáver, quando não houver infração penal que apurar, ou quando as lesões externas permitirem precisar a causa da morte e não houver necessidade de exame interno para a verificação de alguma circunstância relevante". Assim, pode acontecer, em casos excepcionais, de não ser necessária a realização da autópsia devido à ausência de dúvida quanto à causa da morte.

Fatos notórios: são aqueles fatos capazes de produzir um juízo de certeza, por indicarem uma verdade sabida que integra a cultura do homem médio. Não há necessidade de demonstrar, por exemplo, que 7 de setembro, 25 de dezembro e 1º de janeiro são feriados nacionais.

Presunções legais: são os juízos de certeza que decorrem da própria legislação. Essas presunções podem ser absolutas (*jure et de jure*), não admitindo prova em contrário, como é o caso da inimputabilidade do menor de 18 anos, contida no art. 27 do CP; ou relativas (*juris tantum*), as quais admitem prova em sentido contrário, como, por exemplo, a imputabilidade do maior de 18 anos, que pode ser desconstituída por laudo de insanidade mental.

Fatos inúteis: são aqueles fatos irrelevantes e desnecessários para a solução do litígio, estando o juiz, inclusive, dispensado de analisá-los. É

[16] LOPES JR., Aury. *Direito processual penal*. São Paulo: Saraiva, 2012. p. 545.

o caso, por exemplo, da vinculação partidária de um indivíduo acusado de crime contra a dignidade sexual.

Noutro viés, ao contrário do que é preconizado no processo civil, os fatos incontroversos no juízo penal dependem de prova. É o caso da confissão. Mesmo que o réu confesse a autoria do fato delituoso tal como narrado na denúncia, é preciso outras provas que justifiquem o decreto condenatório, como exige o art. 197 do CPP.

Portanto, em regra, todos os fatos serão objeto de prova. Sublinha-se que, excepcionalmente, poderá ser necessário provar a existência e vigência do direito sobre o qual se ampara a pretensão da parte. Isso ocorrerá nos casos em que a parte alegar direito municipal, estadual, estrangeiro ou consuetudinário e o juiz determinar a produção dessa prova. Esse ônus encontra respaldo legal no art. 337 do CPC, que, nesse caso, é utilizado por analogia no Processo Penal.

3. Classificação das provas

Embora existam diversos critérios de classificação da prova, em regra, a doutrina costuma restringir-se à seguinte distinção: *quanto ao objeto; quanto ao efeito ou valor;* e *quanto à forma ou sujeito.*

Quanto ao objeto, as provas podem ser diretas ou indiretas:

Provas diretas: referem-se ao próprio fato que está sendo tratado no processo, demonstrando-o por si só. A prova se conecta diretamente ao fato, não sendo necessário qualquer tipo de intervenção lógica. É o caso, por exemplo, de uma testemunha que presenciou o crime.

Provas indiretas: são aquelas que comprovam outro fato diferente daquele que está sendo investigado, mas que a partir de sua análise permitem concluir algo sobre o fato em questão. Neste caso, deve-se usar a dedução ou outro processo de raciocínio lógico para chegar-se ao fato que está sendo discutido no processo. Como exemplo, quando se indica um álibi, palavra que significa literalmente "noutro lugar", se está comprovando a presença de alguém em lugar diverso daquele em que se pretendia que ela estivesse. Assim, através do raciocínio, poder-se-á concluir que se a pessoa A estava em casa, logo, não estava no local dos fatos.

Ressalta-se que, apesar da classificação doutrinária, entendemos que todas as provas são indiretas no seu sentido pleno. Isso porque nenhuma prova pode retratar fiel e diretamente o que aconteceu no passado, sob pena de se estar reforçando a busca pela *verdade* real. Como mencionado, a *verdade* objetiva é ideológica, sendo a prova um instrumento que busca reconstruir o passado de maneira verossímil, construindo uma *verdade* processual. Assim, quando uma testemunha relata os fatos vistos ao juiz, está dando a sua versão da realidade passada. Portanto, a não ser que os delitos tenham sido cometidos em audiência, toda a prova é meramente um signo do fato ocorrido.[17]

Quanto ao efeito ou *valor*, a prova pode ser considerada plena ou não plena:

Provas plenas: são aquelas que ensejam um juízo de certeza quanto ao fato a que visam comprovar, pois são completas e convincentes. São, normalmente, utilizadas como fonte primária para a formação do convencimento do juiz, servindo de base para a decisão. É o caso da prova testemunhal e da prova documental.

Provas não plenas: não permitem um juízo de certeza ao magistrado, servindo apenas para reforçar sua convicção. São provas auxiliares. Dentre estas estão os indícios (art. 239 do CPP) e as fundadas suspeitas (art. 240, § 2º, do CPP).

Quanto à forma ou sujeito, as provas podem-se dividir em reais ou pessoais:

Provas reais: referem-se ao objeto, como por exemplo, o instrumento do crime.

Provas pessoais: são aquelas elaboradas por um indivíduo, de forma escrita ou oral. Dentre elas, podemos citar o interrogatório e, principalmente, o laudo pericial.

4. Ônus da prova

Inicialmente, cabe destacar a diferenciação realizada por Badaró entre ônus da prova objetivo e subjetivo.[18] Este último está direcionado às partes na busca de meios de prova que comprovem suas alegações. Já o ônus objetivo refere-se a uma regra de julgamento a ser utilizada pelo juiz quando houver uma insuperável dúvida quanto aos fatos narrados. Assim, estando em dúvida quanto ao *thema probandum* no momento do julgamento, o magistrado poderá utilizar-se das normas de distribuição de ônus da prova como regra para decidir. Trataremos neste capítulo do ônus da prova subjetivo.

A doutrina majoritária, a partir do disposto no art. 156 do CPP, endereça à acusação o ônus de provar a materialidade e a autoria delituosa, assim como a existência de circunstâncias agravantes e eventuais

[17] LOPES JR., Aury. *Direito processual penal*. São Paulo: Saraiva, 2012. p. 536.

[18] BADARÓ, Gustavo Henrique Righi Ivahy. *Ônus da prova no processo penal*. São Paulo: RT, 2003. p. 178-181.

qualificadoras. Já à defesa incumbe a prova das causas excludentes, de isenção de pena e de eventuais circunstâncias atenuantes e privilegiadoras. Segundo tal distribuição, a prova da alegação é, pois, de quem a fizer (*actori incumbit probatio*), disposição nitidamente inspirada no Processo Civil (art. 333, CPC).

De outra banda, Nucci entende que se a defesa pretender alegar fatos diferentes dos apontados na denúncia, o ônus de provar recai sobre si.[19] Mesmo critério será utilizado no que diz respeito à alegação de legítima defesa ou de estado de necessidade. Nestes casos, o réu chama para si o ônus de provar que sua situação se enquadrava nas hipóteses dos arts. 24 e 25 do CP.

O art. 156 do CPP, no entanto, merece ser lido segundo os ditames constitucionais e à luz dos direitos fundamentais do acusado. O princípio da presunção de inocência (que deve orientar todo o processo penal) está consagrado no art. 5º, LVII, da CF, apontando uma inescusável regra de tratamento do acusado até o trânsito em julgado. Isso quer dizer que a presunção de inocência deve ser maximizada,[20] ainda mais em se tratando de prova penal.

E na medida em que o imputado é considerado inocente, não lhe pode ser incumbido o ônus de provar absolutamente nada. Por isso, a acusação tem a carga de descobrir hipóteses e provas, ao passo que a defesa tem o direito de contradizer por meio de contra-hipóteses e contraprovas. Daí se falar que, não estando suficientemente comprovada a versão acusatória, deve prevalecer a observância do princípio *in dubio pro reo*.

Segundo Giacomolli: "O encargo de provar a culpa do imputado é da acusação, mas é de interesse da defesa criar, no espírito do julgador, a dúvida razoável. Contudo, a circunstância de a defesa não ter criado a dúvida razoável não induz à condenação do imputado".[21] Assim, se a acusação não comprovar satisfatoriamente o que alegou, gerando dúvida, o juiz deve observar a presunção de inocência, bem como o *in dubio pro reo*.

A absolvição se torna também decorrência lógica do respeito ao *nulla accusatio sine probatione*. Parece-nos, portanto, um equívoco dizer que a acusação faria a prova da autoria, e a defesa teria de provar a exis-

---

[19] NUCCI, Guilherme de Souza. *Provas no processo penal*. São Paulo: RT, 2011. p. 26.

[20] "La presunción de inocencia, por lo tanto, no sólo debe ser um derecho frente al Estado, sino también frente a otros ciudadanos que disponen de médios capaces de estigmatizar a una persona de uma manera análoga a la que el Estado podría lograr com la pena, pero (para peor) sin sujeción a los presupuestos que legitiman la pena estatal." (BACIGALUPO, Enrique. *El debido proceso penal*. Buenos Aires: Hammurabi, 2005. p. 44).

[21] GIACOMOLLI, Nereu José. *O devido processo penal*: abordagem conforme a Constituição Federal e o Pacto de São José da Costa Rica. São Paulo: Atlas, 2015. p. 107.

tência de uma excludente. O Ministério Público, como titular da ação penal pública, deve trazer todos os elementos probatórios que evidenciem que a conduta praticada era típica, ilícita e culpável. Ao proceder de tal forma, estará comprovando a inexistência de causas de justificação.

Por óbvio, não se está aqui afirmando que a acusação deve fazer prova negativa com relação às causas de justificação. No entanto, a acusação deverá sim realizar uma prova positiva que negue a existência da excludente alegada pelo réu. Basta imaginar que, se a defesa mencionar que o réu agiu em legitima defesa por estar repelindo injusta agressão iminente, o Ministério Público terá que comprovar que a agressão era justa ou que não era atual.[22]

Existindo dúvida, por exemplo, quanto à demonstração de causa que afaste a ilicitude da conduta que se pretenda imputar ao acusado, mesmo assim, se impõe a absolvição. É que o propõe o art. 386 do CPP ao determinar que o juiz absolverá o acusado desde que reconheça existirem circunstâncias que excluam o crime ou isentem o réu de pena ou mesmo *se houver fundada dúvida sobre sua existência* (Inciso VI).

Portanto, a regra do art. 156 do CPP deve ser interpretada à luz do texto constitucional, sobretudo o princípio da presunção da inocência. O titular da ação penal pública, ao alegar o cometimento de um crime, deverá comprovar todas as suas elementares, qual seja, que o crime era típico, ilícito e culpável, incluindo-se em tais categorias as causas de justificação. Ao réu, cabe apenas exercer o seu direito constitucional ao contraditório.

Binder chega a afirmar que a ideia de ônus da prova poderia, inclusive, ser afastada do processo penal, pois, além do problema do ônus da prova ser oriundo do processo civil, o réu não tem que provar sua inocência. Segundo o autor, essa é uma garantia política, de modo que sua observância ou inobservância torna possível reconhecer o marco a partir do qual se inicia uma sociedade repressiva.[23]

Desta feita, por força do princípio insculpido no art. 5º, LVII, da CF, em nenhum momento deve ser atribuída ao réu a carga processual de provar sua inocência. É o Ministério Público que deve provar que a sua acusação era fundada. Daí que jamais a presunção de inocência pode ser alterada durante o processo,[24] sob pena de também se fulminar o *nemo tenetur se detegere.*

---

[22] LOPES JR., Aury. *Introdução crítica ao processo penal (fundamentos da instrumentalidade).* Rio de Janeiro: Lumen Juris, 2006. p. 184-90.

[23] BINDER, Alberto M. *Introdução ao direito processual penal.* Tradução de Fernando Zani. Rio de Janeiro: Lumen Juris, 2003. p. 89-90.

[24] GLOECKNER, Ricardo Jacobsen. *Risco e processo penal*: uma análise a partir dos direitos fundamentais do acusado. Salvador: Juspodivm, 2009. p. 292-293.

• **Na jurisprudência**

STJ: Ônus da prova e alegação de divergência entre diálogos e transcrições de interceptações telefônicas.

Ademais, nos termos do artigo 156 do Código de Processo Penal, cabe à defesa o ônus da prova acerca de eventual divergência entre o teor dos diálogos e as transcrições realizadas, não bastando para a declaração de nulidade a mera alegação de parcialidade dos agentes responsáveis pelo trabalho de investigação (HC n° 289611/MG, 5ª Turma, Rel. Jorge Mussi, j. 05/06/2014).

STJ: Ônus da prova e álibi.

Não desrespeita a regra da distribuição do ônus da prova a sentença que afasta tese defensiva de negativa de autoria por não ter a defesa comprovado o álibi levantado. (AgRg no REsp n° 1367491/PR, 5ª Turma, Rel. Jorge Mussi, j. 23/04/2013).

STF: Ônus da prova e prova de inocência.

Nenhuma acusação penal se presume provada. Não compete, ao réu, demonstrar a sua inocência. Cabe, ao contrário, ao Ministério Público, comprovar, de forma inequívoca, para além de qualquer dúvida razoável, a culpabilidade do acusado. Já não mais prevalece, em nosso sistema de direito positivo, a regra, que, em dado momento histórico do processo político brasileiro (Estado Novo), criou, para o réu, com a falta de pudor que caracteriza os regimes autoritários, a obrigação de o acusado provar a sua própria inocência. (HC nº 88875/AM, 2ª Turma, Rel. Celso de Mello, j. 07/12/2010).

5. Inversão do ônus da prova

Em nosso sentir, com a reforma parcial de 2008, o legislador perdeu a chance de indicar expressamente a proibição de inversão do ônus da prova, dogma do processo penal constitucional também consolidado na Convenção Americana sobre Direitos Humanos (art. 8°, 2).

A inversão do ônus da prova no processo penal opera como medida de relativização da presunção de inocência, que tem razão de existir enquanto legítimo direito fundamental do acusado. Ademais, tal princípio opera como redutor de danos ao diminuir os equívocos judiciais. Afinal, o réu dispõe de menos oportunidades recursais que a acusação, e sua condição de hipossuficiente no processo penal é absoluta, devendo sua liberdade ser protegida.

A falta de mandamento expresso vedando a inversão, no entanto, foi parcialmente sanada quando o legislador reformista deixou clara a ordem da tomada da prova no processo, como é o caso dos arts. 400 e 411 do CPP. Ao manter a vítima e as testemunhas de acusação como fontes de prova iniciais, o legislador demonstrou a necessidade de que primeiro haja substratos fáticos por parte da acusação para que, só então, a defesa passe a sustentar sua versão probatória.

O próprio art. 41 do CPP, ao exigir que a denúncia (ou queixa) contenha a exposição do fato criminoso com todas as suas circunstâncias é regra indicativa do ônus da prova, cominando inclusive a sanção de rejeição quando a inicial acusatória for inepta (ausência de pormenorização da conduta) ou faltar justa causa para o exercício penal (a exemplo de quando a acusação não se desincumbiu do ônus de comprovar minimamente que o acusado realizou qualquer conduta), na forma do art. 395, I e III, do CPP.

Apesar disso, é comum a prática de descrição genérica dos fatos criminosos em denúncias que se refiram a delitos de autoria coletiva/delitos societários/delitos econômicos. A narrativa circunstancial do caso penal na denúncia é umas das principais garantias do acusado, podendo ser considerada uma metagarantia, já que essencial ao exercício do contraditório e da ampla-defesa.[25] Admitindo-se denúncias vagas e genéricas, estamos, em verdade, acatando a possibilidade de inversão do ônus da prova em claro cerceamento de defesa.

Igualmente, lembre-se que a impossibilidade de inverter a ordem da tomada da prova deve ser mantida mesmo nos casos em que a defesa concorda com a inversão, uma vez que tal limite está articulado com o texto constitucional. Isso porque permitir que a defesa inicie inquirindo suas testemunhas acabará por indiretamente inverter o ônus da prova, uma vez que terá produzido todos os elementos probatórios, restando à acusação somente complementá-los. A presunção da inocência é princípio constitucional e, assim, deve-se sobrepor a qualquer outra vontade particular.

- **Na jurisprudência**

STJ: O órgão acusador tem a obrigação jurídica de provar o alegado, e não o réu demonstrar sua inocência.

O órgão acusador tem a obrigação jurídica de provar o alegado e não o réu demonstrar sua inocência. 2. É característica inafastável do sistema processual penal acusatório o ônus da prova da acusação, sendo vedado, nessa linha de raciocínio, a inversão do ônus da prova, nos termos do art. 156 do Código de Processo Penal. 3. Carece de fundamentação idônea a decisão condenatória que impõe ao acusado a prova de sua inocência, bem como ignora documento apresentado pela Defesa a teor dos artigos 231 e 400 do Código de Processo Penal. (HC nº 27684/AM, 6ª Turma, Rel. Paulo Medina, j. 15/03/2007).

STJ: Inépcia da inicial e a proibição da consequente inversão do ônus probatório.

A denúncia genérica resta por inverter o ônus *probandi*, haja vista que a inobservância por parte do órgão acusador da descrição mínima da conduta imputada às acusadas, bem como do fato ocorrido, em última análise implica a incumbência das denunciadas em demonstrar a não participação no ilícito penal. Ademais, a acusação posto feita da forma mais completa possível, permite o exercício da ampla defesa, *impossibilitando* qualquer forma de responsabilidade penal objetiva dos acusados (AP nº 459/AC, Corte Especial, Rel. Luiz Fux, j. 01/12/2010).

[25] CARVALHO, Salo; WUNDERLICH, Alexandre. Criminalidade econômica e denúncia genérica: uma prática inquisitiva. *In*: BONATO, Gilson (org.). *Garantias constitucionais e processo penal*. Rio de Janeiro: Lumen Juris, 2002. p. 221.

STJ: Concessão de HC para cassar decisão que inverteu o ônus da prova.

O exame que ora se faz, portanto, prescinde de análise aprofundada de provas – já que tal providência é sabidamente vedada na via estreita do *writ* – e visa, apenas, desfazer flagrante ilegalidade perpetrada pelo acórdão atacado que, ao inverter equivocadamente o ônus da prova, atribuiu ao paciente o dever não só de demonstrar sua alegação de inocência, como também de refutar as imputações do *parquet*, em manifesta ofensa ao sistema processual penal acusatório, ao princípio constitucional da presunção de não culpabilidade (art. 5º, LVII, da Constituição Federal), bem como ao comando insculpido no art. 156, primeira parte, do Código de Processo Penal (...). (HC nº 120426/RJ, 5ª Turma, Rel. Marco Aurélio Bellizze, j. 13/02/2012).

STF: "In dubio pro reo" e proibição da inversão do ônus da prova.

Inserido na matriz constitucional dos direitos humanos, o processo penal é o espaço de atuação apropriada para o órgão de acusação demonstrar por modo robusto a autoria e a materialidade do delito. Órgão que não pode se esquivar da incumbência de fazer da instrução criminal a sua estratégica oportunidade de produzir material probatório substancialmente sólido em termos de comprovação da existência de fato típico e ilícito, além da culpabilidade do acusado. 2. Atento a esse marco interpretativo, pontuo que, no caso dos autos, as instâncias precedentes recusaram o pedido defensivo de incidência da minorante do § 4º do art. 33 da Lei 11.343/2006 sob o fundamento de inexistir prova da primariedade do acusado. Incorrendo, assim, numa indisfarçável inversão do ônus da prova e, no extremo, na nulificação da máxima que operacionaliza o direito à presunção de não-culpabilidade: *in dubio pro reu*. Preterição, portanto, de um direito constitucionalmente inscrito no âmbito de tutela da liberdade do indivíduo. (HC nº 97701/MS, 2ª Turma, Rel. Ayres Britto, j. 03/04/2012).

⇒ **Em discussão**

Medidas assecuratórias na lei de lavagem e inversão do ônus da prova

No âmbito da Lavagem de Dinheiro (Lei nº 9.613/98), as medidas assecuratórias de bens, direitos ou valores do investigado ou acusado poderão ser decretadas a partir da existência de indícios suficientes de infração penal, presumindo a lei o caráter ilícito dos bens. Caberá à defesa a demonstração, pelas vias impugnativas existentes, da licitude dos bens.

Assim, quanto à natureza lícita dos bens, direitos ou valores há, no caso indicado, inversão do ônus da prova, admitida em boa parte dos Tribunais de Justiça e Tribunais Regionais Federais. Nessa linha, os julgados mais conhecidos navegam ao redor de decidir que: "(...) não restando demonstrado, de plano, a aquisição lícita dos bens, revela-se inviável a restituição imediata dos mesmos, os quais devem ficar acautelados até o deslinde da persecução penal". (TRF4, ACR nº 2004.71.00.032500-2, 8ª Turma, Rel. Élcio Pinheiro de Castro, j. 09/03/2005).

Observe-se, no entanto, que apesar da necessidade de *indícios suficientes* da infração penal para presumir-se a ilicitude dos bens, não há determinação do alcance da *suficiência* – não há um *standard* seguro de prova que permita um verdadeiro controle da decisão judicial. Esta abertura autoriza certamente decisões arbitrárias e com pouca chance de reversão nas instâncias impugnativas.

⇒ ***Apreensão de bem receptado em poder do acusado e inversão do ônus da prova***

Em relação ao delito de receptação (art. 180, *caput*, do Código Penal), nos últimos anos firmou-se entendimento pelo STJ no sentido de que "se o bem houver sido apreendido em poder do paciente, caberia à defesa apresentar prova da origem lícita do bem ou de sua conduta culposa, nos termos do art. 156 do Código de Processo Penal, sem que se possa falar em inversão do ônus da prova" (STJ, AgRg no AREsp nº 979.486/MG, 5ª Turma, Rel. Min. Reynaldo Soares da Fonseca, j. 13/03/2018).

Ao que se percebe, a Corte Superior compreende que, diante da prisão em flagrante e/ou apreensão do bem ilícito em posse do agente, o ônus da prova deve sofrer inversão, fazendo recair sobre a defesa a demonstração da origem lícita da *res* ou da conduta culposa de receptação.

No entanto, ainda que a orientação do STJ aponte neste sentido, reduzindo a discussão à inversão do ônus da prova, é preciso considerar que a fórmula esbarra numa situação bem mais complexa: o órgão acusatório não pode se desobrigar de demonstrar a existência da elementar "que sabe ser produto de crime".

6. Poderes instrutórios do juiz

Como é sabido, para a concretização da estrutura acusatória no processo penal, o juiz não atua de ofício na direção do objeto da persecução penal, devendo ficar inerte e aguardar a provocação das partes. A partir disso, entendemos que a previsão da gestão da prova nas mãos do magistrado constante do art. 156 do CPP afasta terminantemente dali a estrutura dialética.[26]

A maioria da doutrina aponta que o juiz gestor da prova não assume o papel de acusador ou defensor, tendo em sua atuação um caráter meramente supletivo. Por isso, apoiado na busca da *verdade real*, este julgador estará autorizado a requisitar a produção de novas provas quando achar necessário esclarecer dúvidas que não tenham sido sanadas pelas partes, a fim de proferir sua decisão com maior segurança.

[26] Como assevera COUTINHO, afastado do contraditório e sendo o senhor da prova, o juiz sai em seu encalço guiado essencialmente pela visão que tem (ou faz) do fato. (COUTINHO, Jacinto Nelson Miranda de. O papel do novo juiz no processo penal. *In*: COUTINHO, Jacinto Nelson Miranda de. *Crítica à teoria geral do direito processual penal*. (org.). Rio de Janeiro/São Paulo: Renovar, 2001. p. 24).

Tal abertura torna possível também a produção antecipada de provas, de ofício, pelo magistrado, antes mesmo da ação penal, nos termos do inciso I do art. 156. O CPP já falava expressamente na possibilidade de produção antecipada de provas, mas não no curso do procedimento investigativo. Tal expansão dos poderes instrutórios do magistrado demonstra a preferência da reforma parcial de 2008 em manter o caráter inquisitivo do Estatuto Processual Penal.

Nesta alucinada busca pela *verdade real*, o *espetáculo* dialético de um processo penal de partes fica em segundo plano. Coutinho, seguindo a lição de Franco Cordero, trabalha o *primado das hipóteses sobre os fatos*, justamente quando primeiro se decide e depois se buscam os elementos de prova que possam confirmar essa decisão. Isso nitidamente faz valer a vontade do juiz perseguidor,[27] motivado por *quadros mentais paranoicos*. Com isso, o magistrado, como se fosse responsável pela segurança pública, atropela a Constituição e inviabiliza o que se poderia chamar de processo penal constitucionalizado. Auxiliando o Ministério Público na tarefa acusatória, o julgador utiliza, posteriormente, a prova que ele mesmo determinou, porque estava a perseguir um só resultado: a condenação.

Esta leitura crítica tem como escopo proteger a garantia judicial de que o magistrado deve ser imparcial no processo, mantendo certo distanciamento das partes e de qualquer vício que lhe possa formar um pré-conceito acerca da culpabilidade do acusado. Essa distância deve ser entendida como um critério regulador da própria imagem democrática do Poder Judiciário,[28] refletindo a ideia de que o processo civilizatório foi assimilado pelo Estado.

Em vista disso, questionamos: como seria possível autorizar o magistrado (um sujeito processual) a determinar, de ofício, provas ainda no curso da investigação, sem que mais tarde ele se contamine por esse conhecimento? Como garantir que o magistrado atue apenas quando necessário? Mais ainda: quando seria necessário atuar? A sua (simples) atuação de ofício já representa um ato de total violência contra um processo que se pretende acusatório.

Apesar desta complexidade e das consequências advindas ao processo penal, a doutrina majoritária ainda acredita que o nosso sistema processual penal é uma espécie de sistema misto, porque na fase policial imperaria o sistema inquisitório, e na fase processual, o acusatório.

Não nos parece acertado tal posicionamento. O processo penal, orientado pela diretriz constitucional, funda-se no princípio dispositivo,

---

[27] Cf. COUTINHO, Jacinto Nelson Miranda de. O papel do novo juiz no processo penal. *In*: COUTINHO, Jacinto Nelson Miranda de. *Crítica à teoria geral do direito processual penal*. (org.). Rio de Janeiro/São Paulo: Renovar, 2001. p. 24.

[28] BACIGALUPO, Enrique. *El debido proceso penal*. Buenos Aires: Hammurabi. 2005. p. 94-95.

consistindo na ideia de que a gestão da prova tem de estar nas mãos das partes e jamais nas mãos do julgador. Do contrário, este se conformaria ao perfil do inquisidor. Logo, estaria erigido o sistema inquisitório.

Note-se que, em termos teóricos, ambos os sistemas são tipos ideais ou tipos puros.[29] Como na lição de Ferrajoli, no decorrer da história jamais houve um sistema em estado puro, mas houve a preponderância empírica quer de um, quer de outro, de modo que a maior incidência das características de um dado sistema é que nos dirá se estaremos diante do sistema acusatório ou do inquisitório. Completamente equivocado, portanto, se dizer que existe no direito processual penal brasileiro um sistema misto.[30]

- **Na jurisprudência**

STJ: Iniciativa acusatória x iniciativa probatória.

É acusatório, ou condenatório, o princípio informador do nosso processo penal, daí, então, ser vedado ao juiz o poder de investigação. Cabe à acusação a prova da culpabilidade do réu. 2. Incumbe ao juiz, é verdade, dirigir o processo, competindo-lhe assegurar às partes igualdade de tratamento, não lhe sendo lícito, também é verdade, substituir a acusação. Permitido lhe é, isto sim, auxiliar a defesa, tal o eterno princípio da presunção de inocência: "ninguém será considerado culpado..." 3. Pode o juiz ouvir outras testemunhas (Cód. de Pr. Penal, art. 209), porém não o pode fazendo as vezes da acusação, substituindo-a, em caso, como este, em que não havia testemunhas a serem inquiridas, porque não havia testemunhas arroladas pelo Ministério Público (tampouco pela defesa). 4. São diferentes iniciativa probatória e iniciativa acusatória, aquela é lícita, claro é, ao juiz em atitude complementar – por exemplo, tratando-se de diligências cuja necessidade se origine de circunstâncias ou fatos apurados na instrução (atual art. 402). 5. Já a iniciativa acusatória – o desempenho das funções que competem a outrem – bate de frente com princípios outros, entre os quais o da imparcialidade do julgador, e o da presunção de inocência do réu, e o do contraditório, e o da isonomia. 6. Ordem concedida a fim de se anular o processo desde quando se determinou a inquirição. (HC nº 143889/SP, 6ª Turma, Rel. Nilson Naves, j. 18/05/2010).

STF: Vedação à atuação do juiz na fase pré-processual.

A separação entre as funções de acusar defender e julgar é o signo essencial do sistema acusatório de processo penal (Art. 129, I, CRFB), tornando a atuação do Judiciário na fase pré-processual somente admissível com o propósito de proteger as garantias fundamentais dos investigados (ADI nº 4414/AL, Plenário, Rel. Luiz Fux, j. 31/05/2012).

STF: Sistema acusatório não pressupõe magistrado como mero espectador.

(...) o prefalado sistema acusatório não pressupõe magistrado como mero espectador estático no curso do processo penal, admitindo-se, ainda que excepcionalmente, a iniciativa probatória *ex officio*. A possibilidade de o magistrado ouvir outras testemunhas, consoan-

---

[29] "De lo anterior puede concluirse que en todo sistema de justicia penal calificado de acusatório existe una fase de investigación oficial del hecho delictivo y por tanto – a salvo de los debidos matices – está presente un elemento inquisitivo". WINTER, Lorena Bachmaier. Acusatorio versus Inquisitivo. Reflexiones acerca del proceso penal. *In*: Lorena Bachmaier Winter (Coord.). *Proceso penal y sistemas acusatorios*. Madrid: Marcial Pons, 2008. p. 33.

[30] FERRAJOLI, Luigi. *Direito e razão*: teoria do garantismo penal. Tradução de Ana Paula Zomer Sica; Fauzi Hassan Choukr; Juarez Tavares; Luiz Flávio Gomes. São Paulo: RT, 2006. p. 518-522.

te artigo 209, caput, do Código de Processo Penal ("O juiz, quando julgar necessário, poderá ouvir outras testemunhas, além das indicadas pelas partes") é, segundo lição de NUCCI, "decorrência do princípio da verdade real, vigente no processo penal, além de ser, ainda, consequência do princípio do impulso oficial" (Código de Processo Penal Comentado. 10ª edição. São Paulo: Revista dos Tribunais, 2011. P. 495). O sentido conferido à locução, verdade material, neste contexto, não é no sentido de pretender a busca de uma verdade absoluta ou ontológica, e sim com vistas a explicitar a limitação de disponibilidade probatória das partes no processo penal, em face da indisponibilidade da *res judicanda*, a exigir, assim, uma verdade não integralmente dependente da influência que, através de seu comportamento processual, as partes queiram sobre ela exercer (DIAS, Jorge de Figueiredo. Direito processual penal. Coimbra: Coimbra, 1974. p. 193-195). (HC nº 109713/RJ, 1ª Turma, Rel. Rosa Weber, j. 19/02/2013).

⇒ **Em discussão**

Atenuação da iniciativa probatória no PLS nº 156/2009

Na linha dos precedentes dos Tribunais Superiores autorizando a produção de provas de ofício pelo magistrado, as alterações sofridas pelo CPP no campo da prova e dos procedimentos no ano de 2008 operou claro retrocesso. Mais uma vez, confiou-se na bondade e na capacidade do juiz de envolver-se na coleta das provas e, posteriormente, julgar com imparcialidade. Perdeu-se a chance de se retirar do CPP, de uma vez por todas, a ideologia inquisitória que está por trás também da noção de verdade real.

Em sentido oposto, o PLS n° 156/2009 revela no seu art. 4° que: "O processo penal terá estrutura acusatória, nos limites definidos neste Código, vedada a iniciativa do juiz na fase de investigação e a substituição da atuação probatória do órgão de acusação". Na mesma linha, o art. 165 do mesmo projeto de lei informa que *as provas serão propostas pelas partes*.

Apesar disso, o PLS n° 156/2009 não afastou o magistrado totalmente da produção probatória. Observe-se que a redação do art. 165, em seu parágrafo único, acabou deixando, de alguma forma, nas mãos do julgador, a gestão da prova quando refere que: "Será facultado ao juiz, antes de proferir a sentença, determinar diligências para esclarecer dúvida sobre a prova produzida por qualquer das partes".

7. Produção antecipada de provas

De acordo com Lopes Jr., a produção antecipada de provas, prevista no art. 156, I, do CPP, é uma medida de extrema excepcionalidade.[31] Em havendo risco de perecimento, relevância do conteúdo para a decisão e

[31] LOPES JR., Aury. *Direito processual penal*. São Paulo: Saraiva, 2012. p. 608-609.

sendo irreparável e não repetível na fase judicial algum dos elementos colhidos na fase preliminar é possível lançar mão desse incidente.

Trata-se, portanto, de uma medida de caráter cautelar e, como tal, exige a presença de dois elementos: *fumus boni iuris* e *periculum in mora*. Assim, para que seja realizada a prova antecipada, principalmente nos casos em que a produção ocorre antes da ação penal, são necessários indícios mínimos de materialidade e autoria, bem como a demonstração da relevância e urgência da prova a ser produzida.

No entanto, é necessário, além das supracitadas circunstâncias, que os princípios do contraditório e da ampla defesa não sejam violados a pretexto da emergência probatória ou qualquer outra justificativa infundada. Neste sentido, a produção antecipada de provas somente pode ser produzida em audiência pública (exceto se houver segredo justificado pelo controle da publicidade processual) e presidida por um órgão jurisdicional, na presença das futuras partes e seus defensores, obedecendo-se os mesmos requisitos formais para a produção de prova na fase judicial.

Cumpre mencionar que, além da possibilidade de se realizar a produção antecipada de provas na fase policial, o CPP aponta para a sua realização também no curso da ação penal, consoante previsão do art. 366. Assim, quando o processo restar suspenso em razão do não comparecimento de réu citado por edital, o magistrado poderá determinar a produção das provas consideradas urgentes.[32]

- **Na jurisprudência**

STJ: Decisão não fundamentada e desentranhamento das informações produzidas antecipadamente.

A produção antecipada de provas está adstrita àquelas hipóteses consideradas de natureza urgente pelo Juízo processante, consoante sua prudente avaliação em cada caso concreto. Na hipótese em apreço, não há justificativa idônea para a aplicação da medida. Precedentes. 2. Consoante dispõe a Súmula nº 455 desta Corte, "[a] decisão que determina a produção antecipada de provas com base no art. 366 do CPP deve ser concretamente fundamentada, não a justificando unicamente o mero decurso do tempo." 3. Habeas corpus concedido para, cassando o acórdão impugnado, anular a determinação da produção antecipada de prova, desentranhando-se os eventuais elementos de informação produzidos por antecipação. (HC nº 189055/SP, 5ª Turma, Rel. Laurita Vaz, j. 28/06/2012).

STF: Produção antecipada de provas e necessidade de fundamentação.

Toda produção antecipada de provas realizada nos termos do art. 366 do Código de Processo Penal está adstrita a sua necessidade concreta, devidamente fundamentada. (HC nº 109728/SP, 2ª Turma, Rel. Ricardo Lewandowski, j.15/05/2012).

---

[32] A propósito, a Súmula n° 455 do STJ dispõe que: "A decisão que determina a produção antecipada com base no artigo 366 do CPP deve ser concretamente fundamentada, não a justificando unicamente o mero decurso do tempo".

⇒ **Em discussão**

Ausência de procedimento determinado para a produção antecipada de provas

A realização antecipada de prova, no curso da investigação criminal, é desconhecida como incidente processual penal, deixando a própria disposição legal sem aplicação prática. Não se pode aceitar aqui simplesmente a aplicação analógica da produção antecipada de provas do CPC (arts. 846 e segs.), na qual a prova é colhida pelo próprio juiz da causa.

Mesmo que se admitisse tal possibilidade, incidir-se-ia na mesma incongruência legislativa do art. 3° da Lei nº 9.034/95, que tivemos a oportunidade de comentar em outro momento.[33] Permitir-se que o juiz realize pessoalmente a colheita da prova, antes de iniciada a ação penal, é colocá-lo no papel de acusador. Não ficará ele, então, contaminado, tendo em vista que mais tarde irá proferir sentença?

Caso houvesse um juiz diverso que determinasse e colhesse a prova antecipada na presença das partes (desprezando-se, pois, o conteúdo do art. 83 do CPP, que fixa a competência pela prevenção), não haveria qualquer incoerência no instituto, a não ser, por óbvio, em relação aos poderes de agir *ex officio* do magistrado.

Cabe referir que o PLS n° 156/2009 pretende resolver uma das incompatibilidades do instituto da produção antecipada de provas com o processo penal. É o que se extrai da redação do art. 14, VII, determinando que caberá ao juiz de garantias decidir sobre o pedido de produção antecipada de provas consideradas urgentes e não repetíveis, assegurados o contraditório e a ampla defesa.

8. Princípios atinentes às provas

Além dos princípios gerais existentes no nosso ordenamento jurídico, há aqueles que dizem respeito especificamente à produção probatória, informados pela leitura do processo penal à luz da Constituição Federal.

8.1. Princípio da Presunção de Inocência

É possível indicar que no final do séc. XVIII, no auge do iluminismo, o princípio da presunção de inocência se apresenta na contramão no

[33] Ver nossos comentários sobre a declaração de inconstitucionalidade do dispositivo por ferir o devido processo legal (COSTA SILVA, Davi André; EBERHARDT, Marcos. *Leis penais e processuais comentadas*. Porto Alegre: Verbo Jurídico, 2010, p.127-129).

sistema inquisitório, de base romano-germânica, presente desde o séc. XII.[34] Na época, o acusado não era protegido por qualquer garantia, e o Estado o presumia culpado.

Com a Revolução Francesa e a Declaração dos Direitos do Homem e do Cidadão, essa lógica é invertida. Neste contexto, a Declaração Universal dos Direitos Humanos, de 1948, considerou que: "Toda pessoa acusada de um delito tem o direito de ser presumida inocente até que sua culpabilidade tenha sido provada de acordo com a lei, em julgamento público no qual lhe tenham sido asseguradas todas as garantias necessárias à sua defesa" (art. XI, 1). No mesmo sentido, o Pacto de San José da Costa Rica (1969) enunciou em seu art. 8º, 2, que: "Toda pessoa acusada de um delito tem direito a que se presuma a sua inocência, enquanto não for legalmente comprovada sua culpa".

Tais enunciados demonstram que o princípio da presunção de inocência alcança certa consciência universal no que diz respeito ao valor da pessoa e à importância de sua proteção, inegavelmente uma reação contra os abusos cometidos durante a inquisição.

O que é necessário frisar é que não está em jogo, como afirma Binder, um nível de conhecimento da facticidade quando se fala em presunção de inocência, senão uma garantia política que protege todo aquele que ingressa nos meandros do processo penal.[35] O que se pretende com isso é que a pena não seja cumprida antes de um julgamento prévio, construído com grau de certeza probatória suficiente para se considerar o réu culpado e destruir seu *status* de inocência. Daí que, não havendo certeza probatória, o que vale é o princípio do *favor rei* ou *in dubio pro reo*.

Consequentemente, o réu não poderá ter seu direito de defesa restringido, bem como não poderá ser obrigado a fazer prova contra si mesmo, uma vez que, até que se prove ao contrário, é inocente. Nestas noções encontramos um limite ao poder punitivo estatal.

Na Constituição brasileira, o princípio está insculpido no art. 5º, LVII, que dispõe que: "Ninguém será culpado até o trânsito em julgado de sentença penal condenatória". Podemos sustentar, sem dúvida alguma, que este é o princípio reitor do processo penal e do qual derivam diversos outros. Nesse sentido, toda pessoa é inocente e deve ser assim tratada enquanto não for declarada sua culpa em sentença transitada em julgado. Afinal de contas, é a Constituição que impõe esse tratamento, como verdadeiro *status* conferido ao cidadão.

---

[34] RANGEL, Paulo. *Direito processual penal*. São Paulo: Atlas, 2013. p. 23.

[35] BINDER, Alberto M. *Introdução ao direito processual penal*. Tradução de Fernando Zani. Rio de Janeiro: Lumen Juris, 2003. p. 86-87.

Lopes Jr. afirma que a presunção de inocência impõe um *dever de tratamento* em duas dimensões: interna e externa.[36] Na interna, o réu deve ser tratado pelo juiz e pelo promotor como se fosse efetivamente inocente. Já na externa, a publicidade deve ser limitada, de modo que se evite a estigmatização do acusado.

Assim, qualquer medida coercitiva somente pode ser adotada contra o réu em caráter cautelar, ou seja, quando for extremamente necessária. Mesmo assim, essa medida deve encontrar limites, de modo que a presunção de inocência não seja violada.

- **Na jurisprudência**

STJ: Medida cautelar e presunção de inocência.

A prisão cautelar é medida excepcional e deve ser decretada apenas quando devidamente amparada pelos requisitos legais previstos no art. 312 do Código de Processo Penal, em observância ao princípio constitucional da presunção de inocência ou da não culpabilidade, sob pena de antecipar a reprimenda a ser cumprida quando da condenação. (HC nº 236382/SP, 5ª Turma, Rel. Gilson Dipp, j. 12/06/2012).

STJ: Pena-base, inquéritos/processos em andamento e presunção de inocência.

Consoante jurisprudência desta Corte, em respeito ao princípio da presunção de inocência, inquéritos e processos em andamento, assim como processos com trânsito em julgado emanados de fatos posteriores aos narrados na denúncia, não podem utilizados como fundamento para majoração da pena-base, a título de personalidade voltada para o crime. (HC nº 223998/DF, 5ª Turma, Rel. Laurita Vaz, j. 13/08/2013).

STF: Medida cautelar e presunção de inocência.

A presunção de inocência, ou de não culpabilidade, é princípio cardeal no processo penal em um Estado Democrático de Direito. (...) Não impede, porém, em absoluto, a imposição de restrições ao direito do acusado antes do final processo, exigindo apenas que essas sejam necessárias e que não sejam prodigalizadas. (HC nº 101979/SP, 1ª Turma, Rel. Rosa Weber, j. 15/05/2012).

8.2. Princípio do *nemo tenetur se detegere*

O brocardo latino *nemo tenetur se detegere*, em sua acepção literal, significa que ninguém é obrigado a se descobrir, tendo aplicação prática como o direito de não produzir prova contra si mesmo. Nessa linha, o acusado não pode ser considerado objeto de prova, dele não podendo ser exigida a autoincriminação e, por isso, as provas úteis à acusação devem ser obtidas sem a sua cooperação, figurando como pedra de toque e demarcando as fronteiras entre o processo de estrutura acusatória e o sistema inquisitivo.[37]

---

[36] LOPES JR., Aury. *Direito processual penal*. São Paulo: Saraiva, 2012. p. 548-549.

[37] ANDRADE, Manuel da Costa. *Sobre as proibições de prova em processo penal*. Coimbra: Coimbra Editora, 1991 (reimpressão de 2013). p.122.

O *nemo tenetur se detegere* deve ser entendido como um direito fundamental que gera garantias de liberdade frente ao Estado, exigindo um não fazer deste. Através dele, pretende-se proteger o indivíduo contra as arbitrariedades estatais, incluindo a proteção contra violências físicas e psíquicas quando utilizadas a fim de fazer o indivíduo colaborar com a colheita probatória. Salienta-se que, além de se proteger um direito subjetivo, garante-se o interesse público de adequado funcionamento jurisdicional.[38]

O Pacto Internacional sobre Direitos Civis e Políticos, adotado pela Assembleia Geral das Nações Unidas, prevê expressamente, no seu art. 14, n° 3, alínea *g*, que: "Toda pessoa acusada de um delito terá direito, em plena igualdade, a, pelo menos, as seguintes garantias: (...) g) de não ser obrigada a depor contra si mesma, nem a confessar-se culpada".

De sua vez, a Convenção Americana Sobre Direitos Humanos, no seu art. 8º, § 2º, alínea *g*, dispõe que: "Toda pessoa acusada de delito tem direito a que se presuma sua inocência enquanto não se comprove legalmente sua culpa. Durante o processo, toda pessoa tem direito, em plena igualdade, às seguintes garantias mínimas: (...) g) direito de não ser obrigado a depor contra si mesma, nem a declarar-se culpada".

No Brasil, o *nemo tenetur se detegere* encontra previsão legal no art. 5º, LXIII, da CF, a saber: "O preso será informado de seus direitos, entre os quais o de permanecer calado (...)". Nessa perspectiva, apesar de o direito ao silêncio ser a sua manifestação mais conhecida, poderá consistir na negativa de concessão de material genético, de submissão a reconhecimento, a exame criminológico, a acareações, etc., aplicando-se ao réu/investigado preso ou solto.

Desta feita, ao ser interrogado em juízo ou na investigação, o sujeito passivo será informado, antes de iniciar o interrogatório, do seu direito de permanecer calado e de não responder perguntas que lhe forem formuladas, bem como de que o silêncio não importará em confissão e não poderá ser interpretado em prejuízo à defesa (art.186, parágrafo único, do CPP).

Resta sublinhar que essa é uma garantia que alcança também a testemunha – o que será tratado em ponto específico –, pois toda vez que alguém se sentir prejudicado com sua declaração, correndo o risco de ser submetido a um processo penal, poderá negar-se a depor.[39]

---

[38] QUEIJO, Maria Elizabeth. *O direito de não produzir prova contra si mesmo*: o princípio nemo tenetur se detegere e suas decorrências no processo penal. São Paulo: Saraiva, 2012. p. 78.

[39] BINDER, Alberto M. *Introdução ao direito processual penal*. Tradução de Fernando Zani. Rio de Janeiro: Lumen Juris, 2003. p. 136.

• **Na jurisprudência**

STJ: *Nemo tenetur se detegere* e atipicidade da conduta de se atribuir falsa identidade perante autoridade policial.

O direito do investigado ou do acusado de não produzir prova contra si foi positivado pela Constituição da República no rol petrificado dos direitos e garantias individuais (art. 5º, inciso LXIII). É essa a norma que garante status constitucional ao princípio do "Nemo tenetur se detegere" (STF, HC 80.949/RJ, Rel. Min. SEPÚLVEDA PERTENCE, 1ª Turma, DJ de 14/12/2001), segundo o qual, repita-se, ninguém é obrigado a produzir quaisquer provas contra si. 2. A propósito, o Constituinte Originário, ao editar tal regra, "nada mais fez senão consagrar, desta vez no âmbito do sistema normativo instaurado pela Carta da República de 1988, diretriz fundamental proclamada, desde 1791, pela Quinta Emenda à Constituição dos Estados Unidos da América], que compõe o "Bill of Rights" norte-americano" (STF, HC 94.082-MC/RS, Rel. Min. CELSO DE MELLO, DJ DE 25/03/2008). 3. "Qualquer pessoa que sofra investigações penais, policiais ou parlamentares, ostentando, ou não, a condição formal de indiciado – ainda que convocada como testemunha (RTJ 163/626 -RTJ 176/805-806) –, possui, dentre as várias prerrogativas que lhe são constitucionalmente asseguradas, o direito de permanecer em silêncio e de não produzir provas contra si própria" (RTJ 141/512, Rel. Min. CELSO DE MELLO). 4. Nos termos do art. 5º, inciso LXIII, da Carta Magna "o preso será informado de seus direitos, entre os quais o de permanecer calado, sendo-lhe assegurada a assistência da família e de advogado". Tal regra, conforme jurisprudência dos Tribunais pátrios, deve ser interpretada de forma extensiva, e engloba cláusulas a serem expressamente comunicadas a quaisquer investigados ou acusados, quais sejam: o direito ao silêncio, o direito de não confessar, o direito de não produzir provas materiais ou de ceder seu corpo para produção de prova etc. 5. É atípica a conduta de se atribuir falsa identidade perante autoridade policial com o intuito de não se incriminar, pois se trata de hipótese de autodefesa, consagrada no art. 5º, inciso LXIII, da Constituição Federal, que não configura o crime descrito no art. 307 do Código Penal. Precedentes. 6. *Habeas corpus* concedido, para absolver o Paciente do crime de falsa identidade. (HC nº 167520/SP, 5ª Turma, Rel. Laurita Vaz, j. 28/06/2012).

STJ: Investigação criminal e direito ao silêncio.

Apesar da natureza inquisitorial do inquérito policial, não se pode perder de vista que o suspeito, investigado ou indiciado possui direitos fundamentais que devem ser observados mesmo no curso da investigação, entre os quais o direito ao silêncio e o de ser assistido por advogado. (HC nº 215335/MG, 6ª Turma, Rel. Maria Thereza de Assis Moura, j. 11/03/2014).

STF: O direito à presunção de não culpabilidade e a presunção de inocência.

A Constituição Federal assegura aos presos o direito ao silêncio (inciso LXIII do art. 5º). Nessa mesma linha de orientação, o Pacto Internacional sobre Direitos Civis e Políticos (Pacto de São José da Costa Rica) institucionaliza o princípio da "não-auto-incriminação" (*nemo tenetur se detegere*). Esse direito subjetivo de não se auto-incriminar constitui uma das mais eminentes formas de densificação da garantia do devido processo penal e do direito à presunção de não-culpabilidade (inciso LVII do art. 5º da Constituição Federal). A revelar, primeiro, que o processo penal é o espaço de atuação apropriada para o órgão de acusação demonstrar por modo robusto a autoria e a materialidade do delito. Órgão que não pode se esquivar da incumbência de fazer da instrução criminal a sua estratégia oportunidade de produzir material probatório substancialmente sólido em termos de comprovação da existência de fato típico e ilícito, além da culpabilidade do acusado. 2. A presunção de não-culpabilidade trata, mais do que de uma garantia, de um direito substantivo. Direito material que tem por conteúdo a presunção de não-culpabilidade. Esse o bem jurídico substantivamente tutelado pela Constituição; ou seja, a presunção de não--culpabilidade como o próprio conteúdo de um direito substantivo de matriz constitucional. Logo, o direito à presunção de não-culpabilidade é situação jurídica ativa ainda mais densa ou de mais forte carga protetiva do que a simples presunção de inocência (...) (HC nº 101909/MG, 2ª Turma, Rel. Ayres Britto, j. 28/02/2012).

⇒ **Em discussão**

O direito ao silêncio e meios subversivos de confissão

O direito de não produzir provas contra si mesmo também informa que o réu/investigado não pode ser compelido a confessar por meios subversivos, por exemplo, com perguntas astutas ou capciosas, bem como sob pressão ou por meios violentos.[40] Observe-se nesse sentido que o PLS n° 156/2009 dispõe expressamente no art. 65 que: "Será respeitada em sua plenitude a capacidade de compreensão e discernimento do interrogando, não se admitindo o emprego de métodos ou técnicas ilícitas e de quaisquer formas de coação, intimidação ou ameaça contra a liberdade de declarar, sendo irrelevante, nesse caso, o consentimento da pessoa interrogada". Vai além o § 2° ao estabelecer que: "O interrogatório não se prolongará por tempo excessivo, impondo-se o respeito à integridade física e mental do interrogando. O tempo de duração do interrogatório será expressamente consignado no termo de declarações".

Importante referir, por fim, que um dos principais óbices à incidência plena do *nemo tenetur se detegere* é o mito da *verdade* material, que encontra espaço na ausência de limites do poder de produção de provas pelo magistrado.[41]

8.3. Princípio do *in dubio pro reo*

Considerado um dos princípios mais importantes do processo penal, o *in dubio pro reo* determina ao julgador que, diante da incerteza na avaliação da prova, decida em favor da defesa. Trata-se de um evidente signo do processo penal democrático, amparado constitucionalmente pela interpretação do art. 5°, LVII, da CF.

O *in dubio pro reo* opera, segundo Binder: "(...) como princípio retórico da construção da sentença como um todo, mas também serve para interpretar ou valorar algum elemento de prova".[42] Assim, quando o

---

[40] BINDER, Alberto M. *Introdução ao direito processual penal*. Tradução de Fernando Zani. Rio de Janeiro: Lumen Juris, 2003. p. 136.

[41] QUEIJO, Maria Elizabeth. *O direito de não produzir prova contra si mesmo*: o princípio nemo tenetur se detegere e suas decorrências no processo penal. São Paulo: Saraiva, 2012. p. 64.

[42] BINDER, Alberto M. *Introdução ao direito processual penal*. Tradução de Fernando Zani. Rio de Janeiro: Lumen Juris, 2003. p. 89.

magistrado, ao analisar o conjunto probatório, não formar seu convencimento nem quanto à condenação e nem quanto à absolvição, deve prevalecer o entendimento que beneficie o acusado.

- **Na jurisprudência**

STJ: "In dubio pro reo" como norte do processo.

Conforme orientação desta Corte, "não havendo regra específica sobre a matéria, se a denúncia não estabelece a data precisa da consumação dos fatos, compreendendo-o em um determinado lapso de tempo, há de se considerada a data mais benéfica ao acusado para fins de cômputo do lapso prescricional, em homenagem ao princípio do *in dubio pro reo*" (EDcl no AgRg no REsp nº 1198695/DF, 6ª Turma, Rel. Og Fernandes, j. 29/05/2012).

STJ: Prova e o "in dubio pro reo".

A questão da necessidade de licitação para contratação de serviços de advogado, em razão do disposto no art. 13, V, da Lei n. 8.666/1993, foi objeto de intensos debates na doutrina e na jurisprudência, como é de conhecimento notório no âmbito da comunidade jurídica. (...) Dessa forma, se, à época, era controvertida a própria necessidade da licitação para contratação de advogado, não há como condenar-se pela sua dispensa, sendo necessário fazer valer o princípio do *in dubio pro reo*. (REsp nº 1185582/SP, 6ª Turma, Rel. Sebastião Reis Júnior, j. 21/11/2013).

⇒ **Em discussão**

A pronúncia e a necessidade de um "standard" de prova

No âmbito do procedimento do júri, o CPP autoriza o juiz a pronunciar o acusado se convencido da materialidade do fato e da existência de indícios suficientes de autoria ou de participação, consoante a dicção do art. 413. Diante disso, doutrina e jurisprudência majoritariamente qualificam a pronúncia como *mero* juízo de admissibilidade da acusação, dificultando ou até mesmo impedindo um juízo de impronúncia ou absolvição sumária nesta fase do procedimento.

No contexto da pronúncia, até os elementos indiciários tem permitido uma decisão que declare a procedência da acusação, circunstância esta aceita pelos nossos tribunais sob o entendimento de que as proibições do art. 155 do CPP, no âmbito do procedimento dos crimes dolosos contra a vida, devem ser vistas com reservas. Assim, indícios produzidos unilateralmente e sem contraditório na fase policial autorizam a sequência do procedimento sob a invocação do *in dubio pro societate*, olvidando-se, portanto, que a dúvida deveria funcionar, sobretudo em se tratando de prova, como um critério de resolução da incerteza em favor acusado.[43] A incerteza deveria, portanto, conduzir à impronúncia (*dúvidas sobre a existência do fato e os indícios não sejam suficientemente esclarecedores da autoria ou participação*).[44]

---

[43] LOPES JR., Aury. *Direito processual penal*. São Paulo: Saraiva, 2012. p. 554.

[44] NASSIF, Aramis. *O novo júri brasileiro*. Porto Alegre: Livraria do Advogado. 2009. p. 67.

É que, apesar da necessidade de indícios suficientes de autoria para autorizar-se a pronúncia, não há determinação do alcance da *suficiência* – não há um *standard* seguro de prova, como critério de julgamento, que permita um verdadeiro controle da decisão judicial. Esta abertura e a ausência de critérios de julgamento têm autorizado decisões arbitrárias e com pouca chance de reversão nas instâncias impugnativas justamente porque o "suficiente" é indeterminado, é subjetivo.

A partir de Knijnik, temos que o livre convencimento encontra limites na necessidade de motivação e na demonstração dos modelos de constatação, critérios de julgamento ou *standards* de prova. É preciso, portanto, que a decisão judicial evidencie o *standard* de prova utilizado para aquele caso concreto que, no processo penal, se identifica com o modelo da "prova além da dúvida razoável".[45]

A complexidade aumenta nos casos em que a existência de *dúvida razoável* sobre os pedidos da acusação tem autorizado que o acusado seja submetido ao Conselho de Sentença (entrando em cena a íntima convicção e exibindo-se episódios muito semelhantes ao "vale-tudo"). Sob o pretexto de "não usurpar a competência constitucional do Júri", os julgados indicam uma *omissão confortável* chamando o *in dubio pro societate* para elevar toda e qualquer dúvida, mesmo que mínima, ao padrão "A decisão de pronúncia encerra mero juízo de admissibilidade da acusação, não se exigindo certeza, mas tão somente o exame de prova da materialidade e de indícios da autoria, prevalecendo, nesta fase, o princípio do *in dubio pro societate.*"

Em nosso sentir, a pronúncia deveria funcionar como mecanismo de segurança e imposição de limites ao Estado, garantindo-se que o acusado seja submetido ao Tribunal Popular somente quando existirem provas suficientes da autoria e materialidade da infração penal e desde que o critério de julgamento seja menos fluido do que aquele precariamente informado pelo órfão *in dubio pro societate.*

É preciso muito mais do que dizer que "a dúvida, na pronúncia, favorece a sociedade". Um *standard* de prova ou critério de julgamento bem definido e objetivo não serve à busca da *verdade*, mas sim à eliminação de erros judiciários.

8.4. Princípio da proibição da utilização das provas ilícitas

A exigência de um padrão ético por parte do Estado indica o motivo pelo qual a proibição da utilização de provas ilícitas figura na con-

[45] KNIJNIK, Danilo. *A prova nos juízos cível, penal e tributário.* Rio de Janeiro: Forense, 2007. p. 19-38.

dição de direito fundamental[46] (art. 5º, LVI, da CF). A partir desta disposição, a prova do fato não pode ser colhida a qualquer preço, devendo respeitar limites coerentes à preservação do Estado Democrático de Direito.

Segundo o CPP, são inadmissíveis, devendo ser desentranhadas do processo, as provas ilícitas, assim entendidas as obtidas em violação a normas constitucionais ou legais (art. 157). Assim, se, por exemplo, o juiz ordenar que o acusado faça uso, em plenário do Júri, do chamado soro da verdade ou do detector de mentira, ou ainda se a confissão for realizada mediante tortura, estaremos então diante de provas ilícitas e, por consequência, inadmissíveis no processo penal.

A prova ilícita por derivação – a prova obtida por meio de uma prova ilícita originária – também é repudiada pelo ordenamento jurídico. A Suprema Corte Norte-Americana enfrentou a questão envolvendo a teoria dos frutos da árvore envenenada – *fruits of the poisonous tree* – entendendo que os vícios da árvore envenenada são transmitidos aos seus frutos.[47]

Há, contudo, exceções ao alcance da teoria dos frutos da árvore envenenada, que serão tratadas no momento apropriado.

8.5. Princípio do contraditório e da ampla defesa

Toda prova trazida aos autos merece e pode ser contestada pela parte interessada – com contraprova ou contra-argumento, tratando-se de uma garantia constitucional (art. 5º, LV, CF) que confere caráter dialético ao processo.[48]

Na prática, o juiz que ouve uma parte deve ouvir a outra, dando-lhe oportunidade de fala; todo o documento juntado aos autos pode ser contraditado até mesmo para que a possível admissão da prova possa já ser refutada (o que alcança perícias, provas emprestadas, fotos, etc.); ambas as partes precisam ter a possibilidade de postular provas e de acompanhar tais diligências; toda decisão judicial deve ser levada ao conhecimento das partes.

Em síntese, o contraditório, ao lado da ampla defesa, é a base estrutural do devido processo legal, alcançando tanto a defesa quanto a acusação. Consequência lógica disso é que as partes sejam tratadas de

---

[46] BEDÊ JÚNIOR, Américo; SENNA, Gustavo. *Princípios do processo penal*: entre o garantismo e a efetividade. São Paulo: RT, 2009. p. 49.

[47] RANGEL, Paulo. *Direito processual penal*. São Paulo: Atlas, 2013. p. 466-467.

[48] LOPES JR., Aury. *Direito processual penal*. São Paulo: Saraiva, 2012. p. 554-555.

forma igualitária, podendo produzir provas segundo seus interesses e em idênticas condições.[49]

O contraditório é, portanto, inerente à estrutura acusatória de um processo penal de partes[50] e, no tocante à defesa, como advertem Grinover, Fernandes e Gomes Filho, tal garantia: "(...) não tem apenas como objetivo a defesa entendida em sentido negativo – como oposição ou resistência – mas principalmente a defesa vista em sua dimensão positiva, como influência, ou seja, como direito de incidir ativamente sobre o desenvolvimento e resultado do processo".[51]

- **Na jurisprudência**

STJ: Adoção de procedimento penal mais amplo, ausência de violação ao contraditório e ampla defesa.

Nos termos da jurisprudência desta Corte Superior e do Supremo Tribunal Federal, não acarreta nulidade a adoção do rito ordinário em ação penal que apura crimes que possuem ritos diversos. Isso porque se trata de procedimento mais amplo no qual, em tese, estaria assegurado com maior amplitude o exercício do contraditório e da ampla defesa. (RHC nº 39571/BA, 5ª Turma, Rel. Laurita Vaz, j. 21/08/2014).

STJ: Pedido de sustentação oral, ausência de intimação e violação ao contraditório.

Com efeito, da leitura dos autos verifico constar pedido expresso do patrono do recorrente sobre a intimação da data da sessão de julgamento, com a finalidade de promover a sustentação oral (cf.l 54). Entretanto, referido pleito não foi observado no julgamento do presente *writ*, motivo pelo qual omissão deve ser sanada para evitar mácula de nulidade do acórdão embargado. (EDcl no HC nº 219146/DF, 5ª Turma, Rel. Moura Ribeiro, j. 12/08/2014).

STF: Laudo pericial oficial realizado no curso da investigação e desnecessidade de contraditório.

LAUDO OFICIAL - VÍTIMA - FEITURA - CONTRADITÓRIO - IMPROPRIEDADE. Em se tratando de laudo pericial do Instituto Médico Legal relativo à vítima, dispensável é a observância do contraditório, o que mais se robustece no que realizada audiência para as elucidações cabíveis. (HC nº 119861/SP, 1ª Turma, Rel. Marco Aurélio, j. 05/08/2014).

STF: Intimação irregular, contraditório e o poder de influenciar na formação do convencimento do juiz.

O contraditório e a ampla defesa são princípios cardeais da persecução penal, consectários lógicos que são do *due process of law*. Processo devido é processo pautado no contraditório e na ampla defesa, no intuito de se garantir aos acusados em geral não só o direito de participar do feito, mas também o de participar de forma efetiva, com o poder de influenciar na formação da convicção do magistrado. 2. Forçoso reconhecer a nulidade de intimação efetuada, pois realizada em nome de advogado que já renunciara aos pode-

---

[49] BADARÓ refere que a real possibilidade de participação das partes no processo de forma igualitária é denominada de contraditório efetivo e equilibrado e caberia ao julgador a missão de assegurar a sua aplicação. (BADARÓ, Gustavo Righi Ivahy. *Processo penal*. Rio de Janeiro: Elsevier, 2014. p. 16).

[50] RANGEL, Paulo. *Direito processual penal*. São Paulo: Atlas, 2013. p. 18.

[51] GRINOVER, Ada Pellegrini; FERNANDES, Antonio Scarance; GOMES FILHO, Antonio Magalhães. *As nulidades no processo penal*. São Paulo: RT, 2007. p. 145.

res que lhe tinham sido outorgados. Necessária a realização de novo julgamento, com a intimação no nome dos procuradores devidamente habilitados nos autos, reabrindo-se o prazo para eventuais recursos. 3. *Habeas corpus* concedido. (HC nº 117446/PB, 1ª Turma, Rel. Rosa Weber, j. 11/03/2014).

⇒ **Em discussão**

Abertura de vista ao MP após a juntada da resposta à acusação

O contraditório exige que as partes possam ter ciência e oportunidade de contraditar documentos, provas e diligências trazidas aos autos. Discutível, no entanto, é o acerto da abertura de vista ao Ministério Público após a apresentação de resposta à acusação (art. 396, CPP).

É preciso inicialmente contextualizar a discussão. Oferecida a denúncia com todas as circunstâncias fáticas, rol de testemunhas e diligências, o acusado será citado para apresentação de resposta à acusação. Segundo o CPP, o juiz absolverá sumariamente o acusado, nas hipóteses do art. 397, ou então determinará o prosseguimento do feito aprazando a audiência de instrução e julgamento na linha dos arts. 399 e seguintes do CPP.

O devido processo legal assegura vista ao Ministério Público da juntada da resposta à acusação? O direito a ter a última palavra no processo penal, garantido à defesa, permite que o Ministério Público se manifeste com a juntada da resposta à acusação?

Entendemos que não. Do contrário, teríamos a violação conjunta do devido processo legal, da ampla defesa e do contraditório. Aponta-se um evidente desequilíbrio ao oportunizar-se à acusação momento de fala antes e depois da defesa preliminar. A forma ainda deve ser vista como garantia no processo penal.

Permitir-se vista ao Ministério Público nesse momento processual obrigaria o magistrado a conceder nova oportunidade de manifestação à defesa, causando injustificável atraso ao andamento processual. Mais do que isso, a vista à acusação no momento da defesa traria ao Ministério Público a possibilidade de contrariar as teses defensivas sem, contudo, trazer fatos novos, já que a opinião ministerial já está na denúncia.

Em sentido oposto, entendeu o STF que oportunizar vista ao Ministério Público a partir da juntada da resposta à acusação é ato inerente ao contraditório. Nessa linha referiu o Rel. Min. Marco Aurélio que: "O Juízo abriu vista ao Ministério Público para pronunciar-se quanto à sequência, ou não, da ação penal. Descabe, na espécie, transportar para tal fase a ordem imperiosa alusiva às alegações finais, quando, aqui sim, considerado até mesmo precedente de minha lavra, citado na inicial – *Habeas Corpus* nº 76.953/MT –, é impossível a inversão da ordem prevista em lei, ouvindo-se, após apresentação das alegações finais pela defesa, o Ministério Público. No caso, a audição deste se deu em momento peculiar, estranho ao espaço destinado às alegações finais, antes mesmo da designação de audiência. O que houve, na espécie, foi a observação de princípio medular do processo-crime – o contraditório." (HC nº 105739/RJ, 1ª Turma, Rel. Marco Aurélio, j. 07/02/2012). De sua vez, o STJ entendeu que a vista ao Ministério Público a partir da juntada da defesa não se constitui em nulidade, mas em mera irregularidade. (HC nº 243260/SP, 5ª Turma, Rel. Laurita Vaz, j. 20/05/2014).

Equivocado o posicionamento dos Tribunais Superiores, não só pelos argumentos inicialmente expostos, mas também porque o projeto de lei que alterou o CPP, dando origem à edição da Lei nº 11.719/09, previa um § 3º ao art. 396 determinando que: "Apresentada a defesa o juiz ouvirá o Ministério Público ou o querelante sobre preliminares e documentos". O texto original foi suprimido em respeito ao devido processo legal e ao contraditório, sendo, portanto, desacertada a oportunidade de vista ao Ministério Público com a juntada da resposta à acusação.

8.6. Princípio da aquisição ou comunhão da prova

O princípio da comunhão da prova informa que a prova trazida aos autos pertence ao processo e, por isso, pode ser utilizada pelas partes e pelo juiz no interesse da justiça. Desta forma, a prova não mais pertence à parte que a acostou, já que endereçada à solução do processo. A narrativa do réu em interrogatório, por exemplo, passa a integrar o material cognitivo, algo que nem sempre serve ao seu interesse.

Na casuística, a desistência da oitiva de uma das testemunhas arroladas era homologada judicialmente apenas com a aquiescência da outra parte já que a prova pertencia ao processo. Porém, muito embora o princípio siga informando a produção probatória, importante lembrar que, pelo menos em relação à prova testemunhal, o legislador reformista em 2008, a partir da disposição contida no art. 401, § 2º, do CPP, relativizou a comunhão da prova. Assim, a orientação que pode ser seguida é a de que, apesar do princípio da comunhão, em se tratando de prova testemunhal, poderá haver a desistência da inquirição sem necessidade de concordância da outra parte.

- **Na jurisprudência**

STJ: Interrogatório e comunhão da prova.

Apesar de ser meio de prova da defesa, aquilo que é dito no interrogatório integra o material cognitivo por força do princípio da comunhão probatória. (HC nº 100792/RJ, 5ª Turma, Rel. Felix Fischer, j. 25/08/2012).

STF: Princípio da comunhão da prova e procedimento investigatório.

O regime de sigilo, sempre excepcional, eventualmente prevalecente no contexto de investigação penal promovida pelo Ministério Público, não se revelará oponível ao investigado e ao Advogado por este constituído, que terão direito de acesso – considerado o princípio da comunhão das provas – a todos os elementos de informação que já tenham sido formalmente incorporados aos autos do respectivo procedimento investigatório (HC nº 94173/BA, 2ª Turma, Rel. Celso de Mello, j. 27/10/2009).

8.7. Princípio da Oralidade

Sabe-se que as provas devem, tanto quanto possível, ser produzidas oralmente, devendo predominar a *palavra oral* de modo a permitir-se a *imediação* e a *identidade física* do magistrado.

A oralidade, em primeira leitura, estaria endereçada à celeridade, garantindo o princípio constitucional da razoável duração do processo (art. 5º, LXXVIII, CF).[52] Não é por outro motivo que a Convenção Americana de Direitos Humanos indicou como garantia judicial que: "Toda pessoa terá o direito de ser ouvida, com as devidas garantias e dentro de um prazo razoável (...)" tendo também como garantia mínima a: "Concessão ao acusado do tempo e dos meios necessários à preparação de sua defesa". Assim, o direito de ser julgado num prazo razoável integra uma das mais importantes conquistas do processo penal[53] garantida pela predominância da oralidade.

Nessa lógica, determina o art. 403 do CPP que, na audiência única de instrução e julgamento, serão oferecidas alegações finais orais pela acusação e pela defesa, devendo o juiz proferir, a seguir, a sentença. Tal dispositivo expressou a adoção de uma sistemática que valorizou a oralidade e a concentração dos atos processuais, bem como o contato direto do magistrado com as provas e as partes. Obviamente, a modificação legislativa tem seu ponto de fragilidade. A busca pela celeridade pode ferir a ampla defesa com o prazo exíguo de vinte minutos, apenas prorrogáveis por mais dez, para a articulação de todos os argumentos sustentados tanto pela defesa quanto pela acusação.[54] No entanto, em casos mais complexos, conforme expressa o § 3º do mesmo artigo, o juiz poderá conceder às partes o prazo de cinco dias sucessivamente para apresentação de memoriais.

Todas essas questões evidenciam que a oralidade foi erigida à regra dos procedimentos do CPP, tendo por finalidade o aperfeiçoamento do processo à luz da garantia e da observância de direitos fundamentais.

Importante a contribuição de Marques, acerca da importância deste princípio no processo penal, para quem: "(...) tem-se que a oralidade

---

[52] PASTOR, Daniel. *El plazo razonable en el proceso del estado de derecho*. Buenos Aires: Ad-hoc, 2002. p. 675.

[53] Cf. LOPES JR., Aury; BADARÓ, Gustavo Henrique. *Direito ao processo penal no prazo razoável*. Rio de Janeiro: Lumen Juris, 2006.

[54] PACELLI, Eugênio; FISCHER, Douglas. *Comentários ao código de processo penal e sua jurisprudência*. São Paulo: Atlas, 2012. p. 834.

democratiza a gestão da informação no processo penal, ao selar o destino da investigação secreta e desmitificar a escrita como único meio de transmissão do conhecimento, desvelando, por fim, a trágica separação entre instrução e julgamento. O julgamento oral e contínuo permite que as partes introduzam informações relevantes no debate em contraditório. Esse debate, fundamental para a problematização do raciocínio jurídico, cria condições para que o juiz pense as múltiplas possibilidades do Direito e busque, em conjunto com as partes, a resposta adequada ao caso concreto. O importante é que o provimento jurisdicional se referencie na argumentação das partes. Em detrimento de uma decisão soberana e unilateral, a oralidade possibilita a construção de uma decisão igualmente soberana, mas democrática, porque resultante da análise dos pontos de vista contrários. Por conseguinte, a compreensão unitária do juiz sobre um determinado caso cede lugar a uma visão compartilhada, plural, e abrangente, que se aproxima bem mais da intrincada realidade da sociedade moderna".[55]

Em conclusão, a oralidade é característica fundamental do processo penal de estrutura acusatória, permitindo-se às partes posição de igualdade perante um magistrado que certamente terá melhores condições de análise do caso penal.

8.8. Princípio da concentração

Como decorrência lógica da oralidade, o princípio da concentração informa que as provas devem ser produzidas, preferencialmente, em audiência una.

É latente a inspiração da concentração de atos processuais na reforma processual penal de 2008. Tanto que, no procedimento ordinário e sumário, quando da audiência de instrução e julgamento, proceder-se-á à tomada de declarações do ofendido, à inquirição das testemunhas arroladas pela acusação e pela defesa, bem como aos esclarecimentos dos peritos, às acareações e ao reconhecimento de pessoas e coisas, interrogando-se, em seguida, o acusado. Mais do que isso, o § 1° do art. 400 do CPP, incluído pela Lei n° 11.719/08, adverte que: "As provas serão produzidas numa só audiência, podendo o juiz indeferir as consideradas irrelevantes, impertinentes ou protelatórias". O mesmo ocorre no procedimento do júri, no qual o art. 411 demarca a concentração de atos em audiência.

Muito embora o desdobramento da audiência seja uma exceção na previsão legal, a nossa realidade processual demasiadamente habituada

[55] MARQUES, Leonardo Augusto Marinho. O princípio da oralidade e a descentralização da informação relevante no processo penal. *Revista de Estudos Criminais*. n° 46. Porto Alegre: Síntese, 2012. p. 169.

ao procedimento escrito acaba por tornar rara a realização da audiência concentrada, nos afastando da assunção dos ideais da oralidade e concentração.

Por óbvio, nos processos em que as provas forem complexas e exigirem uma análise mais profunda por parte do magistrado ou houver um número elevado de acusados, é possível e recomendado que seja concedido prazo para apresentação de memórias escritos e posterior sentença, como preconiza o § 3º do art. 403 do CPP.

Sem dúvida, o princípio da concentração, como derivado da oralidade, auxilia e facilita a formação do convencimento do magistrado.

- **Na jurisprudência**

STJ: Interrogatório por precatória e o princípio da concentração.

Com efeito, não há fundamento nem base legal que justifique a realização do interrogatório por carta precatória, mormente porque a defesa não justificou ausência do réu, que haveria, de qualquer modo, de comparecer à audiência que era destinada não somente ao interrogatório dos réus, mas também à oitiva das testemunhas, inclusive aquelas por ele arroladas, não havendo razão legal para cindir o ato procedimental uno, em obséquio à regra de concentração dos atos processuais trazida pela Lei nº 11.719/08. Acrescente-se, a propósito, que poderia o réu comparecer perante a autoridade judiciária a qualquer tempo no curso do processo penal para ser interrogado, nos termos do art. 185 do Código de Processo Penal, não havendo falar em prejuízo para a defesa decorrente do subsequente decreto de revelia. Vale averbar, nesse passo, que é certo que o interrogatório é a concretização do direito de audiência, desdobramento da autodefesa, devendo o juiz assegurar ao acusado a possibilidade de ser ouvido a qualquer tempo. Não é menos certo, por outro lado, que pode o acusado abrir mão do seu direto de tentar formar a convicção do magistrado, valendo-se do silêncio. Isso porque, diversamente da defesa técnica, que é irrenunciável (art. 261 do CPP), autodefesa é plenamente renunciável. (REsp nº 1302566/RS, 6ª Turma, Rel. Maria Thereza de Assis Moura, j. 27/06/2014).

8.9. Princípio da identidade física do juiz

Segundo o art. 399, § 2º, do CPP, trazido pela reforma parcial de 2008: "O juiz que presidiu a instrução deverá proferir a sentença". A ausência deste princípio no processo penal permitia que o magistrado frequentemente condenasse acusados que desconhecia.[56]

A identidade física está intimamente vinculada aos princípios da concentração, imediatidade e oralidade,[57] pois acaba exigindo que a instrução seja realizada numa só audiência ou, não havendo esta possibilidade, que a audiência seguinte seja realizada num curto espaço de tempo. Assim, o juiz que presidiu a instrução e esteve próximo da prova deve

---

[56] DOTTI, René Ariel. A presença do defensor no interrogatório. *Revista de Estudos Criminais*. v. 10. 2003. Notadez. p. 153.

[57] LOPES JR., Aury. *Direito processual penal*. São Paulo: Saraiva, 2012. p. 564.

julgar o caso.[58] É de se dizer que outro magistrado alheio à instrução que venha a atuar em substituição e proferir sentença conhecerá a prova oral (documentada) apenas quando da leitura do termo de audiência.

Já na época da reforma, em 2008, a doutrina, motivada pelo silêncio do legislador em prever hipóteses de exceção, esperava a aplicação analógica do art. 132 do CPC/73 para evitar a demora no julgamento nos casos de afastamento do magistrado.[59] Na mesma linha, veio a jurisprudência, demarcando que o princípio não pode se tornar um óbice à prestação da tutela jurisdicional, terminando por relativizar o conteúdo do art. 399, § 2º, do CPP. Hoje as decisões ainda analisam a matéria de forma automática, entendendo que é necessária a mitigação da identidade física pela aplicação das hipóteses contidas no suprimido art. 132 do CPC/73.

Diante deste quadro, algumas considerações são necessárias: (A) o art. 132 do CPC/73 referia que: "O juiz, titular ou substituto, que concluir a audiência julgará a lide, salvo se estiver convocado, licenciado, afastado por qualquer motivo, promovido ou aposentado, casos em que passará os autos ao seu sucessor"; (B) esta abertura (*afastado por qualquer motivo*) inspirou os Tribunais Superiores a considerarem, inclusive, que a eventual violação da identidade física no processo penal dependeria de demonstração de prejuízo pela parte interessada e ainda que o princípio só teria sentido quando a instrução se concentrar em audiência única; (C) realmente, o CPP foi omisso em 2008, mas o Projeto de Lei nº 156/2009 (Novo Código de Processo Penal) refere no art. 280 que: "O juiz que presidiu a instrução deverá proferir a sentença, salvo se estiver convocado, licenciado, afastado por motivo independente da sua vontade, promovido ou aposentado, casos em que passará os autos ao seu sucessor."; (D) O conteúdo do art. 399, § 2º, do CPP não se trata de uma simples recomendação (O juiz que presidiu a instrução deverá proferir a sentença); (E) Muito embora a tendência dos Tribunais, as categorias do processo civil não encontram encaixe e incidência automática no processo penal, ainda mais considerando-se que a identidade física não está prevista no CPC/15.

Disso tudo decorre que a identidade física no processo penal (art. 399, § 2º, do CPP) é a regra, podendo ser excepcionada diante de alguns critérios:

Motivação prévia e idônea: Sempre que houver uma exceção, deverá, por consequência, haver uma motivação idônea e prévia nos autos, sob pena de violação ao art. 93, IX, da CF (TJRS, AC nº 70052652922, 3ª Câ-

---

[58] RANGEL, Paulo. *Direito processual penal*. São Paulo: Atlas, 2013. p. 545.

[59] BALTAZAR JÚNIOR, José Paulo. A sentença penal de acordo com as leis de reforma. *In*: NUCCI, Guilherme de Souza (org.). *Reformas do Processo Penal*. Porto Alegre: Verbo Jurídico. 2009. p. 294.

mara Criminal, Rel. Nereu José Giacomolli, j. 04/07/2013). A ausência de motivação para afastar o princípio do juiz natural configura violação à ampla defesa e ao contraditório, uma vez que impede a verificação, pela defesa, da ocorrência de nulidade pela incorreta aplicação de eventual exceção; e

Inconveniência ou impossibilidade de aguardar o juiz titular: A hipótese capaz de excepcionar a identidade física, além de estar indicada nos autos, deve estar embasada em excepcional urgência ou outra razão que importe na impossibilidade ou inconveniência de aguardar o retorno do juiz titular, que acompanhou a instrução, para prolação da sentença. (TRF4, ENUL 5007083-41.2012.404.7201, Quarta Seção, Relator p/ Acórdão Sebastião Ogê Muniz, 21/07/2015, Voto vencido de João Pedro Gebran Neto).

- **Na jurisprudência**

STJ: Identidade física do juiz e regime de mutirão.

O Supremo Tribunal Federal, HC nº 123.873/MG, Primeira Turma, Relator o Ministro Luiz Fux, DJe de 18/12/14, relativizou o princípio da identidade física e reputou legítima a possibilidade de se proferir sentença em regime de mutirão, ressaltando que, apenas diante das peculiaridades do caso, em que a prova acusatória se resumia à palavra da vítima, fez prevalecer a competência do juiz que presidiu a instrução. (...) Na espécie, diversamente, o Tribunal de Justiça destacou que a condenação do recorrente se amparou em robusta prova documental e testemunhal, o que não justifica, na esteira do precedente citado, a prevalência da competência do juiz que presidiu a instrução sobre a do juiz designado para o regime de mutirão, com base em ato normativo local, que prestigia a celeridade e a efetividade processual. (ARE nº 839680, 2ª Turma, Rel. Min. Dias Toffoli, j. 02/09/2016).

STJ: Identidade física do juiz e a analogia com o art. 132 do CPC/73.

O princípio da identidade física do juiz, previsto no art. 399, §2º do Código de Processo Penal, foi introduzido pela Lei 11.719/08, vinculando o julgamento do processo pelo juiz que presidiu a instrução processual. Segundo a jurisprudência consolidada desta Corte, admite-se a mitigação do aludido princípio, com base na aplicação analógica do art. 132 do CPC (vigente à época dos fatos), permitida conforme art. 3º do CPP, a fim de possibilitar excepcionalmente o julgamento por Juiz que não participou da instrução processual, quando houver afastamento legal. Precedente. (AgRg no REsp nº 1511764/SP, 6ª Turma, Rel. Min. Nefi Cordeiro, j. 22/03/2018).

STJ: Identidade física e realização de atos processuais por carta precatória.

A jurisprudência desta Corte Superior de Justiça é remansosa em assinalar que o princípio da identidade física do juiz não é absoluto, podendo ser mitigado sempre tendo em consideração as nuances do caso concreto. Dessarte, a nulidade por violação ao referido princípio reclama alegação em tempo oportuno, bem como a inexorável demonstração de prejuízo ("pas de nullité sans grief"), na forma do art. 563 do Código de Processo Penal – CPP. Na hipótese dos autos, embora possa causar fascínio a afirmação no sentido de que toda a prova oral tenha sido produzida por Juízos diversos do sentenciante, as circunstâncias do caso concreto ilustram que tal situação não ocorreu de maneira desarrazoada ou arbitrária." (HC nº 402.187/SP, 6ª Turma, Rel. Min. Maria Thereza de Assis Moura, j. 20/02/2018).

8.10. Princípio da autorresponsabilidade das partes

Segundo Dias, na lógica de um processo estruturado a partir deste princípio: "(...) está a circunstância de recair sobre as partes todo o *risco* da condução do processo, através do ónus, que sobre elas incidem, de afirmar, contradizer e impugnar: é a isto que se chama o *princípio da auto-responsabilidade probatória das partes*. À sua luz terá o juiz que considerar como não necessitados de prova todos os factos que, apresentados por uma parte, não sejam contraditados pela outra: sobre eles haverá *acordo*, expresso ou apenas tácito por força de não impugnação ou confissão ficta. Estes factos, possam embora não ser verdadeiros, *são tidos (valem)* como tal para efeitos da decisão. E por isso se diz que a sentença procura e declara a *verdade formal* (intraprocessual)".[60]

Ou seja, as partes assumem as consequências pela prova por elas trazida ou não ao processo, sejam elas derivadas de negligência, erro ou inatividade. Em caso de inércia da acusação em provar a autoria e a materialidade, a sentença absolutória é uma imposição justamente como decorrência lógica do princípio da autorresponsabilidade probatória das partes.

8.11. Princípio da publicidade

Inerente ao sistema acusatório e ao devido processo penal num sistema democrático, a publicidade é a condição de possibilidade do controle dos atos processuais e fiscalização do Poder Judiciário por parte de cada cidadão, até porque, o segredo processual é marca constitutiva dos regimes autoritários.[61] Segundo a própria Constituição Federal (art. 5º, LX): "A lei só poderá restringir a publicidade dos atos processuais quando a defesa da intimidade ou o interesse social o exigirem".

Assim, os atos judiciais, em regra, serão públicos, bem como a prova, com exceção das questões abarcadas pelo segredo de justiça. Não obstante, o advogado da causa sempre tem acesso aos autos, pois o sigilo diz respeito a terceiros que não sofrem de maneira alguma as implicações diretas do processo.

O próprio Estatuto da OAB, em seu art. 7º, reconhece como direitos do advogado: examinar, em qualquer órgão dos Poderes Judiciário e Legislativo, ou da Administração Pública em geral, autos de processos

---

[60] DIAS, Jorge de Figueiredo. *Direito processual penal*. Coimbra: Coimbra Editora, 1974 (reimpressão em 2004). p. 189-190.

[61] BEDÊ JÚNIOR, Américo; SENNA, Gustavo. *Princípios do processo penal*: entre o garantismo e a efetividade. São Paulo: RT, 2009. p. 317.

findos ou em andamento, mesmo sem procuração, quando não estejam sujeitos a sigilo, assegurada a obtenção de cópias, podendo tomar apontamentos (XIII); examinar em qualquer repartição policial, mesmo sem procuração, autos de flagrante e de inquérito, findos ou em andamento, ainda que conclusos à autoridade, podendo copiar peças e tomar apontamentos (XIV); ter vista dos processos judiciais ou administrativos de qualquer natureza, em cartório ou na repartição competente, ou retirá-los pelos prazos legais (XV); e retirar autos de processos findos, mesmo sem procuração, pelo prazo de dez dias (XVI).

O CPP, a partir da reforma, na redação do § 6° do art. 201, indica que o juiz tomará as providências necessárias à preservação da intimidade, vida privada, honra e imagem do ofendido, podendo, inclusive, determinar o segredo de justiça em relação aos dados, depoimentos e outras informações constantes dos autos a seu respeito a fim de evitar sua exposição aos meios de comunicação.

Necessário frisar que o segredo de justiça também pode representar uma proteção aos direitos do imputado. Daí que outra exceção à publicidade diz respeito às interceptações telefônicas, medida cautelar que, segundo a Lei n° 9.296/96, se processará sob o segredo de justiça. Observe-se que o art. 8° da mesma lei também dispõe que: "A interceptação de comunicação telefônica, de qualquer natureza, ocorrerá em autos apartados, apensados aos autos do inquérito policial ou do processo criminal, preservando-se o sigilo das diligências, gravações e transcrições respectivas".

- **Na jurisprudência**

  STJ: Sigilo da investigação e prerrogativas do advogado.

  Conforme orientação firmada pelo Pretório Excelso, não se pode negar o acesso do Advogado constituído, aos autos de procedimento investigatório, ainda que nele decretado o sigilo. Contudo, tal prerrogativa não se estende a atos que por sua própria natureza não dispensam a mitigação da publicidade (*v.g.*, futuras interceptações telefônicas, dados relativos a outros indiciados). O acesso aos autos de ações penais ou inquéritos policiais, ainda que classificados como sigilosos, por meio de seus defensores, configura direito dos investigados. A oponibilidade do sigilo ao defensor constituído tornaria sem efeito a garantia do indiciado, abrigada no art. 5º, LXIII, da Constituição Federal, que lhe assegura a assistência técnica do Advogado. (HC nº 103027/SP, 5ª Turma, Rel. Napoleão Nunes Maia Filho, j. 30/03/2009).

  STJ: Sigilo da investigação e acesso a quem não figura como indiciado.

  A teor do entendimento desta Corte do Pretório Excelso, mesmo nas hipóteses de decretação de sigilo, afigura-se possível o acesso do investigado ou de seu advogado constituído as autos do inquérito. Contudo, essa prerrogativa limita-se aos documentos já disponibilizados nos autos e referentes à pessoa do investigado, não sendo admissível, assim, que a Defesa tenha acesso a procedimentos investigatórios pendentes ou, ainda, a atos que digam respeito a terceiros supostamente envolvidos [...] No caso em apreço, consignou Tribunal de origem que "[...] está em curso investigação de enriquecimento ilícito, crimes contra ordem tributária, por sonegação de tributos federais e lavagem de dinheiro, *supostamente praticados por auditores fiscais estaduais*". Ademais, salientou o Juízo de primeiro grau, que, "[...] em face do IPL nº 206.70.018429-9, *não há contra o paciente qualquer medida ou ato, bem como se tratando de inquérito sob segredo de justiça, no qual o paciente não figura com indiciado*, não há direito da defesa de acesso irrestrito aos autos" (fl. 93). (HC nº 194820/PR, 5ª Turma, Rel. Laurita Vaz, j. 01/08/2013).

9. Sistema de provas adotado pelo Código de Processo Penal: liberatório

O sistema de provas adotado pelo CPP é o liberatório, viabilizando as partes a busca de provas fora do rol estabelecido em lei para formar a convicção do juiz, desde que sejam provas lícitas. Consequentemente, o rol de provas do CPP é meramente exemplificativo, deixando válvula aberta para a introdução de outros meios probatórios.[62]

No entanto, além das provas ilícitas, existem outras exceções à liberdade das provas. Quando se faz prova a respeito do estado das pessoas (menoridade/casamento/filiação), devem ser seguidos os preceitos do Código Civil. Assim, se o estado civil de casado se comprova com a apresentação da certidão do registro civil, não se pode tentar desconstituir tal documento com, por exemplo, prova testemunhal.

Assim também é necessário vetar as provas que atentem contra a dignidade da pessoa humana, como, por exemplo, interrogatórios fatigantes, penosos e exaustivos.[63] Nessa linha, o PLS nº 156/2009 andou bem ao determinar no art. 65, que será respeitada em sua plenitude a capacidade de compreensão e discernimento do interrogando, não se admitindo o emprego de métodos ou técnicas ilícitas e de quaisquer formas de coação, intimidação ou ameaça contra a liberdade de declarar, sendo irrelevante, nesse caso, o consentimento da pessoa interrogada (*caput*); a autoridade responsável pelo interrogatório não poderá prometer vantagens sem expresso amparo legal (§ 1º) e, ainda, o interrogatório não se prolongará por tempo excessivo, impondo-se o respeito à integridade física e mental do interrogando. O tempo de duração

---

[62] Neste ponto, Mendes, ao tratar sobre o rol de provas estipulado pelo CPP Português, alerta que a liberalidade dos meios probatórios é meramente ilusória, porquanto somente se refere à possibilidade de utilização de outros meios de prova. No entanto, com relação àqueles já explicitados no código, não há qualquer liberalidade, uma vez que possuem regras que não poderão ser desrespeitadas. Entendemos que tal assertiva pode ser aplicada ao processo penal brasileiro, no qual a não observância dos métodos de produção de prova poderá acarretar em nulidade. (MENDES, Paulo de Souza. *Lições de direito processual penal*. Coimbra: Almedina, 2014. p.174.)

[63] MARQUES, José Frederico. *Elementos de direito processual penal*, vol. II. Rio de Janeiro: Forense, 1961. p. 294.

do interrogatório será expressamente consignado no termo de declarações (§ 2º).

• **Na jurisprudência**

STJ: Restrição à liberdade da prova quanto ao estado civil.

A lei processual penal restringe a prova em relação ao estado das pessoas, exigindo a sua comprovação tal qual estipulada na legislação civil. Desta maneira, não há que se falar em prevalência do princípio da verdade real, como asseverou o Ministério Público, porquanto a própria lei processual penal previu a forma restritiva de comprovar-se o estado civil do acusado. Assim, apesar de haver menção na carteira de trabalho da condição de casado do Recorrido, não pode prevalecer o aumento da pena do art. 226, III do CP, porque exige o CPP a certidão de casamento. (REsp nº 206144/DF, 5ª Turma, Rel. José Arnaldo da Fonseca, j. 02/03/2000).

10. Sistemas de valoração (apreciação) da prova no Processo Penal

Contemporaneamente,[64] é possível anotar três sistemas de valoração ou apreciação da prova pelo magistrado: íntima convicção, prova legal e persuasão racional.

10.1. Íntima convicção (sentimental ou certeza moral do julgador)

Nesse modelo, a convicção é livre, inexistindo a necessidade de motivar a decisão tomada pelo julgador. No CPP, há um resquício desse sistema vigorando nos julgamentos realizados pelo Tribunal de Júri, no qual os jurados decidem de acordo com a convicção pessoal através do voto secreto e sem exteriorizar as suas razões. Julga-se, portanto, não por um critério de certeza, mas sim pela convicção pessoal.

Ressalta-se, porém, que no caso das decisões proferidas no Tribunal do Júri que forem manifestamente contrárias à prova dos autos, o tribunal *ad quem* poderá sujeitar o réu a novo julgamento na dicção do art. 593, § 3º, do CPP.

⇒ **Em discussão**

Íntima convicção, júri e ausência de motivação

O sistema da íntima convicção estimula a arbitrariedade do julgador pela ausência de motivação das decisões? O julgamento pela íntima convicção, como adotado pelo Tribunal do Júri, vai de encontro ao prin-

---

[64] Na Idade Média os "juízos de Deus" também faziam parte dos sistemas de apreciação da prova. Como era conhecido, nesse **sistema ordálico** ou **religioso**, havia a crença de que Deus intervinha nos julgamentos (juízo divino) através das ordálias. O acusado era submetido à prova de verificação de sua culpa, como, por exemplo, ferro em brasa. Não há sucedâneo em nosso Código de Processo Penal.

cípio constitucional da motivação das decisões judiciais (art. 93, IX, CF), uma vez que o Júri é órgão integrante do Poder Judiciário e, como tal, deve seguir os preceitos ditados pela Constituição.[65]

Na mesma linha, Lopes Jr. indica que: "O golpe fatal está na absoluta falta de motivação do ato decisório. A motivação serve para o controle da racionalidade da decisão judicial".[66] Logo, sem motivação, não há como saber o que levou o julgador a decidir daquela forma e, portanto, não há como combater tecnicamente as razões de decidir.

Poderá o jurado, inclusive, decidir contrariamente aos preceitos processuais e constitucionais, como, por exemplo, condenar o réu com base exclusivamente nas provas produzidas no inquérito policial ou mesmo considerar o silêncio no momento do interrogatório em seu prejuízo. Isso porque, como não há motivação, não é possível desvendar as razões de sua decisão.

De outro lado, é inegável que a ausência de motivação das decisões, amparada no sistema da íntima convicção, dificulta e, no mais das vezes, impossibilita a fase recursal tanto à defesa quanto à acusação. Por mais que a parte tente demonstrar que a decisão foi equivocada, não poderá valer-se dos argumentos despendidos para chegar ao veredito, eis que ocultos.

Apesar das fundadas e acertadas críticas, ainda é no Júri que os representantes populares poderão, de acordo com a sua convicção e apesar da prova constituída nos autos, celebrar a decisão mais condizente para aquele caso concreto. É induvidoso que a simplificação dos quesitos e a restrição ao conteúdo da pronúncia, a partir da Lei nº 11.689/08, contribuíram ao melhor exercício das teses defensivas em plenário.

- **Na jurisprudência**

STJ: Íntima convicção, condenação baseada em provas colhidas no inquérito policial e a dificuldade de recorrer.

No entanto, embora seja certo que nenhuma condenação pode estar fundamentada exclusivamente em provas colhidas na fase do inquérito policial – sob pena de violação dos princípios do contraditório e da ampla defesa –, tal entendimento deve ser visto com reservas no âmbito dos processos afetos à competência do Tribunal do Júri. Isso porque, segundo o disposto no art. 5º, XXXVIII, *b* e *c*, da Constituição Federal, são assegurados à instituição do júri o sigilo das votações e a soberania dos veredictos, razão pela qual não se exige motivação ou fundamentação das decisões do Conselho de Sentença, fazendo prevalecer, portanto, como sistema de avaliação das provas produzidas, a íntima convicção ou a certeza moral dos jurados. Trata-se, pois, de exceção à regra contida no inciso IX do art. 93 da Constituição Federal. E não haveria como ser diferente, uma vez que, após a produção das provas pela defesa e pela acusação na sessão plenária, a

[65] RANGEL, Paulo. *Direito processual penal*. São Paulo: Atlas, 2013. p 507.

[66] LOPES Jr, Aury. *Introdução crítica ao processo penal*: fundamentos da instrumentalidade garantista. Rio de Janeiro: Lumen Juris, 2005. p.142.

Corte Popular, de acordo com a livre valoração das teses apresentadas pelas partes, tão somente responde "sim" ou "não" aos quesitos formulados, não havendo exposição dos fundamentos utilizados pelos jurados para chegar à decisão proferida no caso concreto. Por tais razões, uma vez que os jurados decidem segundo sua íntima convicção, não necessitando fundamentar suas decisões, revela-se impossível a identificação de quais provas foram sopesadas pelo Conselho de Sentença para concluir pela condenação ou pela absolvição do acusado; consequentemente, torna-se inviável aferir se a decisão dos jurados se baseou exclusivamente em elementos coletados durante a investigação criminal ou se foram utilizadas também provas produzidas em juízo. (HC nº 162990/DF, 6ª Turma, Rel. Sebastião Reis Júnior, j. 20/11/2012).

10.2. Verdade ou prova legal (prova tarifada)

No quadro da prova tarifada, os elementos de prova recebem por parte do legislador um valor pré-estabelecido. Segundo tal sistema, o julgador fica adstrito ao valor probatório determinado legalmente e decide de acordo com as provas existentes nos autos, não havendo qualquer margem para discricionariedade.

Pacelli esclarece que a prova tarifada historicamente era: "Um modelo rígido de apreciação da prova, no qual não só se estabeleciam *certos meios* de provas para determinados delitos, como também se valorava cada prova *antes do julgamento*".[67] Daí o objetivo desse sistema probatório: restringir os poderes judiciais.

Na realidade, tanto a denominação que se atribui a tal sistema de prova, quanto suas características, desbordam do que efetivamente é considerado pelo legislador processual penal no Brasil. Isso porque, em nosso sistema, a prova não tem um valor predeterminado pelo legislador. A tarifa está contida, isto sim, num modelo determinado de formação da prova.

Nessa linha, mesmo com o advento da reforma parcial em 2008, o art. 155, em seu parágrafo único, conservou como exceção o *sistema da prova legal* (tarifada) no CPP, estabelecendo que: "Somente quanto ao estado das pessoas serão observadas as restrições estabelecidas na lei civil". Há aqui um sistema que determina que a prova do estado das pessoas deva ser feita de acordo com um modelo predeterminado a fim de que a ela se possa atribuir valor probatório.

O STJ, inclusive, sumulou a matéria no Enunciado nº 74, determinando que: "A prova da menoridade, para fins de verificação da inimputabilidade penal, é realizada por meio da certidão do registro civil de nascimento".[68] No entanto, o teor da súmula traz um claro desrespeito

[67] OLIVEIRA, Eugênio Pacelli. *Curso de processo penal*. São Paulo: Atlas, 2015. p. 340 .

[68] STJ, HC nº 9062/PA, 6ª Turma, Rel. Ministro Vicente Leal, j. 21/09/1999.

ao princípio de que toda a prova no processo penal tem valor relativo (item VII da exposição de motivos do CPP), o que, em certa medida, comprometerá a ampla defesa, já que nem mesmo o estatuto civil é tão engessado como quer o CPP.

A título exemplificativo, a prova do matrimônio, certamente, será feita por certidão de casamento. Porém, segundo o próprio parágrafo único do art. 1.543 do CC, temos que: "Justificada a falta ou perda do registro civil, é admissível qualquer outra espécie de prova". Demarca-se com isso o claro retrocesso na manutenção desta modalidade de prova tarifada.

Ora, no processo penal, toda prova tem valor relativo e por isso pode ser suprida por outra. É o caso do exame de corpo de delito, direto ou indireto, que, uma vez ausente, poderá ser suprido pela prova testemunhal (art. 167 do CPP), muito embora, de início, possa ser considerada uma prova tarifada pela leitura literal do art. 158 do CPP.

Desta feita, apesar deste sistema de valoração da prova ainda encontrar respaldo em alguns dispositivos legais como forma de exceção, acreditamos não se tratar, em verdade, de prova tarifada, mas sim de uma orientação do legislador para a *formação* da prova, e que poderá ser relativizada.

- **Na jurisprudência**

STJ: Prova da menoridade penal.

A prova da menoridade, para fins de verificação da inimputabilidade penal, é realizada por meio da certidão do registro civil de nascimento. – Consubstancia constrangimento ilegal, passível de reparação por via de *habeas corpus*, a condenação imposta a menor inimputável à data do crime, o que impõe a anulação *ab initio* da ação penal. – *Habeas corpus* concedido. (HC nº 9062/PA, 6ª Turma, Rel. Vicente Leal, j. 21/06/1999).

10.3. Livre convencimento motivado (persuasão racional do juiz ou verdade real)

Segundo esse sistema de valoração da prova, o julgador terá liberdade para apreciar as provas contidas nos autos e formar a sua convicção, desde que acompanhada de suficiente fundamentação.[69] O livre convencimento representa uma tentativa de superar o positivismo legalista, no qual o magistrado era nada mais que o "juiz boca da lei".

---

[69] A partir de Knijnik, temos que o livre convencimento não é alheio a regramentos e não encontra limites apenas na exigência de motivação da decisão. É preciso que a decisão judicial demonstre o modelo de constatação (*standard* de prova) utilizado para aquele caso concreto que, no processo penal, identifica-se com o modelo da "prova além da dúvida razoável". (KNIJNIK, Danilo. *A prova nos juízos cível, penal e tributário*. Rio de Janeiro: Forense, 2007. p. 19-38.)

A motivação judicial é a afirmação de um modelo processual garantista a partir do qual a possibilidade de defesa deve ser maximizada.[70]

Estando ausentes tarifas legais para cada meio de prova, o magistrado poderá valorar determinadas provas em detrimento de outras. Porém, toda a complexidade da valoração da prova no processo penal deve conviver com a obrigatoriedade de fundamentação das decisões judiciais, o que permite às partes discordarem dos motivos que levaram o julgador a conceder maior valor a certa prova.

A pontual reforma processual de 2008 ratificou o sistema da *livre apreciação judicial da prova*. A redação do art. 155 do CPP deixou claro que a prova merece ser produzida em contraditório *judicial*, anunciando, em primeira vista, a seriedade da parte final do mesmo dispositivo, no sentido de que o juiz não poderá fundamentar sua decisão nos elementos informativos colhidos na investigação. Assim é que deveria sê-lo. Porém, a inserção da palavra "*exclusivamente*" no mesmo dispositivo legal acabou por desnaturar os objetivos iniciais da reforma, criando mais um problema para um CPP que esperava soluções.

Não se discute a importância do contraditório judicial, mas sim o fato de que este dever ser pleno. Este princípio constitucional é a base do devido processo legal, como advertem Grinover, Fernandes e Gomes Filho para quem: "A garantia do contraditório não tem apenas como objetivo a defesa entendida em sentido negativo – como oposição ou resistência – mas sim principalmente a defesa vista em sua dimensão positiva, como influência, ou seja, como direito de incidir ativamente sobre o desenvolvimento e resultado do processo. É essa visão que coloca ação, defesa e contraditório como direitos a que sejam desenvolvidas todas as atividades necessárias à tutela dos próprios interesses ao longo de todo o processo, manifestando-se em uma série de posições de vantagem que se utilizaram quer no autor, quer no réu".[71]

A partir disso, uma das máximas expressões de um processo de partes – o *contraditório judicial* – foi desvirtuada em decorrência de apenas uma palavra: "*exclusivamente*". A inclusão deste vocábulo permitiu o uso de provas produzidas ao largo do contraditório e da fase judicial para embasar o decreto condenatório. Por óbvio, tal brecha legislativa deu vazão ao uso inconsequente das provas produzidas no inquérito para condenar o acusado.

---

[70] PACELLI, Eugênio; FISCHER, Douglas. *Comentários ao código de processo penal e sua jurisprudência*. São Paulo: Atlas, 2012. p. 306.

[71] GRINOVER, Ada Pellegrini; FERNANDES, Antonio Scarance; GOMES FILHO, Antonio Magalhães. *As nulidades no processo penal*. São Paulo: RT, 2007. p. 145.

⇒ **Em discussão**

Juízo condenatório baseado subsidiariamente em elementos informativos colhidos na investigação

A fragilidade do conteúdo dos atos de investigação faz com que estes não possam ser comparados a atos sérios de prova,[72] uma vez que distantes dos princípios do contraditório e da ampla defesa. Diante disso, perguntamos: como é possível admitir-se a constitucionalidade do referido dispositivo legal (art. 155 do CPP)?

Em razão do caráter investigativo (e inquisitório) do inquérito, as diligências ali produzidas visam a formar um juízo de probabilidade para dar suporte à *opinio delicti* do órgão acusatório e, portanto, são desprovidas das garantias asseguradas no processo, o que lhes retira qualquer valor probatório futuro. Assim, além de a prova ser realizada sem a participação das futuras partes, a sua colheita se dá pela autoridade policial, sem qualquer controle judicial acerca de sua legalidade.

A palavra "*exclusivamente*" acabou por *liberar* o magistrado para a utilização dos elementos informativos da fase inquisitorial ao proferir a sentença. Assim, segundo a redação do art. 155 do CPP, a prova inquisitorial, por si só, não pode servir de substrato autônomo à sentença condenatória. Se não pode servir *exclusivamente*, de alguma forma poderá sê-lo. O correto dimensionamento desta autorização poderia ter evitado essa discussão.

A própria disposição legal autoriza a condenação com base em elementos informativos desde que esta decisão esteja também alicerçada em provas judiciais. A partir disso, ficaram cada vez mais comuns julgados baseados no *standard:* "As provas colhidas na fase investigativa foram confirmadas em contraditório judicial, autorizando a condenação".

Mais do que isso, a distância da investigação em relação à ação penal acaba por subverter o princípio da oralidade processual ao se permitir que os elementos da fase inquisitorial sejam empregados como instrumentos que complementam a formação da decisão do julgador.[73]

- **Na jurisprudência**

STJ: Livre convencimento e elementos informativos colhidos na investigação.

No que tange à suposta violação ao art. 155 do Código Penal, necessário observar que o dispositivo legal preceitua que o juiz formará o seu convencimento pela livre aprecia-

---

[72] MARTÍN assevera que: "los actos de investigación permiten apreciar la posible existencia de «algún indicio racional de criminalidad» contra determinada persona, originándose ciertos efectos personales y patrimoniales de carácter aseguratorio o cautelar contra esa persona, y después esos mismos actos son la base de la acusación provisional, pero nada más; mientras que para que dicha persona pueda ser condenada (o absuelta) se requiere la práctica de pruebas en sentido estricto." MARTÍN, Agustín-Jesús Pérez-Cruz. *La prueba*. *In*: MARTIN, Agustín-Jesús Pérez-Cruz; BAAMONDE, Xulio-Xosé Ferreiro, *et al.* (orgs.). *Derecho Procesal Penal*. Pamplona: Arazadi, 2014. p. 540.

[73] CHOUKR, Fauzi Hassan. *Código de processo penal comentado*: comentários consolidados e crítica jurisprudencial. Rio de Janeiro: Lumen Juris, 2009. p. 310.

ção da prova produzida em contraditório judicial. O legislador, após a edição da Lei nº 11.690/2008, tornou ainda mais nítida a distinção entre o que é prova e aquilo que constitui elemento informativo da investigação. São conceitos que, com efeito, não se confundem: os atos de prova objetivam a introdução de dados probatórios no processo, que servem à formulação de um juízo de certeza próprio da sentença; os atos de investigação visam a obtenção de informações que levam a um juízo de probabilidade idôneo a sustentar a *opinio delicti* do órgão de acusação ou de fundamentar a adoção de medidas cautelares pelo juiz. Apesar do estabelecimento dessa importante distinção, vinculando a própria noção de prova ao atendimento do contraditório judicial, o legislador de 2008 não acolheu integralmente a proposta do Poder Executivo, que vedava, de forma absoluta, a utilização das informações trazidas pela investigação na formação do convencimento do juiz. Ao contrário, ao introduzir na nova redação do art. 155 do Código de Processo Penal o advérbio "exclusivamente", a Lei nº 11.690/2008 permite que elementos informativos da investigação possam servir de fundamento à decisão dos juízes sobre os fatos, desde que existam, também, provas produzidas em contraditório judicial. Noutras palavras, para chegar à conclusão sobre a veracidade ou falsidade de um fato afirmado, o juiz penal pode servir-se tanto de elementos de prova – produzidos em contraditório – como de informações trazidas pela investigação. Apenas não poderá se utilizar exclusivamente de dados informativos colhidos na investigação. (AgRg no AREsp nº 262655/SP, 5ª Turma, Rel. Marco Aurélio Bellizze, j. 06/06/2013).

STF: Elementos informativos colhidos no inquérito e valoração judicial.

O livre convencimento do juiz pode decorrer das informações colhidas durante o inquérito policial, nas hipóteses em que complementam provas que passaram pelo crivo do contraditório na fase judicial, bem como quando não são infirmadas por outras provas colhidas em juízo. Precedentes: HC 114.592, Segunda Turma, Relator o Ministro Ricardo Lewandowski, DJe de 26.03.13; HC 107.228, Primeira Turma, Relatora a Ministra Cármen Lúcia, DJe de 22.06.11; HC 102.473, Segunda Turma, Relatora a Ministra Ellen Gracie, DJe de 02.05.11; RHC 104.701, Primeira Turma, Relatora a Ministra Cármen Lúcia, DJe de 01.02.11; RHC 99.057, Segunda Turma, Relatora a Ministra Ellen Gracie, DJe de 06.11.09. (RHC nº 118516/SC, 1ª Turma, Rel. Luiz Fux, j. 22/04/2014).

11. Cadeia de custódia da prova

11.1. Noções Introdutórias

Um dos temas mais tormentosos no âmbito do processo penal diz respeito à preservação da fiabilidade de todos os atos que compõe a cadeia de custódia da prova[74] como registro documentado de toda a cronologia da posse, movimentação, localização e armazenamento do

[74] Propomos a definição de ESPÍNDULA, para quem a cadeia de custódia é formada pela" (...) sequência de proteção ou guarda dos elementos materiais encontrados durante uma investigação e que devem manter resguardadas as suas características originais e informações sem qualquer dúvida sobre a sua origem e manuseios. Pressupõe o formalismo de todos os seus procedimentos por intermédio do registro do rastreamento cronológico de toda a movimentação de alguma evidência." (ESPÍNDULA, Alberi. *Perícia criminal e cível*: uma visão geral para peritos e usuários da perícia. São Paulo: Millennium, 2009. p.163.)

material. Ao exemplo de um vestígio recolhido, todos os atos desde a coleta, transporte, entrega, recebimento, armazenamento, e futura análise deverão ser sempre registrados e documentados até o final do processo, diante do papel exercido pela prova no convencimento judicial. Deve-se considerar, neste sentido, que: "A cadeia de custódia nada mais é do que um dispositivo dirigido a assegurar a fiabilidade do elemento probatório, ao colocá-lo sob proteção de interferências capazes de falsificar o resultado da atividade probatória".[75]

A preservação da cadeia de custódia está diretamente endereçada à integridade da prova. Isso porque, ainda segundo Prado: "O rastreamento das fontes de prova será uma tarefa impossível se parcela dos elementos probatórios colhidos de forma encadeada vier a ser destruída. Sem esse rastreamento, a identificação do vínculo eventualmente existente entre uma prova aparentemente lícita e outra, anterior, ilícita, de que a primeira é derivada, dificilmente será revelado. Os suportes técnicos, pois, têm uma importância para o processo penal que transcende a simples condição de ferramentas de apoio à polícia para execução de ordens judiciais".[76]

Nessa linha é que se apresenta a importância da cadeia de custódia como o único meio de dar conhecimento integral das fontes de prova a ambas as partes,[77] resultando na legitimação do poder punitivo estatal através do devido processo legal e da presunção de inocência.[78] [79] É que a liberdade probatória encontra limites à descoberta da verdade, informados pelas *proibições de prova*,[80] sendo o primeiro aquele trazido pela proi-

---

[75] PRADO, Geraldo. *Prova penal e sistema de controle epistêmicos*: a quebra da cadeia de custódia das provas obtidas por métodos ocultos. São Paulo: Marcial Pons, 2014, p. 86.

[76] Id., p. 79.

[77] "Existe, em resumo, o "processo", quando em uma ou mais fases do *iter* de formação de um ato é contemplada a participação não só – e obviamente – do seu autor, mas também dos destinatários dos seus efeitos, em contraditório". (FAZZALARI, Elio. *Instituições de Direito Processual*. Campinas: Bookseller, 2006. p. 120.)

[78] Brasil. Superior Tribunal de Justiça. Doutrina: edição comemorativa, 25 anos. Ministra Assusete Magalhães. *Quebra de sigilo de dados das comunicações telefônicas*: o dever estatal de preservação da fonte de prova. Brasília, 2014 p. 524.

[79] "E igualmente este derecho fundamental, así como el derecho a la prueba y a un proceso con todas las garantías, requieren que en aquellos casos en que los hechos delictivos a enjuiciar hayan dejado restos o vestigios que a su vez pudieran ser objeto de dictámenes periciales, tales restos se mantengan en las más adecuadas condiciones de conservación e inalterabilidad, y que su manipulación para la práctica de la pericia se realice con las debidas garantías. Y yendo más allá: que quede plenamente garantizado que aquéllos que se ponen a disposición del Tribunal, son los mismos que fueron recogidos en el lugar de los hechos en los momentos en que se iniciaba la investigación criminal". (TABUENCA, Pilar Ladrón. La Cadena de Custodia en el Proceso Penal Español: Revisión Normativa. *In*: NAVARRO, Carmen Figueroa (org.). *La Cadena de Custodia en el Proceso Penal*. Madrid: Edisofer, 2015. p. 21.)

[80] ANDRADE, Manuel da Costa. *Sobre as Proibições de Prova em Processo Penal*. Coimbra: Coimbra Editora, 1991 (reimpressão de 2013). p. 83.

bição de provas obtidas por meios ilícitos (mandamento constitucional e infraconstitucional). A liberdade probatória também sofre restrições *éticas* informadas, por exemplo, pelos princípios da boa-fé e da confiança que, preservados em essência, garantem a *transparência da prova*.

Apesar da óbvia importância da cadeia de custódia, no Brasil, o legislador foi muito tímido ao tratar expressamente da cadeia de custódia apenas no art. 245, § 6°, do CPP. De sua vez, a Secretária Nacional de Segurança Pública do Ministério da Justiça – SENASP editou a Portaria n° 82/2014 que estabeleceu diretrizes em seu Anexo I[81] – como orienta-

[81] ANEXO I – DIRETRIZES SOBRE CADEIA DE CUSTÓDIA: 1. Da cadeia de custódia. 1.1. Denomina-se cadeia de custódia o conjunto de todos os procedimentos utilizados para manter e documentar a história cronológica do vestígio, para rastrear sua posse e manuseio a partir de seu reconhecimento até o descarte. 1.2. O início da cadeia de custódia se dá com a preservação do local de crime e/ou com procedimentos policiais ou periciais nos quais seja detectada a existência de vestígio. 1.3. O agente público que reconhecer um elemento como de potencial interesse para a produção da prova pericial fica responsável por sua preservação. 1.4. A busca por vestígios em local de crime se dará em toda área imediata, mediata e relacionada. 1.5. A cadeia de custódia compreende o rastreamento do vestígio nas seguintes etapas: a) reconhecimento: consiste no ato de distinguir um elemento como de potencial interesse para a produção da prova pericial; b) fixação: é a descrição detalhada do vestígio conforme se encontra no local de crime ou no corpo de delito, e a sua posição na área de exames, ilustrada por fotografias, filmagens e/ou croqui; c) coleta: consiste no ato de recolher o vestígio que será submetido à análise pericial respeitando suas características e natureza; d) acondicionamento: procedimento por meio do qual cada vestígio coletado é embalado de forma individualizada, de acordo com suas características físicas, químicas e biológicas, para posterior análise, com anotação da data, hora e nome de quem realizou a coleta e o acondicionamento; e) transporte: consiste no ato de transferir o vestígio de um local para o outro, utilizando as condições adequadas (embalagens, veículos, temperatura, etc.), de modo a garantir a manutenção de suas características originais, bem como o controle de sua posse; f) recebimento: ato formal de transferência da posse do vestígio que deve ser documentado com, no mínimo, as seguintes informações: número de procedimento e unidade de polícia judiciária relacionada, local de origem, nome de quem transportou o vestígio, código de rastreamento, natureza do exame, tipo do vestígio, protocolo, assinatura e identificação de quem recebeu; g) processamento: é o exame pericial em si, manipulação do vestígio de acordo com a metodologia adequada às suas características biológicas, físicas e químicas, a fim de se obter o resultado desejado que deverá ser formalizado em laudo; h) armazenamento: é o procedimento referente à guarda, em condições adequadas, do material a ser processado, guardado para realização de contraperícia, descartado ou transportado, com vinculação ao número do laudo correspondente; i) descarte: procedimento referente à liberação do vestígio, respeitando a legislação vigente e, quando pertinente, mediante autorização judicial. 2. Das etapas da cadeia de custódia. 2.1. As etapas da cadeia de custódia se distribuem nas fases externa e interna. 2.2. A fase externa compreende todos os passos entre a preservação do local de crime ou apreensões dos elementos de prova e a chegada do vestígio ao órgão pericial encarregado de processá-lo, compreendendo, portanto: a) preservação do local de crime; b) busca do vestígio; c) reconhecimento do vestígio; d) fixação do vestígio; e) coleta do vestígio; f) acondicionamento do vestígio; g) transporte do vestígio; h) recebimento do vestígio. 2.3. A fase interna compreende todas as etapas entre a entrada do vestígio no órgão pericial até sua devolução juntamente com o laudo pericial, ao órgão requisitante da perícia, compreendendo, portanto: a) recepção e conferência do vestígio; b) classificação, guarda e/ou distribuição do vestígio; c) análise pericial propriamente dita; d) guarda e devolução do vestígio de prova; e) guarda de vestígios para contraperícia; f) registro da cadeia de custódia. 3. Do manuseio do vestígio. 3.1. Na coleta de vestígio deverão ser observados os seguintes requisitos mínimos: a) realização por profissionais de perícia criminal ou, excepcionalmente, na falta destes, por pessoa investida de função pública, nos termos da legislação vigente; b) realização com a utilização de equipamento de proteção individual (EPI) e materiais específicos para tal fim; c) numeração inequívoca do vestígio de maneira a individualiza-lo. 3.2. O recipiente para acondicionamento do vestígio será determinado pela natureza do material, podendo ser utilizados: sacos plásticos, envelopes, frascos e caixas descartáveis ou caixas térmicas, dentre

ção – sobre os procedimentos a serem observados no tocante à cadeia de custódia de vestígios.

Outros países, no entanto, tratam o tema com muito mais vigor, criando, inclusive, manuais de procedimentos para sistematizar e padronizar o sistema de cadeia de custódia, como é o caso da Venezuela, Chile, México, Colômbia e Peru.

11.2. Precedentes

Inicialmente, o STJ enfrentou o tema na Operação Negócio da China, no Habeas Corpus nº 160.662/RS, que se tornou o julgado paradigma a respeito do tema. No caso, os acusados trouxeram à baila duas complexidades ao redor da preservação das fontes de prova: (a) o conteúdo das

---

outros. 3.3. Todos os recipientes deverão ser selados com lacres, com numeração individualizada, de forma a garantir a inviolabilidade e idoneidade do vestígio durante o transporte. 3.4. O recipiente deverá individualizar o vestígio, preservar suas características, impedir contaminação e vazamento, ter grau de resistência adequado e espaço para registro de informações sobre seu conteúdo. 3.5. Todos os vestígios coletados deverão ser registrados individualmente em formulário próprio no qual deverão constar, no mínimo, as seguintes informações: a) especificação do vestígio; b) quantidade; c) identificação numérica individualizadora; d) local exato e data da coleta; e. órgão e o nome /identificação funcional do agente coletor; f) nome /identificação funcional do agente entregador e o órgão de destino (transferência da custódia); g) nome /identificação funcional do agente recebedor e o protocolo de recebimento; h. assinaturas e rubricas; i) número de procedimento e respectiva unidade de policia judiciária a que o vestígio estiver vinculado. 3.6. O recipiente só poderá ser aberto pelo perito que vai proceder à análise e, motivadamente, por pessoas autorizadas. 3.7. Após cada rompimento de lacre, deve se fazer constar na ficha de acompanhamento de vestígio o nome e matrícula do responsável, a data, o local, a finalidade, bem como as informações referentes ao novo lacre utilizado. 3.8. O lacre rompido deverá ser acondicionado no interior do novo recipiente. 4. Da central de custódia. 4.1. Todas as unidades de perícia deverão ter uma central de custódia destinada à guarda e controle dos vestígios. A central poderá ser compartilhada entre as diferentes unidades de perícia e recomenda-se que sua gestão seja vinculada diretamente ao órgão central de perícia. 4.2. Na central de custódia, a entrada e a saída de vestígio deverá ser protocolada, consignando-se informações sobre a ocorrência/ inquérito que a eles se relacionam. 4.3. Todas as pessoas que tiverem acesso ao vestígio armazenado deverão ser identificadas e deverá ser registrada data e hora do acesso. 4.4. Quando da tramitação do vestígio armazenado, todas as ações deverão ser registradas, consignando-se a identificação do responsável pela tramitação, destinação, data e horário da ação. 4.5. O procedimento relacionado ao registro deverá: a) ser informatizado ou através de protocolos manuais sem rasuras; b) permitir rastreamento do objeto/vestígio (onde e com quem se encontra) e a emissão de relatórios; c) permitir a consignação de sinais de violação, bem como descrevê-los; d) permitir a identificação do ponto de rompimento da cadeia de custódia com a devida justificativa (responsabilização); e) receber tratamento de proteção que não permita a alteração dos registros anteriormente efetuados, se informatizado. As alterações por erro devem ser editadas e justificadas; f) permitir a realização de auditorias. 5. Das disposições gerais. 5.1. As unidades de polícia e de perícia deverão ter uma central de custódia que concentre e absorva os serviços de protocolo, possua local para conferência, recepção, devolução de materiais e documentos, possibilitando a seleção, classificação e distribuição de materiais. A central de custódia deve ser um espaço seguro, com entrada controlada, e apresentar condições ambientais que não interfiram nas características do vestígio. 5.2. O profissional de perícia poderá devolver o vestígio em caso de não conformidade entre o conteúdo e sua descrição, registrando tal situação na ficha de acompanhamento de vestígio. 5.3. Enquanto o vestígio permanecer na Delegacia de Polícia deverá ser mantido em embalagem lacrada em local seguro e apropriado a sua preservação. Nessa situação, caso haja necessidade de se abrir o lacre para qualquer fim, caberá à Autoridade Policial realizar diretamente a abertura ou autorizar formalmente que terceiro a realize, observado o disposto no item 3.7.

interceptações telemáticas foi extraviado no âmbito da Polícia Judiciária, mediante formatação do computador no qual estavam arquivados, e (b) os arquivos de áudio das interceptações telefônicas, ao serem requeridos pela defesa, não continham todas as ligações telefônicas interceptadas. Tratava-se, pois, de quebra da cadeia de custódia à medida que acarretou na perda da unicidade da prova em comento, obstando o direito ao exercício do contraditório e da ampla defesa e resultando na imprestabilidade do material probatório.

Ao conceder a ordem para determinar o desentranhamento das provas produzidas nas interceptações telefônica e telemática, por constituírem provas ilícitas, a Relatora Min. Assusete Magalhães advertiu que "(...) constitui constrangimento ilegal a seleção do material produzido nas interceptações autorizadas, realizada pela Polícia Judiciária, tal como ocorreu, subtraindo-se, do Juízo e das partes, o exame da pertinência das provas colhidas (...) Decorre da garantia da ampla defesa o direito do acusado à disponibilização da integralidade de mídia, contendo o inteiro teor dos áudios e diálogos interceptados".[82]

Recentemente, o STJ voltou a enfrentar o tema. Trata-se da Operação Ouro Verde, deflagrada pela Polícia Federal no RS para investigar ilícitos decorrentes da evasão de divisas. Nas diligências policiais, houve a apreensão do notebook cujo disco rígido continha os arquivos em que estavam descritas as supostas operações da organização, peça-chave para o oferecimento da denúncia. Ocorre que antes do espelhamento do HD e formação do código de segurança (códigos *hash*), a autoridade policial confessadamente rompeu o lacre e acessou diretamente o disco rígido, referindo, no entanto, que não alterou os arquivos. Segundo a sentença "houve alteração de arquivos na mídia apreendida. Essa alteração ocorreu após a apreensão, enquanto a mídia estava na guarda policial, pericial e judicial. (...) Todo esse contexto deixa claro que houve falhas na preservação do material apreendido. Aparentemente, os próprios arquivos que contêm os bancos de dados foram alterados, visto que são datados das 11h08min do dia apreensão, a qual teria ocorrido ao raiar do dia". Mesmo diante disso, a decisão foi pela licitude da prova e sua consequente manutenção nos autos, o que foi confirmado em grau recursal no TRF-4.[83]

Ao se pronunciar, o STJ, muito embora tenha ratificado a existência de falhas na preservação das mídias, entendeu que "no sistema processual penal brasileiro vigora o princípio do livre convencimento motivado, em que o magistrado forma sua convicção valorando as provas conforme o seu entendimento". Mas não é só. Em voto-vista, o Min. Rogério Schietti Cruz, referindo-se ao contido no art. 245, § 6°, do CPP,

---

[82] STJ, HC nº 160662/RJ, 6ª Turma, Rel. Min. Assusete Magalhães j. 18/02/2014.

[83] TRF4, ACR nº 5008191-88.2010.404.7100, 8ª Turma, Rel. Leandro Paulsen, j. 16/09/2014.

revelou que "o dispositivo invocado nada fala dos procedimentos a serem adotados enquanto custodiado o material, como descrito pela defesa, motivo pelo qual entendo, inclusive, que não houve indicação do artigo de lei adequado para o alcance da pretensão".[84]

Em apertada síntese, a Corte Superior, neste caso, não analisou, como deveria, a quebra da cadeia de custódia de material que serviu como fonte de prova para outras diligências e para o oferecimento da denúncia. Deixou de enfrentar um tema caro ao processo penal, já que envolve diretamente direitos fundamentais do acusado (agora condenado).

Recentemente o tema da cadeia de custódia, no contexto da citada Operação Ouro Verde, foi objeto de julgamento no plenário do STF a partir do HC n° 132.059 de relatoria do Min. Marco Aurélio, sendo a ordem denegada para o fim de não reconhecer a nulidade do feito, estando ainda pendente o inteiro teor de julgado.

- **Na jurisprudência**

  STJ: A quebra da cadeia de custódia ante a não disponibilização do inteiro teor dos áudios e diálogos interceptados.

  Apesar de ter sido franqueado o acesso aos autos, parte das provas obtidas a partir da interceptação telemática foi extraviada, ainda na Polícia, e o conteúdo dos áudios telefônicos não foi disponibilizado da forma como captado, havendo descontinuidade nas conversas e na sua ordem, com omissão de alguns áudios. XI. A prova produzida durante a interceptação não pode servir apenas aos interesses do órgão acusador, sendo imprescindível a preservação da sua integralidade, sem a qual se mostra inviabilizado o exercício da ampla defesa, tendo em vista a impossibilidade da efetiva refutação da tese acusatória, dada a perda da unidade da prova. XII. Mostra-se lesiva ao direito à prova, corolário da ampla defesa e do contraditório – constitucionalmente garantidos –, a ausência da salvaguarda da integralidade do material colhido na investigação, repercutindo no próprio dever de garantia da paridade de armas das partes adversas. XIII. É certo que todo o material obtido por meio da interceptação telefônica deve ser dirigido à autoridade judiciária, a qual, juntamente com a acusação e a defesa, deve selecionar tudo o que interesse à prova, descartando-se, mediante o procedimento previsto no art. 9º, parágrafo único, da Lei 9.296/96, o que se mostrar impertinente ao objeto da interceptação, pelo que constitui constrangimento ilegal a seleção do material produzido nas interceptações autorizadas, realizada pela Polícia Judiciária, tal como ocorreu, subtraindo-se, do Juízo e das partes, o exame da pertinência das provas colhidas. Precedente do STF. XIV. Decorre da garantia da ampla defesa o direito do acusado à disponibilização da integralidade de mídia, contendo o inteiro teor dos áudios e diálogos interceptados. (HC nº 160662/RJ, 6ª Turma, Rel. Assussete Magalhães, j. 18/02/2014).

11.3. Quebra da cadeia de custódia

O juízo criminal é sempre subjetivo e baseia-se exclusivamente na valoração das provas trazidas aos autos, contexto em que se agudiza a importância da cadeia de custódia. Trata-se de proteger a fiabilidade

[84] STJ, REsp n° 1435421/RS, 6ª Turma, Rel. Maria Thereza de Assis Moura, j. 16/06/2015.

da prova endereçada à formação do livre convencimento judicial. A eventual quebra da cadeia de custódia importa, portanto, na ilicitude da prova a que se refere aquele conjunto de atos,[85] diante da necessidade de evitar o contágio daquilo que fomentará a convicção do juiz. Deverá o magistrado, inevitavelmente, reconhecer a ilicitude da prova contaminada e determinar o consequente desentranhamento dos autos. Sem dúvida, será necessário que se pronuncie também acerca da extensão da ilicitude quanto a eventuais provas derivadas, dada a incidência da teoria dos frutos da árvore envenenada.

Mas não é só isso. A preservação da fonte da prova não diz respeito apenas à integridade da cadeia de custódia (como enuncia o art. 245, § 6°, do CPP quando fala da apreensão da coisa, por exemplo), mas à impossibilidade de utilização da prova pela defesa ou acusação e, portanto, refere-se ao comprometimento do contraditório. Ao exemplo, trazendo o caso das interceptações telefônicas, o acesso à íntegra das mídias é que permitirá a impugnação da versão acusatória quando a denúncia tiver sustentação nos diálogos. Portanto, havendo indícios, no processo, de que a cadeia de custódia de determinada prova foi quebrada, é impossível assegurar que a fonte de prova analisada ainda esteja incólume de modo a prestar qualquer valor probatório desde sua obtenção,[86] sendo completamente invalidada. Foi o caso das interceptações telefônicas incompletas na Operação Negócio da China (STJ): corrompendo-se parte do material probatório, a decisão mais acertada é o seu desentranhamento por completo, sem qualquer aproveitamento.

No contexto atual, a tendência é a qualificação e criação de meios de prova inerentes à investigação que garantam uma maior cautela no armazenamento e manuseio das fontes de prova e, consequentemente, um maior controle por parte dos sujeitos processuais.

12. Meios de prova

Entende-se como meio de prova[87] tudo aquilo que é utilizado para convencer o julgador acerca das hipóteses levantadas pelas partes no

[85] No mesmo sentido, GRINOVER aponta que a quebra da cadeia de custódia está relacionada ao plano da admissão e não da valoração da prova, não podendo admitir-se dentro do processo penal prova técnica obtida sem a mínima observância da técnica ou método apropriado para a sua análise. (GRINOVER, Ada Pellegrini. *O processo*: III série: estudos e pareceres de processo penal. Brasília: Gazeta Jurídica, 2013. p.254.)

[86] TABUENCA, Pilar Ladrón. La Cadena de Custodia en el Proceso Penal Español: revisión normativa. *In*: NAVARRO, Carmen Figueroa (org.). *La Cadena de Custodia en el Proceso Penal*. Madrid: Edisofer, 2015. p. 25

[87] ALBUQUERQUE realiza a distinção, no processo penal português, entre os meios de prova e os meios de obtenção de prova. Os meios de obtenção de prova seriam aqueles que visam descobrir

processo, considerando-se todos os limites legais e constitucionais do nosso ordenamento jurídico, como é o caso da prova testemunhal, da confissão etc. Segundo a doutrina, tudo aquilo que o juiz utiliza para formar sua convicção e um fim justo no processo é considerado meio de prova.[88]

Como já destacamos, no sistema da persuasão racional, o julgador deverá fundamentar a sua decisão adequadamente, devendo apontar todas as razões e os motivos que o levaram a eleger a sobreposição de uma prova em relação à outra no conjunto probatório. As teses defensivas, dentro da extensão trazida nos autos, devem ser, portanto, objeto de análise obrigatória pelo magistrado, de modo a permitir a plenitude do contraditório e da ampla defesa na fase recursal.

- **Na jurisprudência**

STJ: Embriaguez e meios adequados de produção probatória.

A Lei nº 12.760/12 modificou o artigo 306 do Código de Trânsito Brasileiro, a fim de dispor ser despicienda a avaliação realizada para atestar a gradação alcóolica, acrescentando ser viável a verificação da embriaguez mediante vídeo, prova testemunhal ou outros meios de prova em direito admitidos, observado o direito à contraprova, de modo a corroborar a alteração da capacidade psicomotora. 2. No caso em apreço, praticado o delito na vigência da última modificação normativa, fato ocorrido em 12.12.2013, torna-se possível apurar o estado de embriaguez da acusada por outros meios de prova em direito admitidos. (RHC nº 49296/RJ, 6ª Turma, Rel. Maria Thereza de Assis Moura, j. 04/12/2014).

⇒ **Em discussão**

Cooperação jurídica em matéria de prova penal

A criminalidade, cada vez mais especializada, transborda as fronteiras nacionais e é, geralmente, cometida através da formação de redes de grande complexidade (delitos transnacionais). Surge, então, a necessidade de uma cooperação jurídica internacional para viabilizar, nessa mesma perspectiva globalizada, a investigação e a instrução probatória por meio destas conexões internacionais. Para fins de produção probatória em território internacional, a doutrina cita a carta rogatória e o pedido de auxílio direto.[89]

No que diz respeito à carta rogatória, trata-se de um requerimento de realização de diligência por autoridade judiciária estrangeira. Em

---

indícios da prática do crime, juntando ao processo uma prova preexistente e, em geral, contemporânea ou preparatória do crime. Seria o caso da busca e apreensão e da escuta telefônica. Já os meios de prova seriam constituídos no momento da sua própria produção em juízo e visam à reprodução do fato, tratando-se, dessa forma, de uma prova posterior à prática do crime. Nos meios de prova se encaixaria a prova testemunhal, declarações do ofendido, acareação, reconhecimento, etc. (ALBUQUERQUE, Paulo Pinto. *Comentários ao código de processo penal à luz da constituição da república e da convenção europeia dos direitos do homem.* Lisboa: Universidade Católica, 2011. p. 330-331).

[88] RANGEL, Paulo. *Direito processual penal.* São Paulo: Atlas, 2013. p. 453.

[89] BECHARA, Fábio Ramazzini. *Cooperação jurídica internacional em matéria penal.* São Paulo: Saraiva, 2011. p. 43.

verdade, o CPP refere o "cumprimento de cartas rogatórias para citações, inquirições e outras diligências necessárias à instrução de processo penal". Em pormenores, o art. 780 e subsequentes do CPP cuidam das minúcias do procedimento da carta rogatória, determinando, por exemplo, o não cumprimento da carta rogatória contrária "à ordem pública e aos bons costumes" (art. 781 do CPP), ou a necessidade de *exequatur* do presidente do Supremo Tribunal Federal para a realização das diligências ora solicitadas por autoridade estrangeira (art. 784, § 1º, CPP).

Por outro lado, o pedido de auxílio direto não é uma solicitação de diligência pré-determinada à autoridade judiciária estrangeira como o é a carta rogatória, cujo juízo limita-se ao de admissibilidade (tal qual o previsto no artigo 780 do CPP). Nesta modalidade de cooperação jurídica internacional, desloca-se a decisão em relação às formalidades do pedido ao Estado estrangeiro, que goza de plena autonomia para decidir o melhor método de efetivação da diligência requerida.[90]

Existem, portanto, importantes instrumentos jurídicos que, atendendo ao princípio da reciprocidade, permitem a continuidade de investigações e processos judiciais através da cooperação. É o caso dos tratados regionais e internacionais firmados pelo Brasil com Estados estrangeiros que preveem a cooperação jurídica internacional em matéria de prova, possibilitando a troca de informações e a produção de elementos probatórios no exterior.

A título exemplificativo, o Brasil aderiu à Convenção contra o Tráfico Ilícito de Entorpecentes e Substâncias Psicotrópicas/Convenção de Viena (1991), à Convenção das Nações Unidas contra o Crime Organizado Transnacional/Convenção de Palermo (2003) e à Convenção das Nações Unidas contra a Corrupção/Convenção de Mérida (2005). O Decreto nº 3.810/01 promulgou o Acordo de Assistência Judiciária em Matéria Penal entre o Brasil e os Estados Unidos da América. O referido instrumento visa à assistência mútua em matéria de investigação, inquérito, ação penal, prevenção de crimes e processos relacionados a delitos de natureza criminal.

No Brasil, o regramento é fragmentário e não há lei específica regulamentando a Cooperação Jurídica Internacional. Um dos diplomas mais consistentes é a Resolução n 09/2005, do STJ,[91] que criou as classes processuais de Homologação de Sentença Estrangeira e de Cartas Rogatórias no rol dos feitos submetidos àquele Tribunal.

---

[90] BECHARA, Fábio Ramazzini. *Cooperação jurídica internacional em matéria penal*. São Paulo: Saraiva, 2011. p. 55.

[91] GIACOMOLLI, Nereu José. Investigação e prova na cooperação jurídica internacional em matéria criminal: aspectos introdutórios. *In*: POZZEBON, Fabrício Dreyer de Ávila; ÁVILA, Gustavo Noronha de. (org.). *Crime e interdisciplinaridade*: estudos em homenagem à Ruth M. Chittó Gauer. Porto Alegre: EDIPUCRS. 2012. p. 304.

Ainda, o STF entende que também é matéria de cooperação jurídica internacional a extradição, firmando orientação no sentido de que as alegações do Estado requerente se presumem como verdadeiras não se perquirindo sobre dilação probatória. Nessa linha, "o exercício da ampla defesa, quanto ao mérito, será exercido no processo crime a que será submetido o extraditando e não no procedimento de extradição" (Ext nº 1270, 1ª Turma, Rel. Min. Marco Aurélio, Rel. p/ acordão Min. Roberto Barroso, j. 12/12/2017).

- **Na jurisprudência**

STJ: Ampla utilização de prova no acordo de cooperação internacional.

Em tema de acordo de cooperação internacional a regra é a ampla utilização da prova, sendo que qualquer restrição deve ser expressamente formulada pelo Estado requerido, hipótese inocorrente mormente porque a Autoridade Central dos Estados Unidos da América autorizou a utilização das provas em todas as investigações que guardem relação com a Operação Cabo Verde, posteriormente nominada de Ouro Verde. (AgRg nos EDcl no REsp nº 1574810/RS, 6ª Turma, Rel. Min. Maria Thereza de Assis Moura, j. 17/04/2018).

STJ: Necessidade de observância das regras do ordenamento jurídico do Estado estrangeiro e do Estado de origem em relação à produção de prova.

A provas obtidas por meio de cooperação internacional em matéria penal devem ter como parâmetro de validade a lei do Estado no qual foram produzidas, conforme a previsão do art. 13 da LINDB. 3. A prova produzida no estrangeiro de acordo com a legislação de referido país pode, contudo, não ser admitida no processo em curso no território nacional se o meio de sua obtenção violar a ordem pública, a soberania nacional e os bons costumes brasileiros, em interpretação analógica da previsão do art. 17 da LINDB. (APn nº 856/DF, Corte Especial, Rel. Min. Nancy Andrighi, j. 18/10/2017).

STJ: Diferenciação entre carta rogatória e assistência direta.

Na carta rogatória passiva, existe decisão judicial oriunda de juízos ou tribunais estrangeiros que, para serem executados em território nacional, precisam do juízo de delibação do Superior Tribunal de Justiça, sem, contudo, adentrar-se no mérito da decisão proveniente do país alienígena. No auxílio direto, há um pedido de assistência do Estado estrangeiro diretamente ao Estado rogado, no exercício de atividade investigatória, para que este preste as informações solicitadas ou, havendo necessidade legal, submeta o pedido à Justiça Federal competente para julgar a providência requerida (medidas acautelatórias), conforme o caso concreto. A assistência direta decorre de acordo ou tratado internacional de cooperação em que o Brasil é, necessariamente, signatário. (AgInt na CR nº 11.165/EX, Corte Especial, Rel. Min. Laurita Vaz, j. 06/09/2017).

13. Fases do procedimento probatório

O procedimento probatório pode ser desdobrado em quatro momentos: o seu requerimento, a sua admissão, a sua produção e a sua valoração.

13.1. Requerimento

Consiste no ato através do qual as partes postulam a produção de provas ou as acostam nos autos. Pela liberalidade contida no art. 231 do CPP, esse requerimento pode ser realizado antes da instrução, durante a instrução ou em momentos extraordinários, quando a instrução já se encerrou. O ponto inicial e propício para a requisição de produção de provas, chamado de momento ordinário, é, para a acusação, a denúncia (ou queixa-crime) e, para a defesa, a resposta à acusação.

No caso de já ter se encerrado a instrução, o alcance está delimitado pelo art. 616 do CPP, que merece uma leitura cuidadosa. Veja-se que o referido dispositivo admite que o tribunal, câmara ou turma realize novo interrogatório, reinquira testemunhas ou requeira outras diligências, devendo a defesa sempre ser previamente cientificada.

É preciso que a prova seja nova e relevante ao deslinde do fato criminoso, não podendo significar, portanto, a simples reabertura da instrução. Imagine-se o caso em que a defesa ou a acusação traga aos autos em apelo a demonstração da necessidade de realização de uma diligência até então não realizada. Convencendo-se de tal relevância, o tribunal poderá determinar a sua produção. Evidentemente que todas as diligências a serem produzidas deverão nortear-se pelos modelos já estabelecidos para respectivos meios de provas no CPP.

Influenciadas por princípios constitucionais, as limitações probatórias são em menor número quando estamos diante da tentativa de inocentar o acusado, tendo como bom exemplo uma das hipóteses de revisão criminal ("quando, após a sentença, se descobrirem novas provas de inocência do condenado ou de circunstância que determine ou autorize diminuição especial da pena").

De outro lado, existem restrições à possibilidade de se levar provas documentais ao processo a qualquer tempo, como é a previsão do art. 479 do CPP, que proíbe a leitura no Plenário do Júri de documento que não tenha sido trazido aos autos com três dias de antecedência. Evidentemente que, tratando-se de documento de grande relevância para o caso, deve o magistrado adiar o julgamento.

- **Na jurisprudência**

STJ: Necessidade de novo interrogatório em grau recursal.

A regra do art. 616, do CPP, deve ser concebida na linha de visão do principio da ampla defesa, de dignidade constitucional, devendo ser assegurado ao réu a faculdade de ser novamente interrogado". (HC nº 6239/GO, 6ª Turma, Rel. Vicente Leal, j. 06/10/1997).

STJ: Necessidade de justificação da nova prova a ser produzida em sede de revisão criminal.

Como cediço, a justificação criminal é uma medida de natureza cautelar, que tem por finalidade a prova de algum fato ou relação jurídica, relevante para a constituição de prova no processo penal. É indispensável, no entanto, que a parte justificante indique a prova que pretende produzir, desde que não configure mera reprodução daquelas já apresentadas no processo penal. A justificação criminal não se presta, como bem frisado pelo STF, para uma nova e simples ocasião para reinquirição de testemunhas ouvidas no processo da condenação, ou para arrolamento de novas testemunhas. É indispensável que a parte requerente demonstre a destinação específica da prova, de forma objetiva, e que, em se tratando de testemunha, haja indicação clara do que esta trará de novo, não bastando apenas que não tenha sido ouvida nos autos principais. (HC nº 174906/RS, 5ª Turma, Rel. Laurita Vaz, j. 10/04/2012).

13.2. Deliberação sobre sua admissibilidade ou admissão da prova

É o momento no qual o juiz admite ou não a produção de prova requerida pela parte. Nos casos de inadmissão no momento ordinário, o juiz deverá motivar a sua decisão, somente podendo configurar-se tal hipótese quando a prova for impertinente ao processo. A propositura em momentos extraordinários também pode levar à inadmissão, podendo o magistrado fundamentar a decisão no entendimento de que a prova não é necessária para a formação do seu convencimento.

- **Na jurisprudência**

STJ: Livre convencimento e liberdade judicial para indeferimento de provas impertinentes e desnecessárias.

O princípio do livre convencimento permite ao Magistrado, diante do conjunto probatório, formar seu juízo de valor sobre os fatos, apreciando livremente as provas carreadas aos autos, podendo indeferir a realização de provas desnecessárias ou meramente protelatórias, como a realização de novo exame de dependência toxicológica, se outrora fora feito. (HC nº 47714/PE, 6ª Turma, Rel. Min. Hélio Quaglia Barbosa, j. 07/03/2006).

⇒ **Em discussão**

O indeferimento judicial de diligências e o direito à prova

O direito à prova, umbilicalmente ligado ao exercício do contraditório e da ampla defesa, informa um dos alicerces do processo penal democrático. Ao indeferir uma diligência, o magistrado estaria violando tais princípios?

O CPP revela que na resposta à acusação o acusado poderá *especificar as provas pretendidas*. Mais tarde, adverte no § 1º do art. 400 que: "As provas serão produzidas numa só audiência, podendo o juiz indeferir as consideradas irrelevantes, impertinentes ou protelatórias". Ocorre que em nenhum momento o Estatuto Processual indica a extensão de tais expressões (irrelevantes/impertinentes/protelatórias), deixando totalmente ao alvedrio do magistrado esta tarefa.

Mais do que isso, os Tribunais Superiores têm entendido que: "O cotejo das provas relevantes à elucidação da verdade real inclui-se na esfera de discricionariedade mitigada do juiz do processo, o qual, vislumbrando a existência de diligências *lato sensu* protelatórias, desnecessárias ou impertinentes aos autos, poderá indeferi-las mediante decisão fundamentada". (STJ, HC nº 282.322/RS, 5ª Turma, Rel. Laurita Vaz, j. 18/06/2014).

Ora, se o livre convencimento é o sistema que orienta a produção da prova no processo penal e se os tribunais admitem a busca pela "verdade", como poderia o julgador negar um requerimento de prova (da defesa ou acusação)? A prova é endereçada apenas ao juiz?

Eis aqui um ponto nefrálgico. Como adverte Streck, sobre o destinatário da prova: "Parcela considerável dos teóricos ainda não conseguiu superar o modelo solipsista-cartesiano. Ou seja, acredita-se na necessidade de a instrução processual gerar 'certeza' na sua 'convicção pessoal' – e apenas nela – para que o juiz lavre sua sentença".[92]

Mais do que isso, na linha de Martins, o *evidente* dispensa a prova, prescindindo de qualquer justificação e instaurando um *desamor do contraditório*, característica de um sistema anti-democrático.[93] Esta nota de blindagem do contraditório, para se dizer o mínimo, coloca o réu em posição inerte no processo e, portanto, deve ser combatida.

13.3. Produção

Refere-se ao momento em que a prova requerida e admitida é trazida aos autos, e, por consequência, poderá o juiz se valer dela para a formação do seu convencimento.

13.4. Valoração

Nesta etapa, o juiz apreciará todo o conjunto probatório livremente, com o fim de prolatar a sua decisão de forma fundamentada. Ocorre no momento da sentença, sendo a valoração explicitada pelos seus fundamentos.

---

[92] STRECK, Lenio Luiz. O sentido comum teórico dos juristas e o "princípio" da "verdade real": o ponto de encontro do solipsismo com o arbítrio. *Revista de Estudos Criminais*. Vol. 44. 2012. Síntese. p. 131.

[93] MARTINS, Rui Cunha. *O ponto cego do direito – the brazilian lessons*. Rio de Janeiro: Lumen Juris. 2010. p. 3.

Parte II

PROVAS EM ESPÉCIE

1. Do exame de corpo de delito e das perícias em geral

1.1. Noções Introdutórias

Existem determinadas questões, dentro do processo penal, que extrapolam o conhecimento científico do magistrado. Nestes casos, é necessário que o juiz seja auxiliado por profissional capacitado para avaliar o fato em discussão, permitindo que o convencimento judicial se dê de forma adequada. Esse auxílio técnico ocorre por meio da prova pericial.

Neste contexto, a perícia é o exame realizado por pessoa dotada de conhecimentos técnicos, científicos ou artísticos geralmente sobre um indivíduo ou uma coisa. Em Portugal, a doutrina distingue exame de perícia, apontando, dentre outras diferenças, que o exame é um meio de obtenção da prova (recolhimento de vestígios, por exemplo) enquanto a perícia funciona como meio de prova (interpretação dos fatos por profissionais dotados de conhecimentos especiais).[94]

Há pelo menos 02 (dois) sistemas de valoração das perícias: vinculatório (o julgador está adstrito à conclusão do laudo) e liberatório (o juiz é livre no seu convencimento, podendo aceitar ou rejeitar o laudo). O nosso CPP adotou o sistema liberatório, consoante a disposição contida no art. 182: "O juiz não ficará adstrito ao laudo, podendo aceitá-lo ou rejeitá-lo, no todo ou em parte".

Pode-se perceber, portanto, que como qualquer outra prova, a perícia tem valor relativo. E, neste sentido, Manzano adverte que: "Em verdade, a conclusão do perito – assim como o depoimento da testemunha – é sempre subjetiva. É um equívoco pensar que a perícia, por ser prova técnica ou científica, seja exata, não sujeita a subjetividade. Toda perícia resulta da interpretação de um técnico ou profissional sobre alguma coisa ou alguém por ele examinado".[95]

---

[94] VALENTE, Manuel Monteiro Guedes. *Processo penal* – Tomo 1. Coimbra: Almedina, 2010. p. 355.

[95] MANZANO, Luís Fernando de Moraes. *Prova pericial*: admissibilidade e assunção da prova científica e técnica no processo brasileiro. São Paulo: Atlas, 2011. p.13.

Assim, quando o delito deixar vestígios, deverá se proceder ao exame de corpo de delito, mas nem por isso a prova pericial sobrepõe-se às demais provas. Ou seja, a perícia é uma prova necessária quando a infração deixar vestígios, mas não será exclusivamente considerada na configuração da materialidade, podendo ser suprida por outras provas, geralmente documental e/ou testemunhal.

Nesse sentido é o item VII da exposição de motivos do CPP: "(...) nem é prefixada uma *hierarquia* de provas: na livre apreciação destas, o juiz formará, honesta e lealmente, a sua convicção. (...) todas as provas são relativas; nenhuma delas terá, *ex vi legis*, valor decisivo, ou necessariamente maior prestígio que outra".

Desta feita, a prova pericial apenas tem o condão de demonstrar maior probabilidade de uma circunstância do delito, o que não é o mesmo que dizer que ela corresponda de forma acabada a toda a complexidade fática em questão. Basta ver, por exemplo, que o exame de DNA realizado por meio do material genético de um réu encontrado no corpo da vítima apenas aponta que o material coletado é dele. No entanto, para se concluir que houve um crime, existe ainda um caminho muito longo a ser percorrido com o auxílio de outros meios de prova.[96]

- **Na jurisprudência**

STJ: Necessidade x exclusividade da prova pericial.

O princípio do livre convencimento motivado, vigente em qualquer processo brasileiro, faz com que seja o art. 158 do Código de Processo Penal (quando a infração deixar vestígios, será indispensável o exame de corpo de delito, direto ou indireto, não podendo supri-lo a confissão do acusado) interpretado de modo a definir regra geral de necessidade de prova, e não de sua exclusividade, salvo diante de confissão, assim permitindo ao julgador valorar a existência de quaisquer fatos controversos, inclusive quanto aos vestígios do crime, por quaisquer meios de prova (AgRg no REsp nº 1257007/SC, 6ª Turma, Rel. Sebastião Reis Júnior, j. 11/11/2014).

STJ: Necessidade de exame de corpo de delito para qualificação do delito.

Mostra-se necessária a realização do exame técnico-científico para qualificação do crime ou mesmo para sua tipificação, pois o exame de corpo de delito direto é imprescindível nas infrações que deixam vestígios, podendo apenas ser suprido pela prova testemunhal quando não puderem ser mais colhidos. Logo, se era possível a realização da perícia, e esta não ocorreu de acordo com as normas pertinentes (art. 159 do CPP), a prova testemunhal e o exame indireto não suprem a sua ausência. 2. Diante da desídia estatal, não se mostra plausível a substituição do exame pericial por dados coletados nos depoimentos testemunhais, confissões ou fotos, não sendo este argumento idôneo para substituir a prova técnica. (AgRg no AREsp nº 558432/DF, 6ª Turma, Rel. Maria Thereza de Assis Moura, j. 07/10/2014).

[96] LOPES JR., Aury. *Direito processual penal*. São Paulo: Saraiva, 2012. p. 612.

1.1.1. *Prazo para realização das perícias*

Em regra, o prazo para realização das perícias é de 10 (dez) dias, podendo ser prorrogado em casos excepcionais desde que requerido pelos peritos, na forma do art. 160, parágrafo único, do CPP.

Como explica Choukr, a superação do prazo de 10 dias para apresentação da perícia é considerada mera causa de irregularidade, o que significa dizer que o perito não comete crime de desobediência. No máximo, poder-se-á cogitar a aplicação de sanções administrativas ou cíveis, pois o tipo do art. 330 do CP diz respeito a crime praticado por particular contra a Administração em Geral e, em se tratando de responsabilização criminal, o perito é equiparado a funcionário público.[97]

1.1.2. *Número de peritos: mudança legislativa*

Em relação ao número de peritos oficiais responsáveis pela elaboração das perícias, houve mudança substancial a partir da reforma processual procedida pela Lei nº 11.690/08, a qual pretendia impor celeridade, obedecendo à realidade do processo penal brasileiro.

Não obstante, o que se deu foi um claro desprezo pela prova técnica, que, muitas vezes, tem grande importância na formação do convencimento do magistrado. Assim, segundo a nova redação do *caput* do art. 159 do CPP: "O exame de corpo de delito e outras perícias serão realizados por perito oficial, portador de diploma de curso superior" quando antes eram necessários dois peritos oficiais. Resta sem eficácia, portanto, a Súmula nº 361 do STF.[98]

A partir disso, o que antes era exceção, agora é regra. Por exemplo, o art. 50, § 1º, da Lei nº 11.343/06 prevê que, para fins de lavratura de flagrante e estabelecimento da materialidade, é suficiente laudo firmado por perito oficial ou, na falta deste, por pessoa idônea (chamado, doutrinariamente, de laudo provisório). Anteriormente, tal disposição operava como excepcionalidade. O que parece é que a necessidade de um segundo perito oficial para lavrar o laudo definitivo, no caso da respectiva lei especial, caiu por terra diante da nova redação do art.159, *caput*, do CPP.

Diante disso, a regra é que a perícia seja realizada por um perito oficial, linha seguida, inclusive, no anteprojeto do novo CPP.

---

[97] CHOUKR, Fauzi Hassan. *Código de processo penal comentado*: comentários consolidados e crítica jurisprudencial. Rio de Janeiro: Lumen Juris, 2009. p. 337.

[98] Súmula 361: "No processo penal, é nulo o exame realizado por um só perito, considerando-se impedido o que tiver funcionado, anteriormente, na diligência de apreensão".

Mas nem sempre será assim, pois: "Tratando-se de perícia complexa que abranja mais de uma área de conhecimento especializado, poder-se-á designar a atuação de mais de um perito oficial (...)". É o que dispõe o art. 159, § 7º, do CPP.

De outro lado, não havendo perito oficial disponível, no intuito de viabilizar a realização da perícia, o § 1º do art. 159 prevê que o exame será realizado por 2 (duas) pessoas idôneas, portadoras de diploma de curso superior preferencialmente na área específica, dentre as que tiverem habilitação técnica relacionada com a natureza do laudo.

Já a Lei nº 11.343/06 faz referência à necessidade de apenas uma pessoa idônea na ausência de perito oficial, não sendo necessário, portanto, seguir o disposto no art. 159, § 1º, do CPP no que tange ao laudo provisório nos crimes da lei antidrogas. No entanto, o laudo definitivo deve ser confeccionado por duas pessoas idôneas, nos termos do artigo mencionado.

1.1.3. Quem são os peritos?

Como visto, o art. 159 do CPP exige a realização da perícia e do exame de corpo de delito por perito oficial com diploma de curso superior. Ressalte-se que a área de especialização do perito não precisa, necessariamente, guardar vínculo direto com o objeto do exame, bastando, para tanto, que possua curso superior.

Ainda, requer-se seja pessoa oficial, o que significa dizer que deverá ter sido investida na função através de nomeação legal, tratando-se, em suma, de um servidor público. O perito é considerado oficial: "(...) quando é investido na função por lei e não pela nomeação feita pelo juiz. Normalmente, são pessoas que exercem a atividade por profissão e pertencem a órgão especial do Estado, destinado exclusivamente a produzir perícias".[99]

Devido ao fato de serem peritos oficiais, estão dispensados de prestar compromisso para o exercício da função que lhes for atribuída (conforme art. 159, § 2º, CPP), pois sendo essa atividade sua profissão, presume-se que atuarão corretamente e com isenção.

No entanto o artigo 279 do CPP exclui da função de perito os analfabetos, os menores de 21 anos e as pessoas que estiverem sujeitas a alguma das interdições de direito previstas no artigo 47, I e II, do Código Penal. Igualmente, aqueles que tiverem prestado depoimento no processo como testemunha ou opinado acerca do objeto da perícia não poderão figurar com peritos.

[99] NUCCI, Guilherme de Souza. *Código de processo penal comentado.* São Paulo: RT, 2012. p. 389.

Como mencionado anteriormente, não havendo perito oficial, o exame pericial deverá ser realizado por duas pessoas idôneas que tenham diploma de curso superior preferencialmente na área específica, dentre as que tiverem habilitação técnica relacionada com a natureza do exame. Os peritos não oficiais devem assinar termo de compromisso. A nomeação feita pelo juiz exige, logicamente, uma atuação fiel e verdadeira, sob pena de se configurar a prática do crime de falsa perícia (art. 342 do CP).

Cabe salientar que, no processo penal, as partes não intervirão na nomeação do perito, tarefa endereçada ao magistrado. Segundo o art. 177 do CPP, no exame de corpo de delito realizado por precatória, a nomeação do perito será feita no juízo deprecado. Todavia, excepcionalmente, poderá ser feita pelo juízo deprecante se a ação for privada e houver acordo das partes nesse sentido.

- **Na jurisprudência**

STJ: Impossibilidade de peritos sem curso superior, independentemente do tipo de perícia.

O órgão ministerial argumenta que a perícia era "singela" e, por isso, dispensaria formação superior dos peritos. Não obstante, o art. 159, § 1º, do Código Penal dispõe que, na falta de perito oficial, o exame será realizado por duas pessoas idôneas, portadoras de diploma de curso superior preferencialmente na área específica. A exigência legal não pode ser excepcionada pela singeleza da perícia. (AgRg no REsp nº 1186956/RS, 5ª Turma, Rel. Laurita Vaz, j. 18/12/2012).

STJ: Relativização da exigência contida no art. 159 do CPP.

Hipótese em que o exame de corpo de delito não foi produzido nos termos do art. 159, ou seja, confeccionado por perito oficial ou, na sua falta, por duas pessoas idôneas portadoras de diploma superior, tendo sido firmado por médico neurologista, que descreveu e certificou a ocorrência das lesões que ameaçaram a vida da vítima. No processo penal vigora o princípio da instrumentalidade das formas, de modo que, nos termos do art. 563 do CPP, nenhum ato será declarado nulo se não houver prejuízo para a acusação ou para a defesa. Não demonstrado o prejuízo advindo da confecção do laudo pericial por médico neurologista que não exerce o *munus* de perito oficial, descabe a anulação pleiteada. (REsp nº 1350827/MG, 5ª Turma, Rel. Marilza Maynard, j. 19/03/2013).

STJ: Desnecessidade de formação específica do perito.

A depender da complexidade do crime a ser solucionado é recomendável – no campo das expectativas, e não como exigência legal – que seja escolhido um perito oficial entre aqueles que tenham habilitação na área objeto da perícia. Entretanto, a falta de formação específica na área do exame não inquina de nulidade o laudo; quando muito, pode conduzir a defesa a criticar, de maneira consistente, o resultado dos trabalhos, cabendo ao julgador valorar a prova técnica produzida e formar sua convicção pela livre apreciação do conjunto probatório, em decisão judicial devidamente motivada. (REsp nº 1383693/DF, 6ª Turma, Rel. Rogério Schietti, j. 18/12/2014).

1.1.4. Divergência entre os Peritos

Conforme já abordado, em regra as perícias no processo penal, por força da reforma legislativa de 2008, serão realizadas por apenas um perito oficial.

Podem ser confeccionadas, no entanto, por mais de um perito (art. 159, § 7º, do CPP ou art. 159, § 1º, do mesmo preceito legal). Havendo divergência entre os *experts*, o art. 180 do CPP busca resolver a questão ao referir que: "Se houver divergência entre os peritos serão consignadas no auto do exame as declarações e respostas de um e de outro, ou cada um redigirá separadamente o seu laudo, e a autoridade nomeará um terceiro; se este divergir de ambos, a autoridade poderá mandar proceder a novo exame por outros peritos".

Haja vista que o CPP adota o sistema do livre convencimento motivado, o juiz não está adstrito ao laudo pericial. Assim, ainda que existam divergências entre os peritos, o magistrado poderá rejeitar ambas as versões e amparar a sua decisão nas demais provas constantes nos autos, como autoriza o art. 182 do CPP.

Desse modo, resta claro que o art. 180 não obriga o juiz a nomear um novo perito quando houver divergência entre os primeiros, representando, somente, uma faculdade judicial.[100] Entretanto, se a questão em análise for demasiadamente técnica, a melhor orientação é a nomeação de outro perito para dirimir a dúvida.

- **Na jurisprudência**

STJ: Divergência entre perícias e persuasão racional.

No tocante à alegada ausência de comprovação da materialidade delitiva, tendo em vista a existência de duas perícias que apontariam autores diversos, razão não assiste ao impetrante. Como se sabe, as conclusões exaradas pelos peritos no laudo pericial não vinculam, em regra, a decisão da autoridade judiciária, pois vigora no processo penal pátrio o princípio da persuasão racional, pelo qual os juízes podem tomar suas decisões mediante a livre apreciação da prova, desde que apresentem fundamentação idônea para a prestação jurisdicional. (HC nº 216860/PE, 5ª Turma, Rel. Jorge Mussi, j. 15/05/2013).

STJ: Perícias antagônicas, íntima convicção dos jurados e desnecessidade de terceiro laudo.

O simples fato de terem sido elaborados dois laudos antagônicos não conduz à necessidade de realização de um terceiro. 2. No caso, no primeiro exame se atestou a inimputabilidade do paciente. Entretanto, o Magistrado determinou a realização de nova perícia, que explicitou a imputabilidade do ora paciente. 3. Ultrapassado esse ponto, não há máculas no segundo laudo pericial realizado, pois, esse exame foi elaborado por quatro profissionais da área de saúde – dois psiquiatras e dois psicólogos – ligados ao Núcleo de Estudos e Pesquisas em Psiquiatria Forense e Psicologia Jurídica (NUFOR), da Universidade de São Paulo. 4. A particularidade de o paciente ter sido, num momento anterior, absolvido

[100] PACELLI, Eugênio; FISCHER, Douglas. *Comentários ao código de processo penal e sua jurisprudência*. São Paulo: Atlas, 2012. p. 362-363.

(absolvição imprópria) em virtude da constatação, àquela altura, de sua inimputabilidade não conduzem necessariamente ao afastamento de sua condenação. 5. Lado outro, não há falar em julgamento contrário à prova dos autos quando os jurados firmam seu convencimento lastreado em elementos colhidos durante a instrução, como evidencia o caso presente. (HC nº 88645/PA, 6ª Turma, Rel. Og Fernandes, j. 25/10/2011).

1.1.5. *Contraditório e ampla defesa no exame de corpo de delito e nas demais perícias*

O contraditório na prova pericial pode se materializar de diversas formas, como, por exemplo, na formulação de quesitos pelas partes através da elaboração de perguntas ao *expert* no intuito de demonstrar à autoridade judicial que suas alegações merecem credibilidade.

Tal possibilidade já era admitida na redação do art. 176 do CPP. A Lei nº 11.690/08 disciplinou a faculdade de apresentação de quesitos no § 3º do art. 159 do CPP, limitando o momento de apresentação para a fase judicial, sempre 10 dias antes da perícia.

A indicação de assistentes técnicos pelas partes, a possibilidade de contraditar o laudo e o requerimento de eventual perícia complementar também são mecanismos de exercício do contraditório.

• **Na jurisprudência**

STJ: Procedimento investigatório pelo Ministério Público, perícia e ausência de contraditório.

Os pedidos protocolados durante a fase investigatória – nomeação de assistente técnico, oferecimento de quesitos e requisição de documentos para exame pericial cautelar – foram indeferidos de forma devidamente fundamentada, por serem as diligências protelatórias ou desnecessárias, consoante um juízo de conveniência, que é próprio do poder discricionário de investigação. Ademais, o inquérito policial e o procedimento investigatório efetuado pelo Ministério Público são meramente informativos, logo, não se submetem ao crivo do contraditório e não garantem ao indiciado o exercício da ampla defesa. (HC nº 253663/RS, 5ª Turma, Rel. Laurita Vaz, j. 07/10/2014).

1.1.6. *Da indicação de assistentes técnicos pelas partes*

Até a reforma procedida pela Lei nº 11.690/08 não era permitido às partes nomearem assistentes técnicos no processo penal. Os tribunais superiores, inclusive, assim entendiam.[101] Isso não impedia, porém, como aponta Fernandes: "(...) a parte, normalmente a defesa, de recorrer a peritos particulares para análise da perícia oficial e emissão de parecer técnico, com o qual poderá instruir as suas alegações finais".[102]

Atualmente, há previsão legal expressa para indicação de assistentes técnicos. Segundo o § 4º do art. 159, o assistente técnico terá atuação:

---

[101] STJ, HC nº 32543/CE, 5ª Turma, Rel. Min. Gilson Dipp, j. 25.05.2004.

[102] FERNANDES, Antônio Scarance. *Processo penal constitucional*. São Paulo: RT, 2005. p. 88.

"A partir de sua admissão pelo juiz e após a conclusão dos exames e elaboração do laudo pelos peritos oficiais, sendo as partes intimadas desta decisão".

Ocorre que a atuação do assistente técnico somente no curso do processo judicial nada mais expressa do que um contraditório tardio. Mesmo que as perícias pudessem ser repetidas na fase judicial ou se pudesse questionar o perito em audiência a partir de contraprova feita por assistente nomeado, a defesa técnica já teria perdido a chance de acompanhar a evolução da cadeia de custódia, por exemplo.

Portanto, apesar do avanço, o legislador perdeu a oportunidade de permitir a atuação do assistente técnico já durante a realização da perícia e, portanto, no curso da investigação criminal.

Cabe referir, no entanto, que o PLS n° 156/2009, disciplinando a figura do juiz de garantias num processo penal alicerçado em contraditório, parece fortalecer a paridade de armas, permitindo a participação efetiva dos envolvidos na discussão do caso criminal. É o que demonstram, por exemplo, as disposições do art. 14 daquele projeto, ao disciplinar que compete ao juiz de garantias deferir pedido de admissão de assistente técnico para acompanhar a produção da perícia (Inciso XVI).

De qualquer forma, a atuação do assistente dependerá em alguns casos, como nos delitos ambientais, da análise do material probatório que serviu de base à perícia oficial. Somente assim o assistente poderá confrontar o laudo e materializar sua opinião técnica.

Evidentemente que a disponibilização do material probatório pelo órgão oficial deverá ser tema de requerimento das partes, sugerindo-se que o pedido seja realizado antes mesmo da realização da perícia oficial – para utilização futura, e reiterado em resposta à acusação. A conservação do material, nesse caso, se insere na expectativa de contraditório tardio pelas partes, podendo-se falar, em caso de não perservação, na quebra de cadeia de custódia de prova.

- **Na jurisprudência**

STJ: O não acompanhamento da perícia pelo assistente técnico não configura afronta ao contraditório e à ampla defesa.

Entendeu a Douta Subprocuradoria-Geral da República pela concessão da segurança porque, apesar de o Código de Processo Penal não assegurar expressamente a intervenção de assistente técnico à época da realização da perícia, tal providência seria cabível em homenagem os princípios constitucionais do contraditório e da ampla defesa. Contudo, a teor do entendimento desta Corte, o Juiz pode indeferir, desde que em decisão devidamente fundamentada, as diligências que entender protelatórias ou desnecessárias, dentro de um juízo de conveniência, que é próprio do seu regular poder discricionário. (...) Ora, a participação da psicóloga nomeada pela Defesa como assistente técnica, independentemente da legislação processual vigente, não pode se sobrepor a atividade dos peritos oficiais, cabendo-lhe apresentar quesitos e se manifestar sobre o resultado da perícia, o que foi assegurado pelo Juízo processante. (RMS nº 28617/RS, 5ª T., Rel. Laurita Vaz, j. 27/03/2012).

1.2. Exame de corpo de delito

1.2.1. Noções introdutórias

Trata-se de prova pericial que tem como objetivo comprovar a materialidade do crime, ou seja, demonstrar que a norma penal prevista em abstrato foi concretizada no plano naturalístico. O vestígio é examinado segundo critérios científicos e técnicos com o escopo de poder dar fundamento confiável não só à decisão judicial, mas principalmente à instauração da ação penal.

Segundo o art. 158 do CPP: "Quando a infração deixar vestígios, será indispensável o exame de corpo de delito, direto ou indireto, não podendo supri-lo a confissão do acusado". Esse dispositivo evidencia verdadeira exceção ao princípio da persuasão racional do julgador, uma vez que a declaração de culpa do acusado não serve de critério adequado para formar o convencimento sobre a materialidade do delito. É de se dizer que, nos crimes que deixam vestígios, só depois de comprovada a existência do crime – seja pelo exame direto ou indireto – é que se poderá passar à investigação de sua autoria, porquanto sem crime não há autoria.

Desta maneira, ainda que alguém se apresente à autoridade policial, narrando todo o episódio do crime que cometeu, bem como a forma detalhada como matou a vítima, caso outras provas não sejam colhidas que comprovem a materialidade, ou seja, a efetiva ocorrência do crime no plano material, a palavra do acusado não poderá suprir a perícia.

Essa é a regra nos crimes que deixam vestígios. No entanto, havendo outros elementos do conjunto probatório que auxiliem na melhor elucidação dos fatos, tanto para fins da comprovação da conduta típica, quanto para absolvição, eles não podem ser desconsiderados, sob pretexto de que a aplicação do art. 158 só permita o exame pericial.

Quanto à necessidade ou não de exame de corpo de delito é possível classificar os delitos em:

– **não transeuntes (*facta permanentes*)**: aqueles que deixam vestígios materiais permanentes e necessitam da realização do exame de corpo de delito. São os crimes materiais em que há a produção de um resultado naturalístico e este é necessário para a consumação do delito. Exemplo: homicídio, aborto, lesão corporal;

– **transeuntes (*facta transeuntes*)**: aqueles que não deixam vestígios de ordem material, dispensando, assim, o exame pericial. A materialidade deve ser comprovada por meios indiretos. São os crimes formais e de mera conduta. Ressalte-se que, no caso dos crimes formais, poderá ocorrer a produção de resultado naturalístico, no entanto, este não é necessário para a consumação do delito. Exemplo: injúria, calúnia e difamação quando cometidos verbalmente, pelo menos em regra.

Quando desaparecem os vestígios, porém, a prova testemunhal poderá suprir a ausência desse exame, segundo a redação do art. 167 do CPP; adotando-se, neste caso, a prova testemunhal como supletiva, já que toda prova tem valor relativo.

- **Na jurisprudência**

STJ: Necessidade de exame de corpo delito somente quando relacionado à materialidade, qualificadora ou agravante.

1. O exame de corpo de delito só se revela imprescindível quando o vestígio deixado pela atuação criminosa sobre o objeto material do delito esteja relacionado com a própria materialidade, ou com alguma circunstância capaz de qualificar o crime ou agravar especialmente a pena. 2. Na hipótese dos autos, restou comprovado que o paciente se utilizou de bens públicos para seu próprio proveito, sendo indiferente que o serviço (terraplanagem) tenha sido efetivamente realizado ou não, pois se trataria de mero exaurimento da conduta típica em apreço.3. Tal circunstância evidencia a prescindibilidade da perícia pretendida, já que a utilização indevida de funcionários e bens municipais foi comprovada mediante a prova testemunhal colhida no curso do feito. (HC nº 207695/MG, 5ª T., Rel. Jorge Mussi, j. 16/05/2013).

1.2.2. Qual o momento de realização do exame de corpo de delito?

O legislador concedeu certa liberdade quanto ao momento de realização do exame de corpo de delito, permitindo que ele seja feito a qualquer dia e a qualquer hora, nos termos do art. 161 do CPP.

Entretanto, de regra, a imediata realização é uma condição para o melhor uso dos meios de prova e para conservação do objeto da perícia. Se questões técnicas exigirem a espera da realização do corpo de delito, como aguardar pela luz do dia para se lograr maior precisão,[103] igualmente, não há obstáculo legal para tanto.

Diante disso é que o art. 6º do CPP informa que a autoridade policial, logo que tiver conhecimento da prática da infração penal, deverá determinar que se proceda a exame de corpo delito e a quaisquer outras perícias.

1.2.3. Exame de corpo de delito direto e indireto

O exame de corpo de delito será direto (imediato) quando realizado pelo perito diretamente nas circunstâncias deixadas pelo crime, como é o caso da necropsia. Ou seja, a análise é feita diretamente sobre o objeto, sendo essa a regra para os crimes que deixam vestígio.

[103] CHOUKR, Fauzi Hassan. *Código de processo penal comentado*: comentários consolidados e crítica jurisprudencial. Rio de Janeiro: Lumen Juris, 2009. p. 338.

Excepcionalmente, quando as circunstâncias fáticas não permitirem essa verificação imediata, o exame será feito de modo indireto. É o caso, por exemplo, da vítima que, ao invés de apresentar-se imediatamente ao perito oficial, dirige-se ao hospital. A partir do conteúdo do respectivo Boletim de Atendimento Médico, o perito poderá realizar o exame de corpo de delito indireto.

Assim, tanto no exame de corpo de delito direto quanto no exame de corpo de delito indireto tem de haver a elaboração de um laudo pericial. No primeiro caso, haverá análise direta sobre o vestígio deixado; no segundo, o perito, ante a impossibilidade do seu contato direto com o vestígio, se valerá de qualquer elemento de prova, como, por exemplo, documental, para formar o laudo.

- **Na jurisprudência**

STF: Boletim de atendimento médico não se confunde com o exame de corpo de delito.

A falta de informação ao preso sobre seus direitos constitucionais gera nulidade dos atos praticados, se demonstrado prejuízo. Precedentes. Relatório médico preliminar não se confunde com laudo pericial decorrente de auto de exame de corpo de delito (CPP, art. 159/160). É no laudo que os dois peritos devem responder aos quesitos e firmá-lo. As nulidades ocorridas até o interrogatório judicial devem ser argüidas na defesa prévia. A não interposição do pedido de declaração da sentença caracteriza a preclusão da matéria omitida. Precedentes. Recurso desprovido. (RHC nº 79973/MG, 2ª T., Rel. Nelson Jobim, j. 23/05/2000).

1.2.4. Ausência do exame de corpo de delito (direto e indireto) e possibilidade de supressão pela prova testemunhal

Segundo dispõe o art. 167 do CPP: "Não sendo possível o exame de corpo de delito, por haverem desaparecido os vestígios, a prova testemunhal poderá suprir-lhe a falta". Assim, somente ante a impossibilidade de realização do exame de corpo de delito, tanto na sua forma direta quanto indireta, é que se recorrerá a outros elementos probatórios.

Ocorre que, na prática processual, em vez de ser realizado o exame de corpo de delito indireto, são utilizados diretamente outros meios de prova, como a testemunhal, para suprir a falta do exame direto.[104]

Portanto, no caso de desaparecimento de vestígios, adotou-se a prova testemunhal como supletiva. Embora o dispositivo supramencionado se refira apenas à prova testemunhal, essa supressão pode-se dar através de qualquer outra prova que não seja a confissão, em razão do disposto no art. 158 do CPP. Tal raciocínio deve-se ao fato de que inexiste hierarquia entre as provas no processo penal brasileiro.

No entanto, necessário observar que tal substituição deve ocorrer apenas nos casos em que o objeto do exame tiver desaparecido. Nessa

[104] LOPES JR., Aury. *Direito processual penal*. São Paulo: Saraiva, 2012. p. 619-620.

linha, esclarece Choukr que: "Deve ficar claro que a impossibilidade da realização do exame há de ser compreendida apenas pela inexistência de base material para a realização direta, a dizer, quando o exame não é realizado no momento oportuno pela desídia do Estado, ou sua realização é imprestável pela falta de aptidão técnica dos operadores encarregados de fazê-lo, não há que onerar o réu com um prova indireta em vez daquela que poderia ter sido imediatamente realizada".[105]

Importante notar que, em alguns casos, a ausência de realização de perícia não permite sua substituição por outro meio de prova. Basta pensar no crime de tráfico de drogas em que não se mostra adequada a condenação ante a ausência do exame direto que comprove a natureza da substância, uma vez que é imprescindível perícia técnica que demonstre ser a substância apreendida possuidora das características que a definem como droga. Nenhuma testemunha que tenha apenas visto a substância pode suprir tal exame. O mesmo ocorre no crime de aborto, em que a ausência de exame pericial não permite condenação e, inclusive, enseja a nulidade das medidas restritivas de liberdade durante o processo (art. 564, III, *b*).[106] Nestes casos, não se pode abrir mão do exame de corpo de delito.

- **Na jurisprudência**

STJ: Ausência de perícia direta em arma de fogo e supressão por outros meios de prova.

É importante salientar que, nos termos do art. 167 do Código de Processo Penal, o laudo pericial pode ser suprido pela prova testemunhal diante do desaparecimento dos vestígios, como na espécie, em que não houve a apreensão da arma de fogo. Nesse contexto, a ausência de perícia na arma utilizada no crime, quando impossibilitada sua realização, não afasta a causa especial de aumento prevista no inciso I do § 2º do art. 157 do Código Penal, desde que existentes outros meios aptos a comprovar sua efetiva utilização na prática delituosa. (HC nº 201431/SP, 5ª T., Rel. Laurita Vaz, j. 07/05/2013).

STJ: Obrigatoriedade da perícia quando possível fazê-la e supressão pela prova testemunhal somente quando não for possível realizar o exame.

Admite-se que a prova testemunhal supra a pericial se não for possível a realização do respectivo exame pelo desaparecimento dos vestígios, nos termos do art. 167 do Código de Processo Penal. 3. "No caso de incêndio, os peritos verificarão a causa e o lugar em que houver começado, o perigo que dele tiver resultado para a vida ou para o patrimônio alheio, a extensão do dano e o seu valor e as demais circunstâncias que interessarem à elucidação do fato" (art. 173 do Código de Processo Penal). 4. Na hipótese, as provas testemunhais e o boletim de atendimento do corpo de bombeiros – atestando apenas a ocorrência do incêndio e os objetos danificados –, não bastam para alicerçar a condenação. É imprescindível o laudo pericial para a configuração do crime de incêndio, eis que a delineação de sua causa é decisiva para se concluir se houve ação proposital. Esclareça-se que não houve qualquer justificativa para a não realização da perícia. 5. Habeas corpus não conhecido. Ordem concedida,

[105] CHOUKR, Fauzi Hassan. *Código de processo penal comentado*: comentários consolidados e crítica jurisprudencial. Rio de Janeiro: Lumen Juris, 2009. p. 331.

[106] Id. ibid.

de ofício, para restabelecer a sentença absolutória apenas no tocante ao crime de incêndio. (HC nº 283368/RS, 6ª T., Rel. Maria Thereza de Assis Moura, j. 23/10/2014).

STJ: Possibilidade de pronúncia sem exame de corpo de delito, desde que seja juntado posteriormente.

Veja-se que, nesse caso, não havia exame de corpo de delito, nem direto nem indireto, capaz por si só a alicerçar os termos da pronúncia, mas prova testemunhal e dados do Inquérito. Ademais, o entendimento consagrado desta Corte é no sentido de que o laudo de corpo de delito pode ser juntado posteriormente à pronúncia, desde que haja elementos probatórios suficientes à formação da convicção do magistrado, garantindo-se, às partes, prazo razoável para se manifestarem a respeito do documento. (HC nº 180533/DF, 6ª T., Rel. Sebastião Reis Júnior, j. 06/06/2013).

⇒ **Em discussão**

Exame de corpo de delito indireto e prova testemunhal: confusão doutrinária

Parte da doutrina costuma confundir a situação constante do art. 167 do CPP com o próprio exame de corpo de delito indireto.[107] Todavia, são institutos diferentes,[108] pois, apesar do exame indireto também ser uma reconstrução da materialidade a partir de outros meios de prova, este culmina em um laudo elaborado por peritos e é uma forma de perícia.

O exame de corpo de delito indireto é elaborado, por exemplo, a partir de um prontuário médico,[109] como no caso da lesão corporal, na oportunidade em que se tornou impossível o exame nas próprias circunstâncias do crime. Pode ser o caso ainda em que as testemunhas comparecem perante o perito e descrevem sua percepção sobre o acontecido.

Situação diversa se dá, por exemplo, no homicídio quando o corpo da vítima jamais é encontrado. Não há noticias das circunstâncias em que a vítima foi morta, tornando-se impossível a feitura de exame de corpo de delito, direto ou indireto. Porém, testemunhas comparecem em juízo e depõem declarando que presenciaram o cometimento do crime, indicando os detalhes do evento criminoso. Não se trata de exame de corpo de delito indireto, mas sim de prova testemunhal que, nos termos do art. 167 do CPP, suprirá a ausência do exame de corpo de delito direito e indireto.

1.2.5. Ausência do exame de corpo de delito: decretação de nulidade absoluta (art. 564, III, "b", do CPP) ou aplicação do art. 249, § 2º, do CPC?

Segundo o art. 564, III, *b*, do CPP, a ausência do exame de corpo de delito, ressalvado o art. 167 do mesmo estatuto, gera nulidade absoluta

[107] ESPÍNDOLA FILHO, Eduardo. *Código de processo penal brasileiro anotado*, vol. II, Rio de Janeiro: Borsoi, 1954. p. 465.

[108] STJ, HC nº 79735/RJ, 6ª Turma, Rel. Min. Maria Thereza de Assis Moura, j. 13/11/2007.

[109] STJ, HC nº 92644/DF, 6ª Turma, Rel. Min. Maria Thereza de Assis Moura, j. 26/05/2009.

do feito. No mesmo sentido aponta a doutrina: "Assim, havendo um caso de homicídio, por exemplo, sem laudo necroscópico, nem outra forma válida de produzir a prova de existência da infração penal, deve ser declarada a nulidade do processo. Trata-se de nulidade absoluta".[110]

Ocorre que, sendo o exame de corpo de delito o norte probatório acerca da existência material dos crimes que deixam vestígios, não há coerência prática em decretar a nulidade do processo ainda mais quando também não existem outras provas a subsidiar a formação da materialidade delitiva.

Geralmente, o exame de corpo de delito constitui-se em verdadeiro elemento de *prova* já que tem essência irrepetível. Apesar de geralmente fazer parte daquelas diligências realizadas no curso da investigação preliminar, pela característica da irrepetibilidade, seu conteúdo tem possibilidade de ser considerado na totalidade.

De que adiantaria, pois, anular o feito? O exame poderia ser novamente realizado? Claro que não!

Propomos, pois, para além do entendimento doutrinário e jurisprudencial, a aplicação do art. 282, § 2º, do CPC/15, segundo o qual: "Quando puder decidir do mérito a favor da parte a quem aproveite a declaração da nulidade, o juiz não a pronunciará nem mandará repetir o ato, ou suprir-lhe a falta". Assim sendo, na ausência de elementos que firmem a condenação, necessário que seja decidido o caso penal pelo caminho da absolvição. Além do mais, o ônus da prova em relação à materialidade é exclusivo da acusação.

Tal posicionamento encontra eco na lição de Pacelli e Fischer acerca do art. 564 sobre nulidades, segundo os quais: "(...) em se tratando de hipótese de recurso de acusação contra sentença que absolve o réu por entender ausente prova suficiente da materialidade não há de se aplicar o dispositivo em tela. Importante visualizar como premissa fundamental que o ônus da prova da materialidade é da acusação. (...) O caso será de manutenção da absolvição, uma vez não alterada a situação jurídica que embasou o decreto do juízo monocrático (art. 386, II ou VII, CPP)".[111]

Portanto, diante da ausência de exame de corpo de delito, direto ou indireto, o mais acertado é a absolvição do acusado, a não ser que existam outras provas capazes de demonstrar a existência do crime.

- **Na jurisprudência**

STJ: Ausência de corpo de delito e nulidade insanável.

Impõe o art. 158 do Código de Processo Penal que, quando a infração deixar vestígios, será indispensável o exame de corpo de delito, direto ou indireto, não podendo supri-lo a

[110] NUCCI, Guilherme de Souza. *Código de processo penal comentado*. São Paulo: RT, 2012. p. 968.

[111] PACELLI, Eugênio; FISCHER, Douglas. *Comentários ao código de processo penal e sua jurisprudência*. São Paulo: Atlas, 2012. p. 1006.

confissão do acusado. Já disse, em oportunidade anterior, que só é possível a dispensa do exame de corpo de delito, com a admissão de outros meios de prova como a testemunhal, quando não existirem mais vestígios, quando impossível a sua realização (HC n. 72.661, DJe 20/8/2012). Lá como aqui, não há notícia de impossibilidade da realização do exame de corpo de delito, o que torna a dispensa do exame direto e a opção pelo exame indireto abusivas, dando causa à nulidade insanável. No caso, insisto, não há elementos que demonstrem que era impossível a realização do exame de corpo de delito. E como era possível, a prova testemunhal não supre a sua ausência. Assim, neste particular, a ordem deve ser concedida de ofício, para afastar a condenação imposta ao paciente pelo crime de alteração de sinal identificador de veículo automotor (art. 311). (HC nº 167812/SP, 6ª Turma, Rel. Sebastião Reis Júnior, j. 21/03/2013).

⇒ **Em discussão**

Exame de corpo de delito nas infrações penais cometidas em situação de violência doméstica

Segundo o § 3º do art. 12 da Lei Maria da Penha (Lei nº 11.340/06), os laudos e prontuários médicos fornecidos pelos hospitais e postos de saúde serão admitidos como meios de prova. Mas qual o alcance de tal disposição legal? A sentença penal poderá considerar demonstrada a materialidade com base em prontuário médico?

Entendemos que não se pode dispensar o exame de corpo de delito para a prova das infrações que deixarem vestígios, mesmo que estejamos diante de situação de violência doméstica. Tal posição encontra suporte no fato de que o conteúdo do § 3º ao art. 12 da Lei Maria da Penha está sistematicamente localizado no capítulo *Do atendimento pela autoridade policial* e certamente tem caráter complementar ao próprio art. 12.

Ao que se vê, o referido art. 12 indica os procedimentos que a autoridade policial tem o dever de adotar em caso de violência doméstica e que, num primeiro momento, como a prática forense confirma, são endereçados a sustentar eventual pedido cautelar de medidas protetivas.

Daí que, por óbvio, o mesmo art. 12 elenca no inciso IV, dentre os procedimentos obrigatórios: "Determinar que se proceda ao exame de corpo de delito da ofendida e requisitar outros exames periciais necessários".

Muito embora os Tribunais Pátrios estejam alinhados em dispensar o exame de corpo de delito nestes casos, ao nosso sentir, somente quando, apesar de determinado pela autoridade, o exame de corpo de delito não puder ser realizado por terem desaparecido os vestígios, é que será possível a supressão desta prova pelo exame indireto consubstanciado eventualmente em laudos ou prontuários médicos.

- **Na jurisprudência**

STJ: Dispensa do exame de corpo de delito em situação de violência doméstica.

Embora tratar-se de infração não transeunte, não se fez exame de corpo de delito por peritos oficiais na época do crime, conquanto houvessem vestígios, inexistindo qualquer menção acerca da não realização da perícia no momento próprio. 3. Na espécie, inexiste flagrante ilegalidade, pois a materialidade delitiva foi comprovada ao ser a vítima submetida a exame direto, logo após o delito, primando o médico, servidor municipal de saúde, por elaborar um sucinto laudo, pautando-se o magistrado sentenciante não somente em depoimentos testemunhais, mas também em conteúdo probatório outro, qual seja, documento subscrito por profissional de saúde, nos termos do artigo 12, § 3º, da Lei nº 11.340/06." (HC nº 265208/SE, 6ª Turma, Rel. Maria Thereza de Assis Moura, j. 14/11/2014).

1.3. Outras perícias

1.3.1. Autópsia forense ou médico-legal (necropsia/tanatopsia)

É o exame interno do cadáver, realizado em caso de morte violenta (acidente de trânsito, acidente do trabalho, homicídio, suicídio, etc.) ou morte suspeita (ausência de causa aparente). Em regra, a autópsia será realizada seis horas depois do óbito, tendo como objetivo principal apurar a causa da morte. Evidentemente, poderão também ser constatadas outras circunstâncias relevantes acerca do delito praticado, como, por exemplo, tempo, forma como ocorreu a morte e trajetória do projétil.

Pode acontecer, em casos excepcionais, de não ser necessária a realização da autópsia devido à ausência de dúvida quanto a causa da morte. O art. 162, parágrafo único, do CPP dispõe que: "Nos casos de morte violenta, bastará o simples exame externo do cadáver, quando não houver infração penal que apurar, ou quando as lesões externas permitirem precisar a causa da morte e não houver necessidade de exame interno para a verificação de alguma circunstância relevante". É só pensar, por exemplo, na explosão do corpo[112] em que se faz somente uma simples verificação do cadáver.

O tempo mínimo exigido legalmente para se iniciar a autópsia, seis horas depois do óbito, demonstra uma preocupação do legislador em evitar a ocorrência de um engano fatal, pois esse lapso temporal visa a dar certeza de que realmente houve a morte da vítima. Na morte evidente, a lei dispensa esse tempo mínimo.

De acordo com o art. 164 do CPP, o cadáver será fotografado na mesma posição em que for encontrado, bem como deve haver o registro de todas as lesões encontradas e dos vestígios do crime. Sempre que possível, o perito fará um desenho similar ao do corpo e demonstrará por sinais os orifícios dos projéteis de arma de fogo ou até mesmo o corte realizado por outros instrumentos, fato este que auxiliará o magistrado ou o jurado na compreensão da *causa mortis*.

[112] NUCCI, Guilherme de Souza. *Provas no processo penal*. São Paulo: RT, 2011. p. 61.

Cabe salientar a possibilidade de a autópsia ser realizada após o sepultamento do corpo. Isso ocorrerá, por exemplo, quando após meses da morte, surgirem indícios de que foi praticado um delito ou nos casos em que for necessária a complementação da autópsia inicial. Nesses casos, haverá a exumação do cadáver para que se proceda ao exame necessário. Inclusive, isso poderá ser feito com auxílio de assistente técnico indicado pelas partes, bastando fundamentação segura para solicitar ao juiz a exumação do corpo.

A exumação – desenterrar ou retirar o cadáver da sepultura – é um ato formal que necessita autorização da autoridade competente, bem como dia e hora previamente marcados, conforme a redação do art. 163 do CPP.

Havendo dúvida no que diz respeito à identidade do cadáver, de acordo com a redação do art. 166, do CPP: "(...) proceder-se-á ao reconhecimento pelo Instituto de Identificação e Estatística ou repartição congênere ou pela inquirição de testemunhas, lavrando-se auto de reconhecimento e de identidade, no qual se descreverá o cadáver, com todos os sinais e indicações". De toda forma, os objetos encontrados serão recolhidos e autenticados para ajudar na identificação (art. 166, parágrafo único).

1.3.2. Exame diante de crime de lesões corporais

Como todo crime que deixa vestígio material, o delito de lesões corporais exige a realização do exame de corpo de delito. Mais especificamente, é necessário, através da perícia, verificar se estamos diante de lesão leve, grave ou gravíssima, a fim de realizar a adequação da conduta ao tipo penal específico.

Muitas vezes, esse exame pode ocorrer na fase extrajudicial, ocasião em que não vige o princípio do contraditório. Nestes casos, entendendo as partes ou o magistrado que o respectivo exame está incompleto, poderão postular a realização de exame complementar, conforme o disposto no art. 168 do CPP.

Se o exame tiver por fim precisar a tipificação do delito de lesão corporal grave, a qual resulta incapacidade para as ocupações habituais por mais de 30 dias (art. 129, § 1º, I, do CP), este deverá ser feito logo que decorra o referido prazo, contado da data do crime (art. 168, § 2º, do CPP). Trata-se de prazo penal, no qual deve ser computado o dia do começo, nos termos do art. 10 do CP.

Obviamente, será inútil a perícia realizada antes dos 30 dias, pois incapaz de conter uma conclusão precisa, atestando mero prognóstico, o qual não se presta a incriminar alguém. Por outro lado, a norma não especifica o prazo máximo para a sua realização.

Não ocorrendo, no entanto, a perícia logo após o trintídio, a constatação da incapacidade para as ocupações habituais pode restar frustrada. Isso porque a vítima pode ter restado incapacitada pelo período de 40 dias, por exemplo, o que já configuraria a lesão grave. No entanto, a perícia somente foi realizada após esse período, quando a mesma já estava exercendo suas ocupações habituais, restando, dessa forma, prejudicada a correta capitulação do crime.

Além dessa situação, exigem exame complementar os casos em que a lesão corporal deixar debilidade permanente de membro, sentido ou função, deformidade, incapacidade permanente para o exercício do trabalho etc., conforme as hipóteses do art. 129, §§ 1º e 2º, do CP.

- **Na jurisprudência**

STJ: Possibilidade de suprir o laudo complementar por outras provas.

A incapacidade da vítima para ocupações habituais ficou incontroversa, apesar da falta de exame pericial complementar, pois o ofendido, mesmo após seis meses do fato, ainda estava submetido a tratamento e impedido de realizar suas atividades habituais, e com sequela manifesta. As circunstâncias descritas são suficientes para caracterizar a gravidade da lesão e a incidência do art. 129, § 1º, inciso I, do Código Penal. 3. Emanando das provas coletadas que as lesões sofridas pelo ofendido ensejaram sua incapacidade para as ocupações habituais por mais de 30 (trinta) dias, fica suprida a exigência do exame pericial complementar. (AgRg no AREsp nº 145181/RS, 5ª Turma, Rel. Marco Aurélio Bellizze, j. 20/06/2013).

1.3.3. Exame nos crimes contra a saúde pública

Nos crimes contra a saúde pública, é comum a realização da chamada perícia de laboratório, que deve ser realizada na forma do art. 170 do CPP e em lugares próprios ao labor científico, uma vez que necessário manejar substâncias químicas ou operar aparelhos específicos.[113] O perito, nesse caso, utilizando-se de instrumentos adequados, atesta, por exemplo, se o material apreendido é ou não uma substância entorpecente que causa dependência física.

Sublinha-se que este tipo de perícia não é exclusivo dos crimes contra a saúde pública, podendo ser utilizada para outros delitos, como tráfico de drogas, embriaguez ao volante, ou qualquer outro que exija a realização de perícia científica.

Segundo o estatuto processual penal: "Nas perícias de laboratório, os peritos guardarão material suficiente para eventualidade de nova pe-

[113] NUCCI, Guilherme de Souza. *Provas no processo penal*. São Paulo: RT, 2011. p. 64.

rícia. Sempre que conveniente, os laudos serão ilustrados com provas fotográficas, ou microfotográficas, desenhos ou esquemas".

Importante observar que o dispositivo legal determina que seja guardado material suficiente para realização de uma contraprova. Tal hipótese se mostra bastante adequada, pois possibilita o exercício do contraditório e da ampla defesa, mesmo que tardios. A ausência de guarda do material impede contraprova e certamente levará à nulidade da perícia em face da imprestabilidade da cadeia de custódia.

- **Na jurisprudência**

STJ: Proibição da autoincriminação e fornecimento de material para perícia.

O entendimento adotado pelo Excelso Pretório, e encampado pela doutrina, reconhece que o indivíduo não pode ser compelido a colaborar com os referidos testes do "bafômetro" ou do exame de sangue, em respeito ao princípio segundo o qual ninguém é obrigado a se autoincriminar (*nemo tenetur se detegere*). Em todas essas situações prevaleceu, para o STF, o direito fundamental sobre a necessidade da persecução estatal. 2. Em nome de adequar-se a lei a outros fins ou propósitos não se pode cometer o equívoco de ferir os direitos fundamentais do cidadão, transformando-o em réu, em processo crime, impondo-lhe, desde logo, um constrangimento ilegal, em decorrência de uma inaceitável exigência não prevista em lei. (REsp nº 1111566/DF, 3ª Seção, Rel. Marco Aurélio Bellizze, j. 28/03/2012).

1.3.4. Exame no crime de furto qualificado

Segundo o CPP, na redação do art. 171, nos crimes cometidos com destruição ou rompimento de obstáculo à subtração da coisa, ou por meio de escalada, os peritos, além da descrição dos vestígios, indicarão com que instrumentos, por que meios e em que época presumem ter sido o fato praticado.

O dispositivo supramencionado trata de hipóteses que qualificam o crime de furto (art. 155, § 4º, I, do CP). Tanto a destruição quanto o rompimento de obstáculo são de fácil percepção por parte do perito, que deve atestar tais circunstâncias.

Observe-se que o reconhecimento da escalada, da destruição e do rompimento de obstáculo exigem, a nosso ver, comprovação por meio de exame pericial, pois do contrário não há que se falar em eventual qualificadora na dosimetria da pena.

- **Na jurisprudência**

STJ: Escalada e necessidade de perícia para configuração da qualificadora.

Dessa forma, a qualificadora em destaque somente pode ser aplicada ao crime de furto mediante realização de exame pericial, tendo em vista que, por ser infração que deixa vestígio, é imprescindível a realização da perícia, por expressa disposição legal. Lembrando que a sua substituição por outros meios probatórios apenas é possível quando não existem vestígios ou, no caso da existência destes, o corpo de delito tiver desaparecido. Em último caso, o exame pericial pode ser afastado quando as circunstâncias do crime não permitirem a confecção do laudo. Na espécie, verifica-se que, embora o delito de furto tenha deixado vestígios – já que as testemunhas apontaram a forma que se deu a conduta – e os vestígios fossem claramente passíveis analisados em exame pericial, deixou-se de realizar a perícia para comprovar o acesso a residência da vítima por via anormal, o que evidencia o alegado constrangimento ilegal sofrido pelo paciente neste ponto. Dessa forma, tendo as instâncias ordinárias se utilizado apenas do depoimento de testemunhas para concluir pela incidência da qualificadora prevista no inciso II do § 4º do art. 155 do Código Penal, deixando de proceder à realização de perícia técnica, mostra-se de rigor a concessão da ordem para determinar a exclusão da qualificadora em questão. (HC nº 223890/MG, 5ª Turma, Rel. Marilza Maynard, j. 21/05/2013).

1.3.5. Exame no crime de incêndio

Nos termos do art. 173 do CPP, no caso de incêndio, os peritos verificarão a causa e o lugar em que ele houver começado, o perigo que dele tiver resultado para a vida ou para o patrimônio, a extensão do dano e o seu valor e as demais circunstâncias que interessam à elucidação dos fatos.

Tendo em vista as peculiaridades ao redor da tipificação do delito de incêndio (art. 250 do CP), a perícia torna-se fundamental para definir se houve ou não caráter criminoso na conduta, além da constatação de dolo ou culpa.

- **Na jurisprudência**

STJ: Crime de incêndio e obrigatoriedade de perícia.

Com efeito, penso que deve subsistir esse entendimento, uma vez que tratando-se de delito de incêndio, inserido entre os que deixam vestígios, apenas poderia ter sido comprovada a materialidade do crime por meio de exame pericial, já que, consoante se depreende da sentença, à época em que a autoridade policial tomou conhecimento do fato, tais vestígios ainda poderiam ser detectados pela perícia oficial. Dessa forma, não deve subsistir a condenação imposta ao paciente, em face da ausência de corpo de delito para configurar a materialidade do crime, bem como em virtude da impossibilidade de se identificarem as causas e as conseqüências do incêndio. (HC nº 65667/RS, 5ª Turma, Rel. Arnaldo Esteves Lima, j. 07/08/2008).

1.3.6. Exame para reconhecimento de escrito ou exame grafotécnico

O art. 174 do CPP trata do exame de reconhecimento de escritos por meio da comparação de letras, podendo ser de suma importância nos crimes de estelionato e falsificação. Tal meio de prova pode tanto conduzir à autoria quanto afastá-la.

O inciso III do art. 174 prevê um dos meios de realização da perícia: "a autoridade, quando necessário, requisitará, para exame, os documentos que existirem em arquivos ou estabelecimentos públicos, ou nestes realizará a diligência, se daí não puderem ser retirados".

Já o inciso IV do referido dispositivo permite que a autoridade responsável pela perícia mande a pessoa escrever o que lhe for ditado nos casos em que não houver escritos para a comparação ou forem insuficientes os exibidos. Contudo, nessa hipótese, esbarra-se na proteção contra a autoincriminação, segundo a qual ninguém é obrigado a produzir prova contra si mesmo. Diante disso, a interpretação adequada da norma supramencionada é que a autoridade poderá apenas solicitar a respectiva providência e não ordená-la.

- **Na jurisprudência**

STJ: Recusa em fornecer material e validade do exame grafotécnico realizado com base em outros escritos.

Nos exatos termos do art. 174, incisos II e III do CPP, outros escritos, e não apenas aqueles fornecidos espontaneamente pelo acusado, podem ser objeto de exame grafotécnico, desde que certa sua origem – o punho do denunciado ou investigado –, bem como inconteste sua autenticidade. II – Na espécie, não procede a alegação de nulidade, baseada apenas na recusa do acusado em fornecer material para exame grafotécnico, se a prova técnica foi elaborada a partir de escrito constante de petição formulada de próprio punho, pelo paciente, nos autos da respectiva ação penal, cuja origem e autenticidade não foram impugnados pelo firmatário. III – Ademais, conforme consignado no v. acórdão recorrido, a condenação do paciente não está lastreada apenas nas conclusões do laudo grafotécnico, mas em robusto acervo probatório consistente em cópias dos processos concessórios dos benefícios fraudulentos, depoimentos de pessoas cujas identidades foram utilizadas de forma fraudulenta e 22 (vinte e duas) carteiras de trabalho e previdência social em branco, todas apreendidas em sua residência. (HC nº 126909/RJ, 5ª Turma, Rel. Felix Fischer, j. 27/04/2009).

STJ: Ausência do exame grafotécnico não descaracteriza o delito de estelionato.

Com efeito, no que tange à tese argüida pelo recorrente, é pacífico o entendimento dessa Corte e do Supremo Tribunal Federal no sentido de que a falta de exame grafotécnico no documento falsificado utilizado para perpetrar a fraude não descaracteriza o delito de estelionato, desde que outros elementos sejam suficientes para configurá-lo. (RHC nº 10282/RJ, 6ª Turma, Rel. Vicente Leal, j. 04/09/2001).

1.3.7. Exame dos instrumentos do crime

Os instrumentos empregados para a prática da infração serão submetidos a exame, a fim de se verificar a natureza e eficiência dos mesmos, consoante o disposto no art. 175 do CPP. É o caso, por exemplo, do exame realizado na arma de fogo, no estilete, na faca, no pedaço de madeira, etc.

No entanto, tal perícia, em alguns delitos, é dispensável, como nos casos em que a potencialidade ofensiva é evidente ou em que o reconhecimento do delito não está atrelado à lesividade do objeto.[114]

[114] AVENA, Norberto Cláudio Pâncaro. *Processo penal*. São Paulo: Método, 2009. p. 285.

Em outros casos, a avaliação da potencialidade e eficiência desses materiais é de suma importância, pois é a partir de tal exame que será possível a tipificação de determinadas condutas ou até mesmo o aumento da pena. É o caso de roubo majorado pelo emprego de arma de fogo, no qual a apreensão da arma e seu periciamento são imprescindíveis para atestar a potencialidade lesiva para fins de aumento de pena.

- **Na jurisprudência**

STJ: Roubo e ausência de potencialidade lesiva da arma de fogo.

Diante da comprovada ausência de potencialidade lesiva da arma empregada no roubo, atestada em laudo pericial, mostra-se indevida a imposição da causa de aumento de pena prevista no inciso I do § 2º, do art. 157 do CP. V. A utilização de arma desmuniciada, como forma de intimidar a vítima do delito de roubo, caracteriza o emprego de violência, porém, não permite o reconhecimento da majorante de pena, já que esta está vinculada ao potencial lesivo do instrumento, pericialmente comprovado como ausente no caso, dada a sua ineficácia para a realização de disparos. (HC nº 190067/MS, 5ª Turma, Rel. Gilson Dipp, j. 26/06/2012).

STF: Porte ilegal de arma de fogo e desnecessidade da perícia.

Tratando-se o crime de porte ilegal de arma de fogo delito de perigo abstrato, que não exige demonstração de ofensividade real para sua consumação, é irrelevante para sua configuração encontrar-se a arma municiada ou apta a efetuar disparos. Precedentes. Recurso ordinário em habeas corpus não provido. (RHC nº 106346/DF, 1ª Turma, Rel. Rosa Weber, j. 02/10/2012).

1.3.8. Comparação de perfis genéticos (Lei nº 12.654/12)

A Lei nº 12.654/12 prevê a coleta de perfil genético como hipótese de identificação criminal quando essencial às investigações policiais (delito em apuração naquele procedimento preliminar) e em relação a condenados por crimes hediondos ou dolosos praticados com violência de natureza grave contra a pessoa (procedimentos criminais futuros).

Mais tarde, através do Decreto nº 7.950/2013, foram instituídos o Banco Nacional de Perfis Genéticos, para armazenamento de dados de perfis genéticos coletados para subsidiar ações destinadas à apuração de crimes, e a Rede Integrada de Bancos de Perfis Genéticos, permitindo-se o compartilhamento e a comparação de perfis genéticos constantes dos Bancos de Perfis da União, dos Estados e do Distrito Federal.

Na prática, o perfil de DNA extraído das amostras coletadas a partir de vestígios biológicos presentes em locais de crime poderá ser comparado em procedimento pericial, respeitadas as determinações contidas na legislação aplicável, com os perfis de DNA de suspeitos/investigados ou condenados.

Na linguagem do projeto (PLS nº 93/2011), a utilização do DNA em matéria criminal trará a aceleração da resposta à sociedade, com significativo aumento da eficiência do sistema penal, já que é confiável meio de prova.

Não duvidamos da força do exame de DNA, mas cabe questionarmos: o nosso modelo de processo penal está pronto para recebê-lo? Cremos que não!

Como exemplo da prematuridade de método no sistema atual, tem-se a questão da contraprova e do assistente técnico na fase pré-processual.[115]

Como é sabido, na prova pericial o seu destinatário se convence a partir de um conteúdo técnico-científico em relação ao qual são remotas as perspectivas de erros, ofuscado, sobretudo, pelo discurso utilitarista da certeza absoluta. Tudo se resume a buscar sinais do delito e fazê-lo dizer, mirando a extração de uma verdade histórica.[116]

Apesar dos limites impostos pelo próprio CPP (toda prova é relativa), a partir do laudo, indicando como positiva a comparação de perfis genéticos do suspeito/investigado com aquele encontrado na cena do crime, as sentenças implicarão na mesma sistemática padronizada na qual se subscrevem que "o réu está sendo julgado com base nas provas colhidas no processo, quando, na verdade, os juízes continuarão utilizando as clássicas viradas linguísticas do 'cotejando' a prova judicializada com os elementos do inquérito".[117]

O cientificismo da prova, como característica inquisitiva, sempre teve por bem afastar o magistrado dos equívocos de valoração, indicando, portanto, para evitar a assunção de riscos, a prevalência da perícia em relação aos demais meios de prova, podendo relativizar inclusive confissões.

Não bastassem tais inquietações, o valor probatório da perícia encontra limites na ausência de contraditório pleno[118] já que, comumente realizada e juntada no curso das investigações, poderá ser efetivamente contestada apenas tardiamente, preferencialmente pela atuação de assistentes técnicos e formulação de quesitos no curso da ação penal.

Diante das considerações anteriores e a especificidade das perícias, bem como de toda complexidade que envolve a cadeia de custódia – não detalhada pelo legislador até o momento –, a possibilidade de contraditório, pela defesa e pelo Ministério Público, torna-se exigência como

---

115 EBERHARDT, Marcos; SCALON, Rodrigo. Comparação de perfis genéticos no prova processo penal: entre o sucesso dos métodos tecnológicos e a relativização de garantias. *Boletim Informativo IBRASPP*, v. 06, 2014. p. 11-13.

116 CORDERO, Franco. *Procedura penale*. Milano: Giuffrè. 2003. p. 594-595.

117 MARTINS, Rui Cunha. *O ponto cego do direito – the brazilian lessons*. Rio de Janeiro. Lumen Juris. 2010. p. 31.

118 FERNANDES, Antônio Scarance. *Processo penal constitucional*. São Paulo: RT. 2005. p. 61.

oposição ou resistência e, principalmente, influência.[119] O apregoado alto grau de confiabilidade do exame do DNA torna evidente a necessidade de contraprova imediata e efetiva.

Assim, em nosso atual modelo processual penal, mesmo que a perícia pudesse ser repetida – na fase judicial – ou questionado o perito em audiência a partir de contraprova de assistente técnico nomeado, a defesa/assistência técnica já teria perdido a chance de acompanhar a evolução da cadeia de custódia até a comparação dos perfis genéticos.

Ou seja, é cada vez mais incentivada a qualificação e criação de meios de prova inerentes à investigação sem, contudo, especificá-los devidamente, obstando a atuação efetiva das partes em tais circunstâncias.

Nessa perspectiva, o Código de Processo Penal português, por exemplo, ao indicar os meios de obtenção da prova, disciplina que: "Ao exame só assistem quem a ele proceder e a autoridade judiciária competente, podendo o examinando fazer-se acompanhar de pessoa da sua confiança, se não houver perigo na demora, e devendo ser informado de que possui essa faculdade." (art. 172°, 3).

Não é só, em Portugal, a Lei n° 5/2008, apesar das merecidas críticas,[120] ao criar a base de dados de perfis de DNA para fins de identificação civil e criminal, definiu princípios gerais, finalidades e especificou em várias perspectivas a coleta de amostras, tratamento de dados, fiscalização e custódia. Disciplinou ainda, em seu art. 38, que: "Em caso algum é permitida uma decisão que produza efeitos na esfera jurídica de uma pessoa ou que a afecte de modo significativo, tomada exclusivamente com base no tratamento de dados pessoais ou de perfis de ADN".

De tudo isso, fica fácil concluir que, apesar da eficiência prometida pelos apoiadores da Lei n° 12.654/12, nosso sistema processual penal ainda não está preparado para, aliado às tecnologias vinculadas aos novos meios de prova, permitir decisões judiciais amparadas em debates construídos a partir do contraditório pleno das partes.

Cabe referir, no entanto, que o PLS n° 156/2009, disciplinando a figura do juiz de garantias num processo penal alicerçado em contraditório, parece fortalecer a paridade de armas, permitindo a participação efetiva dos envolvidos na discussão do caso criminal. É o que demonstram, por exemplo, as disposições do art. 14 daquele projeto, ao disci-

[119] GRINOVER, Ada Pellegrini; FERNANDES, Antonio Scarance; GOMES FILHO, Antonio Magalhães. *As nulidades no processo penal*. São Paulo: RT, 2007. p. 145.

[120] BOTELHO, Marta Maria Maio Madalena. *Utilização das técnicas de ADN no âmbito jurídico*: em especial, os problemas jurídico-penais da criação de uma base de dados de ADN para fins de investigação criminal. Coimbra. Almedina. 2013. p. 253.

plinar que compete ao juiz de garantias deferir pedido de admissão de assistente técnico para acompanhar a produção da perícia (Inciso XVI).

Apesar da indicação de alguns pontuais descompassos da Lei n° 12.654/12, o que se espera é que a comparação de perfis genéticos realmente possa tornar a investigação mais eficiente, mas desde que sejam asseguradas todas as garantias técnicas à defesa e ao Ministério Público, principalmente aquelas inerentes ao contraditório pleno.

2. Interrogatório judicial

2.1. Noções introdutórias

O interrogatório judicial é o ato espontâneo no qual o acusado tem a oportunidade de prestar esclarecimentos acerca do fato delituoso que lhe é imputado e, ao mesmo tempo, o momento em que o juiz poderá coletar informações para formar seu convencimento. Trata-se de um corolário da ampla defesa e do contraditório, razão pela qual, estando o réu presente, é ato obrigatório cuja ausência importa em nulidade absoluta, na forma do art. 564, III, *c*, do CPP.

O interrogatório deve ocorrer livre de quaisquer imposições, coações ou torturas físicas e psíquicas. Seus métodos têm de estar livres de charlatanismo, como hipnose, pois, neste estado, o imputado pode ser induzido a dizer qualquer coisa. Da mesma forma, é rechaçado no processo penal o emprego de métodos químicos, como o "soro da verdade", que permite revelar o que existe de oculto e reprimido no sujeito. Há também os detectores de mentira, que marcam o traço do batimento cardíaco e da respiração do interrogado de acordo com a sua reação frente às perguntas que lhe são realizadas. Todos esses mecanismos não podem ser utilizados no processo penal já que violam o art. 5°, III, da CF, segundo o qual: "Ninguém será submetido à tortura, nem a tratamento desumano ou degradante".

Na Alemanha, o Código de Processo Penal prevê com a necessária clareza uma série de métodos de interrogatório, sendo inadmissíveis, conforme Roxin: "a) todas las formas que producen una influencia corporal (maltrato, fatiga, ataques corporales, aplicación de otros medios); b) todas las formas de influencia psíquica directa (engaño, hipnosis, amenaza, promesa de una ventaja no prevista en la ley, tortura); c) la coacción ilegítima según el ordenamiento procesal; y d) las medidas que afectan la memoria y la capacidad de comprensión".[121] Segundo Deu:

---

[121] ROXIN, Claus. *Derecho procesal penal*. Buenos Aires: Editores del Puerto, 2000. p. 214.

"As declarações que tiverem sido produzidas transgredindo essa proibição, não poderão ser aproveitadas, ainda que o acusado aprove a sua utilização".[122]

⇒ **Em discussão**

O interrogatório no PLS nº 156/2009

O PLS nº 156/2009 demonstra grande e necessária preocupação com os termos do interrogatório. No art. 65 adverte que será respeitada em sua plenitude a capacidade de compreensão e discernimento do interrogando, não se admitindo o emprego de métodos ou técnicas ilícitas e de quaisquer formas de coação, intimidação ou ameaça contra a liberdade de declarar, sendo irrelevante, nesse caso, o consentimento da pessoa interrogada. Mais adiante, no § 1º do mesmo artigo, revela que a autoridade responsável pelo interrogatório não poderá prometer vantagens sem expresso amparo legal.

O projeto também não poupou esforços com a duração excessiva do ato, ao dispor no § 2º que o interrogatório não se prolongará por tempo excessivo, impondo-se o respeito à integridade física e mental do interrogando, devendo o tempo de duração ser expressamente consignado no termo de declarações.

2.2. Principais características do interrogatório judicial

A necessidade de se proceder ao interrogatório do réu é enfatizada pelo legislador no art. 185 do CPP. A partir da leitura do dispositivo, aflora umas das características do ato: a pessoalidade. Ou seja, não é possível realizá-lo sem a presença do interrogado. Incabível, portanto, a sua representação, por exemplo, por defensor ou representante legal com procuração com poderes específicos, uma vez que é um ato personalíssimo.

Como se vê, é no interrogatório que o juiz tem contato direto com o indivíduo que está sendo acusado criminalmente, possibilitando ao magistrado conhecer os motivos e as circunstâncias do evento delituoso. Justamente por isso, também é característica do interrogatório a oralidade. Excepcionalmente, é permitido que o interrogatório do réu preso seja realizado por sistema de videoconferência ou outro recurso semelhante, consoante as hipóteses previstas nos incisos do § 2º do art. 185 do CPP.

Outra característica marcante do interrogatório é a judicialidade, isto é, somente o juiz poderá interrogar o réu na instrução criminal.

[122] DEU, Teresa Armenta. *A prova ilícita: um estudo comparado*. Tradução Nereu José Giacomolli. São Paulo: Marcial Pons, 2014. p. 55.

Contudo, evidentemente, a partir da disposição contida no art. 188 do CPP, ao terminar o interrogatório, o juiz indagará as partes se restou algum fato a ser esclarecido, formulando as perguntas requeridas se entender conveniente.

Importante salientar ainda que o interrogatório é público, podendo qualquer pessoa presenciá-lo. A publicidade do ato deve ser assegurada, inclusive, quando o ato for realizado em estabelecimento prisional.

Contudo, o art. 792, § 1º, do CPP restringe a publicidade do ato quando puder resultar em escândalo, inconveniente grave ou perigo de perturbação da ordem, casos em que será realizado a portas fechadas, limitando-se o número de pessoas que podem estar presentes. Entre estas, necessariamente, estará o defensor.

- **Na jurisprudência**

STJ: Interrogatório do réu revel e o direito do réu de ser ouvido ou de silenciar.

O interrogatório é ato obrigatório, que pode ser realizado a qualquer tempo. Desse modo, tendo o acusado comparecido em juízo logo após a audiência de instrução e julgamento e pleiteado sua oitiva, deveria o magistrado ter-lhe dado a oportunidade de apresentar sua versão sobre a acusação. (AgRg no REsp nº 1317646/RS, 6ª Turma, Rel. Maria Thereza de Assis Moura, j. 11/03/2014).

STJ: Direito ao silêncio e impossibilidade de valoração negativa.

Dúvidas não há de que a Constituição Federal, em seu art. 5º, LXIII, e o Código de Processo Penal, em seu art. 186, e seu parágrafo único, conferem ao acusado o direito ao silêncio ou à não autoincriminação, ao permitir que, por ocasião de seu interrogatório, cale acerca dos fatos criminosos que lhe são imputados, ou ainda, e via de consequência do sistema de garantias constitucionais, negue a autoria delitiva, sem que isso enseje apenação criminal ou mesmo valoração negativa dessas declarações pelo togado singular, que poderá, no máximo, desconsiderá-las quando do cotejo com os demais elementos probatórios colacionados. Nesse contexto, não há como valorar em desfavor da paciente o fato de, quando interrogada pela autoridade policial, ter permanecido em silêncio, pois, diante do sistema de garantias constitucionais e processuais penais vigentes, nada mais fez do que exercitar seu direito à não autoincriminação. (HC nº 252653/SP, 5ª Turma, Rel. Jorge Mussi, j. 07/05/2013).

STF: Réu revel, captura, oportunidade para interrogatório e vedação de reabertura de toda a instrução criminal.

A norma do art. 185 do CPP (seja em sua redação anterior, seja na redação posterior à Lei nº 10.792/2003), que prevê o interrogatório do acusado que comparece a juízo "no curso do processo penal", não gera a total reabertura da instrução criminal, com novo prazo de defesa prévia e nova oitiva testemunhal. Em casos tais, o interrogatório configura instrumento do Juízo, para que se estabeleça um contato pessoal entre julgador e acusado, tudo em busca da *verdade* real. A legislação processual penal veda que a captura de acusado favoreça este, a ponto de motivar a reabertura da instrução criminal de processo já pronto para sentença, especialmente em caso como o dos autos, nos quais o paciente constituiu advogado e se defendeu ativamente da acusação que lhe era movida. (HC nº 84858/RJ, 1ª Turma, Rel. Carlos Britto, j. 06/09/2005).

⇒ **Em discussão**

Natureza jurídica do interrogatório judicial: meio de prova e/ou de defesa?

O interrogatório judicial foi inicialmente concebido como meio de prova. A redação do próprio CPP, até 2003, era nebulosa quanto à obrigatoriedade de nomeação de defensor ao acusado no ato de interrogatório, muito embora a jurisprudência qualificasse o interrogatório como ato privativo do juiz e, portanto, sem a necessidade de acompanhamento por advogado (STJ, REsp nº 445094/ RS, 6ª Turma, Rel. Fernando Gonçalves, j. 04/02/2003). Foi somente com as alterações trazidas pela Lei nº 10.792/2003 que o referido art. 185 passou a exigir que no interrogatório judicial o acusado fosse interrogado perante o juiz na presença de seu defensor, constituído ou nomeado.

Também foi apenas em 2003 que o estatuto processual penal passou a dispor que o silêncio do acusado não pode ser utilizado em seu desfavor. Até então o silêncio poderia ser interpretado em prejuízo da própria defesa por redação expressa do CPP. Mais do que isso, o art. 188, em seu parágrafo único, obrigava o magistrado a convidar o acusado a *indicar provas da verdade de suas declarações* quando negada a acusação.

Por fim, qualificando ainda mais o interrogatório unicamente como meio de prova, a redação original do art. 191 do CPP ainda determinava a consignação em ata das perguntas que o réu deixasse de responder, bem como seus motivos para tal omissão.[123] [124]

Atualmente e a partir das alterações trazidas pela Lei nº 10.792/2003, a doutrina e a jurisprudência tendem a qualificar o interrogatório precipuamente como meio de defesa, considerando-o também como meio de prova.

Conforme explica Lopes Jr.: "Assim, se de um lado potencializamos o caráter de meio de defesa, não negamos que ele também acaba servindo como meio de prova, até porque ingressa na complexidade do conjunto de fatores psicológicos que norteiam o *sentire* judicial materializado na sentença".[125]

---

[123] Atualmente, ainda vemos em alguns termos de depoimento, no âmbito do inquérito policial, a inserção ao final das perguntas não respondidas pelo investigado, inclusive, muitas vezes, com destaque em negrito, o que certamente não se coaduna com o processo penal de índole constitucional.

[124] Interessante mencionar que no Processo Penal Alemão, apesar de haver a vedação de utilização negativa do silêncio do réu, ainda existe uma hipótese excepcional: quando o réu decidir falar no interrogatório e silenciar apenas com relação a pontos específicos, tal silêncio poderá ser valorado. Defendendo tal hipótese, ROXIN adverte que: "(...) si se elige declarar, también se elige someter el testimonio a una evaluación, es decir, la valoración sobre el testimonio implica tener en cuenta tanto lo que se dice como que se calla, todo lo cual, tomado en conjunto, debe constituir una base para llegar a ciertas conclusiones". ROXIN, Claus. *Pasado, presente y futuro del derecho procesal penal.* Santa Fe: Rubinzal Culzoni, 2007. p. 89.

[125] LOPES JR., Aury. *Direito processual penal.* São Paulo: Saraiva, 2012. p. 635.

É inegável que o interrogatório judicial caracteriza-se, principalmente, como meio de defesa, porquanto é o momento em que o acusado poderá apresentar a sua versão do ocorrido, defendendo-se das acusações realizadas até então. Poderia ser considerado igualmente meio de prova, uma vez que é através do interrogatório que ele poderá contribuir diretamente para o convencimento do juiz.

Mesmo considerando o poder que tem o juiz de elaborar perguntas ao acusado, este tem o direito de silenciar sem que isso seja usado em seu desfavor no julgamento da questão penal. Daí que, exercendo o direito ao silêncio, caracteriza-se o interrogatório exclusivamente como meio de defesa. Até porque nem mesmo poderão constar da ata o conteúdo das perguntas eventualmente não respondidas pelo acusado.

Evidentemente que se o acusado não silenciar o interrogatório será também meio de prova, vindo a produzir elementos probatórios quer em seu favor, quer não, uma vez que o juiz poderá livremente perguntar-lhe sobre o fato delituoso e suas circunstâncias para formar sua convicção. Então, nesse caso, o interrogatório terá caráter misto, sendo considerado meio de defesa (precipuamente) e meio de prova.

2.3. Direito ao silêncio

Desdobramento indissociável do princípio *nemo tenetur se detegere*, o direito constitucional ao silêncio – previsto no art. 5º, LXIII, da CF e no art. 8º da Convenção Americana de Direitos Humanos – confere ao sujeito passivo a prerrogativa de não responder às indagações formuladas pela autoridade, seja judicial ou policial, permanecendo calado sempre que assim o quiser. Nessas circunstâncias, o interrogado poderá até mentir, sem que isso implique em prejuízo, não podendo, porém, atribuir a si a autoria de um crime que não tenha cometido, sob pena de incorrer nas sanções do crime de autoacusação falsa (art. 341 do CP).

Com o advento da Lei nº 10.792/03, foi expressamente assegurado no CPP que o réu seja informado acerca do seu direito de permanecer calado durante o interrogatório, não importando o silêncio em confissão ou em qualquer valoração negativa à defesa.

Importante observar que a ausência de advertência do direito ao silêncio, por parte da autoridade judicial, policial ou ministerial, implicará em nulidade do ato ou, pelo menos, na sua desconsideração como meio de prova endereçado à sentença condenatória.

Noutra banda, se o acusado submeter-se a acordo de delação premiada, nos termos do art. 4º, § 14, da Lei nº 12.850/13, deverá *renunciar*, na presença do seu defensor, ao direito ao silêncio, ficando sujeito ao compromisso legal de dizer a verdade. Muito embora a legislação utilize-se do termo *renúncia*, entendemos tratar-se de mero *não exercício*, tendo em vista que os direitos fundamentais são indisponíveis. Neste sentido, caso o acordo de colaboração premiada venha a ser desfeito por uma das partes, as provas autoincriminatórias produzidas pelo colaborador não poderão ser utilizadas exclusivamente em seu desfavor (§ 10).

Na hipótese acima, é possível que o acusado-colaborador responda por falso testemunho caso venha a faltar com a verdade? Não obstante preste o compromisso de dizer a verdade, o art. 342 do CP prevê como sujeitos passivos do delito exclusivamente a testemunha, perito, contador, tradutor ou intérprete, motivo pelo qual entendemos não ser possível estender a abrangência do tipo penal ao réu-colaborador.

Da mesma forma, a recusa em comparecer à delegacia de polícia para prestar esclarecimentos em inquérito em que figure como investigado nunca poderá configurar o delito de desobediência (art. 330 do CP), uma vez que o sujeito passivo estará exercendo o seu direito constitucional a não autoincriminação em seu desdobramento mais notório: o direito ao silêncio. Tal garantia constitucional, além de conferir ao investigado a prerrogativa de não responder às indagações formuladas pela autoridade, lhe permite não colaborar com as investigações. QUEIJO afirma com propriedade que: "não há sentido em conduzir-se coercitivamente o acusado para a produção de determinada prova se ele não pode ser compelido a dela participar".[126] Deste modo, o comando de comparecimento à delegacia endereçado ao investigado, além de não estar previsto legalmente como ato obrigatório, vai de encontro à própria legislação constitucional.[127]

- **Na jurisprudência**

STJ: Afastamento da valoração negativa do silêncio do acusado e manutenção da condenação baseada nas demais provas.

Previsto no art. 5º, inciso LXIII, da Constituição Federal, o silêncio do réu é garantia imanente ao devido processo legal, não devendo do seu exercício decorrer interpretação desfavorável ao acusado, à guisa de servir como elemento de convicção para condená-lo. Na espécie, verifico que o silêncio do réu foi equivocadamente valorado pelo Juízo *a quo*. Veja-se, fl. 4: Os apelados, na fase administrativa, permaneceram em silêncio comprometedor (fls. 19/20, 29/30, 38/39 e 53/54), atitude que, embora escudada em garantia constitucional, é imprópria de pessoas injustamente acusadas de graves delitos. Faz-se imperioso, assim, arredar tal argumento do acórdão guerreado, para que não paire a

[126] QUEIJO, Maria Elizabeth. *O direito de não produzir prova contra si mesmo:* o princípio nemo tenetur se detegere e suas decorrências no processo penal. São Paulo: Saraiva, 2012. p. 364.

[127] A tipicidade do delito de desobediência só estará configurada quando a ordem emanada pelo funcionário público for legal, tanto formalmente quanto substancialmente. Isso significa que a determinação não só deve estar prevista na legislação pátria como obrigatória, mas também sua imposição deve respeitar os demais ditames legais e constitucionais, conformando-se com as demais regras do ordenamento jurídico.

pecha de malferimento à aludida garantia constitucional. Essa ilegalidade, entretanto, não contamina a sentença condenatória a ponto de desacreditá-la. (HC nº 243812/SP, 5ª Turma, Rel. Campos Marques, j. 07/02/2013).

STF: Interrogatório policial e ausência de advertência ao Direito ao silêncio.

Não há nulidade automática na tomada de declarações sem a advertência do direito ao silêncio, salvo quando demonstrada a ausência do caráter voluntário do ato. Ademais, a presença de defensor durante o interrogatório do investigado ou acusado corrobora a higidez do ato. Precedente citado. (AP nº 530/MS, 1ª Turma, Rel. Rosa Weber, j. 09/09/2014).

⇒ Em discussão

O exercício do direito ao silêncio e os prejuízos ao réu

Em que pese a ampla divulgação do direito ao silêncio, existe quase que um senso comum no sentido de que aquele que permanece calado está reconhecendo a própria culpa, como no infeliz ditado segundo o qual *quem cala consente*. E isso também se aplica à mecânica associação deste princípio à culpabilidade do acusado, gerando em algumas situações quase que uma espécie de confissão ficta.

De um lado o art. 186 do CPP refere que: "O silêncio não poderá ser interpretado em prejuízo da defesa" e, de outro, o art. 198 adverte que o silêncio poderá: "Constituir elemento para a formação do convencimento do juiz". Notadamente, estamos diante de dispositivos completamente antagônicos, o que demonstra não outra coisa senão a falta de técnica do legislador na questão ou o descaso com a garantia do direito ao silêncio. Evidentemente que o art. 198 não foi recepcionado pela CF, muito embora devesse o legislador tê-lo revogado expressamente. É bem verdade que a Lei nº 10.792/03 revogou tacitamente o art. 198 do CPP, não podendo o silêncio de forma alguma servir como elemento negativo na formação do convencimento do magistrado.

Logicamente, tal dispositivo não passa sequer por uma superficial interpretação constitucional do processo penal, algo que os julgadores não podem esquecer jamais. Entretanto, causa-nos espanto o fato de ainda haver julgados conjugando o silêncio com outros elementos de prova para firmar condenação (TJRS, AC nº 70035516871, 8ª Câmara Criminal, Rel. Fabianne Breton Baisch, j. 26/05/2010).

⇒ *A referência ao silêncio em prejuízo ao réu nos debates em plenário do júri*

No rito do Tribunal do Júri, o art. 478 do CPP veda a referência ao silêncio do acusado quando dos debates em plenário, impedindo que tal garantia se torne um mecanismo de indução de culpabilidade perante os jurados. Neste ponto, Giacomolli ressalta que: "A comunicação do direito ao *nemo tenetur*, para que seja efetiva, há de atingir o plano extraprocessual, de modo a evitar uma impressão negativa desse direito no senso comum e leigo, contaminante não só de um juiz leigo extraprocessual (senso comum), como endoprocessual, nas hipóteses de julgamento pelos jurados e mesmo técnico".[128]

A proibição de referência ao silêncio na sessão plenária encontra ainda maior importância no fato de serem os jurados pessoas da comunidade das quais não se exigem conhecimentos jurídicos que lhes possam garantir maturidade suficiente para aceitar que o silêncio não poderá ser usado em desfavor do acusado em julgamento.

Diferentemente do juiz togado, os jurados são guiados pelo senso comum, o que torna a já difícil missão do magistrado de interpretar o silêncio como um nada, algo impossível de ser atingido pelos juízes leigos, porquanto enraizados e eivados na noção de que *quem cala consente*. Neste norte, Nucci questiona: "Diante do Tribunal Popular, como explicar devidamente aos jurados, leigos que são, tal direito constitucional, fazendo-os entender o sentido amplo e profundo dessa proteção, quando poderão fazer uso do surrado dito popular 'quem cala, consente?'".[129]

E mais, como julgam através da íntima convicção, a simples referência por parte da acusação ao silêncio poderá servir para influenciar sua opinião e motivar uma condenação, vez que não lhes é exigida a fundamentação desta escolha.

Nessa esteira, uma vez mencionada negativamente a utilização do silêncio, o eventual esclarecimento por parte do magistrado acerca de sua não valoração jamais terá efeitos práticos, pois uma vez citado já produziu os efeitos danosos na convicção dos jurados. Ou seja, entendemos que a intervenção do magistrado – após a referência ao silêncio do acusado em plenário – mesmo que em advertência aos jurados sobre a não valoração daquela circunstância não será suficiente. É preciso, pois, dissolver o plenário aprazando novo julgamento ou anular o plenário em caso de condenação.

Os Tribunais Pátrios tem se posicionado no sentido de que a referência ao silêncio nos debates é causa a ensejar a nulidade do plenário (TJRS, AC nº 70059293621, 3ª Câmara Criminal, Rel. Jayme Weingartner Neto, j. 20/11/2014).

No entanto, para levar a questão aos Tribunais é necessário que a referência ao silêncio seja consignada em ata na linha do que determina o artigo 495, XV, do CPP. Este mandamento tem sua razão de ser na necessidade de consignar as possíveis nulidades em ata com o fim de que não haja posterior preclusão.

---

[128] GIACOMOLLI, Nereu José. *O devido processo penal*: abordagem conforme a Constituição Federal e o Pacto de São José da Costa Rica. São Paulo: Atlas, 2015. p. 212.

[129] NUCCI, Guilherme de Souza. *Provas no processo penal*. São Paulo: RT, 2011. p. 83.

Na prática, portanto, é preciso que a referência ao silêncio seja imediatamente sucedida pela consignação em ata como nulidade, em atendimento ao art. 571, VIII, do CPP.

• **Na jurisprudência**

STJ: A simples referência ao silêncio não é causa de nulidade ante a necessidade de demonstração de prejuízo.

O texto da lei é claro ao proibir a menção ao silêncio do acusado "em seu prejuízo" (art. 478, II, do Código de Processo Penal). Não se vislumbra prejuízo na simples menção ao silêncio do réu, sem a exploração do tema em Plenário, conforme consignado na ata de julgamento. (REsp nº 1321276/SP, 5ª Turma, Rel. Moura Ribeiro, j. 05/08/2014).

2.4. Ausência de interrogatório de réu presente: nulidade insanável

Caracterizando-se como meio de defesa e, portanto, como ato essencial, ausente o interrogatório configurar-se-á violação direta aos princípios constitucionais da ampla defesa, do contraditório e do devido processo legal, constituindo-se tal vício nulidade absoluta.

Em nosso sentir, o ato obrigatório, no processo penal, é oportunizar o interrogatório ao acusado. Sem esta oportunidade é que poderemos falar em nulidade insanável. Estando a defesa voltada ao exercício do direito ao silêncio, não há razoabilidade na obrigatoriedade do interrogatório. A defesa técnica, diante do silêncio declarado expressamente, deverá indicar à autoridade por petição o desejo do acusado/investigado de não comparecer pessoalmente ao ato do interrogatório.

Ressalte-se que, em se tratando de réu contra o qual foi decretada a revelia, nos termos do art. 367 do CPP, não há que se falar em nulidade por ausência de interrogatório. Não obstante, comparecendo posteriormente o réu nos demais atos processuais e requerendo aprazamento de novo interrogatório, entendemos ser necessário seu deferimento pelo magistrado.

Noutro aspecto, se o réu for preso antes da sentença, o juiz estará obrigado a interrogá-lo sob pena de nulidade. Da mesma forma, se a prisão ocorrer após a sentença, deve-se baixar o processo em diligência ou proceder ao interrogatório o próprio tribunal de acordo com a disposição contida no art. 616 do CPP.

• **Na jurisprudência**

STJ: Acusado e patrono que se atrasam para audiência, revelia e pedido expresso de oportunização ao interrogatório indeferido.

Com efeito, extrai-se dos autos que o ora agravado e sua defensora chegaram atrasados à audiência, o que ensejou a nomeação de defensor público para o acusado bem como a decretação de sua revelia. As testemunhas foram ouvidas e encerrada a instrução criminal. No dia seguinte, a defesa postulou a realização do interrogatório do ora agravado e a oitiva de uma testemunha, tendo o magistrado indeferido os pedidos. Em sede de apelação, concluiu o Tribunal de origem que não houve cerceamento de defesa. (...) Assim decidindo, a Corte Estadual afrontou o direito de autodefesa do acusado, devendo, pois, ser reconhecida, na hipótese, a nulidade absoluta decorrente da falta do interrogatório, que, aliás, foi suscitada oportunamente, revelando-se evidente o prejuízo do ora agravado. (AgRg no REsp nº 1317646/RS, 6ª Turma, Rel. Maria Thereza de Assis Moura, j. 11/03/2014).

2.5. Partes do Interrogatório

Segundo a redação do art. 187 do CPP o interrogatório terá duas partes: sobre a pessoa do acusado e sobre os fatos.

Em sentido oposto, Nucci entende que o interrogatório se divide em três partes, quais sejam: *interrogatório de qualificação, interrogatório de individualização* e *interrogatório de mérito*.[130] No interrogatório de qualificação, o sujeito passivo fornecerá seus dados identificadores (o nome, a naturalidade, o estado civil, a idade, a filiação, a residência e a profissão) e não poderá exercer o silêncio. Num segundo momento se dá o interrogatório de individualização, que se volta à obtenção de dados sobre a pessoa do acusado, visando colher elementos para eventual fixação de pena, podendo ele, nessa etapa, silenciar. Por último, dar-se-á o interrogatório de mérito, que se refere à imputação constante da denúncia, no qual poderá exercer novamente o direito ao silêncio.

Discordamos. O próprio CPP deixa claro que não há um interrogatório de qualificação. É somente depois de qualificado e cientificado do inteiro teor da acusação que se inicia o interrogatório propriamente dito que, então, segundo o art. 187 do CPP, terá duas partes.

Justamente por isso que o sujeito passivo não poderá usar do direito de silêncio em relação à sua qualificação, já que não se trata propriamente de um interrogatório.[131] [132] Diferentemente, quando se inicia

[130] NUCCI, Guilherme de Souza. *Manual de processo penal e execução penal*. Rio de Janeiro: Forense, 2015. p. 380.

[131] Em sentido diverso: STJ, HC nº 35309/RJ, 6ª Turma, Rel. Min. Paulo Medina, j. 06/10/2005.

[132] O Código de Processo Penal Português, por exemplo, também faz esta mesma distinção que entendemos correta: "Artigo 342º – Identificação do arguido: 1 – O presidente começa por perguntar ao arguido pelo seu nome, filiação, freguesia e concelho de naturalidade, data de nascimento, estado civil, profissão, local de trabalho e residência, sobre a existência de processos pendentes e, se necessário, pede-lhe a exibição de documento oficial bastante de identificação. 2 – O presidente adverte o arguido de que a falta de resposta às perguntas feitas ou a falsidade da mesma o pode fazer incorrer em responsabilidade penal.". Elucida MENEZES acerca de tal disposição legal no CPP Português referindo que: "Quanto à estrutura do interrogatório, é importante salientar que o direito ao silêncio não a percorre inteiramente. Ou seja, há perguntas às quais o arguido tem obrigatoriamente que responder e, mais, impende mesmo sobre ele um dever de resposta com a verdade. Actualmente, este dever incide apenas sobre os elementos identificativos do arguido: nome, filiação, freguesia e concelho de naturalidade, data de nascimento, estado civil, profissão, local de trabalho e residência, existência de processos pendentes". (MENEZES, Sofia Saraiva de. O direito

o interrogatório, exatamente nos termos do art. 187 do CPP, é que surge ao interrogando o direito constitucional de silenciar.

Assim, quando qualificado, nos termos do art. 186, *caput*, do CPP, o acusado/investigado não terá o direito de escolha quanto a responder as indagações que lhe forem feitas. Já quando iniciado o interrogatório propriamente dito, terá o acusado a opção de fornecer sua versão dos fatos ou calar-se. Nesse ponto, a redação do art. 186, *caput*, é clara: "O acusado será informado pelo juiz, *antes de iniciar o interrogatório*, do seu direito de permanecer calado e de *não responder às perguntas* que lhe forem formuladas".

2.6. Momento do interrogatório

De acordo com a redação anterior do art. 394 do CPP, o magistrado, ao receber a denúncia ou queixa, designava dia e hora para o interrogatório. Era, portanto, realizado no início do processo, logo após o recebimento da denúncia ou da queixa.

A atual redação que trata da matéria indica que: "Na audiência de instrução e julgamento, a ser realizada no prazo máximo de 60 (sessenta) dias, proceder-se-á à tomada de declarações do ofendido, à inquirição das testemunhas arroladas pela acusação e pela defesa, nesta ordem, ressalvando o disposto no art. 222 deste Código, bem como aos esclarecimentos dos peritos, às acareações e ao reconhecimento de pessoas e coisas, interrogando-se, em seguida, o acusado", conforme o art. 400 do CPP.

Nesse sentido, a reforma legislativa de 2008 operou claro avanço na medida em que o interrogatório é o ato judicial em que se concentra, por meio da oralidade, o máximo grau de exercício do contraditório e da ampla defesa. Justamente por isso, deve ocorrer ao final do processo, após a oitiva das testemunhas. Tudo isso porque o acusado deve ter a última palavra no processo penal, a fim de que tenha melhores elementos para articular sua defesa.[133] Tendo acesso ao conteúdo dos depoimentos das testemunhas e de eventuais provas trazidas durante a instrução

---

ao silêncio: a verdade por trás do mito. *Prova criminal e direito de defesa: estudos sobre teoria da prova e garantias de defesa em processo penal.* Teresa Pizarro Beleza e Frederico de Lacerda da Costa Pinto (orgs.). Lisboa: Almedina, 2010. p. 127).

[133] Nesta linha, o Código de Processo Penal Português prevê a possibilidade, no artigo 343,1., de o réu poder prestar declarações em qualquer momento da audiência e, em hipóteses excepcionais, inclusive durante o depoimento de testemunha. É o que explica Albuquerque: "O juiz presidente só excepcionalmente deve autorizar a interrupção de depoimento de outra pessoa pelo uso da palavra pelo arguido, quando essa interrupção se lhe afigure indispensável para a descoberta da verdade". (ALBUQUERQUE, Paulo Pinto. *Comentários ao código de processo penal à luz da constituição da república e da convenção europeia dos direitos do homem.* Lisboa: Universidade Católica, 2011. p. 885.)

somente assim poderá utilizar-se de seu interrogatório como exercício pleno do contraditório e da ampla defesa.

Segundo Thums: "A tendência é reservar ao réu o direito de ser interrogado somente ao final do procedimento e manifestar-se sobre o processado, o que demonstra a pureza do princípio acusatório moderno, que não se vale mais do interrogatório como uma forma de iniciar o processo com vistas a obter a confissão e influenciar o juiz antes de ver as demais provas".[134]

Evidentemente que se eventual audiência de instrução efetivamente se realizar em ato único, o objetivo de ter a última palavra poderá frustrar-se. É preciso, pois, que seja requerida a entrevista prévia do acusado com o defensor após todos os depoimentos. Obviamente que a oitiva de todas as testemunhas em ato único – das quais obviamente não se conhece ainda o teor das declarações em juízo – poderá modificar o norte das teses defensivas, motivo pelo qual é imprescindível a entrevista com o acusado antes do seu interrogatório.

Ainda, frise-se que, em nosso sentir, mesmo para aqueles processos em que já se procedeu ao interrogatório do acusado sob a égide da redação anterior do CPP, é imprescindível que tal ato seja renovado, agora ao final da instrução sob pena de nulidade absoluta. O magistrado deverá, ao menos, consultar a defesa sobre a necessidade do novo interrogatório.

Por fim, importante referir que, em se tratando do rito especial previsto pela Lei nº 11.343/06, o posicionamento das Cortes Superiores era no sentido de que não se aplicava a regra de realização do interrogatório como último ato da fase instrutória. Portanto, primeiro deveria ser realizado o interrogatório do acusado e, posteriormente, a oitiva das testemunhas, posicionamento completamente equivocado.

Todavia, em março de 2016, o STF decidiu que "Por ser mais benéfica (lex mitior) e harmoniosa com a Constituição Federal, há de preponderar, no processo penal militar (Decreto-Lei nº 1.002/69), a regra do art. 400 do Código de Processo Penal." (HC nº 127900, Tribunal Pleno, Rel. Min. Dias Toffoli, j. 03/03/2016). Na ocasião, a Corte Suprema fixou orientação no sentido de que a norma insculpida no art. 400 do CPP deveria preponderar não só nos processos penais militares, como também em processos penais eleitorais e em quaisquer outros procedimentos penais regidos na forma de lei especial.

Atualmente, a realização do interrogatório em dissonância com as disposições do art. 400 do CPP será causa de nulidade da instrução processual, a depender da data em que esta foi encerrada. Os efeitos da decisão tomada no HC nº 127.900/AM foram *ex nunc*, a partir da data de

---

[134] THUMS, Gilberto. *Sistemas processuais penais*. Rio de Janeiro: Lumen Juris, 2006. p. 267-268.

publicação do acórdão de julgamento, tendo em vista o princípio da segurança jurídica. Deste modo, somente as instruções criminais que ainda se encontravam em andamento à data de publicação do acórdão do precedente poderão aproveitar a orientação.

- **Na jurisprudência**

STF: Procedimento especial e interrogatório como último ato.

Por ser mais benéfica (*lex mitior*) e harmoniosa com a Constituição Federal, há de preponderar, no processo penal militar (Decreto-Lei nº 1.002/69), a regra do art. 400 do Código de Processo Penal. 6. De modo a não comprometer o princípio da segurança jurídica (CF, art. 5º, XXXVI) nos feitos já sentenciados, essa orientação deve ser aplicada somente aos processos penais militares cuja instrução não se tenha encerrado, o que não é o caso dos autos, já que há sentença condenatória proferida em desfavor dos pacientes desde 29/7/14. 7. Ordem denegada, com a fixação da seguinte orientação: a norma inscrita no art. 400 do Código de Processo Penal comum aplica-se, a partir da publicação da ata do presente julgamento, aos processos penais militares, aos processos penais eleitorais e a todos os procedimentos penais regidos por legislação especial incidindo somente naquelas ações penais cuja instrução não se tenha encerrado." (HC nº 127900, Tribunal Pleno, Rel. Min. Dias Toffoli, j. 03/03/2016).

STF: Procedimento especial e instrução criminal já encerrada quando da publicação da ata do julgamento do HC nº 127.900.

O Plenário desta Corte, no julgamento do HC 127.900, Relator Ministro Dias Toffoli, decidiu que "a norma inscrita no art. 400 do Código de Processo Penal comum aplica-se, a partir da publicação da ata do presente julgamento, aos processos penais militares, aos processos penais eleitorais e a todos os procedimentos penais regidos por legislação especial incidindo somente naquelas ações penais cuja instrução não se tenha encerrado". Na oportunidade, contudo, o Tribunal decidiu que esse novo entendimento somente deveria ser aplicado após a publicação da respectiva ata de julgamento. 3. Inaplicabilidade dessa nova orientação a interrogatório realizado em momento muito anterior à decisão do Plenário do STF." (RHC nº 129772 ED, 1ª Turma, Rel. Min. Roberto Barroso, j. 30/06/2017).

STF: Interrogatório nas ações originárias como último ato.

O Plenário desta Suprema Corte, em homenagem aos princípios da ampla defesa e contraditório, firmou entendimento no sentido de que, mesmo nas ações penais originárias do Supremo Tribunal Federal, o interrogatório do réu deve ser o último ato da instrução processual (AP 528 AgR, Rel. Min. RICARDO LEWANDOWSKI, Tribunal Pleno, DJe de 8/6/2011)." (AP nº 988 AgR, 1ª Turma, Rel. Min. Marco Aurélio, Rel. p/ acórdão Min. Alexandre de Moraes, j. 04/04/2017).

STJ: Procedimento especial e interrogatório como último ato.

O Supremo Tribunal Federal, no julgamento do HC n. 127.900/AM, deu nova conformidade à norma contida no art. 400 do CPP (com redação dada pela Lei n. 11.719/08), à luz do sistema constitucional acusatório e dos princípios do contraditório e da ampla defesa. O interrogatório passa a ser sempre o último ato da instrução, mesmo nos procedimentos regidos por lei especial, caindo por terra a solução de antinomias com arrimo no princípio da especialidade. Ressalvou-se, contudo, a incidência da nova compreensão aos processos nos quais a instrução não tenha se encerrado até a publicação da ata daquele julgamento (11.03.2016). 2. In casu, o paciente foi interrogado na abertura de audiência iniciada e finalizada em 21.07.2016, sendo de rigor o reconhecimento da mácula processual." (HC nº 397.382/SC, 6ª Turma, Rel. Min. Maria Thereza de Assis Moura, j. 03/08/2017).

2.7. Reinterrogatório

Com base nos princípios da *verdade real* e do impulso oficial, a lei autoriza que o juiz, a todo tempo, mesmo que de ofício, determine novo interrogatório do acusado quando este se mostrar relevante diante de elementos trazidos aos autos durante a instrução, com o fim de formar a sua convicção a respeito dos fatos.

O alcance de tal disposição abarca, inclusive, o julgamento dos recursos perante os Tribunais, nos termos do art. 616 do CPP. Neste particular, entendemos que o Tribunal somente poderá ouvir o réu se requerido pela defesa e limitado ao direito ao silêncio.

Pacelli e Fischer entendem que se o réu permaneceu em silêncio no interrogatório judicial e depois veio a se arrepender, o juiz não estará posteriormente vinculado ao novo pedido.[135] O novo interrogatório dependerá, portanto, da conveniência do magistrado.

Discordamos. O direito de se pronunciar perante o magistrado é inerente ao contraditório e à ampla defesa. É muito comum que a instrução criminal conduza a decisão de mérito a caminhos diversos daqueles inicialmente desenhados nos autos. Neste momento, à defesa é lícito e coerente pretender que o acusado seja novamente interrogado.

Mas não é só. A realização de um novo interrogatório encontra respaldo ainda nos casos de substituição do juiz que instruiu o feito antes de proferir a sentença – o que se admite diante do princípio da identidade física do julgador e quando o acusado deseja confessar ou se retratar da confissão.

Portanto, a nova oportunidade de interrogatório é sempre um direito inerente à ampla defesa e ao contraditório. Daí que havendo necessidade e requerimento defensivo, entendemos ser mais adequada e prudente a realização de um novo interrogatório.

- **Na jurisprudência**

STJ: Elementos que apontam para a necessidade de novo interrogatório.

Hipótese em que foi promovido aditamento à denúncia para incluir nova imputação referente a tentativa de homicídio qualificado contra vítima não relacionada com a imputação original, o que consubstancia fato novo a demandar a realização de novo interrogatório, sob pena de nulidade, que ora se reconhece. (HC nº 197941/CE, 5ª Turma, Rel. Gilson Dipp, j. 19/06/2012).

⇒ **Em discussão**

É admissível a condução coercitiva do sujeito passivo a fim de garantir seu comparecimento ao interrogatório?

---

[135] PACELLI, Eugênio; FISCHER, Douglas. *Comentários ao código de processo penal e sua jurisprudência*. São Paulo: Atlas, 2012. p. 390.

Segundo o art. 260 do CPP, se o acusado não atender à intimação para o interrogatório, a autoridade poderá mandar conduzi-lo à sua presença. Em interpretação literal do dispositivo, temos a possibilidade de o acusado ser conduzido sob vara à autoridade interessada no seu interrogatório[136].

Ocorre que o instituto da condução coercitiva não se compatibiliza com o direito a não autoincriminação, entendendo parte da doutrina que o referido dispositivo processual restou ab-rogado pela Constituição Federal.[137]

Daí que, em nosso sentir, não é mais possível falar-se em condução coercitiva, tanto no âmbito da ação penal, quanto da investigação, já que esbarraria num princípio constitucional de maior relevância, o direito ao silêncio. Mais do que isso, à defesa cabe verificar a conveniência de o sujeito passivo manifestar-se acerca do fato que lhe é imputado tanto na investigação quanto em eventual ação penal.

Nessa linha, em dezembro de 2017, o Ministro Gilmar Mendes deferiu medida cautelar em duas Arguições de Descumprimento de Preceito Fundamental (ADPF), para proibir a condução coercitiva de investigados ao ato de interrogatório, entendendo que a incidência do art. 260 do CPP viola a liberdade de locomoção e a presunção de inocência. Restou vedada, neste caso, a condução coercitiva somente na hipótese de interrogatório, tendo em vista que as ADPFs não questionaram a possibilidade da medida em se tratando de testemunhas ou outras pessoas chamadas ao juízo.

Mais tarde, em 14/06/2018, o Plenário do STF, por maioria de votos, decidiu, ao julgar as Arguições de Descumprimento de Preceito Fundamental 395 (PT) e 444 (OAB), que o art. 260 do CPP não foi recepcionado pela Constituição Federal.

Elucidativo, o voto do Min. Celso de Mello conduziu boa parte dos argumentos mais contundentes contra a medida coercitiva, entendendo, ao final, por vedar sua prática quando em jogo os interesses do acusado ou investigado diante do ato de interrogatório: "Entendo, bem por isso, que o mandado de condução coercitiva, para ser validamente expedido e efetivado, depende, quanto a testemunhas, ofendidos ou peritos, da conjugação de determinados pressupostos, a seguir indicados: (a) prévia

---

136 Importa destacar que ainda que exista a previsão legal de condução coercitiva de testemunha que deixa de comparecer injustificadamente a ato para o qual foi intimada – art. 218 do CPP –, o acusado não se submete à exceção prevista no art. 219 do CPP, que sujeita a testemunha faltosa à persecução penal pelo delito de desobediência (art. 330 do CP). Na dicção do art. 260 do CPP, o ônus do investigado que deixa de comparecer ao próprio interrogatório limita-se à condução coercitiva.

137 PACELLI, Eugênio; FISCHER, Douglas. *Comentários ao código de processo penal e sua jurisprudência*. São Paulo: Atlas, 2012. p. 503.

e regular intimação pessoal daquele que é convocado a comparecer perante autoridade estatal competente, (b) não comparecimento ao ato processual designado e (c) inexistência de causa legítima que justifique a ausência ao ato processual que motivou a convocação. (...) Tenho para mim que se revela inadmissível, sob perspectiva constitucional, a possibilidade de condução coercitiva do investigado, do indiciado ou do réu, especialmente se se analisar a questão sob a égide da própria garantia do devido processo legal, inclusive da prerrogativa contra a autoincriminação, dos direitos que dela resultam e da presunção de inocência. (...) Assiste, a qualquer pessoa regularmente convocada para depor perante autoridade pública (seja esta policial, judiciária, administrativa ou legislativa), o direito de manter-se em silêncio, sem se expor – em virtude do exercício legítimo dessa faculdade – a qualquer restrição em sua esfera jurídica, desde que as suas respostas, às indagações que lhe venham a ser feitas, possam acarretar-lhe grave dano (*Nemo tenetur se detegere*)".

Apesar extremamente preocupante que, em 30 anos de Constituição Federal, ainda exista discussão sobre instituto tão nefasto, o STF, como já referido, ao julgar procedente as respectivas arquições de descumprimento de preceito fundamental, pronunciou a não recepção da expressão "para o interrogatório", constante do art. 260 do CPP, e declarou a incompatibilidade com a Constituição Federal da condução coercitiva de investigados ou de réus para interrogatório, sob pena de responsabilidade disciplinar, civil e penal do agente ou da autoridade e de ilicitude das provas obtidas, sem prejuízo da responsabilidade civil do Estado.

Importante destacar que esta decisão não desconstituiu os interrogatórios realizados até a data do julgamento (14/06/2018), mesmo que os interrogados tenham sido coercitivamente conduzidos para tal ato.

- **Na jurisprudência**

STJ: Comparecimento do réu aos atos processuais como um direito.

O comparecimento do réu aos atos processuais, em princípio, é um direito e não um dever, sem embargo da possibilidade de sua condução coercitiva, caso necessário, por exemplo, para audiência de reconhecimento. Nem mesmo ao interrogatório estará obrigado a comparecer, mesmo porque as respostas às perguntas formuladas fica ao seu alvedrio. (REsp nº 346677/RJ, 6ª Turma, Rel. Fernando Gonçalves, j. 10/09/2002).

STJ: Desnecessidade de intimação prévia e ausência de comparecimento para determinação da condução coercitiva.

Ainda que a condução coercitiva do paciente tenha sido determinada sem sua prévia intimação e ausência de comparecimento ao ato para o qual foi intimado, não se verifica o alegado constrangimento ilegal, uma vez que houve fundamentação idônea para a medida, que se mostrou indispensável às investigações, em razão da necessidade de impedir a articulação para a subtração das provas quanto à consumação, materialidade e autoria das infrações imputadas aos investigados." (RHC nº 64.025/MG, 5ª Turma, Rel. Min. Felix Fischer, j. 27/02/2018).

STF: Alcance e conteúdo da prerrogativa constitucional contra a autoincriminação. A garantia constitucional do *due process of law* abrange, em seu conteúdo material, elementos essenciais à sua própria configuração, dentre os quais avultam, por sua inquestionável importância, as seguintes prerrogativas: (a) direito ao processo (garantia de acesso ao Poder Judiciário); (b) direito à citação e ao conhecimento prévio do teor da acusação; (c) direito a um julgamento público e célere, sem dilações indevidas; (d) direito ao contraditório e à plenitude de defesa (direito à autodefesa e à defesa técnica); (e) direito de não ser processado e julgado com base em leis *ex post facto*; (f) direito à igualdade entre as partes (paridade de armas e de tratamento processual); (g) direito de não ser investigado, acusado processado ou condenado com fundamento exclusivo em provas revestidas de ilicitude, quer se trate de ilicitude originária, quer se cuide de ilicitude derivada (RHC 90.376/RJ, Rel. Min. CELSO DE MELLO – HC 93.050/RJ, Rel. Min. CELSO DE MELLO); (h) direito ao benefício da gratuidade; (i) direito à observância do princípio do juiz natural; (j) direito à prova; (l) direito de ser presumido inocente (ADPF 144/DF, Rel. Min. CELSO DE MELLO) e, em conseqüência, de não ser tratado, pelos agentes do Estado, como se culpado fosse, antes do trânsito em julgado de eventual sentença penal condenatória (RTJ 176/805-806, Rel. Min. CELSO DE MELLO); e (m) direito de não se autoincriminar nem de ser constrangido a produzir provas contra si próprio (HC 69.026/DF, Rel. Min. CELSO DE MELLO - HC 77.135/SP, Rel. Min. ILMAR GALVÃO - HC 83.096/RJ, Rel. Min. ELLEN GRACIE - HC 94.016/SP, Rel. Min. CELSO DE MELLO, v.g.). ALCANCE E CONTEÚDO DA PRERROGATIVA CONSTITUCIONAL CONTRA A AUTOINCRIMINAÇÃO. – A recusa em responder ao interrogatório policial e/ou judicial e a falta de cooperação do indiciado ou do réu com as autoridades que o investigam ou que o processam traduzem comportamentos que são inteiramente legitimados pelo princípio constitucional que protege qualquer pessoa contra a autoincriminação, especialmente quando se tratar de pessoa exposta a atos de persecução penal. O Estado – que não tem o direito de tratar suspeitos, indiciados ou réus, como se culpados fossem, antes do trânsito em julgado de eventual sentença penal condenatória (RTJ 176/805-806) – também não pode constrangê-los a produzir provas contra si próprios (RTJ 141/512), em face da cláusula que lhes garante, constitucionalmente, a prerrogativa contra a autoincriminação. Aquele que sofre persecução penal instaurada pelo Estado tem, dentre outras prerrogativas básicas, (a) o direito de permanecer em silêncio, (b) o direito de não ser compelido a produzir elementos de incriminação contra si próprio nem de ser constrangido a apresentar provas que lhe comprometam a defesa e (c) o direito de se recusar a participar, ativa ou passivamente, de procedimentos probatórios que lhe possam afetar a esfera jurídica, tais como a reprodução simulada (reconstituição) do evento delituoso e o fornecimento de padrões gráficos ou de padrões vocais para efeito de perícia criminal (HC 96.219-MC/SP, Rel. Min. CELSO DE MELLO, v.g.). Precedentes. – A invocação da prerrogativa contra a autoincriminação, além de inteiramente oponível a qualquer autoridade ou agente do Estado, não legitima, por efeito de sua natureza eminentemente constitucional, a adoção de medidas que afetem ou que restrinjam a esfera jurídica daquele contra quem se instaurou a *persecutio criminis* nem justifica, por igual motivo, a decretação de sua prisão cautelar. – O exercício do direito ao silêncio, que se revela insuscetível de qualquer censura policial e/ou judicial, não pode ser desrespeitado nem desconsiderado pelos órgãos e agentes da persecução penal, porque a prática concreta dessa prerrogativa constitucional – além de não importar em confissão – jamais poderá ser interpretada em prejuízo da defesa. (HC nº 99289/RS, 2ª Turma, Rel. Celso de Mello, j. 23/06/2009).

2.8. Presença obrigatória do advogado no interrogatório judicial

De acordo com o art. 261 do CPP, nenhum acusado, ainda que ausente ou foragido, será processado ou julgado sem defensor. A partir das mudanças operadas pela Lei nº 10.792/03 o Estatuto Processual Penal passou a exigir a presença do defensor no interrogatório judicial. A doutrina e a jurisprudência apontam no mesmo sentido.

Não poderia ser diferente; o enunciado da súmula nº 523 do STF caracteriza a ausência de defesa claramente como nulidade insanável. Afinal, nada mais necessário para que se efetivem o devido processo legal, a ampla defesa e o contraditório num processo penal garantidor.

Se o acusado, eventualmente, não tiver advogado constituído, ser-lhe-á nomeado um defensor pelo juiz, podendo a todo o tempo nomear outro de sua confiança.

⇒ **Em discussão**

Abandono da causa e a multa do art. 265 do CPP

A reforma processual penal, operada pela Lei nº 11.719/08, reforçou no CPP a polêmica sobre a multa por abandono da causa pelo defensor, culminada no art. 265 do referido estatuto. Em primeiro plano, a redação do dispositivo continuou deixando de indicar a abrangência do abandono. Ficou ao alvedrio do magistrado, pois, determinar o que se entende por abandono da causa. Efetivamente, diversas interpretações têm surgido, o que demonstra a insuficiência da norma.

Nesse sentido, o STJ enfrentou a referida dificuldade semântica entendendo que: "A ausência injustificada do advogado a apenas um ato processual não pode configurar o abandono do processo". (RMS nº 34914/MG, 6ª Turma, Rel. Sebastião Reis Júnior, j. 19/08/2014).

Cumpre mencionar a orientação formulada pelo Fórum Nacional dos Juízes Federais Criminais (Fonacrim) através do enunciado 10, o qual prevê que: "A sanção processual do art. 265, *caput*, do CPP depende de prévia intimação do advogado para o ato omisso, sob pena de caracterização do abandono".

No entanto, mesmo que houvesse uma delimitação do que significa o abandono, o legislador olvidou-se de que o poder de punir disciplinarmente os inscritos na OAB compete exclusivamente ao Conselho Seccional em cuja base territorial tenha ocorrido a infração, salvo se a falta for cometida perante o Conselho Federal. Mais do que isso, cabe ao Tribunal de Ética e Disciplina do Conselho Seccional da OAB competente julgar os processos disciplinares, instruídos pelas Subseções ou por relatores do próprio conselho, já que, nos termos do art. 34, XI, do Estatuto da Advocacia, constitui infração disciplinar abandonar a causa sem justo motivo.

É preciso, portanto, que seja analisada a constitucionalidade do dispositivo em apreço.

Muito embora nosso posicionamento refutando a cominação de multa ao defensor do acusado, o STJ, em recente decisão, posicionou-se no sentido de que: "É devida a aplicação da multa prevista no art. 265 do Código de Processo Penal na hipótese em que os procuradores do réu, embora devidamente intimados por mais de uma vez, sem qualquer justificativa deixam de apresentar a respectiva defesa no prazo assinalado, protocolando a respectiva petição somente após a disponibilização no Diário de Justiça da decisão de aplicação de multa por abandono do processo e de determinação de intimação do réu para que constituísse novo defensor". (AgRg no REsp nº 1416501/PR, 6ª Turma, Rel. Maria Thereza de Assis Moura, j. 11/11/2014).

⇒ ***Defesa meramente formal correspondente à efetiva ausência de defesa***

A defesa técnica não pode ser meramente formal. Antes ao contrário, deve ser sempre ativa, participativa e com manifestações fundamentadas.

Muito embora a súmula 523 do STF refira que a deficiência de defesa só anulará o ato se demonstrado o prejuízo, é preciso ir além de meras de interpretações literais. Há determinadas situações em que a defesa é tão deficiente, precária e inábil que tal *atuação* corresponde à verdadeira ausência de defesa.

A título exemplificativo, recentemente o STJ concedeu ordem de *habeas corpus* de ofício para o caso em que a defesa interpôs recurso em sentido estrito contra acórdão em apelação. Tal fato acarretou o não conhecimento do recurso e, consequentemente, o trânsito em julgado da condenação e o recolhimento do paciente à prisão. Segundo o julgamento: "A ampla defesa, como garantia imanente ao devido processo legal, não se limita à defesa formal, mas exige o exercício efetivo da defesa do acusado, com todos os meios e recursos que lhe são inerentes, na dicção da Carta Maior (art. 5º, LV, CF)". Mais do que isso, o *decisum* ainda referiu que "Dados os interesses subjacentes à persecução penal e os malefícios ao indivíduo que decorrem do processo penal e da pena que venha a ser-lhe impingida, é dever do Estado assegurar que o acusado não se veja prejudicado pela total incúria do profissional que o assiste". (HC 266490/SP, 6ª Turma, Rel. Rogério Schietti Cruz, j. 16/10/2014).

Neste sentido, o PLS nº 156/2009 andou bem ao advertir no art. 60 que: "Todo acusado terá direito à defesa técnica em todos os atos do processo penal, exigindo-se manifestação fundamentada por ocasião das alegações finais e em todas as demais oportunidades em que seja necessária ao efetivo exercício da ampla defesa e do contraditório".

• **Na jurisprudência**

STJ: Defesa meramente formal caracteriza ausência de defesa.

Todo e qualquer réu, não importa a imputação, tem direito à efetiva defesa no processo penal (art. 261 do CPP e 5º, LV da Carta Magna). O desempenho meramente formal do defensor, em postura contemplativa, caracteriza a insanável ausência de defesa. (HC nº 79418/SP, 5ª Turma, Rel. Felix Fischer, j. 11/09/2007).

STJ: Defesa meramente formal não satisfaz o princípio da ampla defesa.

A ampla defesa, consagrada constitucional e legalmente, não pode ser apenas formal, mas deve ser efetiva, sob pena de se cometer grave injustiça. A principal alegação das razões da impetração é exatamente a ausência de defesa, posto que a única testemunha ocular dos fatos, de nome Cristiane, não foi ouvida, tendo sido a ausência de sua oitiva o motivo pelo qual o defensor constituído desistiu de continuar patrocinando o réu (HC nº 88934/PB, 6ª Turma, Rel. Jane Silva, j. 21/02/2008).

2.9. Réu habilitado a exercer a advocacia e presença obrigatória de advogado

O art. 263 do CPP ressalva ao acusado o direito de a si mesmo defender-se, caso esteja inscrito nos quadros da OAB. Eis a disposição legal: "Se o acusado não o tiver, ser-lhe-á nomeado defensor pelo juiz, ressalvado o seu direito de, a todo tempo, nomear outro de sua confiança, ou a si mesmo defender-se, caso tenha habilitação".

Não obstante, será necessário analisar o caso concreto a fim de verificar-se eventual deficiência da defesa. Isto porque o exercício da autodefesa estará, em verdade, acumulando as funções de representado (acusado) e defensor, acarretando a impossibilidade, em nosso ver, de uma defesa efetiva.

Em nosso entendimento, é necessária a expressa afirmação do réu de que deseja atuar em causa própria, não bastando a sua mera habilitação como advogado. Tal fator não pode servir como escusa para a não observância da obrigatoriedade da presença de advogado.

Na jurisprudência temos importante decisão do TJRS nos seguintes termos: "(...) o fato do acusado possuir formação jurídica, estando, inclusive, habilitado a exercer a advocacia, não supre tal vício – lembre-se que, questionado sobre a hipótese de atuar em causa própria, respondeu, peremptoriamente, não. Indicou outro profissional, que não estava presente. Era imperativo, pois, a nomeação de defensor *ad hoc*. Sabe-se, outrossim, que a atuação profissional em processos-crime exige formação específica – não o é destinada a amadores –, embora a prática forense – banalização do saber – demonstre o contrário! Cediço que a condição de réu abala consideravelmente a capacidade psicológica e reflexiva que é necessária ao exercício adequado (ao menos desejável) da advocacia– leia-se: defesa efetiva! Entendimento contrário aposta no risco; e aqui, as conseqüências são sérias: trata-se de feito criminal!" (TJRS, AC nº 70004507562, 5ª Câmara Criminal, Rel. Amilton Bueno de Carvalho, j. 07/08/2002).

• **Na jurisprudência**

STJ: Advogado preso atuando em causa própria e o dever de chamamento a todos os atos processuais.

Embora constasse da própria sentença recorrida o fato de o paciente estar preso e patrocinar a própria defesa, a divulgação da pauta em que incluído o recurso por ele apresentado se deu apenas por meio de publicação no Diário Oficial. 2. Assim, como o paciente, preso, não teve ciência da data do julgamento da apelação, não pôde comparecer à sessão, tampouco realizar sustentação oral, o que, por certo, caracteriza cerceamento do seu direito de defesa. 3. Estando segregado o acusado que advoga em causa própria, sua presença para o julgamento teria que ter sido requisitada, ou, ao menos deveria ter sido ele notificado pessoalmente ou por carta com aviso de recebimento. 4. Com essas providências, se garantiria a presença do réu no ato e, consequentemente, o exercício das faculdades que lhe são conferidas, como a de sustentar oralmente, por exemplo, ou se permitir que ele pudesse constituir advogado, ou mesmo solicitar a assistência da Defensoria Pública para patrocinar seus interesses durante a sessão de julgamento. 5. O Supremo Tribunal Federal, ao analisar hipótese em que réu preso que advogava em causa própria foi intimado de ato decisório apenas por meio do Diário Oficial, já entendeu que se deveria aplicar ao caso, analogicamente, o § 2º do artigo 370 do Código de Processo Penal, procedendo-se à notificação por mandado, ou via postal com aviso de recebimento. (HC nº 113158/RJ, 5ª Turma, Rel. Jorge Mussi, j. 28/09/2010).

⇒ **Em discussão**

Corréus atuando em causa própria e o art. 191 do CPP

No caso de corréus atuando em causa própria entendemos que o disposto no art. 191 do CPP deve ser respeitado e, portanto, o interrogatório do primeiro acusado – que atua em causa própria – deve ser realizado sem a presença do correú que também defende a si mesmo.

Evidentemente que, sob pena de nulidade absoluta, deve ser oportunizado ao correú que não participará do primeiro interrogatório que constitua advogado de sua confiança para o ato ou que lhe seja nomeado defensor.

2.10. Presença do curador no interrogatório do menor: desnecessidade

O disposto no art. 194 do CPP exigia a presença de curador no interrogatório do menor, considerado como tal aquele entre 18 e 21 anos. Ora, com a alteração da maioridade pelo CC, não se faz mais necessária a nomeação de curador.

Assim, mesmo não havendo revogação expressa do disposto no art. 15 do CPP, entendemos que a norma não tem mais razão de existir, não sendo necessária a nomeação de curador ao menor de 21 anos no interrogatório policial, porquanto o maior de 18 anos é plenamente capaz.

2.11. Entrevista prévia e reservada do acusado com seu defensor

Tal como determina o art. 185, § 5º, do CPP, em qualquer modalidade de interrogatório judicial, o juiz garantirá ao réu o direito de entrevista prévia e reservada com o seu defensor. Assim, deverá o magistrado consignar no termo de audiência tal garantia, a fim de evitar futuras alegações de nulidade do interrogatório.

Evidentemente que, se não for assegurado o direito à entrevista prévia, estaremos diante de um vício processual. A maioria da doutrina indica tratar-se de uma nulidade relativa, com o que não concordamos.

Não se pode deixar de ressaltar que na prática da advocacia esse direito do acusado encontra dificuldades estruturais. A entrevista prévia deve ser garantida antes de qualquer ato para o qual o acusado tenha que se apresentar ou se manifestar. Não raro, a entrevista é realizada (quando realizada) com o réu algemado, em uma sala fechada, em corredores e até na proximidade de policiais, circunstâncias essas que, inegavelmente, fragilizam o devido processo legal.

O direito de ser entrevistado previamente e reservadamente traz mais um elemento a compor a ampla defesa e a defesa técnica e, portanto, sendo arranhado estaremos diante de vício insanável. A propósito, o Decreto nº 678/92 que promulgou a Convenção Americana de Direitos Humanos (Pacto de São José da Costa Rica), de 22 de novembro de 1969, dispõe no seu art. 8º, 2: "Direito do acusado de defender-se pessoalmente ou de ser assistido por um defensor de sua escolha e de comunicar-se, livremente e em particular, com seu defensor".

- **Na jurisprudência**

STJ: Ausência de entrevista e necessidade de demonstração do prejuízo.

Apesar de a legislação garantir ao interrogado a prévia entrevista com seu defensor (art. 185, § 2º, do Código de Processo Penal), não pode ser declarado nulo o ato ora impugnado, uma vez que, na audiência em questão, a Paciente – acompanhada de advogada nomeada pela magistrada singular – negou a autoria do crime que lhe fora imputado, não se evidenciando nenhum prejuízo ao devido processo legal. 3. A Defesa não impugnou o interrogatório no momento apropriado, isto é, na primeira oportunidade posterior ao ato considerado nulo. Na verdade, a Defesa não apontou o problema nem nas alegações finais, nem nas razões de apelação, conforme se depreende dos relatórios da sentença e do acórdão. Portanto, evidencia-se a preclusão da matéria. (HC nº 132254/SP, 5ª Turma, Rel. Laurita Vaz, j. 27/05/2010).

STJ: Ausência de entrevista prévia e nulidade absoluta.

O interrogatório foi realizado no dia 23 de março de 2005, portanto, quando em vigência a disciplina do interrogatório trazida pela lei 10.792/2003, que passou a assegurar expressamente no diploma processual o direito de entrevista reservada do acusado com o seu defensor previamente ao interrogatório. Sem dúvida, trata-se a entrevista prévia e reservada entre acusado e defensor quando do interrogatório de medida voltada a garantir a ampla defesa. Sendo, assim, se esta não for assegurada, conduz à nulidade absoluta do feito. (...) Ocorre que, no caso ora sob análise, não há qualquer registro de que não tenha sido assegurada a entrevista prévia do paciente com o advogado dativo nomeado para o ato. Da leitura do termo de interrogatório, embora não venha registrada a realização da entrevista, não se pode, igualmente, extrair o contrário, já que o defensor nomeado para o ato assinou o termo de interrogatório, e não foi feita nenhuma ressalva (fl. 17). (HC nº 82350/MS, 6ª Turma, Rel. Maria Thereza de Assis Moura, j. 19/05/2009).

2.12. Intervenção das partes ao final do interrogatório

A alteração do art. 188 do CPP pela Lei nº 10.792/03 permitiu a intervenção das partes, ao final do interrogatório, através da formulação de perguntas ao acusado, desde que pertinentes e relevantes.

Tal intervenção, como se vê, ainda não é direta, já que o ato é administrado pelo julgador. Interpretação distinta poderia derivar da análise sistemática dos arts. 188, 212 e 400 do CPP, os quais determinam que as perguntas serão formuladas pelas partes diretamente às testemunhas. Assim, se em relação à oitiva de testemunhas o sistema de inquirição é direto, também o deve ser no que concerne ao interrogatório judicial, uma vez que tais atos pertencem à audiência única de instrução e julgamento.

No entanto, a Lei nº 11.719/08 manteve a disposição em vigor no que respeita ao interrogatório, de modo que no rito comum – e em alguns especiais, o magistrado inicia a interrogatório e, ao final, as partes fazem perguntas. Por outro lado, no procedimento do Júri, são as partes que dão início às perguntas, podendo o juiz, ao final, fazer seus questionamentos.

Evidentemente que o direito à prova é das partes, custando caro ao processo penal que o magistrado inicie o interrogatório para apenas após passar a palavra às partes. A interpretação sistemática com o art. 212 do CPP seria o caminho mais prudente.

- **Na jurisprudência**

STJ: Interrogatório, indeferimento de perguntas diretamente ao acusado e ausência de nulidade.

Ao contrário do estabelecido no art. 212 do CPP, que rege o procedimento legal referente à oitiva das testemunhas durante a audiência de instrução e julgamento, a lei processual penal não prevê que as reperguntas das partes sejam formuladas diretamente ao réu ou que a atuação do juiz no interrogatório seja apenas posterior e supletiva. Com efeito, a Lei n. 11.690, de 2008, alterou a redação do art. 212 do CPP, ao determinar que "As perguntas serão formuladas pelas partes diretamente à testemunha, não admitindo o juiz aquelas que puderem induzir a resposta, não tiverem relação com a causa ou importarem na repetição de outra já respondida". O referido diploma normativo acrescentou, ainda, o parágrafo único ao art. 212, dispondo que apenas sobre os pontos não esclarecidos o magistrado poderá complementar a inquirição.O que se nota, não obstante o advento da Lei n. 11.690/2008, é que, em relação ao interrogatório no procedimento ordinário, o legislador não adotou expressamente o sistema processual da *common law*, do *cross examination* , no qual o réu é questionado diretamente pelas partes e a intervenção do magistrado é posterior e complementar, para fiscalizar o ato e inquirir o réu sobre pontos não esclarecidos. A regra processual prevista no art. 188 do CPP, ainda em vigência, dispõe que as perguntas são realizadas, em um primeiro momento, pelo juiz e as reperguntas das partes deverão ser oportunizadas, mas são facultativas, podendo ser coibidas, se impertinentes e irrelevantes, sem que, com isso, haja automática interferência no devido processo legal ou na imparcialidade judicial. (RHC nº 48354/SP, 6ª Turma, Rel. Rogério Schietti Cruz, j. 09/12/2014).

STJ: Direito a reperguntas pela defesa não é absoluto.

Verifica-se que a Agravante não demonstrou, de forma concreta e efetiva, os eventuais prejuízos para a Defesa, limitando-se a argumentar, de forma genérica, que o indeferimento das perguntas, no ato do interrogatório, gera, por si só, a nulidade do ato impugnado. Ocorre que em se tratando de nulidade relativa, não pode a parte se furtar à demonstração do suposto prejuízo sofrido, consistente, *in casu*, em apontar quais fatos deixaram de ser devidamente questionados pelo Juiz à Ré. Além disso, ao contrário do que assevera a Agravante, o art. 188 do Código de Processo Penal não faculta à defesa técnica direcionar perguntas diretamente à Ré, isto é, o direito a reperguntas não é absoluto. Com efeito, concluído o interrogatório, o Juiz indagará das partes se algum fato deixou de ser esclarecido, formulando o próprio magistrado as perguntas correspondentes, se o entender pertinente e relevante. Persiste, assim, o sistema presidencialista. (AgRg no Ag nº 1018918/RJ, 5ª Turma, Rel. Laurita Vaz, j. 20/08/2009).

2.13. Corréus e intervenção das partes ao final do interrogatório

A Lei n° 10.792/03, como já referido, trouxe significativas modificações no que se refere à participação do defensor no interrogatório judicial, especificamente quanto à possibilidade de que sejam feitas reperguntas aos corréus nos termos do art. 188 do CPP.

A doutrina e a jurisprudência pacificaram a possibilidade de intervenção ao final do interrogatório na hipótese de delação. Assim, autorizadas estão reperguntas por parte do defensor do réu delatado direcionadas ao interrogando delator.

Em decorrência dessa tendência doutrinária e jurisprudencial, em permitir intervenção do advogado ao final do ato somente em casos de delação, algumas ponderações são necessárias.

Os acusados são chamados corréus justamente porque, quando do fato delituoso, operaram em conjunto dividindo a participação, mesmo que alguns obrando com atividade secundária, e, portanto, conhecem informações relevantes à causa.

Diante disso e considerando pelo menos a necessidade de contraditório pleno, não parece plausível autorizar perguntas a corréu apenas em situação de delação. A possibilidade de perguntas ao final do ato de interrogatório é universal e, portanto, sempre autorizada quando estivermos diante de questionamentos pertinentes e relevantes.

• **Na jurisprudência**

STJ: Participação ativa e irrestrita do defensor ao final do interrogatório.

A Constituição Federal garante ao jurisdicionado a ampla defesa e o contraditório em qualquer processo judicial, garantias que ganham relevância na persecução penal, já que por meio desta é que o Estado alcança a legitimidade para coarctar a liberdade do indivíduo responsável pela prática de conduta descrita como fato delituoso. 2. O interrogatório é também um meio de prova, e para que seja validamente introduzido no processo deve atender às garantias constitucionais instituídas em favor do acusado. 3. Para o ato do interrogatório nas ações penais com pluralidade de réus, o Código de Processo Penal prevê apenas que estes devem ser interrogados separadamente, o que não significa, por si só, que a inquirição complementar seja feita apenas pelo próprio defensor e pelo órgão acusatório, sob pena de ofensa ao contraditório e à paridade de armas que deve ser resguardada no processo penal.4. Não há no Código de Processo Penal nenhum comando proibitivo à participação do defensor do corréu no ato do interrogatório, estabelecendo o seu artigo 188, com a redação dada pela Lei n.10.792/03, que "Após proceder ao interrogatório, o juiz indagará as partes se restou algum fato para ser esclarecido, formulando as perguntas correspondentes se o entender pertinente e relevante", razão pela qual não é dado ao intérprete restringir esse direito, que tem assento em princípios constitucionais. (HC nº 198.668/SC, 5ª Turma, Rel. Jorge Mussi, j. 04/09/2012).

STJ: O acusado interrogado não pode ser coagido a se sujeitar às perguntas de advogado de correu.

No tocante à pretendida anulação do processo-crime desde o interrogatório do corréu, cumpre ressaltar que, antes da vigência da Lei nº 10.792, de 1º de dezembro de 2003, o Superior Tribunal de Justiça havia firmado o entendimento de que o interrogatório judicial era ato personalíssimo do magistrado, dispensando a intervenção da acusação ou da Defesa. Assim, a simples ausência de defensor não caracterizava qualquer nulidade. Contudo, a novel legislação reformulou toda a sistemática do interrogatório (arts. 185 a 196 do Código de Processo Penal), que passou a constituir instrumento não só de autodefesa mas também de prova, exigindo a instauração de verdadeiro contraditório, sem dispensar a presença do defensor. Alega o Impetrante, no presente writ, a ocorrência de cerceamento de defesa, caracterizado pelo fato de não ter sido permitido a Defesa do Paciente formular perguntas ao corréu que teria confessado o delito e incriminado o Paciente. Entretanto, em que pese a alteração do art. 188 do Código de Processo Penal, não existe amparo legal para a participação do advogado de acusado, com a finalidade de formular questionamentos ao outro corréu interrogado. Com feito, embora o novo tratamento dado ao interrogatório, que passou a ser considerado como meio de produção de prova, não prescinda do contraditório, o mencionado ato mantém seu caráter de instrumento de autodefesa, logo, devem ser respeitados, primeiramente, os direitos do interrogado, que não pode ser coagido a se sujeitar às perguntas de advogado de corréu. (HC nº 245471/SP, 5ª Turma, Rel. Laurita Vaz, j. 27/03/2014).

STF: Possibilidade de participação do defensor ao final do interrogatório formulando perguntas.

De fato, o art. 188 do Código de Processo Penal, com a redação dada pela Lei 10.792/2003, passou a dispor que, após as perguntas formuladas pelo juiz ao réu, podem as partes, por intermédio do magistrado, requerer esclarecimentos ao acusado. Assim, existindo dois ou mais réus, como no caso sob exame – 25 réus –, terão as partes (acusação e defesa) a oportunidade de solicitar esclarecimentos complementares de todos eles, a fim de que se resguarde a paridade de armas entre as partes e se assegure a ampla defesa dos réus. Daí porque entendo que o indeferimento de reperguntas pelo defensor de um dos réus a outro corréu ofende os princípios constitucionais da ampla defesa, do contraditório e da isonomia, gerando nulidade absoluta. (...) Contudo, o entendimento desta Corte também é pacífico no sentido de que, para o reconhecimento de eventual nulidade, ainda que absoluta, faz-se necessária a demonstração do efetivo prejuízo, o que, a meu ver, não ocorreu na espécie. No presente caso, embora os impetrantes tenham afirmado que é inegável o prejuízo sofrido pela defesa, ante a condenação do paciente por crimes cuja correta apuração dependeria fundamentalmente de esclarecimentos de corréus, "com os quais – diz a denúncia acolhida pela sentença condenatória – teria [ele] concorrido para a prática de tráfico de drogas e associação para o tráfico", não apontaram objetivamente os questionamentos que poderiam, de alguma forma, favorecer o paciente. (HC nº 116132/PE, 2ª Turma, Rel. Ricardo Lewandowski, j. 17/09/2013).

2.14. Local de realização do interrogatório

O interrogatório judicial do acusado solto, de acordo com o Estatuto Processual, dar-se-á na sede do órgão julgador. Consta no art. 792 do CPP que: "As audiências, sessões e os atos processuais serão, em regra, públicos e se realizarão nas sedes dos juízos e tribunais, com assistência dos escrivães, do secretário, do oficial de justiça que servir de porteiro, em dia e hora certos, ou previamente designados".

Estando preso, de outro lado, em regra, o acusado será interrogado na casa prisional. Por exceção, o ato realizar-se-á por videoconferência ou por carta precatória por juiz diverso daquele que proferirá a sentença, restando em ambos os casos prejudicado o contato direto entre o juiz da causa e o réu.

Nesse sentido, o art. 185, § 1º, prevê que: "O interrogatório do acusado preso será feito no estabelecimento prisional em que se encontrar, em sala própria, desde que estejam garantidas a segurança do juiz e auxiliares, a presença do defensor e a publicidade do ato. Inexistindo a segurança, o interrogatório será feito nos termos do Código de Processo Penal".

Em suma, deve ser realizado o interrogatório de réu preso prioritariamente no estabelecimento prisional em que ele se encontra. Somente na falta de condições de segurança para o juiz e servidores, o que deverá ser excepcionalidade, será o interrogatório realizado na sede do juízo, o que, efetivamente, ainda não acontece com frequência na prática forense.

No tocante ao interrogatório por carta precatória, parece-nos haver um flagrante conflito entre operadores do processo penal e o que dispõe a lei. Por certo que tal prática processual viola o princípio da identidade física do juiz (vigorando por força do art. 399, § 2º, do CPP), segundo o qual o juiz que presidiu a instrução deverá proferir a sentença. Entretanto, a configuração de tal violação não é questão pacífica na jurisprudência.

- **Na jurisprudência**

STJ: Interrogatório por carta precatória e ausência de violação ao princípio do juiz natural.

Inicialmente, quanto à possibilidade de realização do interrogatório do acusado por carta precatória, apesar das considerações lançadas pelo juízo Deprecado, ora Suscitado, no sentido de que incumbe ao juiz natural do feito interrogar pessoalmente o acusado, tanto a doutrina quanto a jurisprudência têm admitido a realização do referido ato por meio de carta precatória (...) Desta forma, não há óbice algum para que o interrogatório do réu seja feito por meio de carta precatória, a qual, como observado nos precedentes citados, só pode deixar de ser cumprida pelo juízo Deprecado nas hipóteses previstas no art. 209 do Código de Processo Civil, em aplicação subsidiária às normas processuais penais. (CC nº 98420/RJ, 3ª Seção, Rel. Maria Thereza de Assis Moura, j. 22/04/2009).

2.15. Interrogatório por videoconferência[138]

Antes da Lei nº 11.900/09, prevalecia o entendimento de que o interrogatório por videoconferência era inconstitucional por ausência de previsão legal. No entanto, esta lei, ao modificar o art. 185 do CPP, tornou possível tal medida.

Neste sentido, quando o acusado estiver preso, o interrogatório, como regra, realizar-se-á no estabelecimento prisional, o que contará com o deslocamento do juiz, do membro do Ministério Público, dos auxiliares da justiça e do defensor. Como exceção, o magistrado poderá determinar a realização do interrogatório por videoconferência, desde que diante de umas das hipóteses narradas no § 2º do art. 185 do CPP.

Note-se que o afastamento do magistrado e a ausência de contato pessoal com o acusado preso são pontos que merecem maior atenção, pois se trata de mais um fruto do discurso eficientista.

Importante lembrar que a utilização de expressões genéricas (como risco à segurança pública, fundada suspeita, ordem pública, etc.) pelo legislador sempre levaram ao excesso. Todas elas carecem de precisão semântica e são suscetíveis a qualquer emprego prático, deixando ao alvedrio do juiz a sua aplicação. Atualmente, na mesma dimensão se encontram as hipóteses que autorizam a videoconferência, constantes

---

[138] Cf. EBERHARDT, Marcos. Ainda sobre as reformas processuais penais no âmbito da produção probatória: o interrogatório por vídeo conferência *In*: CALLEGARI, André Luis e WEDY, Miguel Tedesco (org.). *Reformas do código de processo penal*. Porto Alegre: Livraria do Advogado, 2009, p. 153-157.

do § 2º do art. 185. Essa abertura é o que possibilita o excesso. Afinal de contas, o que é "ordem pública"?

Mais do que isso. A hipocrisia da disposição legal, dispensando tratamento diverso entre soltos e presos, encontra razão na expressão "todos são iguais, porém cada um no seu lugar".[139] Identificado, pois, o inimigo, é preciso afastá-lo de tudo que seja humano.

Cumpre observar também que, conforme o inciso I, a simples suspeita de alguém integrar organização criminosa implicaria já em risco de fuga e perigo à segurança pública. Ocorre que, se tal raciocínio for transportado para a prática processual de forma cega e mecânica, sem dúvida o que antes era a exceção se tornará a regra, pois situações de perigo são mais comuns do que a lei ingenuamente reconhece. Além do mais: "(...) a excepcionalidade da medida não mais dependeria de uma questão relativa à segurança pública, mas, sim, da equiparação – abstrata e não concreta de *qualquer espécie de associação criminosa* a grupos de violência e ações armadas, o que, evidentemente, constitui excesso legislativo e interpretativo – no último caso, se se quiser aceitar a validade da norma".[140]

Pois bem, não se pode descurar que a própria lei exige que a decisão judicial que autoriza a medida seja fundamentada, a partir da qual as partes serão intimadas com dez dias de antecedência. Ademais, a nota essencial está em que a videoconferência é medida excepcional e disso o julgador não pode se esquecer no seu ato interpretativo do caso em análise. Assim não sendo, as partes poderão lançar mão das ações autônomas de impugnação – *habeas corpus* ou mandado de segurança.

Mais adiante, o § 4º refere que, antes do interrogatório por videoconferência, o acusado preso poderá acompanhar, pelo mesmo sistema, a realização de todos os atos da audiência única. A expressão "poderá acompanhar" revela, com clareza, os traços desta disposição legal, transformando uma necessidade em mera possibilidade. Evidentemente que, desejando acompanhar os atos da audiência una, a defesa sofrerá o ônus desse favor.

Por derradeiro, o § 5º do art. 185 do CPP exige a presença de dois defensores: um na casa carcerária e outro na sede do juízo. O pleno desconhecimento da realidade forense fomentou essa disposição. Apenas um questionamento, dentre outros tantos: o defensor que acompanhar os procedimentos na casa carcerária terá conhecimento da causa? Quando conhecerá o conteúdo dos autos? Em que extensão conhecerá o

---

[139] BATISTA, Nilo. A política criminal d'a utopia e a maldição de Hedionduras. *In: Discursos Sediciosos*: crime, direito e sociedade. Rio de Janeiro, ano 2, n. 3, 1º sem. 1997. p. 87-96.

[140] PACELLI, Eugênio; FISCHER, Douglas. *Comentários ao código de processo penal e sua jurisprudência*. São Paulo: Atlas, 2012. p. 371.

conteúdo dos autos? A defesa será plena ou meramente formal? Parece-nos óbvio que restará prejudicado o contraditório e a ampla defesa do acusado.

Apesar disso e de conhecidos precedentes do STJ e do STF, grande parte da doutrina indica com acerto as inovações advindas da Lei n° 11.900/09.

De toda forma, mesmo merecendo diversas críticas, a realização de interrogatório por videoconferência é um instituto em vigência. Portanto, entendemos que, quando aplicado, deverá proporcionar todos os meios de defesa adequados ao interrogado em audiência, bem como serem disponibilizadas as reproduções de som e imagem, pois o réu preso tem o direito de acompanhar a oitiva de testemunhas, inquirição de peritos e eventuais acareações.

- **Na jurisprudência**

STJ: Realização de interrogatório por meio de videoconferência antes da Lei nº 11.900/09.

A realização do interrogatório por meio de videoconferência, antes do advento da Lei nº 11.900/2009, que introduziu tal procedimento no Código de Processo Penal, se consubstancia em nulidade absoluta, porque viola os princípios constitucionais do devido processo legal, restringindo a amplitude de defesa do acusado. (HC nº 231501/SP, 5ª turma, Rel. Laurita Vaz, j. 29/06/2012).

STJ: Interrogatório por meio de videoconferência (Lei nº 11.900/09), não observância do prazo de 10 dias e necessidade de demonstração do prejuízo.

Da passagem acima reproduzida, observa-se que foi apresentada motivação plausível para que o acusado não fosse ouvido presencialmente, estando a utilização do sistema de videoconferência justificada em razão da impossibilidade de se realizar o interrogatório no estabelecimento penal no qual se encontrava recluso, apontando, ainda, a existência de riscos no transporte necessário para apresentá-lo em juízo. (...) Melhor sorte não socorre o impetrante no que se refere ao aventado descumprimento do prazo de 10 (dez) dias de antecedência previsto no § 3º do artigo 185 do Código de Processo Penal, para que as partes sejam notificadas da decisão que determinou a implementação do interrogatório por videoconferência. Isso porque, embora o próprio Juízo de origem tenha afirmado que "a determinação ocorreu com oito dias de antecedência de forma verbal", o certo é que o impetrante não logrou demonstrar quais teriam sido os prejuízos suportados pelo acusado, e como os 2 (dois) dias que faltaram para que o prazo total de 10 (dez) dias fosse atendido impediu que a defesa pudesse contestar a realização do ato de modo audiovisual. (HC nº 194576/SP, 5ª Turma, Rel. Jorge Mussi, j. 16/04/2013).

⇒ **Em discussão**

Interrogatório da pessoa jurídica

Com o advento da Lei n° 9.605/98, criou-se a possibilidade de responsabilização criminal da pessoa jurídica em crimes ambientais, alicerçado no art. 225, § 3°, da CF. Ocorre que tal legislação omitiu-se acerca do procedimento a ser seguido para o processo da pessoa jurídica, deixando lacuna legal particularmente no tocante a seu interrogatório.

Como todo o acusado no processo penal, a pessoa jurídica possui o direito de fornecer a sua versão acerca dos fatos, utilizando tal ato como meio de defesa, não obstante seja também meio de prova. A partir disso, parte da doutrina sugere a utilização, por analogia, dos mecanismos dos processos civil e trabalhista. De acordo com este modelo, a pessoa jurídica deveria ser citada na pessoa de seu representante legal, podendo este indicar um preposto para realizar o ato de interrogatório caso não tenha conhecimento dos fatos narrados na inicial. O preposto interrogado poderá utilizar-se do direito ao silêncio, bem como confessar a prática de infração penal, vinculando a pessoa jurídica no que disser.[141]

Não coadunamos com tal posicionamento. Entendemos que transferir a responsabilidade de defesa da pessoa jurídica a indivíduo que não seja o responsável legal é incompatível com os preceitos legais e constitucionais. Isso porque se estará colocando na posição de réu (mesmo que informalmente e momentaneamente), pessoa que não está sendo processada formalmente e que não detém responsabilidade legal sobre a pessoa jurídica.

Apontamos para a utilização, como norte procedimental, o art. 26 da Lei n° 12.846/13, o qual dispõe que: "A pessoa jurídica será representada no processo administrativo na forma do seu estatuto ou contrato social". Desta feita, é o diretor ou sócio responsável pela administração da pessoa jurídica quem deverá ser interrogado em seu nome. Nos casos em que o diretor também figurar no polo passivo da ação e sua defesa for incompatível com a da pessoa jurídica, o interrogatório ficará a cargo de outro sócio, se houver. O Tribunal Regional Federal da 4ª Região já decidiu neste mesmo sentido (MS n° 2002.04.01.013843-0, 7ª Turma, Rel. Fábio Bittencourt da Rosa, j. 10/12/2002).

2.16. Interrogatório de corréus

O interrogatório em conjunto não é permitido pelo CPP; logo, havendo dois ou mais imputados em um só processo e coincidindo a realização de seus interrogatórios no mesmo dia, cada um deles será interrogado separadamente. Trata-se de norma cuja aplicação diz respeito a todos os procedimentos e cuja inobservância gera nulidade do feito.

O disposto no art. 191 do CPP se justifica por tratar-se o processo da reconstituição de um fato passado. Por tal motivo, é necessário adotar certa cautela na inquirição quer do acusado, quer das testemunhas, a fim de que o depoimento de um não influencie na narração dos

---

141 NUCCI, Guilherme de Souza. *Manual de processo penal e execução penal*. Rio de Janeiro: Forense, 2015. p. 372.

acontecimentos feita pelo outro. Com isso, evita-se: "(...) a modificação do conhecimento pessoal com base em depoimentos anteriores divergentes".[142]

Importante observar que não há disposição legal quanto à ordem do interrogatório dos acusados, de modo que o juiz poderá livremente estabelecer a ordem de quem será ouvido, geralmente utilizando-se da sequência estabelecida da denúncia ou queixa-crime.

De qualquer forma e apesar da disposição contida no art. 191 do CPP, sempre será obrigatória a presença dos advogados dos acusados quando interrogados os corréus conforme estudamos anteriormente.

- **Na jurisprudência**

STJ: O corréu tem o direito de ser representado no interrogatório de outro acusado.

O corréu tem o direito de ser representado no interrogatório de outro acusado, para que lhe seja oportunizada a produção da prova que entende pertinente. O que não pode ocorrer é que este último seja tolhido de plano, sem qualquer justificativa legal. (HC nº 198668/SC, 5ª Turma, Rel. Jorge Mussi, j. 04/09/2012).

STF: É prescindível a participação dos corréus um no interrogatório do outro.

Não procede a afirmação de que seria imprescindível a participação dos próprios recorrentes no interrogatório um do outro. Isso porque, além de tal pretensão ser vedada pelo art. 191 do CPP ("havendo mais de um acusado, serão interrogados separadamente"), um dos recorrentes nunca se apresentou em juízo para ser interrogado e assim expor sua versão dos fatos. Incide, ainda, a regra do art. 565 do CPP. (RHC nº 116193/PB, 2ª Turma, Rel. Teori Zavascki, j. 28/10/2014).

2.17. Interrogatório de pessoas com qualidades especiais

Em regra, o interrogatório é oral, pois, como já se disse, a oralidade é uma de suas principais características. Excepcionalmente, ante a impossibilidade de realizá-lo desse modo, poderá ser conduzido de outra maneira. Essa hipótese ocorrerá, por exemplo, quando o réu for mudo, surdo, surdo-mudo ou desconhecer a língua nacional. Nesse último caso, será necessário o auxílio de intérprete nomeado pelo juiz (art. 193 do CPP), ainda que o magistrado entenda o idioma falado pelo interrogado.

De acordo com o disposto no art. 192 do CPP, no interrogatório de réu surdo, as perguntas serão feitas por escrito e respondidas oralmente; se o réu for mudo, as perguntas serão feitas oralmente e respondidas por escrito; e, se for surdo-mudo, as perguntas e respostas serão realizadas

[142] PACELLI, Eugênio; FISCHER, Douglas. *Comentários ao código de processo penal e sua jurisprudência*. São Paulo: Atlas, 2012. p. 387.

por escrito. Se o interrogando não souber ler ou escrever, deverá ser acompanhado por intérprete.

Caso a pessoa apresente alguma patologia psíquica, ou paire alguma dúvida sobre isso, o processo deverá ser suspenso, conforme art. 149 do CPP.

- **Na jurisprudência**

STJ: Réu surdo-mudo e ausência de intérprete no interrogatório judicial.

Os documentos juntados à inicial demonstram que o Juízo singular (deprecante) tomou todas as cautelas necessárias para que o interrogatório do Paciente fosse realizado com a participação de intérprete. 3. A despeito desses esforços, verifica-se que, devidamente intimado para uma primeira audiência, o Paciente não se apresentou porque evadiu-se do cárcere. Em uma segunda tentativa, o Paciente foi intimado em sua residência, mas novamente não compareceu à audiência designada, tendo sido declarada sua revelia. Ambas as audiências teriam a participação do intérprete nomeado pelo Juízo. 4. O Juízo singular, em sentença de sua lavra, desconsiderou o interrogatório realizado pelo Juízo deprecado sem o intérprete, limitando-se a avaliar o interrogatório da fase inquisitorial, que foi realizado com presença de intérprete.5. Alegações genéricas de nulidade sem comprovação nos autos não dão ensejo à invalidação da ação penal. É imprescindível a demonstração de prejuízo, pois o art. 563, do Código de Processo Penal, positivou o dogma fundamental da disciplina das nulidades – *pas de nullité sans grief.* (HC nº 184600/SP, 5ª Turma, Rel. Laurita Vaz, j. 28/05/2013).

2.18. Registro audiovisual do interrogatório

Segundo o art. 405, § 2º, do CPP, no caso de registro por meio audiovisual, será encaminhado às partes cópia do registro original, sem necessidade de transcrição.

Não sendo enviada a cópia do registro às partes, fica claro que o termo de degravação do conteúdo da audiência deverá estar presente nos autos. No mesmo sentido, não sendo inteligível a gravação, há de ser transcrita nos autos do processo, do contrário se estará violando a ampla defesa e o contraditório.

- **Na jurisprudência**

STJ: Desnecessidade de transcrição dos depoimentos.

Constatado que a negativa, pelo Juízo de primeiro grau, de transcrição dos depoimentos colhidos pelo sistema audiovisual na instrução criminal atendeu ao regramento processual vigente, visto que o objetivo da norma contida no art. 405 do Código de Processo Penal é empregar mais agilidade à colheita das provas, adequando-se o processo penal à exigência de celeridade trazida pela Emenda Constitucional nº 45/04 (art. 5º, LXXVIII, da Constituição Federal), não existe ilegalidade evidente a ser sanada. Além disso, a providência adotada pela Magistrada de primeira instância não feriu os princípios da ampla defesa e do contraditório, tampouco ocasionou cerceamento de defesa, pois os depoimentos que se pretende transcrever foram colhidos na presença da defensora do paciente na audiência de instrução e julgamento realizada, cabendo destacar, ainda, que, tratando-se de processo de competência do Tribunal do Júri, a colheita da prova testemunhal poderá ser repetida em Plenário, oportunidade em que incidirá o disposto no art. 475 do Código de Processo Penal. Não existe proibição a que o réu, mediante seu defensor constituído, providencie a transcrição de depoimentos registrados por sistema audiovisual, desde que os custos daí advindos sejam arcados por ele. Agora, de fato, não se pode ignorar a dificuldade e, em muitos casos, a impossibilidade, de a Defensoria Pública providenciar a referida transcrição, ocasião na qual, comprovada a inviabilidade e, mais ainda, a necessidade pontual no caso concreto, deve o Estado se aparelhar para o fim de realizar ou custear a diligência, não obstaculizando o pleno exercício da defesa. Isso não ocorreu na hipótese dos autos, afinal, deteve-se o agravante a sustentar que, em geral, os depoimentos colhidos em audiências por meio audiovisual devem ser degravados, não se desincumbindo, assim, da obrigação de comprovar a imprescindibilidade da medida no caso." (AgRg no HC nº 247885/RS, 5ª Turma, Rel. Marco Aurélio Bellizze, j. 11/06/2013).

⇒ **Em discussão**

Nulidade ante a ausência de gravação

A ausência da própria gravação da audiência e, por consequência, de qualquer transcrição dos depoimentos, mesmo que em razão de problemas técnicos, gerará a nulidade absoluta do ato. Isso porque tal falha inviabiliza o exercício da ampla defesa e do contraditório, ferindo o princípio constitucional do devido processo legal.

E, mesmo que as partes e o magistrado tenham conhecimento do teor dos depoimentos ante a sua presença no ato, a ausência de gravação impede a defesa de recorrer às declarações em suas eventuais razões recursais, prejudicando, inclusive, a plenitude do direito ao duplo grau de jurisdição.

Inclusive, o TJRS já reconheceu a nulidade do Plenário do Júri quando ausente a gravação do depoimento de testemunha: "Quanto à nulidade arguida, pela falta de degravação do depoimento de testemunha, inquirida em plenário, vislumbro hipótese de cerceamento da defesa. Isso porque a testemunha não teve sua manifestação (áudio e vídeo) captados, inviabilizando, por conseguinte, a transcrição do depoimento. Ademais, o ato processual não foi documentado em nenhuma de suas modalidades. (...) De tal sorte, a ampla defesa demanda o conhecimento exauriente de todo o arcabouço probatório contido nos autos, quando só então estaria a defesa possibilitada de prestar a sua efetiva – e indispensável – contribuição à administração da justiça (art. 133, da CF/88). No presente caso, a falta de degravação do depoimento de uma testemunha importante, pois teria sido a pessoa quem fez o primeiro atendimento ao apelante e está relacionada diretamente com a sustentação de sua tese defensiva de inimputabilidade. (...) Assim, verifico, pois, que está violado o direito constitucional (e convencional) do apelante, devendo assim ser reconhecida a nulidade". (TJRS, AC nº 70059293621, 3ª Câmara Criminal, Rel. Jayme Weingartner Neto, j. 20/11/2014).

3. Confissão

3.1. Valor probatório

Através da confissão, o acusado[143] reconhece como verdadeira a prática do fato criminoso que lhe é imputado. Historicamente, a confissão já foi considerada a "rainha das provas". Atualmente, porém, na forma do art. 197 do CPP, tal meio de prova deve ser visto com reservas até porque a própria Exposição de Motivos do Estatuto Processual registra que a confissão do acusado não pode ser considerada como fiel tradução probatória da sua culpabilidade.

Segundo a lição do art. 197 do CPP: "O valor da confissão se aferirá pelos critérios adotados para os outros elementos de prova e para a sua apreciação o juiz deverá confrontá-la com as demais provas do processo, verificando se entre ela e estas existe compatibilidade ou concordância". No mesmo sentido é a posição majoritária da doutrina.

Noutras palavras, a confissão tem valor relativo,[144] de tal maneira que não detém maior valor do que outras provas. Segundo Lopes Jr.: "A confissão deve ser analisada no contexto probatório, não de forma isolada, mas sim em conjunto com a prova colhida, de modo que, sozinha, não justifica um juízo condenatório, mas por outro lado, quando situada na mesma linha da prova produzida, em conformidade e harmonia, poderá ser valorada pelo juiz na sentença".[145]

Não se pode esquecer que em alguns crimes como, por exemplo, no tráfico de drogas, é comum alguém (o *laranja*) se autorresponsabilizar pelo fato a fim de preservar o verdadeiro autor do crime. Por tal motivo, a confissão precisa ser confrontada com outros meios de prova a fim de que não se promova um juízo equivocado e se legitime uma pena inadequada, o que, certamente, não é o propósito do direito e do processo penal.[146]

---

[143] Deve-se destacar que a confissão não é meio de prova exclusiva do acusado, uma vez que: "la atribución delictiva no es un presupuesto para la existencia de una confesión penal, ya que no es menester en rigor tener la calidad de imputado para confesar. Cualquier persona, aun no imputada, puede espontáneamente ante la autoridad competente expresar su confesión, momento desde el cual, por su autoincriminación, adquiere aquella calidad." (JAUCHEN, Eduardo M. *Derechos del imputado*. Santa Fe: Rubinzal-Culzoni, 2005. p. 404.)

[144] QUEIJO relata interessante abordagem utilizada pelo direito norte-americano, na qual o acusado possui a opção de submeter-se ao *cross examination*, quando será considerado como uma testemunha de defesa. Nestes casos, terá o compromisso de dizer a verdade e suas declarações – seja confissão ou não – terão maior valor probatório. (QUEIJO, Maria Elizabeth. *O direito de não produzir prova contra si mesmo: o princípio nemo tenetur se detegere e suas decorrências no processo penal*. São Paulo: Saraiva, 2012. p. 113.)

[145] LOPES JR., Aury. *Direito processual penal*. São Paulo: Saraiva, 2012. p. 646.

[146] PACELLI, Eugênio; FISCHER, Douglas. *Comentários ao código de processo penal e sua jurisprudência*. São Paulo: Atlas, 2012. p. 391.

Não obstante, a confissão deve ser realizada segundo uma leitura constitucional, tal como os diversos institutos processuais, fazendo parte do sistema acusatório de processo.

A confissão deverá ainda ser livre de qualquer tipo de coação, sendo verdadeira expressão da vontade do réu em admitir a prática do crime. Ressalta-se tratar de ato pessoal, que somente pode ser realizado pelo acusado à autoridade competente em momento processual adequado para tanto. Segundo Nucci: "Chama-se, irregularmente, de confissão a declaração feita pelo acusado a terceiros, longe do recinto próprio. Um preso, admitindo ao policial que o transporta, por exemplo, ter matado a vítima, não está confessando na acepção jurídica do termo, mas somente fazendo uma revelação contrária ao seu interesse. (...) poderá o policial prestar seu depoimento em juízo acerca do que viu e ouviu, mas a prova será testemunhal e jamais confessional".[147]

Há quem diga que a confissão é considerada: "Um 'testemunho duplamente qualificado', pois, do ponto de vista objetivo, recai sobre fatos contrários ao interesse de quem confessa, e do ponto de vista subjetivo, provém do próprio réu e não de terceiro".[148]

A confissão pode ser simples quando a imputação é uma só e inteiramente reconhecida pelo sujeito passivo e pode ser complexa quando são vários os fatos reconhecidos em confissão. De outro lado, será qualificada quando, embora confesse o fato narrado, aduz elementos outros que podem estar ligados à existência de causas excludentes. Ainda, será judicial quando se dá em juízo e extrajudicial quando realizada perante autoridades policiais, parlamentares ou administrativas.

Por derradeiro, apesar da diferenciação entre a confissão expressa e tácita (ficta/presumida) e ao contrário do que dispõe o CPC no § 2º do art. 343, o processo penal não se coaduna com esta presunção. Assim, mesmo que o acusado deixe o processo à revelia, os fatos contra ele alegados não serão tidos automaticamente como verdadeiros.

Na dinâmica da audiência, ainda que o réu não responda às perguntas do magistrado ou das partes, isso não importará em confissão. Dizer o contrário seria incompatível com o sistema do livre convencimento, bem como com o princípio do *nemo tenetur se detegere*, que garante o direito de silêncio ao acusado em qualquer fase, não podendo tal postura lhe oferecer prejuízo ou ensejar interpretações negativas que apontem para a autoria do delito.

---

[147] NUCCI, Guilherme de Souza. *Provas no Processo Penal*. São Paulo: RT, 2011. p. 97.

[148] MIRABETE, Julio Fabbrini. *Processo Penal*. São Paulo: Atlas, 2007. p.286.

• **Na jurisprudência**

STJ: Confissão na fase policial e atenuação da pena.

De fato, como se verifica dos excertos transcritos acima, a confissão do Paciente, realizada perante a autoridade policial, serviu de suporte para a condenação; porém, não foi sopesada na aplicação da pena. Constata-se, pois, que a dosimetria comporta reparos, tendo em vista que, se a confissão extrajudicial foi utilizada para corroborar o acervo probatório, embasando a condenação, mostra-se obrigatória a atenuação da pena, a teor do art. 65, inciso III, alínea *d*, do Código Penal, sendo irrelevante a posterior retratação em juízo. (HC nº 204280/SP, 5ª Turma, Rel. Laurita Vaz, j. 26/02/2013).

STJ: Revelia não implica confissão ficta.

Não há no processo penal revelia, propriamente dita, visto que a ausência do réu, devidamente citado, nos atos processuais, desde o interrogatório, não implica em confissão dos fatos narrados na denúncia, nem ficará ele indefeso no curso da ação penal, podendo comparecer aos atos posteriores e inclusive ser interrogado, se comparecer no curso do processo. (HC nº 111469/SP, 6ª Turma, Rel. Jane Silva, j. 20/11/2008).

3.2. Características da confissão: divisibilidade e retratabilidade

Segundo dispõe o art. 200 do CPP, a confissão é divisível e retratável.

Sendo divisível, não só o magistrado pode considerar parcialmente o conteúdo da confissão já realizada, como também o sujeito passivo não está obrigado a confessar os exatos termos da imputação. Já que a seriedade da confissão será aferida de acordo com os demais elementos probatórios, o fato narrado na denúncia (por exemplo, roubo) pode ser traduzido na confissão em parte (por exemplo, furto), dependendo de apreciação judicial.

Ainda, no caso de confissão qualificada, na qual o acusado admite o fato criminoso, porém alega estar abarcado por alguma excludente, estará autorizado o magistrado a considerar apenas parte da confissão. No entanto, o juiz não poderá, por discricionariedade, escolher apenas a parte da confissão que prejudicar o réu.

Ressalte-se que a confissão somente pode ser realizada quando ao acusado for dada plena liberdade e autonomia, sendo necessário que ele tenha sido substancialmente informado da sua acusação, bem como dos direitos constitucionais que lhe assistem. Assim, entendemos que somente é válida a confissão feita em juízo. Tanto é que é possível que o acusado confesse na fase extrajudicial, mas se retrate judicialmente. Talvez seja esse o fator mais importante para o estatuto processual. O magistrado, de acordo com as demais provas, aferirá a coerência da retratação.

Em que pese tais apontamentos, é comum em nossa cultura inquisitiva que, mesmo diante da retratação, a confissão extrajudicial seja mantida. Existe no cenário processual penal, conforme escreveu Choukr, verdadeira sobrevalorização da investigação sobre o conteúdo jurisdicional, admitindo-se que a confissão na fase policial possa prevalecer em relação à retratação judicial.[149] Claro traço inquisitivo, por óbvio.

De sua vez, a retratação é um direito do réu, sempre com valor relativo, que pode, inclusive, perfectibilizar-se na oportunidade de novo interrogatório dada pelo já analisado art. 196 do CPP.

Outro aspecto de grande relevância é que a confissão, judicial ou extrajudicial, caracteriza hipótese de atenuação obrigatória da pena, na forma do art. 65, III, *d*, do CP: "São circunstâncias que sempre atenuam a pena: (...) IIII – ter o agente: (...) d) confessado espontaneamente, perante a autoridade, a autoria do crime".

Sublinhe-se que a jurisprudência tem se firmado no sentido de não reconhecer a confissão qualificada como causa de atenuação da pena. Entendemos ser equivocada tal postura. Sendo a confissão divisível, pode o magistrado aproveitar apenas a parte que prejudica o réu, ignorando a excludente, mas sempre atenuando a pena. Em resumo, se o juiz utiliza-se do conteúdo da confissão para formar seu convencimento, endereçado à condenação, deve, com mais razão, fazer incidir a atenuação da pena mesmo que estejamos diante de confissão qualificada.

Segundo o STF (decisão abaixo), na configuração da confissão espontânea é imprescindível que o acusado colabore com o feito e assuma uma postura de lealdade.

- **Na jurisprudência**

STF: Confissão espontânea e obrigatoriedade de atenuação.

No caso concreto, a leitura da sentença penal condenatória revela que a confissão do paciente, em conjunto com as provas apuradas sob o contraditório, embasou o juízo condenatório. Mais do que isso: as palavras dos acusados (entre eles o ora paciente) foram usadas pelo magistrado sentenciante para rechaçar a tese defensiva de delito meramente tentado. É dizer: a confissão do paciente contribuiu efetivamente para sua condenação e afastou as chances de reconhecimento da tese alinhavada pela própria defesa técnica (tese de não consumação do crime). O que reforça a necessidade de desembaraçar o usufruto máximo à sanção premial da atenuante. Assumindo para com ele, paciente, uma postura de lealdade (esse vívido conteúdo do princípio que, na cabeça do art. 37 da Constituição, toma o explícito nome de moralidade). 6. Ordem concedida para reconhecer o caráter preponderante da confissão espontânea e determinar ao Juízo Processante que redimensione a pena imposta ao paciente. (HC nº 101909/MG, 2ª Turma, Rel. Ayres Britto, j. 28/02/2012).

STJ: Confissão incompleta e atenuação da pena: caráter objetivo.

A atenuante do art. 65, inciso III, alínea d, do Código Penal, possui caráter objetivo, configurando-se, tão somente, pelo reconhecimento espontâneo do acusado, perante a autoridade, da autoria do delito, sendo irrelevante que a confissão seja incompleta. Pre-

[149] CHOUKR, Fauzi Hassan. *Código de processo penal comentado*: comentários consolidados e crítica jurisprudencial. Rio de Janeiro: Lumen Juris, 2009. p. 396.

cedentes desta Corte e do Supremo Tribunal Federal. (HC nº 179.949/RJ, 5ª Turma, Rel. Laurita Vaz, j. 28/05/2013).

STJ: Confissão qualificada e não atenuação da pena.

Pois bem. Como se vê, embora tenha o ora Paciente assumido ter esfaqueado a vítima, tentou se eximir da responsabilidade criminal, ao afirmar ter agido em legítima defesa. Houve, portanto, a chamada confissão qualificada, na qual o agente agrega à confissão teses defensivas descriminantes ou exculpantes, que não tem o condão de ensejar o reconhecimento da atenuante prevista no art. 65, inciso III, alínea d, do Código Penal. (HC nº 197395/DF, 5ª Turma, Rel. Laurita Vaz, j. 23/04/2013).

3.3. Delação feita por coautor: prova de corréu

É possível que, além de confessar o fato delituoso, o acusado atribua também ao corréu a participação no crime. Neste caso, estaremos diante da delação ou prova de corréu. A delação, como qualquer outro meio de prova, tem valor probatório relativo, sendo por si só insuficiente para se comprovar a responsabilidade do corréu. Ressalte-se que quando o corréu imputar ao coautor a prática do delito e não assumi-lo, não se trata de delação, é mero testemunho. Para a configuração da delação é preciso que o coautor confesse a prática do crime.

Na casuística, a interpretação do art. 188 do CPP e seu alcance podem traduzir um conflito de interesses no momento da audiência. Em que pese não deva ser completamente ignorada, a delação tem de estar em consonância com os demais meios de provas, o que significa dizer que seu valor probatório também é relativo.[150]

Na orientação de Nucci, o juiz deve dar vista às partes a fim de que possam se manifestar a respeito do conteúdo do interrogatório (do corréu). Requerendo alguma das partes, será marcada nova audiência para que o corréu seja interrogado naquele ponto específico, ou seja, para prestar esclarecimentos não sobre sua conduta, mas sobre terceiro que incriminou.[151] Esse procedimento não encontra disposição legal, mas parece-nos acertado.

Assim, diante de tais situações, parece-nos imprescindível que o magistrado permita que o defensor do delatado formule perguntas per-

[150] Yokaichiya aponta que no direito processual penal espanhol: "a declaração de coimputados é considerada 'intrinsicamente suspeita', já que estes não tem a obrigação de dizer a verdade e, ainda, sua declaração pode ter o interesse de redução de pena, por eventual acordo com o acusador." (YOKAICHITA, Cristina Emy. A utilização de novas tecnologias no processo penal espanhol: reflexões sobre tipicidade e atipicidade em matéria probatória. *In*: Antonio Scarance Fernandes, José Raul Gavião de Almeida, Maurício Zanoide de Moraes (orgs.). *Provas no processo penal – estudo comparado*. São Paulo: Saraiva, 2011. p. 334.)

[151] NUCCI, Guilherme de Souza. *Manual de processo penal e execução penal*. Rio de Janeiro: Forense, 2015. p. 394-395.

tinentes à sua própria defesa ao final do interrogatório.[152] Ora, se a palavra do corréu é, muitas vezes, utilizada como valor probatório similar ao da prova testemunhal, é imperativo que seja colhida sob o crivo do contraditório e ampla defesa, sob pena de nulidade.

- **Na jurisprudência**

STJ: Delação de um dos réus em consonância com o conjunto probatório.
Além do reconhecimento feito com certeza pela vítima na fase inquisitorial, foi levada em consideração pelas instâncias ordinárias a delação realizada pelo corréu em duas oportunidade no curso do inquérito policial e ratificada em juízo, onde ele descreve minuciosamente a dinâmica dos crimes e reconhece a participação do paciente, tudo em completa harmonia com as demais provas colhidas nos autos, de forma a estruturar um conjunto probatório apto para sustentar a condenação. (HC nº 127.440/SP, 5ª Turma, Rel. Ministra Marilza Maynard, j. 05/02/2013).

3.4. Delação premiada

3.4.1. Noções introdutórias

A delação premiada está no cenário da chamada *justiça criminal negocial*, cujo surgimento no sistema processual penal brasileiro se deu a partir da criação dos Juizados Especiais Criminais. Na categoria de autocomposição, tem-se também a transação penal e a suspensão condicional do processo, além, por óbvio, da delação premiada que agora se aborda com maior profundidade.

Os procedimentos de autocomposição de conflitos no âmbito do direito processual penal são acordos de colaboração entre o suposto criminoso e o Estado, que consiste na concessão de uma benesse penal quando cumpridas as exigências legais,[153] geralmente importando na "renúncia ao devido transcorrer do processo penal com todas as garantias a ele inerentes".[154] No caso específico da colaboração premiada, é a atribuição da responsabilidade penal a terceiros pelo réu, visando a auxiliar a busca pela verdade no processo penal, em troca de um benefício em sua própria situação com a lei penal. Em resumo, o colaborador confessa os ilícitos de que é suspeito/acusado, auxiliando as autoridades no encontro de provas e, portanto, na descoberta de demais envolvidos, o que, de certa forma, evita que outros crimes sejam praticados e acelera consideravelmente as investigações.

---

[152] No caso *Bruton vs United States* (1968), a Suprema Corte Norte-Americana entendeu que delação feita por corréu, sem que seja oportunizado o contraditório ao delatado, é uma violação ao seu direito de *cross-examination* assegurado pela Sexta Emenda e, portanto, não poderia ser aceita.

[153] COSTA SILVA, Davi André; EBERHARDT, Marcos. *Leis penais e processuais comentadas*. Porto Alegre: Verbo Jurídico, 2010, p.51.

[154] VASCONCELLOS, Vinicius Gomes de. *Barganha e Justiça Criminal Negocial*: análise das tendências de expansão dos espaços de consenso no processo penal brasileiro. São Paulo: IBCCRIM, 2015. p. 55.

Sobre os efeitos do acordo, o STF firmou entendimento de que os impactos se dão no âmbito processual, em que pese não se ignore os reflexos que podem existir no direito penal material, como a redução do *quantum* da reprimenda ou a concessão do perdão judicial, nos termos do art. 4º da Lei nº 12.850/13. O posicionamento decorre do fato de que a colaboração premiada, a despeito de ser meio de obtenção de prova, tem como objeto a colaboração do investigado com a justiça, atividade de natureza eminentemente processual (HC nº 127483, Pleno, Rel. Dias Toffoli, j. 27/08/2015).

3.4.2. *Evolução histórica*

Foi a Lei dos Crimes Hediondos (Lei nº 8.072/90) que abriu o caminho para a introdução da colaboração com a justiça como causa especial de diminuição de pena no ordenamento jurídico brasileiro, que, mais tarde, recebeu maior amplitude pela Lei nº 9.269/96, ficando o § 4º do art. 159 do CPP com a seguinte redação: "Se o crime é cometido em concurso, o concorrente que o denunciar à autoridade, facilitando a libertação do sequestrado, terá sua pena reduzida de um a dois terços". Já o art. 8º da Lei nº 8.072/90, falando da formação de quadrilha quando se tratasse de crimes hediondos, prática da tortura, tráfico ilícito de entorpecentes e drogas afins ou terrorismo, disciplinou em seu parágrafo único que: "O participante e o associado que denunciar à autoridade o bando ou quadrilha, possibilitando seu desmantelamento, terá a pena reduzida de um a dois terços".

Mais tarde, a Lei nº 9.034/95, que dispôs sobre a utilização de meios operacionais para a prevenção e repressão de ações praticadas por organizações criminosas, definiu no art. 6º que: "Nos crimes praticados em organização criminosa, a pena será reduzida de um a dois terços, quando a colaboração espontânea do agente levar ao esclarecimento de infrações penais e sua autoria". Algumas semanas depois, a Lei nº 9.080/95 alterou as Leis dos Crimes contra o Sistema Financeiro e dos Crimes contra a Ordem Tributária. Incluiu o § 2º ao art. 25 da Lei nº 7.492/86: Nos crimes previstos nesta Lei, cometidos em quadrilha ou coautoria, o coautor ou partícipe que através de confissão espontânea revelar à autoridade policial ou judicial toda a trama delituosa terá a sua pena reduzida de um a dois terços. Já na Lei nº 8.137/90 o parágrafo único ao art. 16 disciplinou que: Nos crimes previstos nesta Lei, cometidos em quadrilha ou coautoria, o coautor ou partícipe que através de confissão espontânea revelar à autoridade policial ou judicial toda a trama delituosa terá a sua pena reduzida de um a dois terços.

Em relação aos crimes de "lavagem" ou ocultação de bens, direitos e valores, a Lei nº 9.613/98 previu hipóteses de colaboração premiada, que mais tarde, foram ampliadas pela Lei n° 12.683/12, ficando o § 5° do art. 1 ° com a seguinte redação: "A pena poderá ser reduzida de um a dois terços e ser cumprida em regime aberto ou semiaberto, facultando-se ao juiz deixar de aplicá-la ou substituí-la, a qualquer tempo, por pena restritiva de direitos, se o autor, coautor ou partícipe colaborar espontaneamente com as autoridades, prestando esclarecimentos que conduzam à apuração das infrações penais, à identificação dos autores, coautores e partícipes, ou à localização dos bens, direitos ou valores objeto do crime". Observe-se que, nestas modalidades delituosas, a disciplina legal possibilita que o juiz até mesmo deixe de aplicar a pena.

Alcançando todas as normas penais e disciplinando com mais clareza os requisitos e a dimensão dos benefícios, a Lei n° 9.807/99, dispondo sobre a proteção de acusados ou condenados que tenham voluntariamente prestado efetiva colaboração à investigação policial e ao processo criminal, enunciou no art. 13 que: "Poderá o juiz, de ofício ou a requerimento das partes, conceder o perdão judicial e a consequente extinção da punibilidade ao acusado que, sendo primário, tenha colaborado efetiva e voluntariamente com a investigação e o processo criminal, desde que dessa colaboração tenha resultado: I – a identificação dos demais coautores ou partícipes da ação criminosa; II – a localização da vítima com a sua integridade física preservada; III – a recuperação total ou parcial do produto do crime. Parágrafo único. A concessão do perdão judicial levará em conta a personalidade do beneficiado e a natureza, circunstâncias, gravidade e repercussão social do fato criminoso.". E ainda no art. 14 dispôs que: "O indiciado ou acusado que colaborar voluntariamente com a investigação policial e o processo criminal na identificação dos demais coautores ou partícipes do crime, na localização da vítima com vida e na recuperação total ou parcial do produto do crime, no caso de condenação, terá pena reduzida de um a dois terços".

Na contramão, a Legislação Antidrogas (Lei n° 11.343/06) disciplinou no art. 41 que: "O indiciado ou acusado que colaborar voluntariamente com a investigação policial e o processo criminal na identificação dos demais coautores ou partícipes do crime e na recuperação total ou parcial do produto do crime, no caso de condenação, terá pena reduzida de um terço a dois terços".

Recentemente, a Lei das Organizações Criminosas (Lei n° 12.850/13) trouxe maior abrangência à colaboração premiada. Segundo a lei, o juiz poderá conceder o perdão judicial, reduzir em até 2/3 a pena ou substituí-la por restritiva de direitos daquele que tenha colaborado efetiva e voluntariamente com a investigação e com o processo criminal. Para tanto, a colaboração só será efetiva e, portanto, considerada pelo juiz quando trouxer alguns destes resultados: a identificação dos demais coautores e partícipes da organização criminosa e das infrações penais por eles praticadas (I); a revelação da estrutura hierárquica e da divisão de tarefas da organização criminosa (II); a prevenção de infrações penais decorrentes das atividades da organização criminosa (III); a recuperação total ou parcial do produto ou do proveito das infrações penais praticadas pela organização criminosa (IV) e/ou a localização de eventual vítima com a sua integridade física preservada (V). A concessão do benefício penal levará em consideração também a personalidade do colaborador, a natureza, as circunstâncias, a gravidade e a repercussão social do fato criminoso e a eficácia da colaboração.

Importante referir que o § 4º do art. 4º da Lei nº 12.850/13 previu que o Ministério Público sequer ofereça denúncia contra o colaborador nos casos em que este não for o líder da organização criminosa e for o primeiro a prestar efetiva colaboração. Ao que se vê foi outorgada ao Ministério Público uma maior autonomia com relação à possibilidade de dispor da ação penal, tratando-se de uma clara mitigação ao principio da obrigatoriedade. Mais do que isso, o § 6º do mesmo artigo define que o juiz não participará das negociações realizadas entre as partes, cabendo a ele apenas homologar a delação posteriormente. Greco Filho entende que o não oferecimento de denúncia, neste caso: "trata-se de uma hipótese especial de pedido de arquivamento do inquérito, e aí, sim, aplica-se o art. 28 do Código de Processo Penal se o juiz não concordar com o não oferecimento da denúncia".[155]

A Lei nº 12.850/13 também relativizou o *momento* procedimental da colaboração premiada, entendendo no art. 3º que em qualquer fase da persecução penal esta poderá ocorrer: *investigação, ação penal* e até mesmo na *fase recursal*.

- **Na jurisprudência**

  STF: Não vinculação do acordo delação – celebrado ou descumprido – às medidas cautelares do CPP.

  A prisão processual desafia a presença de algum dos requisitos previstos no art. 312 do CPP. 2. Inexiste relação necessária entre a celebração e/ou descumprimento de acordo de colaboração premiada e o juízo de adequação de medidas cautelares gravosas. 3. A teor do art. 316, CPP, a imposição de nova prisão preventiva desafia a indicação de base empírica idônea e superveniente à realidade ponderada no momento da anterior revogação da medida prisional. (HC nº 138207, 2ª Turma, Rel. Edson Fachin, j. 25/04/2017).

3.4.3. Natureza jurídica

A doutrina e a jurisprudência dos Tribunais Superiores concordam que a colaboração premiada tem natureza jurídica de acordo celebrado entre as partes, com a autodeterminação das vontades dentro dos limi-

---

[155] GRECO FILHO, Vicente. *Comentários à Lei de Organização Criminosa*: Lei nº 12.850/13. São Paulo: Saraiva, 2014. p. 42.

tes delineados pelo ordenamento jurídico.[156] Todavia, discute-se se existe direito subjetivo do acusado à celebração do acordo de delação premiada, se preenchidos os requisitos previstos em lei. Vasconcellos[157] compara com a transação penal, mecanismo negocial oferecido através de proposta do Ministério Público, nos termos da Lei nº 9.099/95, na qual o juiz goza da faculdade de enviar os autos ao Procurador-Geral caso o promotor de justiça se recuse a propô-la (art. 28 do CPP).

Neste sentido, filiamo-nos à posição de que é obrigatório ao titular da ação penal o oferecimento do acordo de delação premiada desde que satisfeitos os requisitos dispostos na Lei nº 12.850/13, caracterizando direito do acusado a celebração deste negócio jurídico, até mesmo por uma questão de segurança jurídica.

Ficando o acordo que obriga a colaboração premiada a produzir efeitos processuais e materiais à discricionariedade da autoridade pública, inexistiria mecanismo judicial para garantir que o Ministério Público ou o delegado de polícia efetivamente beneficie o acusado que colaborou com a justiça ao delatar os demais autores e/ou partícipes do fato apurado. Isto é, dito de outra forma: não sendo obrigatória a celebração do acordo quando preenchidos os requisitos legais, não há impedimento para que se configure a situação em que a autoridade pública, agindo de má-fé, recuse-se a firmar o pacto mesmo após o réu já ter prestado depoimento que auxilie as investigações.

Já em relação à competência para celebrar o acordo de delação premiada, a Procuradoria-Geral da República, a partir da ADIN nº 5508, sustentou a inconstitucionalidade do art. 4º, § 6º, da Lei nº 12.850/13, porquanto, permitindo a outras autoridades públicas que não o próprio *parquet* o oferecimento do acordo de colaboração, estaríamos diante de usurpação da competência do órgão acusatório. Segundo o pedido, atribuindo aos delegados de polícia a iniciativa de acordos de colaboração premiada, a lei contraria o devido processo legal, o princípio da moralidade, o princípio acusatório, a titularidade da ação penal pública conferida ao Ministério Público pela Constituição Federal, a exclusividade do exercício de funções do Ministério Público por membros legalmente investidos na carreira e a função constitucional da polícia, como órgão de segurança pública. O STF, em sessão realizada em 20/06/2018, por maioria e nos termos do voto do Relator Marco Aurélio, julgou improcedente o pedido, entendendo pela constitucionalidade dos §§ 2º e 6º do art. 4º da Lei 12.850/13. Oportuno revelar a base teórica do voto condutor

156 MENDONÇA, Andrey Borges de. Os benefícios possíveis na colaboração premiada: entre a legalidade e a autonomia da vontade. *In*: Maria Thereza de Assis Moura; Pierpaolo Cruz Bottini. (Coord.). *Colaboração Premiada*. São Paulo: RT, 2017. p. 53.

157 VASCONCELLOS, Vinicius Gomes de. *Colaboração Premiada no Processo Penal*. São Paulo: RT. 2017. p. 83.

que entendeu: "Sendo a polícia a única instituição que tem como função principal o dever de investigar, surge paradoxal promover restrição das atribuições previstas em lei. Retirar a possibilidade de utilizar, de forma oportuna e célere, o meio de obtenção de prova denominado colaboração premiada é, na verdade, enfraquecer o sistema de persecução criminal, inobservando-se o princípio da vedação de proteção insuficiente".

Nessa linha, Cavali[158] adverte que desde que a Autoridade Policial limite-se à sua própria competência e que o colaborador aceite a promessa de concessão da benesse penal, não há óbice legal à homologação do acordo celebrado por autoridade pública diversa do Ministério Público.

Ainda sobre a natureza jurídica da colaboração premiada, Wunderlich[159] questiona a validade das cláusulas genéricas de renúncia a direitos fundamentais nos acordos de delação premiada. Ao exemplo, a cláusula chamada de "obrigatória postura de não litigância", ao determinar genericamente que o colaborador não pode impugnar judicialmente o acordo de delação premiada após sua homologação, é inconstitucional, posição a qual nos filiamos. O tema tornou a estar em evidência quando tal cláusula passou a repetir-se em quase todos os acordos de colaboração premiada no âmbito da Operação Lava-Jato, notadamente no acordo com Paulo Roberto Costa.

- **Na jurisprudência**

STJ: Ilegitimidade de terceiros para questionar a validade do acordo de delação premiada.

A jurisprudência dos Tribunais Superiores firmou-se no sentido de que a delação premiada constitui negócio jurídico personalíssimo, que gera obrigações e direitos entre as partes celebrantes, e que não interfere automaticamente na esfera jurídica de terceiros, razão pela qual estes, ainda que expressamente mencionados ou acusados pelo delator em suas declarações, não possuem legitimidade para questionar a validade do acordo celebrado. O delatado pode, na verdade, confrontar em juízo o que foi afirmado pelo delator. (RHC nº 73.043/DF, 5ª Turma, Rel. Reynaldo Soares da Fonseca, j. 12/12/2017).

STJ: Necessidade de celebração de acordo para fins de colaboração processual.

Agiu com acerto a Corte de origem, ao negar a aplicação da delação premiada ao paciente, visto que ele, simplesmente, apontou os coautores do crime, não havendo celebração de prévio acordo com o fim de colaborar, efetivamente, com a investigação. (HC nº 333.823/SP, 6ª Turma, Rel. Rogerio Schietti Cruz, j. 17/11/2015).

STJ: Natureza jurídica da delação premiada.

Quanto ao aspecto processual, a natureza jurídica da colaboração premiada é de delatio criminis, porquanto é mero recurso à formação da convicção da acusação e não elemento

[158] CAVALI, Marcelo Costenaro. Duas faces da colaboração premiada: visões "conservadora" e "arrojada" do instituto na Lei 12.850/2013. *In*: Maria Thereza de Assis Moura; Pierpaolo Cruz Bottini. (Coord.). *Colaboração Premiada*. São Paulo: RT, 2017. p. 269.

[159] WUNDERLICH, Alexandre. Colaboração premiada: o direito à impugnação de cláusulas e decisões judiciais atinentes aos acordos. *In*: Maria Thereza de Assis Moura; Pierpaolo Cruz Bottini. (Coord.). *Colaboração Premiada*. São Paulo: RT, 2017. p. 25/26.

de prova, sendo insuficiente para subsidiar, por si só, a condenação de alguém. (Rcl nº 31.629/PR, Corte Especial, Rel. Nancy Andrighi, j. 20/09/2017).

3.4.4. *Repercussão probatória*

Como falamos anteriormente, o sistema adotado pelo CPP é o liberatório, viabilizando às partes a busca de provas fora do rol estabelecido em lei para formar a convicção do juiz, desde que sejam provas lícitas. Consequentemente, o rol de provas do CPP é meramente exemplificativo, deixando válvula aberta para a introdução de outros meios probatórios como é o caso da delação premiada.

Na linha da doutrina entendemos que a delação premiada, até mesmo pelas repercussões processuais, deve ser considerada como meio de prova. No entanto, é importante que, na dicção de Badaró,[160] "para se considerada meio de prova, a delação deve ter três requisitos: (1) o corréu que a fez a delação tenha confessado sua participação no crime; (2) a delação encontre amparo em outros elementos de prova existentes nos autos; (3) no caso de delação extrajudicial, que tenha sido confirmada em juízo".

Evidentemente que a delação, como meio de prova, não pode ser considerada isoladamente para efeitos de condenação. Neste mesmo sentido, a Lei de Organização Criminosa limita em seu art. 4°, § 16, que *nenhuma sentença condenatória será proferida com fundamento apenas nas declarações de agente colaborador*. É preciso que esteja acompanhada e seja corroborada por outros elementos de prova.[161] Este dique encontra amparo no fato de toda a prova no processo penal tem valor relativo (item VII da Exposição de Motivos do CPP).

Outrossim, caso a delação tenha acontecido nos autos de inquérito policial ou em procedimento criminal perante o Ministério Público é preciso que seja confirmada em interrogatório judicial, ao crivo do contraditório, sob pena de não ter nenhum efeito.[162] Por este fundamento entendemos equivocada a liberalidade contida no § 7º do art. 4º da Lei nº 12.850/13 quando refere que o magistrado *poderá*, quando da homologação, ouvir o colaborador, na presença de seu defensor. A validade das tratativas acontecidas em fase administrativa devem sempre sofrer ratificação em juízo na presença do advogado do colaborador.

---

[160] BADARÓ, Gustavo Henrique; BOTTINI, Pierpaolo Cruz. *Lavagem de dinheiro: aspectos penais e processuais penais*: comentários à Lei 9.613 com as alterações da Lei 12.683/2012. São Paulo: RT, 2013. p. 174.

[161] BITTAR, Walter Barbosa. *Delação premiada*: direito estrangeiro, doutrina e jurisprudência. Rio de Janeiro: Lumen Juris, 2011. p. 179.

[162] BADARÓ, Gustavo Henrique; BOTTINI, Pierpaolo Cruz. *Lavagem de dinheiro*: aspectos penais e processuais penais: comentários à Lei 9.613 com as alterações da Lei 12.683/2012. São Paulo: RT, 2013. p. 175.

Por fim, importante esclarecer que por considerarmos como uma traição institucionalizada, a colaboração premiada deve ser valorada com reservas.

• **Na jurisprudência**

STF: Impossibilidade de condenação fundada apenas no conteúdo da colaboração premiada.

À luz dos precedentes do Supremo Tribunal Federal, o conteúdo dos depoimentos colhidos em colaboração premiada não é prova por si só eficaz, tanto que descabe condenação lastreada exclusivamente neles, nos termos do art. 4º, § 16, da Lei 12.850/2013. (Inq nº 3979, 2ª Turma, Rel. Teori Zavascki, j. 27/09/2016).

STF: Delação premiada não submetida ao contraditório e violação à Súmula Vinculante nº 14.

Delação premiada. "Operação Alba Branca". Suposta violação à Súmula Vinculante 14. Existente. TJ/SP negou acesso à defesa ao depoimento do colaborador Marcel Ferreira Júlio, nos termos da Lei n. 12.850/13. Ocorre que o art. 7º, § 2º, do mesmo diploma legal consagra o "amplo acesso aos elementos de prova que digam respeito ao exercício do direito de defesa", ressalvados os referentes a diligências em andamento. É ônus da defesa requerer o acesso ao juiz que supervisiona as investigações. O acesso deve ser garantido caso estejam presentes dois requisitos. Um, positivo: o ato de colaboração deve apontar a responsabilidade criminal do requerente (INQ 3.983, rel. min. Teori Zavascki, Tribunal Pleno, julgado em 3.3.2016). Outro, negativo: o ato de colaboração não deve referir-se à diligência em andamento. (Rcl nº 24116, 2ª Turma, Rel. Gilmar Mendes, j. 13/12/2016).

STJ: Nulidade do uso da delação premiada como prova não submetida ao contraditório.

Não é válida a sentença que considera, mesmo que ao lado de outras provas, prova que não foi submetida ao contraditório, que não pode ser criticada, contestada, respondida e contraditada pela defesa. 2. Ordem concedida para anular o feito desde a juntada aos autos da prova sonegada (colaboração premiada de corréu), de modo que seja dada oportunidade à defesa para sobre ela se manifestar. (HC nº 364.785/PE, 6ª Turma, Rel. Maria Thereza de Assis Moura, Rel. p/ acórdão Sebastião Reis Júnior, j. 16/02/2017).

4. Palavra da vítima

4.1. Noções introdutórias

No processo penal brasileiro, a vítima (ou ofendido) é o sujeito passivo material do crime, ou seja, a pessoa que teve um bem jurídico diretamente violado pela infração penal. Poderá ser pessoa física ou jurídica, caso o delito comporte tal configuração. Sua versão é trazida ao processo através do meio de prova previsto no art. 201 do CPP (Do ofendido).

De outra banda, o sujeito passivo formal será sempre o Estado, uma vez que qualquer violação às normais penais gera uma desordem pública, supostamente legitimando seu interesse repressivo e punitivo.

Importante salientar que, em algumas hipóteses, poderá haver mais de uma vítima para um único crime. É o caso do delito de roubo quando a violência ou grave ameaça é perpetrada contra uma pessoa e o bem subtraído pertence à outra. O crime será único com dois sujeitos passivos.

Ressalve-se que Rodriguez Manzanera realiza pertinente distinção entre o sujeito passivo do delito e o ofendido, embora considere ambos como vítimas *lato sensu*. Desta forma, entende o sujeito passivo como o titular do bem jurídico protegido, enquanto ofendido seria todo aquele que sofre algum prejuízo com o delito, mesmo que não tenha direito à reparação do dano. Por exemplo, no delito de homicídio, o assassinado seria o sujeito passivo e seus familiares seriam os ofendidos. Arremata o autor referindo que: "Con excepción del homicidio (por imposibilidad natural) el sujeto pasivo es siempre ofendido, aunque no todo ofendido es sujeto pasivo".[163]

Em termos processuais, a vítima poderá ocupar posições diversas em relação à sua atuação frente o processo. Nos casos de ação penal privada, a vítima será figura principal no polo ativo,[164] porquanto será o titular da ação na condição de querelante. Já na hipótese de ação penal incondicionada ou condicionada à representação, a vítima poderá optar por atuar, por intermédio de procurador, como assistente de acusação, quando terá um papel ativo secundário, obviamente subordinado à atuação do Ministério Público. Se não seguir este caminho, não intervirá nos atos processuais diretamente, não deixando, no entanto, de participar do processo através de sua oitiva na condição de ofendido.

- **Na jurisprudência**

STJ: Limites à atuação da vítima como assistente de acusação.

Nos termos expressos do art. 268 do Código de Processo Penal, a assistência no processo penal se dá na condição de assistente do Ministério Público. Por essa razão, não possui o assistente autonomia processual, estando subordinado à atuação do *Parquet*. Se o assistente não mais concorda com a acusação, pode livremente se manifestar nesse sentido. Contudo, deve ter ciência de que seu ato terá o efeito jurídico-processual de ser entendido como renúncia implícita à sua condição de assistente do Ministério Público, por ser com ela incompatível. No sistema do Código de Processo Penal, não há a figura do assistente como parte autônoma, que poderia livremente dirigir sua atuação em amparo a qualquer uma das partes litigantes. A assistência é apenas da acusação, inexistindo assistente da defesa. Correta a exclusão da recorrente da condição de assistente do Ministério Público quando, publicamente e por meio da imprensa local, passou a defender a inocência dos acusados. (RMS nº 201000959859/PE, 6ª Turma, Rel. Sebastião Reis Júnior, j. 25/03/2014).

---

[163] MANZANERA, Luis Rodríguez. *Victimologia: estudio de la víctima*. México: Editora Porrua, 2002. p. 346.

[164] Observe-se que na relação penal material, a vítima figura no polo passivo, pois sofre a violação causada pelo réu. No entanto, quando se passa para o plano processual, sua atuação, nos casos descritos acima, será ativa.

4.2. Compromisso de dizer a verdade

Como se pode perceber da própria sistemática do CPP, que prevê capítulo especial para o ofendido, a vítima não é considerada como testemunha e, por isso, não é contabilizada no número legal previsto para cada parte (por exemplo, se estiver diante do procedimento ordinário, poderão, em regra, ser arroladas até oito testemunhas mais a vítima).

Por ter interesse no deslinde do feito, a vítima não presta compromisso de dizer a verdade, uma vez que não presta depoimento, mas mera declaração acerca de sua versão do ocorrido. Desta forma, não poderá ser processada por falso testemunho (art. 342 do CP), até porque se trata de figura delitiva classificada como crime próprio, exigindo, portanto, condição especial do sujeito ativo, qual seja: ser testemunha, perito, contador, tradutor ou intérprete.[165]

No entanto, caso o ofendido aponte pessoa que saiba ser inocente como autora do crime, dando causa à instauração de investigação policial ou processo judicial, poderá responder pelo crime de denunciação caluniosa (art. 399 do CP). Do mesmo modo, se o ofendido, a despeito de apontar o autor, comunicar crime que saiba não ter ocorrido, responderá por comunicação falsa de crime (art. 340 do CP).

- **Na jurisprudência**

STJ: Impossibilidade de enquadramento da vítima no crime de falso testemunho.

O depoimento da vítima do crime de lesões corporais na condução de veículo automotor não poderia configurar falso testemunho. Com efeito, o delito em comento é de mão própria, e só pode ser praticado por "testemunha, perito, contador, tradutor ou intérprete". O sujeito passivo do crime não pode ser considerado testemunha, sendo atípica sua conduta. (AgRg no REsp nº 1125145/RJ, 5ª Turma, Rel. Laurita Vaz, j. 23/08/2011).

4.3. Valoração

Como qualquer outro meio de prova, a palavra do ofendido tem valor probante relativo. Tal ponderação se torna ainda mais necessária pelo fato de a vítima não prestar compromisso, podendo dar margem a declarações motivadas por vingança, medo de represálias por parte do réu ou até mesmo por interesse em eventual reparação de danos a ser fixada na sentença condenatória. Seja por qual razão, as declarações do ofendido poderão ser permeadas por interesses outros, motivo pelo qual deve ser sempre considerada com reservas pelo julgador.

---

[165] Neste ponto cabe destacar decisão proferida pelo TJMG em grau de apelação admitindo que "(...) Vítima pode sim cometer o crime de falso testemunho, pois para a configuração do tipo penal em questão, não se exige mais o compromisso (...)" (TJMG, AC nº 1.0145.06.353720-6/001, 6ª Câmara Criminal, Rel. Rubens Gabriel Soares, j. 10/05/2011).

Contudo, isso não significa dizer que a palavra da vítima deverá ter menor valor com relação às demais provas. Caberá ao magistrado, através de sua experiência, analisar suas declarações através de outras circunstâncias que lhe permitam concluir acerca da probabilidade de veracidade de seu depoimento, cotejando-o com as demais provas constantes dos autos.

De sua parte, Nucci entende que a vítima em diversos momentos não pode ser considerada como detentora de uma perspectiva viciada ou distorcida, e sua posição no processo penal garante-lhe até mesmo uma isenção diferenciada. Para o autor, a vítima detém uma imparcialidade própria, referindo, por exemplo, os crimes contra o patrimônio, quando normalmente ela não conhece o ofensor, de modo que não haveria qualquer motivo para apresentar ao juiz uma narrativa do fato que não seja fidedigna com a verdade.[166]

Em princípio, como já destacamos, o conteúdo das declarações deve ser aceito com reservas, já que o ofendido é normalmente interessado no litígio. Todavia, a palavra da vítima tem sido aceita pela jurisprudência como um dos principais (quando não o único) elemento a justificar a condenação quando se tratar de delitos que se cometem às ocultas, clandestinamente, como os crimes contra o patrimônio e contra a dignidade sexual.

De toda forma, mesmo que coerente em certa medida essa orientação, é preciso que se valore com cautela a palavra do ofendido, até porque não carecem de exemplos práticos condenações levadas a cabo injustamente. O magistrado deverá analisar a coerência e a plausibilidade de tais declarações, não só em si mesmas, mas principalmente em relação às demais provas constantes dos autos.

Não podemos deixar de observar que atualmente existe uma tendência no discurso social em sobrevalorizar a voz da vítima a fim de incrementar a repressão penal,[167] principalmente através dos veículos midiáticos. Qualquer tentativa de respeitar as garantias do acusado de um crime é visto como uma ofensa à vítima, discurso que afeta e influencia os operadores do processo penal.

Assim, não obstante a posição da jurisprudência, entendemos que a palavra da vítima, por si só, jamais deve ser o fundamento de uma sentença condenatória. A vítima tem uma posição peculiar e importante, mas, sem dúvida, está entre os mais interessados na punição do réu.

---

[166] NUCCI, Guilherme de Souza. *Provas no processo penal*. São Paulo: RT, 2011. p. 159.

[167] GARLAND, David. *A cultura do controle*. Tradução de André Nascimento. Rio de Janeiro: Revan, 2008. p. 52-53.

De tudo isso, deve ficar claro que a palavra da vítima deve ser avaliada no contexto probatório, de modo que, estando isolada, certamente o caminho mais acertado é a absolvição por insuficiência probatória.

- **Na jurisprudência**

STJ: Palavra da vítima no reconhecimento de majorante no crime de roubo.

Ademais, o depoimento da vítima, em crime de roubo, geralmente sem testemunhas, bem como outras circunstâncias apontadas, são suficientes para comprovar a utilização de artefato bélico na referida prática delituosa, sendo despicienda a avaliação técnica do potencial de lesividade, cabendo ao imputado demonstrar a sua inexistência, como na hipótese de utilização de arma de brinquedo, defeituosa ou incapaz de produzir lesão. (HC nº 169942/MG, 5ª Turma, Rel. Adilson Vieira, j. 15/05/2012).

STJ: Palavra da vítima e crimes contra a dignidade sexual.

A palavra da vítima é elemento de extrema relevância nos crimes sexuais, tendo em vista serem, na maior parte dos casos, cometidos na clandestinidade e sem a presença de testemunhas. Precedentes. (AgRg no AREsp nº 438176/GO, 5ª Turma, Rel. Regina Helena Costa, j. 06/05/2014).

Nos crimes contra os costumes a palavra da vítima assume preponderante importância, se coerente e em consonância com as demais provas coligidas nos autos, como é o caso da hipótese vertente, em que a ofendida expôs os fatos com riqueza de detalhes, tudo em conformidade com os demais depoimentos prestados pelas testemunhas em juízo. (HC nº 177980/BA, 5ª Turma, Rel. Jorge Mussi, j. 28/06/2011).

⇒ **Em discussão**

Precedente sobre injusta condenação com base na palavra da vítima

A condenação por crimes contra a dignidade sexual baseada exclusivamente na palavra da vítima, apesar de aceita e propagada pelos tribunais, pode acarretar prejuízos intransponíveis para o acusado quando aplicada como *fórmula de decidir*. Mais um exemplo de falibilidade desta orientação ocorreu em Salvador/BA. Vejamos.

Em 1997, J. S. C. foi condenado pela 10ª Vara Crime da Comarca de Salvador à pena de 06 anos de reclusão, em regime semi-aberto, pelo crime de atentado violento ao pudor (art. 214 c/c art. 224, *a* do CP). A condenação foi baseada exclusivamente na palavra da vítima L. S. S., vizinha do réu e que tinha 12 anos à época do fato. Segundo o magistrado que lavrou a sentença: "A acusação da vítima é verdadeira, toda criança é sincera, não mente, e inexistem provados motivos ensejadores para a acusação mentirosa". O réu, no entanto, negou veementemente o fato, afirmando que a vítima tinha um relacionamento com outro vizinho, um menino de nome D. Das testemunhas ouvidas, nenhuma presenciou os fatos.

Não obstante o cumprimento de quase toda a pena privativa de liberdade por parte de J. S. C., em 03/03/2011, 16 anos após o fato, a vítima L. S. S. procurou espontaneamente o Juiz da Vara de Execuções Penais da Comarca de Salvador para prestar novas declarações, inocentando o réu. Segundo a "ofendida", na data dos fatos ela teria mantido relações sexuais pela primeira vez com seu namorado D (em consonância com o que o próprio réu já havia indicado quando de seu interrogatório). Alegou que sua mãe teria imputado os fatos ao réu J. S. C. em razão de desavenças anteriores e que, por não querer contar a verdade para sua genitora acerca de seu relacionamento com D., acabou corroborando com a versão que sua mãe acreditava ter ocorrido.

Diante da notícia acerca da declaração, o réu, com a ajuda da Defensoria Pública, propôs Revisão Criminal, justificando haver prova nova de sua inocência. Em 02 de dezembro de 2011, J. S. C. foi absolvido pela 2ª Câmara Criminal do TJBA nos seguintes termos: "Da leitura da sentença de fls.199/206, datada de 20/03/1997, constata-se que para fundamentar a condenação do requerente, o MM. Juiz *a quo* baseou-se exclusivamente na palavra da vítima, fazendo menção também às declarações da mãe da vítima, estas lastreadas nas informações da primeira. Asseverou que '*a acusação da vítima é verdadeira, toda criança é sincera, não mente, e inexistem provados motivos ensejadores para a acusação mentirosa*'. Todavia, passados muitos anos, em 03/03/2011, a vítima L. S. S. compareceu espontaneamente perante o MM. Juiz da Vara de Execuções Penais da Comarca de Salvador e prestou novas declarações desdizendo tudo o que fora exposto na fase judicial. (...) Ademais, as testemunhas arroladas pela acusação M.S (fls. 74) e D. S. C. (fls. 75/76) nada esclareceram a respeito do fato delituoso, afirmando que nunca ouviram falar, exceto através de R., genitora da vítima, que o acusado tinha envolvimento com meninas. Dessa forma, não há como manter um decreto condenatório, já que a versão da vítima que serviu para embasá-lo foi desmentida, e esclarecido o motivo pelo qual foi imputado ao acusado o fato delituoso, qual seja, o temor da reação de sua mãe". (TJBA, RC nº 0005219-96.2011.8.05.0000, 2ª Câmara Criminal, Rel. Ivete Caldas Silva Freitas Muniz, j. 02/12/2011).

Obviamente a palavra da vítima assume importância de meio de prova, mas jamais deve conduzir a instrução processual se não encontrar apoio em outras provas. É somente a partir de uma soma de elementos probatórios que a sentença condenatória encontra lugar no processo penal, ainda mais em crimes de conotação sexual cuja reprimenda penal geralmente é elevadíssima.

4.4. Obrigatoriedade da oitiva e condução coercitiva

A redação do art. 201, *caput*, do CPP determina que o ofendido será ouvido *sempre que possível*, expressão esta que tem gerado diferentes interpretações por parte da doutrina.

Segundo Pacelli, a inquirição da vítima se torna obrigatória quando atribuir a alguém a prática de um crime, já que, se comprovada a falsidade de suas alegações, poderá vir a ser apurada a sua responsabilidade penal por denunciação caluniosa.[168] De seu turno, Nucci entende que a obrigatoriedade deriva da necessidade de busca da *verdade* real, devendo o magistrado, nos casos em que o ofendido não tiver sido arrolado pelas partes, proceder a sua oitiva de ofício.[169] Em sentido contrário, Mougenot considera que a oitiva da vítima é facultativa, não constituindo sua falta uma nulidade. No entanto, ressalva que, uma vez arrolada por uma das partes, o seu comparecimento é obrigatório.[170]

Filiamo-nos à obrigatoriedade da oitiva da vítima, ainda mais se considerarmos que a lei expressamente assim o determina. Parece-nos que a intenção do legislador, ao utilizar-se da expressão *sempre que possível*, foi ressalvar os casos em que a vítima se encontre incapacitada ou tiver falecido, sendo obrigatória a sua inquirição nas demais hipóteses. Assim, considerando-se como obrigatória a oitiva, eventual indeferimento injustificado por parte do julgador poderá ser desafiado por Correição Parcial.

Não obstante, importante ressaltar que a jurisprudência tem entendido majoritariamente que a ausência de depoimento judicial da vítima não configura causa de nulidade se, além de não ter sido demonstrado o prejuízo, a condenação tiver se baseado em outros elementos do acervo probatório.

Por seu turno, o art. 201, no § 1º do mesmo estatuto legal, determina que, quando devidamente intimado, o ofendido deixar de comparecer para prestar declarações sem justo motivo, poderá ser conduzido coercitivamente à presença da autoridade. Quanto à hipótese de a vítima, nestes casos, se ver processada pelo crime de desobediência, há lacuna legal. No caso de testemunha faltosa, a lei expressamente prevê seu enquadramento no crime de desobediência (art. 219 do CPP), o que poderia estender-se ao ofendido. Não obstante, a doutrina acertadamente entende não ser possível imputar o crime de desobediência à vítima justamente por ausência de previsão legal.

- **Na jurisprudência**

STJ: Ausência de nulidade diante da não oitiva de vítima menor de idade por recomendação médica.

O fato de a vítima não ter sido ouvida em juízo, por si só, não configura nulidade, se existirem outros elementos válidos para corroborar seu depoimento colhido na fase extrajudicial, de forma suficiente para sustentar a condenação. Os termos do *caput* do art. 201 do

[168] OLIVEIRA, Eugênio Pacelli. *Curso de processo penal*. São Paulo: Atlas, 2015. p. 434.

[169] NUCCI, Guilherme de Souza. *Provas no processo penal*. São Paulo: RT, 2011. p. 161.

[170] BONFIM, Edison Mougenot. *Curso de processo penal*. São Paulo: Saraiva, 2014. p.423.

Código de Processo Penal, "sempre que possível, o ofendido será qualificado e perguntado sobre as circunstâncias da infração, quem seja ou presuma ser o seu autor, as provas que possa indicar, tomando-se por termo as suas declarações". No caso, justificou-se que o ofendido – uma criança vítima de atentado violento ao pudor – não foi ouvido em juízo por recomendação médica, o que não vicia a condenação. (HC nº 91131/RS, 6ª Turma, Rel. Maria Thereza de Assis Moura, j. 01/10/2009).

STJ: Desnecessidade de oitiva da vítima diante do livre convencimento.

Ainda que o art. 201 do CPP tenha previsto que o ofendido será ouvido sempre que possível, a oitiva da vítima não é prova imprescindível para a condenação. O processo penal brasileiro se pauta pelo princípio do livre convencimento motivado, podendo o magistrado fazer livre apreciação da prova, desde que apresente de forma clara as suas razões de decidir (Precedentes). (HC nº 44229/RJ, 5ª Turma, Rel. Felix Fischer, j. 13/12/2005).

Inexiste nulidade se a condenação está fundamentada em outros elementos válidos, não apenas no depoimento da vítima, colhido ainda na fase do inquérito policial, não ratificado em juízo. O fato de a desistência da oitiva da vítima ter ocorrido apenas por parte do Ministério Público e não da Defesa configura hipótese de nulidade relativa, que deve ser argüida em momento oportuno, concomitantemente com a demonstração do prejuízo sofrido pela parte, sob pena de convalidação do ato pela preclusão. (HC nº 73385, 5ª Turma, Rel. Laurita Vaz, j. 17/12/2007).

STJ: Obrigatoriedade da oitiva em razão do princípio da verdade real.

Apesar da parte ofendida não ser testemunha, ela pode ser arrolada pelas partes, não só porque o art. 201 do CPP expressamente menciona que será ouvida "sempre que possível", mas também pelo fato de que na área penal vige o Princípio da Verdade Real, daí o dever do magistrado, caso as partes não a arrolem, de ofício determinar a sua inquirição. (AgRg no REsp nº 445172/DF, 6ª Turma, Rel. Paulo Medina, j. 07/06/2005).

⇒ **Em discussão**

A vítima e o direito ao silêncio

Ponto que merece reflexão é a possibilidade de a vítima, quando intimada para prestar declarações em juízo, utilizar-se do direito ao silêncio.

Nucci entende que, da mesma forma que o ofendido não está compromissado a falar a verdade, poderá calar-se, justificando-se tal prerrogativa nos casos em que há temor de represálias por parte do réu. Segundo o autor, a vítima já sofreu com o próprio delito, não podendo o Poder Judiciário contrariar sua vontade e vitimá-la novamente.[171] De outra banda, Lopes Jr. veda a possibilidade de se estender o direito ao silêncio à vítima, alegando tratar-se de prerrogativa exclusiva do réu.[172]

O direito ao silêncio, no processo penal brasileiro, é desdobramento indissociável do princípio *nemo tenetur se detegere*, estando previsto no art. 5º, LXIII, da CF e no art. 8º da Convenção Americana de Direitos Humanos. Desta forma, tal prerrogativa é, ao mesmo tempo, um direito

[171] NUCCI, Guilherme de Souza. *Provas no processo penal*. São Paulo: RT, 2011. p. 162.

[172] LOPES JR., Aury. *Direito processual penal*. São Paulo: Saraiva, 2012. p. 648.

fundamental e uma garantia do cidadão contra o poder arbitrário do Estado. Sua função é impedir que o acusado seja transformado em verdadeiro instrumento de prova contra si mesmo.

Desta feita, por se tratar de uma extensão do direito à não autoincriminação, entendemos inviável a sua aplicação ao ofendido, pessoa que, em alguns casos, ocupa o polo processual ativo na persecução penal. Ademais, parece-nos ilógico que o legislador tenha previsto a condução coercitiva do ofendido para prestar declarações se, por derradeiro, poderá a vítima simplesmente se calar quando em audiência.

No tocante aos casos em que há fundado temor de represálias por parte do réu, importante salientar a existência de mecanismo de proteção à vítima previsto na Lei n° 9.805/99 e de alternativas para mitigar um possível confronto direto com o acusado, como a inquirição por videoconferência ou mesmo a solicitação de retirada do réu da sala de audiência quando de suas declarações.

4.5. Comunicação dos atos

Segundo o § 2º do art. 201 do CPP, introduzido pela Lei nº 11.690/08, o ofendido deverá ser comunicado acerca do ingresso e saída do acusado da prisão, da designação de data para audiência, da sentença e dos respectivos acórdãos que a mantenham ou modifiquem. Tal disposição certamente inspirou-se na lei da violência doméstica (Lei nº 11.340/06) que, em seu art. 21, determina que: "A ofendida deverá ser notificada dos atos processuais relativos ao agressor, especialmente dos pertinentes ao ingresso e à saída da prisão, sem prejuízo da intimação do advogado constituído ou do defensor público".

Sem dúvida, é louvável a preocupação do legislador com a integridade e segurança da vítima, tendo inclusive facilitado tal comunicação ao permitir, no § 3º, que seja realizada no endereço indicado pelo ofendido para tal função, admitindo-se também o uso de meio eletrônico. Contudo, importante atentarmos que, quando se tratar de comunicação da data da audiência em que a própria vítima prestará declarações, a intimação deverá ser pessoal sob pena de se inviabilizar uma futura condução coercitiva.

No tocante à comunicação acerca da prisão, esta se refere à prisão cautelar do acusado determinada no curso do processo, não se incluindo as saídas e ingressos decorrentes da execução da pena privativa de liberdade por ausência de disposição expressa neste sentido.[173] A vítima

[173] Em sentido contrário: GOMES, Luiz Flávio; CUNHA, Rogério Sanches; PINTO, Ronaldo Batista. *Comentários às reformas do código de processo penal e da lei de trânsito*. São Paulo: RT, 2008. p. 299.

também será cientificada da sentença e respectivos acórdãos que a mantenham ou modifiquem, podendo, portanto, interpor recurso quando cabível. Diante da sentença, neste caso, o ofendido ou qualquer das pessoas enumeradas no art. 31 do CPP, ainda que não habilitados como assistentes de acusação, poderão interpor apelação (art. 598 do CPP) no prazo de 15 (quinze) dias a contar do término do prazo para o Ministério Público (art. 598, parágrafo único, do CPP).[174] Igualmente, a ciência do trânsito em julgado da condenação propicia que o ofendido promova, no juízo cível, a execução da reparação de danos (art. 65 do CPP).

Importante mencionar que a comunicação será realizada ao ofendido e não ao seu procurador, tanto é que tal prerrogativa independe de a vítima ser querelante ou ter se habilitado nos autos como assistente de acusação. No entanto, se a vítima estiver legalmente habilitada, o seu procurador também deverá ser intimado acerca dos atos processuais.

De qualquer forma, ao que se percebe a comunicação à vítima aparece como uma obrigação, mesmo que opte por manter-se alheia aos movimentos processuais daquele caso criminal. Apesar disso, parte da doutrina admite, com acerto, que o legislador trouxe uma possibilidade ao ofendido de ciência dos principais atos processuais, mas, para tanto, este deverá sempre ser perguntado se deseja tais comunicações.[175]

4.6. Procedimento de oitiva

Apesar da limitação dos foros no Brasil, o CPP, no § 4º do art. 201, prevê que será reservado espaço separado à vítima antes e durante a audiência, na tentativa de evitar que esta sofra qualquer constrangimento por parte do réu, seus familiares ou mesmo de testemunhas. Ainda, se a presença do acusado puder causar humilhação, temor ou constrangimento ao ofendido, sua inquirição poderá ser realizada por videoconferência ou, se não for possível, poderá ser determinada a sua retirada da sala de audiências (art. 217 do CPP).

Não obstante a curta preocupação do legislador em estabelecer moldes procedimentais específicos para a oitiva da vítima, algumas regras pertinentes à prova testemunhal e ao interrogatório do acusado poderão ser aplicadas quando da inquirição do ofendido. Este também é o norte apontado pela redação final do PLS nº 156/2009 que, no parágrafo

---

[174] SILVA, Davi André Costa; EBERHARDT, Marcos; GIULIANI, Ricardo Henrique A. *Manual de prática penal*: teoria e prática. Porto Alegre: Verbo Jurídico, 2015. p.315.

[175] BECK, Francis Rafael. Inovações quanto ao papel do ofendido no processo penal brasileiro: entre texto, a necessidade e a efetividade. *In*: *Reformas do código de processo penal*. CALLEGARI, André Luis; WEDY, Miguel Tedesco (orgs.). Porto Alegre: Livraria do Advogado, 2009. p. 77.

único do art. 191, dispõe que: "Aplicam-se às declarações da vítima, no que couber, as disposições sobre a prova testemunhal".

Desta forma, caso o ofendido esteja impossibilitado de comparecer para prestar declarações em virtude de velhice ou enfermidade, poderá ser ouvido onde estiver (art. 220 do CPP). As declarações da vítima também deverão ser colhidas em separado do depoimento das demais testemunhas e do réu, de forma a preservar sua originalidade e subjetividade.[176] Havendo mais de um ofendido e, sendo divergentes suas declarações, poderá haver a acareação nos termos do art. 229 do CPP. De outra banda, o procedimento do magistrado quando da oitiva da vítima deve atender ao prescrito no art. 212 do CPP, podendo tanto a acusação quanto a defesa fazer perguntas à vítima.

- **Na jurisprudência**

STF: Retirada do réu da audiência e desnecessidade de motivação nos crimes sexuais.

É certo, ainda, que não há falar em cerceamento de defesa, pois a retirada do réu da sala de audiências deu-se em razão de as vítimas e testemunhas haverem expressamente solicitado tal providencia à juíza. A natureza dos crimes objeto da oitiva, por si só, justificam o temor dos envolvidos. (HC nº 86711/GO, 1ª Turma, Rel. Ricardo Lewandowski, j. 04/03/2006).

4.7. Preservação da intimidade e atendimento multidisciplinar

O Processo Penal brasileiro é regido pelo princípio da publicidade, havendo previsão expressa de que as audiências, sessões e atos processuais serão, em regra, públicos (art. 792 do CPP). Não obstante, o § 6º do art. 201 do CPP introduziu uma das hipóteses de relativização de tal comando ao prever que o magistrado poderá tomar as providências necessárias à preservação da intimidade, da vida privada, honra e imagem do ofendido, podendo determinar o segredo de justiça em relação a dados, depoimentos e outras informações.

A medida mais comumente utilizada é a retirada dos dados pessoais da vítima dos autos, como a sua qualificação e endereço, não os fazendo constar sequer nos depoimentos, porquanto serão depositadas fora dos autos.[177] Importante mencionar que qualquer tipo de restrição à publi-

---

[176] FISCHER, Douglas; OLIVEIRA, Eugênio Pacelli. *Comentários ao código de processo penal e sua jurisprudência*. São Paulo: Atlas, 2012. p. 398.

[177] Neste sentido é o provimento nº 30/2000 da Corregedoria-Geral da Justiça do Estado de São Paulo: "Artigo 2º – Quando vítimas ou testemunhas reclamarem de coação, ou grave ameaça, em decorrência de depoimentos que devam prestar ou tenham prestado, Juízes de Direito e Delegados de Polícia estão autorizados a proceder conforme dispõe o presente provimento. Artigo 3º – As vítimas ou testemunhas coagidas ou submetidas a grave ameaça, em assim desejando, não terão quaisquer de seus endereços e dados de qualificação lançados nos termos de seus depoimentos. Aqueles ficarão anotados em impresso distinto, remetido pela Autoridade Policial ao Juiz competente jun-

cidade imposta no processo penal refere-se a terceiros não habilitados no processo, não podendo haver qualquer tipo de segredo para as partes.

Não obstante, se o juiz entender como necessário, poderá decretar o segredo de justiça de todo o processo, dando publicidade restrita ao feito, uma vez que somente poderão acessá-lo o juiz, o Ministério Público e a defesa constituída ou nomeada. Caso haja a divulgação indevida dos dados sigilosos, os funcionários públicos poderão responder por violação de sigilo funcional (art. 325 do CP) e os advogados por violação do segredo profissional (art. 154 do CP).[178]

Outra inovação acrescentada pela Lei nº 11.690/2008 com relação à proteção do ofendido diz respeito ao seu encaminhamento a atendimento multidisciplinar, especialmente nas áreas psicossocial, de assistência jurídica e de saúde. Tal iniciativa já foi objeto de disposição pela Lei Maria da Penha, que no seu art. 29 dispõe: "Os Juizados de Violência Doméstica e contra a Mulher que vierem a ser criados poderão contar com uma equipe de atendimento multidisciplinar, a ser integrada por profissionais especializados nas áreas psicossocial, jurídica e de saúde".

O atendimento multidisciplinar, além de auxiliar o ofendido a se recuperar de eventuais traumas causados pelo delito, também poderá servir para garantir que a prestação de declarações não cause danos ainda maiores, principalmente nos casos em que a vítima é menor de idade, é portadora de doença mental ou desenvolvimento mental incompleto ou retardado.[179]

Muito embora louvável a iniciativa legislativa, o § 5º do art. 201 do CPP deixa a desejar, uma vez que não prescreve a forma de realização ou de estruturação de tal atendimento, deixando à mercê do Poder Público a sua efetiva (ou não) implementação. Ainda, segundo o dispositivo, o tratamento se dará as expensas do ofensor ou do Estado. Observe-se, no entanto, que o processo penal constitucional é regido pelo Princípio da Presunção da Inocência, não podendo se impor ao réu que custeie o tratamento da vítima sem antes haver o trânsito em julgado do feito atestando sua culpabilidade. Por esta razão, entendemos que, se a determinação de tratamento multidisciplinar ocorrer durante o curso do

---

tamente com os autos do inquérito após edição do relatório. No Ofício de Justiça, será arquivada a comunicação em pasta própria, autuada com, no máximo, duzentas folhas, numeradas, sob responsabilidade do Escrivão. Artigo 4º – Na capa do feito serão lançadas duas tarjas vermelhas, que identificam tratar-se de processo onde vítimas ou testemunhas postularam o sigilo de seus dados e endereços, consignando-se, ainda, os indicadores da pasta onde depositados os dados reservados. Artigo 5º – O acesso à pasta fica garantido ao Ministério Público e ao Defensor constituído ou nomeado nos autos, com controle de vistas, feito pelo Escrivão, declinando data".

178 RODRIGUES, Roger de Melo. *A tutela da vítima no processo penal brasileiro*. Curitiba: Juruá, 2014. p. 75.

179 AVENA, Norberto Claudio Pâncaro. *Processo penal*. São Paulo: Método, 2009. p.304.

processo, caberá ao Estado custeá-lo, nada impedindo que, posteriormente ao trânsito em julgado da sentença condenatória, busque ser ressarcido pelo condenado. Outra alternativa seria a condenação, nos casos de substituição de pena, à prestação pecuniária do art. 45, § 1º, do CP, tendo em vista que possui cunho reparatório, podendo a vítima utilizá-la para custear eventuais tratamentos.

Para além das disposições do art. 201 do CPP, o legislador vem ampliando os mecanismos de proteção ao ofendido em um caminho de "redescoberta" da vítima perante o processo penal.[180] Por exemplo, a Lei nº 9.807/99 instituiu o Programa Federal de Assistência a Vítimas e Testemunhas Ameaçadas, o qual dispõe no seu art. 2º que: "A proteção concedida pelos programas e as medidas dela decorrentes levarão em conta a gravidade da coação ou da ameaça à integridade física ou psicológica, a dificuldade de preveni-las ou reprimi-las pelos meios convencionais e a sua importância para a produção da prova".

De outra banda, percebe-se a nítida preocupação legislativa com a reparação dos danos causados pela infração, havendo diversos dispositivos no CPP e em leis especiais que primam por mecanismos que facilitem a composição dos danos.[181] É o caso da assistência de acusação (art. 268 do CPP), da fixação em sentença condenatória de valor mínimo para reparação de danos (art. 387, IV, do CPP) e da composição civil de danos na Lei dos Juizados Especiais Criminais (art. 74 da Lei nº 9.099/95).

- **Na jurisprudência**

STJ: Restrição do princípio da publicidade condicionada à proteção da intimidade ou interesse público.

Mostra-se inviável o pleito de decretação do segredo de justiça do *writ*, quando, levando-se em consideração o disposto no art. 93, IX, da Constituição Federal, verifica-se que a situação dos autos não é apta a justificar exceção ao princípio da publicidade dos atos processuais, pois não se questiona matéria que envolva a intimidade das pessoas, nem existe exigência de interesse público para tal. (HC nº 282096/SP, 6ª Turma, Rel. Sebastião Reis Júnior, j. 24/04/2014).

STJ: Restrição do princípio da publicidade e inquérito policial.

O procedimento de investigação criminal, por regra, é sigiloso, buscando, com a restrição da publicidade, conferir maior resultado na apuração da prática criminosa. Não obstante,

---

[180] Sobre o tema (reingresso e participação da vítima no procedimento penal) BOVINO trabalha detidamente a criminalização da reparação do dano, o aumento dos direitos de participação no processo penal e os efeitos desta política criminal. (BOVINO, Alberto. *Problemas del derecho procesal penal contemporâneo*. Buenos Aires: Editores del Puerto, 1998. p. 87-118.)

[181] ROXIN refere que a legislação penal alemã vem traçando o mesmo caminho de fortalecimento dos direitos de participação da vítima no processo penal. No entanto, aduz que: "Se podría pensar que com ello ya se há alcanzado bastante em lo que concierne a la reparación dell daño em el Derecho Penal. Pero las apariencias engañan, y por eso yo he hablado de una 'situación aberta'. En realidad, las disposiciones mencionadas son aplicadas de forma mínima por parte de los jueces alemanes." (ROXIN, Claus. *Pasado, presente y futuro del derecho procesal penal*. Santa Fe: Rubinzal Culzoni, 2007. p. 74.)

a c. Suprema Corte ao editar a Súmula Vinculante nº 14 assentou que "É direito do defensor, no interesse do representado, ter acesso amplo aos elementos de prova que, já documentados em procedimento investigatório realizado por órgão com competência de polícia judiciária, digam respeito ao exercício do direito de defesa". III – No caso em exame, o sigilo não foi, em parte, oposto à recorrente que, como terceira interessada (na qualidade de genitora das possíveis vítimas menores), teve franqueado o acesso aos autos da investigação. Não obstante, em vista do sigilo decretado de forma fundamentada, não possui, assim como qualquer outra pessoa, por outro lado, direito líquido e certo de extrair cópia dos autos da investigação. Na espécie, o feito não prescinde do sigilo decretado (notadamente se considerada as peculiaridades da acusação que envolve crianças em tese abusadas pelo próprio pai, Promotor de Justiça), como forma de preservação da intimidade do investigado bem como das possíveis vítimas. Assim, consequência lógica, é a vedação a extração de cópias por parte de terceiro interessado. (RMS nº 29872/GO, 5ª Turma, Rel. Felix Fischer, j. 06/04/2010).

5. Prova testemunhal

5.1. Conceito e classificação

Testemunha é toda pessoa que comparece perante a autoridade (policial, ministerial ou judicial) para dizer o que viu ou ouviu dizer acerca de fato juridicamente relevante. A prova testemunhal, deste modo, constitui-se em típico meio de prova.

Interessante distinção diz respeito aos conceitos de testemunho e depoimento. Segundo Tornaghi, testemunhar e testemunho se referem ao presente, ou seja, é o momento em que a pessoa presencia o fato. Já o ato de depor ou o depoimento estão relacionados com o passado, é dizer algo sobre o que testemunhou.[182] Neste raciocínio, a testemunha nunca irá prestar testemunho perante o juiz, pois sempre irá relatar algo sobre o passado.

No tocante à classificação, a prova testemunhal é dividida doutrinariamente em: *direta ou presencial*, quando narrar fatos que tenha presenciado; *indireta*, quando referir fatos dos quais apenas ouviu dizer; *própria*, nos casos em que depõe sobre fatos referentes ao processo; e *imprópria*, nas hipóteses em que relatar fatos secundários ligados ao objeto do processo, como aqueles relacionados à pessoa do acusado ou à legitimidade de certos atos. Não obstante, parte da doutrina critica tal categorização, alegando tratar-se de divisão pertinente aos fatos narrados e não à pessoa da testemunha propriamente dita.[183]

---

[182] TORNAGHI, Hélio. *Compêndio de processo penal*. Tomo III. Rio de Janeiro: José Konfino – editor, 1967. p.868.

[183] NUCCI, Guilherme de Souza. *Provas no processo penal*. São Paulo: RT, 2011. p. 166.

De outra banda, as testemunhas também podem ser classificadas nos seguintes termos:

Informante ou declarante: são as testemunhas expressamente previstas no art. 206 e 208 do CPP que não prestam compromisso de dizer a verdade por não possuírem uma visão imparcial dos fatos. Nesta senda, deve ser apontado o recorrente equívoco doutrinário em considerar como elemento intrínseco ao conceito de testemunha a obrigação de dizer a verdade, o que leva esta corrente a erroneamente excluir os informantes da categoria de testemunha. Mais tarde, em momento específico, o tema será tratado com a devida cautela.

Testemunhas instrumentárias ou fedatárias: são as testemunhas que atestam a realização de um ato procedimental e sua regularidade ao invés de relatarem fatos ligados ao processo. É o caso daquelas que assinam o termo do interrogatório policial (art. 6º, V, parte final do CPP), a lavratura do auto de prisão em flagrante (art. 304, §§ 2º e 3º, do CPP) e o auto de reconhecimento de pessoa (art. 226, IV, do CPP).

Testemunhas abonatórias ou de antecedentes: são as testemunhas que não presenciaram os fatos e não tiveram qualquer contato direto com os mesmos e, por isso, seu depoimento visa apenas a abonar a conduta social do réu. Seu depoimento será de relevante valor em caso de condenação quando da avaliação das circunstâncias judiciais do art. 59 do CP, mais especificamente com relação aos critérios da conduta social e da personalidade do agente.

Testemunha mendaz ou claudicante: é a pessoa que presta falso testemunho.

Testemunhas numerárias: são aquelas arroladas pela defesa ou pela acusação para serem ouvidas e que são computadas no número legal pertinente a cada parte. Segundo a doutrina não são computados no número legal os informantes (equivocadamente) e as testemunhas referidas.

Testemunhas extranumerárias: são as testemunhas que não haviam sido indicadas pelas partes para oitiva, mas que serão ouvidas de ofício pelo juiz ou por terem sido referidas por outras testemunhas.

Testemunhas referidas: são as pessoas que não constavam inicialmente no rol de testemunhas de nenhuma das partes e que foram mencionadas ou indicadas por outra testemunha durante seu depoimento. De acordo com o art. 209, § 1º, do CPP, o juiz poderá ouvi-las quando achar conveniente para a formação de sua convicção. Evidentemente que não resta vedado pelo dispositivo que a parte interessada na oitiva da pessoa demonstre ao magistrado a conveniência da prova. O juiz, diante disso, poderá determinar ou não a sua oitiva.

• **Na jurisprudência**

STJ: Indeferimento de testemunha referida no Tribunal do Júri e competência do juiz-presidente.

Tendo ressaltado o magistrado que a oitiva da testemunha referida seria procedimento meramente protelatório, ou seja, não teria relevância para o deslinde do caso e, ainda, que se trataria, a bem da verdade, de testemunha não arrolada em momento próprio, sendo certo, nos termos do art. 497, XI, do Código de Processo Penal, que cabe ao Juiz Presidente do Tribunal do Júri apreciar a conveniência ou não de se ouvirem as pessoas referidas por testemunhas, não há qualquer razão para a alegação dos impetrantes no sentido de caber ao Conselho de Sentença tal avaliação. (HC nº 40427/RJ, 6ª Turma, Rel. Haroldo Rodrigues, j. 04/12/2010).

⇒ **Em discussão**

Depoimento escrito de testemunhas abonatórias

Tornou-se bastante comum na prática forense a substituição do depoimento das testemunhas abonatórias arroladas pela defesa por declarações escritas juntadas nos autos. Até mesmo em sede de recebimento da denúncia quando da ordem para apresentação de resposta à acusação, alguns magistrados tem advertido que, em se tratando de testemunha meramente abonatória, o testemunho deverá ser apresentado por meio de declaração escrita, à qual será dado o mesmo valor pelo juízo.

Apesar da importância da celeridade processual, da praticidade e das necessárias medidas para garantir a razoável duração do processo, entendemos que a substituição do depoimento por declarações escritas está na contramão do devido processo legal. Segundo o CPP, o depoimento sempre será prestado oralmente (art. 204), não existindo qualquer exceção às testemunhas abonatórias (art. 206), que também devem receber o tratamento de testemunhas já que toda pessoa poderá testemunhar (art. 202).

O ponto mais relevante, em nosso sentir, é a quebra da oralidade, princípio que permeia a prova testemunhal. Como já discutido anteriormente, a oralidade dos depoimentos permite uma maior proximidade entre o magistrado e a prova. Ao autorizar que a testemunha preste depoimento por escrito, estar-se-á eliminando o contato pessoal do juiz com a prova testemunhal sem razão justificadora, ainda mais se considerarmos a importância dos depoimentos abonatórios para a fixação da pena-base na eventual sentença condenatória.

5.2. Características

A prova testemunhal se caracteriza preponderantemente pela judicialidade, oralidade, objetividade e retrospectividade, já que possui natureza jurídica de meio probatório.

No espaço da judicialidade, o depoimento testemunhal somente poderá ser valorado como meio de prova se produzido perante o juiz e sob o manto do contraditório, como forma de inibição do arbítrio estatal e de restrição do poder de coerção do Estado.[184] A judicialidade também permite uma maior proximidade entre o juiz e a prova, o que será de grande relevância no momento de sua valoração, tendo em vista o livre convencimento motivado. Importante referir que a oitiva de testemunha poderá (e deverá) se dar também no âmbito do Inquérito Policial; no entanto, esta oitiva extrajudicial deverá estar limitada a embasar o oferecimento de denúncia pelo Ministério Público e somente será valorada como prova indiciária, não podendo ser considerada como prova testemunhal para fins de ostentação de sentença condenatória.

De outra banda, a prova testemunhal deverá ser coletada por meio oral, consoante preconiza o art. 204 do CPP. A oralidade se justifica pela maior pessoalidade da prova, permitindo que o magistrado possa averiguar a coerência da narração.

Como exceção, a legislação elencou as seguintes hipóteses em que se poderá prestar depoimento por escrito: mudo e surdo-mudo (art. 192, II e III, c/c art. 223, parágrafo único do CPP); por opção do Presidente, Vice-Presidente da República, dos presidentes do Senado Federal, da Câmara dos Deputados e do Supremo Tribunal Federal (art. 221, § 1°, CPP), aos presidentes dos demais Tribunais Superiores, por analogia; e por opção do perito e testemunhas quando o ato ou fato constitutivo do abuso de autoridade houver deixado vestígios (art. 14, § 1°, Lei n° 4.898/65). Apesar de tal prerrogativa, tais testemunhas tem igualmente o compromisso de dizer a verdade.

Pertinente destacar que, diferentemente das pessoas do art. 221, § 1° do CPP, as quais não precisam comparecer em juízo, bastando que enviem por ofício as respostas aos questionamentos, o mudo e o surdo-mudo deverão se apresentar ao juiz na audiência e responder por escrito os questionamentos nada medida em que são feitos. De igual modo, os peritos ou testemunhas do abuso de autoridade também deverão comparecer à audiência, pois somente poderão trazer por escrito as respostas referentes aos vestígios, não se eximindo da responsabilidade de testemunhar sobre autoria e outros pontos.[185]

Não se enquadrando nas exceções, a testemunha deverá realizar relato oral, podendo, entretanto, fazer consulta a apontamentos, principalmente quando o fato for complexo ou seu testemunho envolver detalhes como datas e valores (art. 204 do CPP).

---

[184] STF, HC nº 73338/RJ, 1ª Turma, Rel. Min. Celso de Mello, j. 13/08/1996.

[185] NUCCI, Guilherme de Souza. *Manual de processo penal e execução penal*. Rio de Janeiro: Forense, 2015. p. 415.

O aspecto da objetividade conduz a premissa de que a testemunha não deve exprimir juízos pessoais e subjetivos acerca do que está depondo, salvo quando forem inseparáveis da narrativa do fato (art. 231 do CPP). É o que ocorre em algumas situações em que a apreciação subjetiva da testemunha é necessária para se entender certos aspectos do delito, como por exemplo, se o réu trafegava em velocidade incompatível com o local ou se realizou manobra perigosa.

De igual modo, eventuais questionamentos por parte do juiz ou das partes jamais poderão induzir respostas fundadas em mera apreciação pessoal ou que demonstrem juízo de valor. Diverso é o caso das testemunhas abonatórias, cujo papel é justamente atestar a conduta social do acusado, o que enseja uma narrativa calcada por percepções pessoais por parte do depoente.

Por fim, caracteriza a prova testemunhal a retrospectividade, no sentido de que a testemunha sempre depõe acerca de acontecimentos passados, visando a reconstruir o fato objeto do processo, o que significa que não poderá fazer previsões acerca do que imagina que poderá vir a acontecer.

Pode-se dizer ainda que a prova testemunhal é marcada pela individualidade e pela incomunicabilidade, uma vez que cada testemunha será ouvida individualmente e sem se comunicar ou presenciar a oitiva das demais testemunhas (art. 210 do CPP), uma vez que terão espaços separados com o fim de garantir o máximo de isenção e imparcialidade nos depoimentos.

⇒ **Em discussão**

A prova testemunhal e as falsas memórias

A prova testemunhal, além de ser o método mais antigo de se obter elementos acerca de um fato ocorrido, tem sido o meio de prova mais utilizado no processo penal atualmente. No entanto, por ser produzida a partir das percepções sensoriais do homem, está sujeita a alterações e manipulações, sejam elas conscientes ou não.

Uma das maiores preocupações acerca da confiabilidade do depoimento está em torno das chamadas falsas memórias. Nelas, a testemunha acredita que o que está contando seja um retrato fiel de sua memória, não obstante os fatos tenham sido alterados inconscientemente pela sua mente, seja por uma confusão mental espontânea, seja por uma sugestão externa ou interna que fez com que considerasse como verdadeiro um fato distorcido.[186] Neste ponto, não se podem confundir as falsas memórias com mentira, pois nesta última a testemunha deliberada e conscientemente altera ou esconde a verdade.

[186] LOPES JR., Aury. *Direito processual penal*. São Paulo: Saraiva, 2012. p. 671.

As falsas memórias podem advir de alterações de fatos realmente vivenciados ou até mesmo de informações errôneas sobre acontecimentos nunca vividos, o que demonstra ainda mais a fragilidade da prova testemunhal diante de sua interdependência com a memória.

No processo penal, as falsas memórias poderão ser criadas através do induzimento de parentes, amigos, policiais ou até mesmo das partes através da formulação de questionamentos.[187] Na atualidade, outro fator importante para a inserção de fragmentos falsos nos subconsciente das pessoas é a mídia que, em casos notórios, acaba por realizar um (pré) julgamento social dos fatos que, por certo, influenciam no posterior relato das testemunhas.

Portanto, não se olvida do valor que a prova testemunhal tem no deslinde do feito; contudo, devido à fragilidade deste meio de prova por conta do fenômeno das falsas memórias, é preciso que o julgador esteja preparado para identificar e filtrar os depoimentos, sempre os cotejando com os demais elementos probatórios, a fim de evitar erros e injustiças.

5.3. Capacidade para testemunhar

Segundo o art. 202 do CPP, toda pessoa poderá ser testemunha, independentemente da idade ou integridade física ou mental. Isso significa que não se exige sequer capacidade jurídica para depor em juízo, já que menores de 14 anos, portadores de deficiência mental e interditos poderão ser testemunhas. É de se apontar que a pessoa jurídica nunca poderá ser arrolada como testemunha, somente a pessoa natural na qualidade de diretor, sócio ou administrador da mesma. Não obstante não haver maiores restrições quanto a quem poderá depor, justamente porque nosso sistema probatório é endereçado à *busca da verdade real*, o juiz poderá valorar os depoimentos conforme sua livre convicção e baseado nas percepções adquiridas durante a instrução, conferindo maior relevância aos depoimentos que lhe parecerem mais coerentes e imparciais quando cotejados com o restante das provas.

Inclusive, o próprio CPP já delimitou que o depoimento das testemunhas descritas no art. 208 deverá ser analisado com cautela pelo magistrado, uma vez que não prestarão o compromisso de dizer a verdade. Assim, a categorização das pessoas não juramentadas como *informantes* é meramente doutrinária, pois o CPP em nenhum momento os exclui da categoria de testemunha. Pelo contrário, o ordenamento expressamente delimita que *todos* poderão ser testemunhas; a diferença reside na valoração que o magistrado atribuirá ao depoimento dos informantes.

[187] DI GESU, Cristina. *Prova penal e falsas memórias*. Porto Alegre: Livraria do Advogado, 2014. p. 133.

Tem-se, portanto, que o informante nada mais é do que uma testemunha que não presta compromisso.

Neste sentido, Tornaghi entende que o fato de uma pessoa, por exemplo, ser incapaz, não a impede de presenciar um fato, percebê-lo e retê-lo. Assim, se ela realizar um relato verossímil e coerente com os demais elementos probatórios colhidos, não há razão para que o magistrado não valorize seu depoimento.[188]

Igualmente poderá ser testemunha o inimputável comparsa do réu, nos casos em que a doutrina denomina de concurso impropriamente dito ou pseudoconcurso de agentes.[189] Por ser menor de 18 anos, o comparsa não poderá ser penalmente responsabilizado por seus atos, não figurando, portanto, no polo passivo do processo. Assim, deverá ser arrolado como testemunha e, se menor de 14 anos, estará dispensado do compromisso de dizer a verdade. Não obstante, entendemos que o comparsa inimputável poderá exercer o direito ao silêncio quanto aos fatos que lhe possam comprometer com relação ao processo que está respondendo (ou irá responder) perante a Vara da Infância e da Juventude.

- **Na jurisprudência**

STF: Validade do depoimento de policiais que atuaram no caso.

O valor do depoimento testemunhal de servidores policiais – especialmente quando prestado em juízo, sob a garantia do contraditório – reveste-se de inquestionável eficácia probatória, não se podendo desqualificá-la pelo fato de emanara de agentes estatais incumbidos, por dever de ofício, da repressão penal. O depoimento testemunhal do agente policial somente não terá valor, quando se evidenciar que esse servidor do Estado, por revelar interesse particular na investigação penal, age facciosamente ou quando se demonstrar – tal como ocorre com as demais testemunhas – que as suas declarações não encontram suporte e nem se harmonizam com outros elementos probatórios idôneos. Doutrina e jurisprudência. (HC nº 73518/SP, 1ª Turma, Rel. Celso de Mello, j. 18/10/1996).

STJ: Ausência de impedimento quanto à oitiva de policiais.

Os policiais não se encontram legalmente impedidos de depor sobre atos de ofício nos processos de cuja fase investigatória tenham participado, no exercício de suas funções, revestindo-se tais depoimentos de inquestionável eficácia probatória, sobretudo quando prestados em juízo, sob a garantia do contraditório. Precedentes. (HC nº 223086/SP, 5ª Turma, Rel. Laurita Vaz, j. 19/11/2013).

STF: A ausência de compromisso por parte de menor de 14 anos não significa incapacidade para testemunhar.

Por essas normas verifica-se que o Código de Processo Penal não proíbe que os menores de quatorze anos, entre os quais se acha o menino Marcelo, sejam inquiridos como testemunha, dispensado o compromisso, que nenhuma significação teria, por tomado

[188] TORNAGHI, Hélio. *Compêndio de processo penal.* Tomo III. Rio de Janeiro: José Konfino – editor, 1967. p. 873.

[189] NUCCI, Guilherme de Souza. *Manual de processo penal e execução penal.* Rio de Janeiro: Forense, 2015. p. 410.

a quem falta a nítida compreensão da responsabilidade que envolve (Espindola Filho, *in Código de Processo Penal Brasileiro Anotado*, vol. III, p.50, ed. 1942). A exclusão da prestação de compromisso não traduz, assinala Manzini, a incapacidade de testemunhar e, sim, é uma mera presunção de que a pessoa é inapta para compreender o valor do próprio compromisso, sem o qual, entretanto, o depoimento pode ser, igualmente, perfeito, como verificará o juiz, fazendo a livre apreciação do testemunho colhido (*apud* ob. Cit. p.cit.). (HC nº 60418/MG, 1ª Turma, Rel. Néri da Silveira, j. 10/12/1982).

⇒ **Em discussão**

Valor probatório do depoimento de policiais

Ponto que merece reflexão é o valor probatório do depoimento dos policiais que atuaram no feito, seja realizando a prisão em flagrante, seja cumprindo mandados de busca e apreensão, uma vez que o nosso ordenamento jurídico não veda que sejam arrolados como testemunhas.

Como observamos acima, o magistrado, pautado pelo livre convencimento motivado, poderá atribuir valor maior ou menor à prova testemunhal. No que se refere ao testemunho de policiais, entendemos que a valoração deve ser feita com reservas, pois estas testemunhas já estão contaminadas por prejulgamentos, visto que foram elas que colheram os elementos indiciários que deram subsídio à denúncia. Mais do que isso, sua prévia atuação no caso pode gerar a necessidade de corroborar e justificar os atos (e eventuais abusos) praticados.[190] Imagine-se que o policial, responsável pela abordagem do ora acusado no momento do flagrante, é arrolado como testemunha pelo Ministério Público. Evidentemente que o agente estatal ficará desconfortável em contrariar o conteúdo do auto de prisão em flagrante.

Não se está a olvidar que existem algumas modalidades de delito em que normalmente o policial é a única testemunha presente, principalmente por abordagem ser realizada em locais sem muito movimento. No entanto, o fato de os policiais serem os únicos a presenciar o delito poderá igualmente dar margem a abusos, motivo pelo qual, mesmo nestes casos, entendemos ser necessária cautela por parte do magistrado na valoração dos depoimentos policiais.

Entretanto, a jurisprudência dos Tribunais Superiores tem admitido sem reservas o depoimento de policiais que atuaram no feito, inclusive conferindo-lhe maior valor probatório em alguns casos.

5.4. Compromisso de dizer a verdade

Preconiza o art. 203 do CPP que toda a testemunha fará, sob palavra de honra, a promessa de dizer a verdade do que souber e lhe for perguntado. Parte da doutrina entende que o compromisso é elemento intrínseco ao

[190] LOPES JR., Aury. *Direito processual penal*. São Paulo: Saraiva, 2012. p. 655.

conceito de testemunha, motivo pelo qual não consideram os informantes como testemunhas. Nos termos já expostos, entendemos que o compromisso de dizer a verdade não retira dos informantes a sua condição de testemunha, servindo apenas como norte na valoração do depoimento.

O compromisso de dizer a verdade não se estende aos informantes e à vítima; contudo, isto não significa dizer que podem mentir perante a autoridade judicial. Pelo contrário, o dever de dizer a verdade é inerente a todo o depoimento, seja ele prestado na condição de informante, ofendido ou testemunha compromissada. É por esta razão que se o magistrado olvidar-se de tomar o compromisso da testemunha, esta não estará isenta de falar a verdade.[191]

De sua vez, os Tribunais Superiores entendem que o compromisso de dizer a verdade não é requisito para que a testemunha responda pelo crime de falso testemunho, podendo o informante ser enquadrado no delito. Concordamos com este posicionamento, pois o tipo penal do art. 342 do CP apenas exige que o sujeito ativo seja testemunha e, como adiantamos acima, o informante, apesar de não prestar compromisso, não deixa de ser testemunha. Não obstante, ainda há posicionamentos doutrinários e jurisprudenciais no sentido de que apenas a testemunha compromissada poderá responder criminalmente por falso testemunho.

- **Na jurisprudência**

STJ: Desnecessidade do compromisso para configuração do falso testemunho.

Merece ser mantida a decisão embargada, por seus próprios fundamentos, eis que, de acordo com o entendimento firmado pelo STJ, mostra-se prescindível o compromisso, para a configuração do delito de falso testemunho. Precedentes. (AgRg nº 190766/RS, 6ª Turma, Rel. Assusete Magalhães, j. 25/06/2013).

STF: Falso testemunho e ausência de compromisso.

A formalidade do compromisso não mais integra o tipo do crime de falso testemunho, diversamente do que ocorria no primeiro Código Penal da Republica, Decreto 847, de 11/10/1890. Quem não é obrigado pela lei a depor como testemunha, mas que se dispõe a fazê-lo e é advertido pelo Juiz, mesmo sem ter prestado compromisso pode ficar sujeito as penas do crime de falso testemunho. (HC nº 69358/RS, 2ª Turma, Rel. Paulo Brossard, j. 30/03/93).

5.5. Testemunhas não sujeitas ao compromisso

Como exceção à regra do juramento de dizer a verdade, o CPP elencou algumas pessoas que, seja pela sua condição pessoal ou por seu parentesco com o acusado, não estão sujeitas ao compromisso de dizer a verdade (art. 208 do CPP). Assim, estas pessoas poderão ser testemunhas, mas suas declarações terão menor valoração por ocasião da sentença.

---

[191] FISCHER, Douglas; OLIVEIRA, Eugênio Pacelli. *Comentários ao código de processo penal e sua jurisprudência*. São Paulo: Atlas, 2012. p.402.

Relativamente à condição pessoal, tem-se que os doentes, deficientes mentais e menores de 14 anos poderão testemunhar, mas serão ouvidos na condição de informantes. Sublinhe-se que nestes casos, mesmo que se descubra eventual falseamento da verdade, as testemunhas não poderão responder por falso testemunho, não em razão da ausência de compromisso, mas sim por serem elas inimputáveis penalmente.

Já os parentes do réu são aqueles taxativamente elencados no art. 206 do CPP: ascendente ou descendente, irmão e cônjuge (ainda que separado), pai, mãe ou filhos adotivos e afins em linha reta (sogro, sogra, enteado, etc.). Sua dispensa do compromisso se dá em vista do dever moral que estes possam ter para com o sujeito passivo. Importante salientar que a companheira do acusado, desde que caracterizada a união estável, também prestará depoimento na condição de informante, por força do art. 226, § 3º, da CF. Os demais parentes, como os colaterais (tios, primos, cunhado), e o ex-cônjuge divorciado não estão incluídos no rol e, portanto, serão testemunhas juramentadas.

Diferentemente do processo civil,[192] o amigo íntimo ou o inimigo capital do acusado não podem ser dispensados de prestar compromisso, devendo apenas o magistrado levar tal condição em consideração no momento de valorar seus depoimentos. O mesmo vale para os parentes da vítima.

- **Na jurisprudência**

STJ: Parentes da vítima e compromisso de dizer a verdade.

Os artigos 206 e 208 do Código de Processo Penal se referem à possibilidade de os parentes do réu indicados se recusarem a depor, e, caso aceitem, de não serem obrigados a firmar compromisso de dizer a verdade: no caso, contudo, as pessoas inquiridas não foram os parentes do réu, mas, isto sim, da vítima, que estão obrigadas a depor e, obviamente, de dizer a verdade. Ademais, ainda que os parentes da vítima não fossem obrigados a prestar o compromisso de dizer a verdade, se o fizeram, isto em nada prejudica o recorrente, até porque referido compromisso objetiva, em essência, esclarecer a testemunha quanto ao seu dever de somente dizer a verdade, de forma imparcial. (REsp nº 514583/ES, 6ª Turma, Rel. Celso Limongi, j. 06/09/2010).

5.6. Dever de depor: casos de recusa e proibição

Em geral, as testemunhas arroladas pelas partes e devidamente intimadas não poderão eximir-se da obrigação de depor. Contudo, os parentes arrolados no art. 206 do CPP possuem a prerrogativa de se *recusar*

[192] Art. 447. Podem depor como testemunhas todas as pessoas, exceto as incapazes, impedidas ou suspeitas. (...) § 3º São suspeitos: I – o inimigo da parte ou o seu amigo íntimo; II – o que tiver interesse no litígio. § 4º Sendo necessário, pode o juiz admitir o depoimento das testemunhas menores, impedidas ou suspeitas. § 5º Os depoimentos referidos no § 4º serão prestados independentemente de compromisso, e o juiz lhes atribuirá o valor que possam merecer.

a depor contra o réu nos casos em que for possível, por outro modo, obter-se prova do fato e de suas circunstâncias. Nestes casos, a recusa em depor é uma faculdade, podendo o parente optar por prestar depoimento sem compromisso.

Perceba-se que o CPP fez uma ressalva para os casos em que o depoimento de um dos parentes é a única prova capaz de esclarecer os fatos, como na hipótese em que o filho é a única testemunha ocular da morte da mãe em que seu pai é o acusado (crimes cometidos no ambiente doméstico). Portanto, caso o parente do acusado queira depor ou se encaixe na ressalva probatória, ele será ouvido como informante, nos termos analisados no ponto anterior.

Importante mencionar que o momento para verificar a existência de relação de parentesco é quando do depoimento, pouco importando se, por exemplo, na época do fato o acusado não era casado com a testemunha ora dispensada do compromisso.

Já com relação ao art. 207 do CPP, a exceção diz respeito à *proibição* de depor das pessoas que, em razão de função, ministério, ofício ou profissão, devam guardar segredo, como é o caso do advogado, psiquiatra, padre, etc. Ressalte-se que somente lhes é vedado depor com relação a fatos que lhes tenham sido confidenciados em razão de sua função, ou seja, cujo conhecimento tenha advindo exclusivamente do dever inerente a seu cargo, não abrangendo os fatos que por ventura tenham presenciado.[193]

Nucci conceitua as quatro categorias descritas pelo artigo da seguinte forma: função é o conjunto de atividades inerentes a determinado cargo, emprego ou serviço que demandam objetivos determinados e certo preparo; ministério está relacionado com o exercício de uma atividade religiosa com regularidade; ofício é o desempenho de uma ocupação manual ou mecânica que exige habilidade, seja ela atividade profissional ou não; e profissão é a atividade especializada que demanda preparo e habilitação técnica e da qual se extrai a subsistência.[194]

Não obstante o dever de sigilo decorra de previsão legal, poderão ocorrer hipóteses em que, pela natureza da atividade desenvolvida no caso concreto, o magistrado reconheça o seu enquadramento na proibição de depor, como é o caso do contador da pessoa jurídica nos crimes de sonegação fiscal.

Mais especificamente em relação à figura do advogado, o Estatuto da Advocacia (Lei nº 8.906/94), em seu art. 7º, XIX, estipula a prerro-

[193] FISCHER, Douglas; OLIVEIRA, Eugênio Pacelli. *Comentários ao código de processo penal e sua jurisprudência*. São Paulo: Atlas, 2012. p. 407.

[194] NUCCI, Guilherme de Souza. *Código de processo penal comentado*. São Paulo: RT, 2012. p. 490.

gativa de: "Recusar-se a depor como testemunha em processo no qual funcionou ou deva funcionar, ou sobre fato relacionado com pessoa de quem seja ou foi advogado, mesmo quando autorizado ou solicitado pelo constituinte, bem como sobre fato que constitua sigilo profissional". Já no caso do médico, é-lhe vedado revelar fato de que tenha conhecimento em virtude do exercício de sua profissão, salvo por motivo justo, dever legal ou consentimento, por escrito, do paciente. Adverte ainda o Código de Ética Médica que tal proibição permanece quando de seu depoimento como testemunha, referindo que, nesse caso, o médico comparecerá perante a autoridade e declarará seu impedimento. E, com relação aos deputados e senadores, estes não serão obrigados a testemunhar sobre informações recebidas e prestadas em razão do exercício do mandato, nem sobre as pessoas que lhes confiaram ou deles receberam informações (art. 53, § 6º, da CF).

Por se tratar o sigilo profissional de prerrogativa que visa a proteger tanto o acusado quanto o exercício da atividade que demanda o sigilo, entendemos que, caso a parte interessada o desobrigue a guardar o segredo, caberá à testemunha decidir se quer ou não prestar o depoimento. Em caso positivo, o fará sob o compromisso de dizer a verdade. Caso haja a quebra de sigilo sem a autorização da parte interessada, estar-se-á diante de prova duplamente ilícita, uma vez que se estará violando norma de direito material (que instituiu o segredo profissional) e processual (que proibia o depoimento em juízo).[195]

Ainda quanto à obrigatoriedade de depor, importante apontar a posição jurisprudencial pacífica no sentido de que, quando o depoimento da testemunha puder importar em autoincriminação, esta poderá exercer o direito ao silêncio. Entretanto, tal exercício deverá se restringir às perguntas que possam incriminá-la, devendo responder sobre os demais fatos sob pena de ser enquadrada no crime de falso testemunho.

- **Na jurisprudência**

STF: Sigilo profissional do advogado e exceção no caso de ausência de relação direta com os fatos.

Não se aplica a prerrogativa prevista no art. 7º, XIX, da Lei nº 8.906/94 (Estatuto da Ordem dos Advogados do Brasil), tendo em vista que nem o antigo cliente da testemunha – o Partido dos Trabalhadores – nem os fatos investigados na presente ação penal guardam relação com o homicídio do então Prefeito do Município de Santo André. A proibição de depor diz respeito ao conteúdo da confidência de que o advogado teve conhecimento para exercer o múnus para o qual foi contratado, não sendo este o caso dos autos. Os fatos que interessam à presente ação penal já foram objeto de ampla investigação, e a própria testemunha – que ora recusa-se a depor – já prestou esclarecimentos sobre os mesmos na fase inquisitorial, perante a autoridade policial. Assim, os fatos não estão protegidos pelo segredo profissional. 5. Ausente a proibição de depor prevista no art. 207

[195] LOPES JR., Aury. *Direito processual penal*. São Paulo: Saraiva, 2012. p. 659.

do Código de Processo Penal e inaplicável a prerrogativa prevista no art. 7º, XIX, da Lei nº 8.906/94, a testemunha tem o dever de depor. (AP nº 470/MG, Tribunal Pleno, Rel. Joaquim Barbosa, j. 22/10/2008).

STJ: Direito ao silêncio por testemunha em CPI.

Conforme reiteradamente decidido pela Corte Suprema, "o privilégio contra a auto-incriminação – que é plenamente invocável perante as Comissões Parlamentares de Inquérito – traduz direito público subjetivo assegurado a qualquer pessoa, que, na condição de testemunha, de indiciado ou de réu, deva prestar depoimento perante órgãos do Poder Legislativo, do Poder Executivo ou do Poder Judiciário" (HC 79.812/SP, Tribunal Pleno, Rel. Min. Celso de Mello, DJ de 16.2.2001 – grifou-se). Ordem concedida para garantir ao paciente o direito de não assumir o compromisso da verdade, se assim não desejar, e de permanecer calado em seu depoimento perante a CPI para a qual foi convidado a depor, sem que, por esse motivo específico, seja preso ou ameaçado de prisão, ressalvando-se, porém, a obrigação de o depoente prestar as informações solicitadas, com relação a fatos que não impliquem auto-incriminação. (HC nº 82009/BA, 1ª Turma, Rel. Denise Arruda, j. 05/06/2007).

STJ: Direito da testemunha de ficar silente e ser assistida por advogado quando seu depoimento possa importar autoincriminação.

O artigo 5º, inciso LXIII, da Constituição da República, corolário do princípio *nemo tenetur se detegere*, que preceitua que o "(...) preso será informado de seus direitos, entre os quais o de permanecer calado, sendo-lhe assegurada a assistência da família e de advogado", há de ser estendido aos casos em que as testemunhas são arroladas pelo Ministério Público por função de condutas descritas na denúncia, postas em relação com os crimes imputados. As testemunhas têm o direito de permanecer em silêncio relativamente a pergunta cuja resposta importe em auto-incriminação. (HC nº 57420/BA, 6ª Turma, Rel. Hamilton Carvalhido, j. 25/04/2006).

STJ: Sigilo profissional do contador e prova testemunhal.

É possível a um contador prestar esclarecimentos sobre o método de realização de uma auditoria específica e o porquê das conclusões a que chegou, sem que adentre a questões *interna corporis* da empresa auditada. Relevância do depoimento do experto, porquanto os fatos por ele relatados, em razão da feitura da auditoria, é que levaram à instauração da *persecutio criminis* contra o recorrido, diante da suposta prática de estelionato contra a empresa. Hipótese em que o acórdão recorrido resguardou o sigilo profissional em relação às questões internas da empresa, contudo, afastou a sua aplicação no tocante aos termos da perícia realizada. Conclusões que levam, na verdade, a uma concessão parcial da segurança, e não à sua denegação. (RMS nº 17783/SP, 5º Turma, Rel. Felix Fischer, j. 06/04/2004).

5.7. Contradita e arguição de defeito

A contradita e a arguição de defeito são formas de se impugnar a oitiva de uma testemunha arrolada para depor e deverão ocorrer antes de iniciado o depoimento e após a qualificação do testemunhante, pois este é o momento em que será revelada possível relação da testemunha com alguma das partes (art. 214 do CPP). Qualquer das partes poderá realizar a impugnação, podendo, inclusive, ser referente à testemunha que tenha ela própria arrolado.

A contradita poderá ser suscitada quando a testemunha arrolada enquadrar-se no caso de pessoas que deverão ser ouvidas na condição de informantes e, portanto, sem prestar compromisso. Assim, se durante a qualificação de uma testemunha, descobre-se que ela é sogra do réu, as partes poderão impugnar sua oitiva através da contradita. O efeito gerado é que a testemunha será ouvida sem prestar compromisso.

De outra banda, a contradita poderá ser suscitada nos casos em que a testemunha está incluída no rol daquelas proibidas de depor por conta de função, profissão, ofício ou ministério. Nestas hipóteses, o efeito da contradita é que a testemunha não poderá ser ouvida, devendo ser excluída do rol.

Já a arguição de defeito ocorrerá nos casos em que a testemunha declarar na sua qualificação algum fato que a torne indigna de fé ou suspeita, mas que não se encaixe nas hipóteses de recusa ou proibição de depor. É o caso de inimigo capital do réu, parentes ou amigos íntimos da vítima, etc. O efeito da arguição de defeito é que as referidas circunstâncias serão consignadas no termo para que o juiz, no momento da sentença, possa dar maior ou menor valor ao depoimento. Não obstante, a testemunha será ouvida sob o compromisso de dizer a verdade.

Por fim, como já referido o momento para aferir a existência de algum dos casos descritos acima é na audiência, antes de iniciado o depoimento, quando a testemunha terá que informar seu nome, idade, estado e residência, profissão, lugar onde exerce sua atividade, se é parente, em que grau, de alguma das partes, ou quais suas relações com qualquer delas (art. 203 do CPP). Se houver dúvida sobre a identidade da testemunha, o juiz procederá à verificação pelos meios ao seu alcance, podendo tomar-lhe o depoimento desde logo (art. 205 do CPP).

- **Na jurisprudência**
  STJ: Contradita e momento de argüição.

Manifestado o desejo de contraditar a testemunha, deve o Magistrado colher as razões da contradita antes de inquiri-la. Colhendo as razões apenas depois da inquirição das testemunhas, mas sopesando fundamentadamente os motivos pelos quais apenas a acolhia com relação a uma delas, ausente qualquer prejuízo à defesa. Ademais, é permitido ao Juiz ouvir as testemunhas mesmo depois de deferida a contradita, oportunidade em que não lhes serão deferido o compromisso. É possível à acusação contraditar testemunha por ela própria arrolada, desde que fundada em fatos concretos que possam demonstrar sua eventual suspeição, notadamente quando a defesa também a arrolou. (RHC nº 16705/BA, 6ª Turma, Rel. Jane Silva, j. 01/04/2008).

5.8. Dever de comparecimento e condução coercitiva

A testemunha arrolada pelas partes, quando devidamente intimada, tem o dever de comparecer em juízo para prestar depoimento sob pena de ser conduzida coercitivamente (art. 218 do CPP). Evidentemente que tal penalidade não será aplicada caso a testemunha apresente justificativa plausível para sua ausência.

Ademais, poderá o magistrado aplicar a (irrisória) multa prevista no art. 453 do CPP e condenar a testemunha faltosa a pagar as custas da diligência, sem prejuízo de ser responsabilizada pelo crime de desobediência (art. 330 do CP). Parece-nos mais razoável, porém, que primeiramente o magistrado determine sua condução coercitiva e, somente após, se houver resistência por parte da testemunha, enquadre-a no delito.

O CPP prevê algumas exceções ao dever de comparecimento. No caso de pessoas que, em razão da idade ou doença, estiverem impossibilitadas de comparecer para depor, deverão ser ouvidas no lugar em que estiverem (art. 220 do CPP). Ainda, as pessoas elencadas no art. 221 tem a prerrogativa de agendar, previamente, o dia, a hora e o local de seu depoimento.

Importante ressaltar que o Presidente e o vice-presidente da República, Presidentes do Senado, Câmara dos Deputados e Tribunais Superiores poderão optar ainda pela prestação de depoimento escrito. Nestas hipóteses, as perguntas formuladas pelas partes (e deferidas pelo juiz) serão enviadas por ofício, nada impedindo que, após a resposta da autoridade, sejam feitos novos questionamentos, como forma de garantir o contraditório.

Em regra, as testemunhas deverão ser intimadas pessoalmente para a audiência de instrução, sob pena de não poder ser determinada a sua posterior condução coercitiva e demais penalidades. No caso de funcionário público, além da intimação pessoal, deverá haver também a requisição aos seus superiores. Tal formalidade se justifica no interesse público, pois, uma vez notificado o superior, este poderá substituir o funcionário convocado durante o período em que estiver ausente para depor, não restando prejudicada a Administração Pública. Deste modo, se o supervisor não estiver ciente, o funcionário não está obrigado a comparecer em juízo, mesmo que tenha sido intimado pessoalmente.

Outrossim, tratando-se de testemunha militar, o juiz deverá requisitá-lo à autoridade superior, tendo em vista que os estabelecimentos militares possuem acesso restrito ao ingresso de civis. Se a testemunha não comparecer por duas vezes consecutivas sem motivo justificado, o magistrado poderá determinar que o superior para o qual ela foi requerida seja intimado pessoalmente para que apresente seu subordinado, sob pena de ser enquadrado no crime de desobediência.

Ressalte-se que, com relação à sessão de plenário do Tribunal do Júri, as partes deverão indicar expressamente serem as testemunhas imprescindíveis, bem como solicitar sua intimação por mandado e indicar a sua localização (art. 461 do CPP). Não o fazendo, a testemunha será considerada como prescindível e, se não comparecer mesmo intimada, a sessão não será adiada, procedendo-se com o julgamento. Esta prática, em tese, não configura cerceamento de defesa em razão de já ter havido a fase instrutória, onde as testemunhas já tiveram a oportunidade de serem ouvidas.

- **Na jurisprudência**

STJ: Não comparecimento e possibilidade de justificativa posterior.

No processo penal, quando a testemunha, intimada normalmente, deixa de comparecer a audiência, o magistrado pode requisitar que a autoridade policial a apresente ou determinar que seja conduzida por oficial de justiça, pode aplicar a testemunha faltosa pena de multa sem prejuízo da instauração de processo por crime de desobediência. Todavia, se a testemunha deixa de comparecer a audiência para a qual foi regularmente intimada, sem prévia justificativa, mas conduzida a juízo prova que estava ausente do país em missão oficial e justifica satisfatoriamente a falta, não ha justa causa para instaurar-se o inquérito policial. (HC nº 2847/RS, 5ª Turma, Rel. Jesus Costa Lima, j. 28/11/1994.)

5.9. Presença do réu na audiência de oitiva de testemunhas

As mesmas regras previstas para o ofendido quanto à presença do acusado durante a sua oitiva serão aplicadas ao depoimento das testemunhas (art. 217 do CPP). Assim, sempre que o juiz verificar que a presença do réu poderá causar humilhação, temor ou sério constrangimento, de modo que prejudique a verdade do depoimento, deverá fazer a inquirição de testemunhas por videoconferência e, somente na impossibilidade deste formato, determinará a retirada do réu, prosseguindo a inquirição com a presença do seu defensor constituído ou nomeado.

Na prática, o que acaba ocorrendo é a retirada do acusado da sala, uma vez que a verificação de eventual temor ou constrangimento é feita no momento da audiência, não se justificando o seu cancelamento para que seja marcada videoconferência. Ademais, além de a maior parte das comarcas não possuir os equipamentos adequados para realizar videoconferência, o simples fato de a testemunha saber que o réu a está assistindo poderá prejudicar a verdade de seu depoimento,[196] ainda mais quando fundado em temor ou sério constrangimento, o que tornaria ineficaz tal providência.

Assim, sempre que o juiz ordenar a retirada do réu da sala de audiência deverá registrar em ata o fato, bem como os motivos que a ensejaram, sempre permitindo a presença do seu defensor na continuidade do ato. Igualmente, sempre que o acusado apresentar comportamento inconveniente, como gritos ou manifestações inapropriadas, poderá ser

[196] NUCCI, Guilherme de Souza. *Provas no processo penal*. São Paulo: RT, 2011. p. 179.

retirado (art. 796 do CPP). Na hipótese do réu advogar em causa própria e, sendo inviável a realização de videoconferência, o juiz deverá transferir a audiência para que o acusado nomeie um defensor para acompanhar o ato.

- **Na jurisprudência**

STJ: Nulidade relativa e designação de defensor público para acompanhar audiência de réu que atua em causa própria.

A retirada do réu que atua em causa própria da sala de audiências, para a oitiva de testemunha que se sentia constrangida, com nomeação de defensor público para acompanhamento do ato, caracteriza nulidade relativa, sujeitando-se, portanto, à preclusão pela ausência de arguição no momento oportuno. (AgRg nº 1073620/RS, 5ª Turma, Rel. Arnaldo Esteves Lima, j. 16/11/2009).

STJ: Retirada do réu e ausência de violação ao principio da ampla defesa e contraditório.

Hipótese em que se pleiteia a nulidade do processo por violação ao princípio da ampla defesa e do contraditório, em decorrência da retirada do paciente da sala de audiência, quando da oitiva de testemunha de acusação. O direito de presença não é absoluto, podendo o julgador, no caso concreto, vislumbrar o inconveniente que a permanência do réu poderá causar à testemunha, sendo certo que se fez constar em ata o acontecido, presente no depoimento o defensor, que inclusive formulou reperguntas. Não há que se falar em nulidade se a hipótese de retirada do réu da sala de audiências encontra-se prevista em lei (art. 217 do CPP). Precedentes. (HC nº 46291/PE, 5ª Turma, Rel. Gilson Dipp, j. 03/11/2005).

5.10. Procedimento de oitiva

Com relação à oitiva das testemunhas, deve-se destacar que cada parte, no procedimento ordinário, poderá arrolar até oito testemunhas, não se incluindo neste número, segundo o CPP, os informantes e as testemunhas referidas (art. 401 e § 1º). Já no rito sumário, o número cai para cinco (art. 532 do CPP). Com relação ao Tribunal do Júri, na fase de instrução, poderão ser arroladas até oito testemunhas (art. 406, §§ 2º e 3º, do CPP) e, em plenário, somente cinco (art. 422 do CPP).

Pela ordem legal, deverão ser inquiridas primeiro as testemunhas de acusação e, em sequência, as de defesa, sob pena de nulidade. Os Tribunais Superiores, equivocadamente, têm entendido tratar-se a hipótese de nulidade relativa que dependerá da demonstração do prejuízo. Como exceção, tem-se que sempre que a testemunha tiver que se ausentar, seja por velhice ou por doença, ou inspirar receio de que ao tempo da instrução criminal já não exista, o juiz poderá, de ofício ou a requerimento das partes, tomar-lhe antecipadamente o depoimento, independente da ordem legal preestabelecida (art. 225 do CPP). Outra ressalva é com relação à testemunha deprecada, tema que será tratado adiante.

Quanto à possibilidade de desistência de testemunha sem a anuência da parte adversa, há posições contrárias na doutrina. Segundo Avena: "Não se pode admitir a desistência da oitiva de testemunha arrolada por um dos pólos sem a anuência do outro, pouco importando se quem arrolou foi a acusação ou a defesa".[197] De outra banda, Pacelli e Fischer entendem que: "A desistência encontra-se na esfera de disponibilidade das partes eu, se assim entenderem, podem declinar da testemunha que arrolaram anteriormente".[198]

Como já explicitado em momento oportuno, entendemos que o legislador reformista optou por mitigar o princípio da comunhão da prova no tocante à prova testemunhal, permitindo que uma parte desista da inquirição de sua testemunha sem anuência da outra (art. 401, § 2º), ressalvada a prerrogativa do juiz de ouvir testemunhas de ofício quando julgar necessário.

Embora ausente dispositivo que trate acerca da substituição de testemunha não encontrada, pensamos que tal silêncio legislativo não deve ser um óbice à troca. Caberá à parte, no caso concreto, justificar e comprovar a necessidade de substituição da testemunha originalmente arrolada e que não foi encontrada. Havendo a demonstração de prejuízo, deverá o magistrado, em uma aplicação analógica do art. 408, III, do CPC, deferir a substituição, como forma de garantir a ampla defesa.

Por fim, quando os depoimentos colhidos forem reduzidos a termo, o juiz deve cingir-se, tanto quanto possível, às expressões usadas pelas testemunhas, reproduzindo fielmente as suas frases (art. 215 do CPP). Caso a testemunha não saiba ou estiver impossibilitada de assinar, pedirá que alguém o faça por ela, depois de ter lido na presença do juiz e das partes, que igualmente assinarão o termo (art. 216 do CPP). Ressalte-se que a Lei nº 11.719/2008 deu prioridade para que os depoimentos sejam feitos por meios ou recursos de gravação magnética, estenotipia, digital ou técnica similar, inclusive audiovisual com o intuito de obter maior fidelidade das informações (art. 405, § 1º, do CPP). Se optar pelo registro audiovisual, não é necessária a sua transcrição, apenas o encaminhamento de cópias às partes (art. 405, § 2º, do CPP).

- **Na jurisprudência**

STJ: Possibilidade de oitiva de ofício de testemunha dispensada por uma das partes.

Ainda que o Juízo processante tivesse deferido a dispensa das testemunhas arroladas pela Defesa, tal ato não impediria que estas fossem ouvidas pelo Juízo, que detém liberdade para determinar a oitiva até mesmo de testemunhas não-indicadas pelas partes, na

[197] AVENA, Norberto Claudio Pâncaro. *Processo penal*. São Paulo: Método, 2009. p. 238

[198] FISCHER, Douglas; OLIVEIRA, Eugênio Pacelli. *Comentários ao código de processo penal e sua jurisprudência*. São Paulo: Atlas, 2012. p. 832.

busca da verdade real. 3. Segundo a legislação penal em vigor, é imprescindível quando se trata de nulidade de ato processual a demonstração do prejuízo sofrido, em consonância com o princípio *pas de nullité sans grief.* (HC nº 98943/SP, 5ª Turma, Rel. Laurita Vaz, j. 02/12/2010).

STF: Possibilidade de substituição de testemunha não encontrada.

A ausência de previsão específica do Código de Processo Penal acerca do direito à substituição não pode ser interpretada como "silêncio eloqüente" do legislador. A busca por um provimento jurisdicional final justo e legítimo não pode ser fulminado pelo legislador, sob pena de o processo não alcançar sua finalidade de pacificação da lide. A prova testemunhal é uma das mais relevantes no processo penal. Por esta razão, o juiz pode convocar, de ofício, testemunhas que considere importantes para a formação do seu convencimento. Daí porque não se pode usurpar o direito da parte de, na eventualidade de não ser localizada uma das testemunhas que arrolou para comprovar suas alegações, substituí-la por outra que considere apta a colaborar com a instrução. É inadmissível a interpretação de que a "vontade do legislador", na Reforma Processual Penal, seria no sentido de impedir quaisquer substituições de testemunhas no curso da instrução, mesmo quando não localizada a que fora originalmente arrolada. Tal interpretação inviabilizaria uma prestação jurisdicional efetiva e justa, mais próxima possível da "verdade material". Perfeitamente aplicável, à espécie, o art. 408, III, do Código de Processo Civil, tendo em vista que a testemunha substituída não foi localizada em razão de mudança de endereço. O fato de a testemunha arrolada em substituição ser conhecida desde a época do oferecimento da denúncia não impede seu aproveitamento, quando houver oportunidade legal para tanto. No caso, não é possível vislumbrar fraude processual ou preclusão temporal para o arrolamento da testemunha substituta, tendo em vista que a testemunha que não foi encontrada existe e prestou depoimento na fase policial. Sua não localização no curso da instrução abre a possibilidade legal de sua substituição. (AP nº 470/MG, Tribunal Pleno, Rel. Joaquim Barbosa, j. 23/10/2008).

⇒ Em discussão

Os poderes instrutórios do juiz e a oitiva de testemunhas de ofício

Além das testemunhas arroladas pelas partes, o CPP conferiu ao magistrado a possibilidade de ouvir outras testemunhas de ofício (art. 209 do CPP). Tal prerrogativa encontra justificativa na *busca pela verdade,* em uma nítida tentativa do legislador reformista em manter o caráter inquisitivo do estatuto processual.

Como já debatido anteriormente, no sistema acusatório de índole constitucional, a prova é gerida pelas partes como forma de limitar a atividade estatal. O juiz, por seu turno, deve permanecer inerte e imparcial, aguardando a provocação das partes.

Entretanto, o que acaba ocorrendo muitas vezes é o uso equivocado de tais poderes em favor da acusação. Não são raros os casos em que o Ministério Público arrola mais de oito testemunhas na denúncia e o juiz, sem analisar a pertinência de tais depoimentos, defere o rol e inclui as testemunhas excedentes de ofício. É desnecessário mencionar que, caso a defesa postule a mesma prerrogativa, as chances de ter seu pedido deferido são ínfimas. O padrão é o magistrado indeferir o pedido defensivo sob o argumento de que tais testemunhas não são imprescindíveis para o deslinde do feito. Tal procedimento acaba por violar o princípio da paridade de armas, gerando uma distinção em direitos e oportunidades entre acusação e defesa.

Desta forma, entendemos que o mais adequado seria que o juiz primeiro ouvisse as testemunhas arroladas pela parte dentro do número legal para, só depois, verificar a necessidade ou não de ampliação da prova testemunhal. Só assim poderá o magistrado ter certeza acerca da necessidade e conveniência da oitiva de testemunhas de ofício. Do contrário, estará utilizando-se indevidamente dos seus poderes instrutórios, adentrando no terreno da parcialidade.

5.11. Sistema de inquirição das testemunhas

Anteriormente à reforma procedida pela Lei n° 11.690/2008, a oitiva de testemunhas se dava pelo sistema presidencialista de perguntas (ou sistema indireto), o qual se resumia a questionamentos diretos feitos pelo magistrado à testemunha. As partes somente poderiam perguntar suplementarmente e indiretamente através do juiz.

Com a nova redação do art. 212 do CPP, o sistema de inquirição das testemunhas se amoldou ao modelo acusatório de gestão de provas. Assim, as perguntas passaram a ser feitas diretamente pelas partes às testemunhas e o magistrado passou a ter uma atuação subsidiária.

Não se olvida que o juiz continua a presidir a audiência; no entanto, a produção da prova testemunhal fica a cargo das partes, podendo o juiz, ao final dos questionamentos, complementar a inquirição. Além disso, cabe ao magistrado indeferir as perguntas que puderem induzir resposta, não tiverem relação com a causa ou importarem na repetição de outra já respondida.

Em sentido diverso, Nucci entende que, mesmo após a reforma de 2008, o juiz continuará a abrir o depoimento, formulando suas perguntas à testemunha. Somente depois de esgotar seus questionamentos é que passará a palavra as partes que, aí sim, realizarão perguntas diretas às testemunhas. No final dos questionamentos, poderá ainda o magistrado realizar outras indagações sobre pontos não esclarecidos.[199]

Não obstante, a doutrina majoritária se filia ao primeiro entendimento, sustentando que a parte que arrolou a testemunha fará seus questionamentos e, apenas, depois passará a palavra para parte contrá-

[199] NUCCI, Guilherme de Souza. *Manual de processo penal e execução penal*. Rio de Janeiro: Forense, 2015. p. 422.

ria. O juiz, portanto, terá papel neutro e fiscalizador, complementando com perguntas ao final, se achar necessário. Os Tribunais Superiores igualmente têm reconhecido a mudança no sistema de inquirição, afirmando tratar-se da implementação do sistema *cross-examination*, no qual as partes fazem por primeiro os questionamentos diretamente às testemunhas.

Ponto controverso diz respeito às consequências de eventual inversão na ordem de formulação das perguntas, com a atuação direta do magistrado na produção da prova. A jurisprudência dominante entende tratar-se de nulidade relativa que somente será declarada se houver a comprovação do efetivo prejuízo experimentado pela parte. Na prática, tal evidência é de difícil demonstração, o que acaba por gerar uma porta aberta para que os magistrados continuem a exercer seu papel de juiz-inquisidor no gerenciamento das provas.

Diverso é o caso quando o membro do Ministério Público não se faz presente na audiência, e as perguntas são feitas exclusivamente pelo juiz e pela defesa. Como se sabe, a presença do *parquet* devidamente intimado para a audiência não é imprescindível, podendo o ato se desenrolar somente com o advogado de defesa. No entanto, se o juiz tomar o seu papel na inquirição, formulando as perguntas iniciais, estar-se-á diante de um juiz-acusador, o que é vedado no nosso ordenamento. Assim, quando a sentença condenatória se basear exclusivamente em prova testemunhal colhida através deste procedimento, estaremos diante uma nulidade absoluta.

- **Na jurisprudência**

STF: Inversão da ordem de inquirição e nulidade relativa.

O art. 212 do Código de Processo Penal, com a redação da Lei nº 11.690/2008, inaugurou nova sistemática para a inquirição das testemunhas, franqueando às partes a formulação de perguntas diretamente e em primeiro lugar, com a complementação pelo juiz. A não observância de tal ordem, no caso, não implicou prejuízo processual, a atrair a aplicação do princípio maior regente da matéria – *pas de nullité sans grief* –, conforme o art. 563 do Código de Processo Penal, em se tratando de nulidade relativa. Não se prestigia a forma pela forma. Se do vício formal não deflui prejuízo, o ato deve ser preservado. (HC nº 114512/RS, 1ª Turma, Rel. Rosa Weber, j. 24/09/2013).

STJ: Inversão da ordem de inquirição e nulidade relativa.

Afinal, a teor do art. 212 do CPP com sua nova redação, a oitiva das testemunhas deve ocorrer com perguntas feitas direta e primeiramente pelo MP e depois pela defesa, sendo que, no caso, o juiz não se restringiu a colher, ao final, os esclarecimentos que elegeu necessários, mas sim realizou o ato no antigo modo, ou seja, efetuou a inquirição das vítimas, olvidando a alteração legal, mesmo diante do alerta ministerial no sentido de que a audiência fosse concretizada nos moldes da vigência da Lei n. 11.690/2008. Também restou consignado que, além de a parte ter direito à estrita observância do procedimento estabelecido na lei, por força do princípio do devido processo legal, o paciente teve proferido julgamento em seu desfavor, sendo que, diante do novo método utilizado para a inquirição de testemunhas, a colheita da referida prova de forma diversa, ou seja, pelo sistema presidencial, indubitavelmente lhe acarretou evidente prejuízo. (HC nº 121216/DF, 5ª Turma, Rel. Jorge Mussi, j. 15/05/2009).

STJ: Ausência do Ministério Público na audiência e nulidade absoluta. Com a entrada em vigor da Lei nº 11.690, de 9 de junho de 2008, foi alterada a forma de inquirição das testemunhas, estabelecendo o artigo 212 do Código de Processo Penal que as perguntas serão formuladas pelas partes diretamente à testemunha, cabendo ao juiz apenas complementar a inquirição sobre os pontos não esclarecidos, bem como exercer o controle sobre a pertinência das indagações e das respostas. A complementaridade constante do texto legal examinado induz à conclusão de existência de ordem na inquirição, ou seja, sugere um roteiro, em que a parte que arrolou a testemunha formula as perguntas antes da outra parte, perguntando o juiz por último. Contudo, a inversão da ordem de inquirição, na hipótese em que o juiz – apenas o juiz, não a outra parte –, formule pergunta à testemunha antes da parte que a arrolou, somente poderia ensejar nulidade relativa, a depender do protesto da parte prejudicada no momento oportuno, sob pena de preclusão, bem como da comprovação inequívoca do efetivo prejuízo com a indagação formulada fora da ordem sugerida na norma processual. Não se pode olvidar que, no moderno sistema processual penal, não se admite o reconhecimento de nulidade sem a demonstração do efetivo prejuízo à defesa, vigorando a máxima *pas de nullité sans grief*, a teor do que dispõe o artigo 563 do Código de Processo Penal. Não obstante tais fundamentos, diante da peculiaridade do caso concreto, mostra-se irretocável o acórdão recorrido, que anulou o processo desde a audiência de instrução, já que o Juiz, na verdade, colheu toda a prova utilizada para embasar a sentença condenatória, diante da ausência do membro do Ministério Público na audiência de instrução. Assim, na hipótese, não se mostra relevante sequer a questão da inversão da ordem de inquirição, pois mesmo que o magistrado tivesse formulado perguntas às testemunhas arroladas pelo órgão de acusação em momento posterior à defesa, mas de tais depoimentos tenha extraído os elementos de convicção exclusivos que sustentaram a decisão condenatória, irrecusável reconhecer que a inquirição, pelo juiz, não se deu em caráter complementar, mas sim principal, em verdadeira substituição ao órgão incumbido da acusação, situação que configura indisfarçável afronta ao sistema penal acusatório e evidencia o prejuízo efetivo do recorrido. Não se verificou, no caso concreto, a indispensável separação entre o papel incumbido ao órgão acusador e ao julgador, principal característica do sistema acusatório, pois a fundamentação exposta na sentença condenatória permite concluir que os elementos do convencimento judicial decorreram, exclusivamente, de provas colhidas pelo julgador na audiência de instrução, hipótese de nulidade insanável, não sujeita, portanto, à preclusão. (REsp nº 1259482/RS, 5ª Turma, Rel. Marco Aurélio Bellizze, j. 04/10/2011).

5.12. Carta precatória

Na prova testemunhal, a carta precatória é o meio utilizado para colher o depoimento de pessoa que se encontre fora da jurisdição do magistrado titular do processo (art. 222 do CPP). Assim, sempre que uma das partes arrolar testemunha cujo endereço não seja na mesma localidade do juízo daquele caso, deverá ser expedida carta precatória para que a testemunha seja ouvida no juízo onde residir. Não obstante, há a previsão em alguns Códigos de Organização Judiciária de dispensa da carta precatória quando se tratar de comarcas contíguas ou que se situem na mesma região metropolitana.[200]

Como já mencionado, a carta precatória é uma das exceções à ordem de oitiva de testemunhas, pois a sua expedição não suspende a instrução criminal (art. 221, § 1º, do CPP). É de se dizer que não é necessário que as testemunhas de acusação já tenham sido ouvidas para que haja a oitiva de testemunha de defesa no juízo deprecado. Da mesma forma, é possível ouvir primeiro as testemunhas de defesa no juízo deprecante para depois serem inquiridas por precatória as de acusação.

A precatória deverá ser cumprida no tempo fixado pelo juízo deprecante que, segundo o CPP, deverá ser um prazo razoável. Como tal conceito é aberto, normalmente o juiz fixa entre trinta e noventa dias, tempo este que poderá variar de acordo com circunstâncias como estar ou não o réu preso, tempo de tramitação do processo, lapso de prescrição, etc. A consequência para o não cumprimento da precatória no tempo determinado é a possibilidade de ser proferida sentença no processo originário independentemente do retorno da diligência (art. 222, § 2º, do CPP). É de se dizer que, consequentemente, a prolação de sentença sem a oitiva de testemunha por precatória não dará azo à nulidade, posição da qual discordamos.

No entanto, importante ressaltar que, se a precatória retornar cumprida mesmo fora do prazo estipulado, ela deverá ser juntada aos autos a qualquer tempo. Isso significa que se já houver sido proferida a sentença de primeiro grau, o juízo deprecante deverá remeter a precatória para o Tribunal que irá julgar o recurso, de forma que ela seja incluída ao conjunto probatório. Para que se preserve o contraditório, pensamos que o desembargador-relator deverá dar vista às partes da juntada da precatória para que, se entenderem pertinente, aditem suas razões ou a utilizem quando da eventual sustentação oral. Outra hipótese é quando a juntada de carta precatória ocorre após o trânsito em julgado do feito. Se dos depoimentos constantes dela houver elementos que possam reverter a sentença condenatória, caberá à defesa ajuizar revisão criminal com base em prova nova (art. 621, III, do CPP). Entretanto, se a precatória contiver elementos capazes de reverter uma sentença absolutória, ou seja, provas que levariam à condenação do réu, não há nada a ser feito pela acusação, tendo em vista a vedação de revisão criminal *pro societate*. Observe-se que nenhum destes procedimentos precisaria ser adotado caso o magistrado aguardasse o retorno da carta precatória para então proferir sentença, o que nos parece mais acertado.

---

[200] É o que dispõe a Consolidação Normativa Judicial do Tribunal de Justiça do Rio Grande do Sul: "Art. 775 (...) § 1º – Nas Comarcas contíguas, de fácil comunicação, e nas que se situem na mesma região metropolitana, o Oficial de Justiça poderá efetuar citação ou intimações em qualquer delas, independentemente de expedição de carta precatória.".

Outro aspecto peculiar da carta precatória é a inovação introduzida pela Lei n° 11.900/2009, segundo a qual a oitiva da testemunha poderá ser realizada por meio de videoconferência ou outro recurso tecnológico de transmissão de sons e imagens em tempo real, sendo permitida a presença do defensor e podendo ser realizada durante a audiência de instrução e julgamento (art. 222, § 3º, do CPP). É de se dizer que a testemunha residente em outra comarca comparecerá perante o juízo deprecado e, de lá, será realizada videoconferência com o juízo deprecante. Tal dispositivo permite uma maior proximidade entre o juiz que sentenciará e a colheita da prova, o que é de grande relevância se considerarmos o princípio do livre convencimento motivado. Desta forma, permitir-se-á que o juiz competente para julgar possa sanar eventuais dúvidas através de questionamentos (sempre complementar e após as partes!).

De outra banda, o STJ, segundo a Súmula 273, já determinou que não há necessidade de intimar as partes acerca da data da audiência no juízo deprecado, bastando que sejam intimadas acerca da expedição da carta precatória. E mais, o STF, através da Súmula 155, estipulou que, na falta da intimação da expedição, se estará diante de nulidade relativa. Assim, caberá à defesa diligenciar perante o juízo deprecado para tomar ciência acerca da data aprazada para audiência, já que o Ministério Público será intimado no órgão atuante naquele juízo. Se o defensor do réu não comparecer, será nomeado um defensor dativo para acompanhar o ato, sob pena de nulidade absoluta.

Quanto à presença do réu na audiência no juízo deprecado, a jurisprudência e a doutrina majoritariamente têm-se posicionado no sentido de que sua ausência é causa de nulidade relativa, devendo ser comprovado o prejuízo. Compreendemos que solicitar a presença do réu preso em cidade diversa da qual está acautelado inviabilizaria em muitos casos o regular desenvolvimento do processo. No entanto, tratando-se de testemunha que tenha que realizar reconhecimento, entendemos ser imprescindível que seja feito pessoalmente, e não por fotografia, motivo pelo qual a presença do acusado seria obrigatória.

Por fim, resta mencionar que, no caso de testemunha residente fora do país, deverá ser expedida carta rogatória, mas somente se comprovada previamente a imprescindibilidade de sua oitiva (art. 222-A CPP).

⇒ **Em discussão**

A ausência de intimação da defesa acerca da audiência em carta precatória e a quesitação prévia na carta rogatória

Não obstante a matéria estar sumulada nos Tribunais Superiores, é flagrante o cerceamento de defesa na previsão de intimação da defesa apenas quando da expedição da carta precatória. A um, pois se considerarmos que a acusação será intimada da data da audiência através do órgão local, por si só, já estamos diante da violação do princípio da paridade de armas. A dois, porquanto o lapso temporal entre a expedição da carta e seu efetivo cumprimento, por vezes é demasiado extenso, o que dificulta o acompanhamento através de diligências no juízo deprecado por parte da defesa.

No entanto, consequência mais grave parece ser o caso em que a defesa, por não ter sido intimada para o ato, não comparece à audiência no juízo deprecado, sendo nomeado defensor dativo. Ora, qual a validade de uma prova produzida perante partes "alheias" ao processo e que sequer conhecem o caso? Por óbvio, o promotor, o juiz e o defensor dativo atuantes na comarca deprecada não conhecem largamente os fatos, o que faz com que as perguntas, muitas vezes, se tornem genéricas, ficando em segundo plano os questionamentos imprescindíveis para o deslinde do feito.

No tocante à carta rogatória, é comum na prática forense a intimação das partes antes da expedição da rogatória para que formulem quesitos a fim de instruí-la. É de se dizer que o Ministério Público e a defesa deverão apresentar simultaneamente as perguntas a serem feitas à testemunha por ocasião do cumprimento da diligência. Tal mecanismo fere diretamente os princípios constitucionais da ampla defesa e do contraditório, pois a prova testemunhal, em alguns casos, é complexa e envolve questionamentos suplementares pela defesa ao longo do testemunho. Além disso, em se tratando de testemunha acusatória, as perguntas da defesa são realizadas após os questionamentos do *parquet* e, portanto, dependerão das respostas dadas pela testemunha no momento do depoimento. Deste modo, por serem imprevisíveis as respostas da testemunha, bem como as perguntas realizadas pela acusação, é impossível exercer-se o contraditório pleno através da formulação prévia de quesitos.

Por esta razão, entendemos que o juiz deprecado, ao designar data para a audiência de oitiva da testemunha, deve determinar a intimação da defesa constituída para que se faça presente no ato, de forma a garantir o contraditório e a ampla defesa em suas formas plenas.

- **Na jurisprudência**

STJ: Possibilidade de realização do interrogatório antes do retorno de precatória.

A expedição de carta precatória para a oitiva de testemunha não impede a realização do interrogatório do Acusado, já que aquela não suspende a instrução criminal. Incidência da Súmula nº 83 desta Corte Superior. (AgRg no AREsp nº 423929/MG, 5ª Turma, Rel. Laurita Vaz, j. 30/04/2014).

STJ: Ausência de nulidade diante da prolação de sentença antes do retorno de precatória.

Não há nulidade no fato de o Magistrado Sentenciante não ter aguardado o retorno de carta precatória expedida para oitiva da Vítima, se sua convicção foi formada com base em outros elementos válidos. Se a Defesa não demonstrou de que forma a oitiva da Vítima – testemunha arrolada pelo Ministério Público – influiria de forma favorável ao Agente, não há como se presumir prejuízo. Alegações genéricas de nulidade, desprovidas de demonstração do concreto prejuízo, não podem dar ensejo à invalidação da ação penal. É imprescindível em tais casos a demonstração de prejuízo, pois o art. 563, do Código de Processo Penal, positivou o dogma fundamental da disciplina das nulidades – *pas de nullité sans grief.* (HC nº 229805/SP, 5ª Turma, Rel. Laurita Vaz, j. 15/06/2012).

STF: Réu preso e ausência de requisição de comparecimento.

Oitiva de testemunha. Carta precatória. Réu preso. Requisição não solicitada. Ausência de nulidade. Jurisprudência reafirmada. Repercussão geral reconhecida. Recurso extraordinário improvido. Aplicação do art. 543-B, § 3º, do CPC. Não é nula a audiência de oitiva de testemunha realizada por carta precatória sem a presença do réu, se este, devidamente intimado da expedição, não requer o comparecimento. (RExt nº 602543/RS, Tribunal Pleno, Rel. Cezar Peluso, j. 19/11/2009).

5.13. Procedimento em caso de falso testemunho

Configura-se o falso testemunho quando a testemunha fizer afirmação falsa, negar ou calar a verdade em processo judicial ou administrativo, inquérito policial ou em juízo arbitral (art. 342 do CP). Relembrando que, para a tipificação, não é necessário o compromisso de dizer a verdade, motivo pelo qual as testemunhas não juramentadas (informantes) também poderão ser enquadradas no delito.

Muito embora o delito de falso testemunho seja classificado como crime de mão própria, a doutrina majoritária e a jurisprudência entendem ser possível a participação de terceiro em casos especiais. Seria a hipótese em que um advogado instiga ou induz a testemunha a prestar falso testemunho em favor de seu cliente.

De acordo com o CPP, se o juiz verificar, ao pronunciar a sentença final, a ocorrência de falso testemunho por parte de um dos depoentes, deverá remeter cópia do depoimento à autoridade policial para a instauração de inquérito (art. 211 do CPP). Assim, somente após a instrução estar encerrada, no momento de prolação da sentença, é que o juiz deverá informar a ocorrência do delito. Isso se justifica, pois, segundo o CP, se o agente se retrata ou diz a verdade antes da sentença no processo em que ocorreu o ilícito, o fato deixa de ser punível (art. 342, § 2º, do CP).

Importante ressaltar que o crime de falso testemunho é formal, consumando-se logo após a declaração falsa; no entanto, é condicionado, pois a testemunha mendaz tem até a sentença de primeiro grau para retratar-se do depoimento prestado, o que causará a extinção da punibilidade, nos termos do art. 107, VI, do CP.

Não obstante, o art. 211, no seu parágrafo único, prevê a possibilidade de se apresentar a testemunha imediatamente à autoridade policial quando o depoimento tiver sido prestado em plenário de julgamento. A primeira hipótese é quando a testemunha presta o depoimento na audiência de instrução e julgamento e, logo em seguida, após os debates orais, o juiz profere a sentença. Por óbvio que não há nenhum obstáculo ao reconhecimento do falso, visto que o lapso temporal previsto para a retratação já se esgotou.

Outra possibilidade se dá quando os jurados reconhecem o crime de falso testemunho por ocasião do julgamento em Plenário do Júri. Em razão da particularidade destes julgamentos, sempre que uma testemunha faltar com a verdade perante os jurados, deverá ser quesitada a existência do crime de falso testemunho. Se a resposta for afirmativa, não há que se falar em prazo para retratação, pois estará proferida a sentença. Neste ponto, deve-se sublinhar que não há julgamento de mérito quanto ao crime de falso testemunho, os jurados apenas reconhecem a possibilidade de existência, devendo a autoridade competente analisar o fato. Ainda, caberá à parte prejudicada pelo falso testemunho solicitar a formulação do quesito, não sendo permitido ao juiz ou aos jurados o fazerem, sob pena de comprometer a sua imparcialidade/incomunicabilidade.[201]

A última hipótese prevista pelo Código – por ocasião da decisão do Tribunal proferida em crimes de sua competência originária – acabou prejudicada diante da revogação do art. 561 do CPP que modificou o rito, prevendo a abertura de prazo para apresentação de memórias escritos e consecutivamente para prolação de decisão.

Questiona-se, contudo, acerca da necessidade de apresentação da testemunha à autoridade ao invés da simples remessa da cópia do depoimento. A doutrina minoritária alega tratar-se de apresentação para lavratura do auto de prisão em flagrante pelo crime de falso testemunho. Entendemos não ser viável tal posicionamento. A um, porquanto a testemunha não é obrigada a permanecer no recinto após prestar o seu depoimento, aguardando os debates orais e a prolação da sentença. A dois, pois existe a possibilidade de, em sede de recurso, ser o seu testemunho reconhecido pelo Tribunal como verdadeiro e utilizado para alterar a decisão de 1ª grau. Assim, ao reconhecer a inexistência de crime, a anterior prisão em flagrante teria sido uma ilegalidade. Além disso, no caso do Tribunal do Júri, o lapso temporal entre o depoimento da testemunha e eventual quesitação positiva é considerável, o que descaracterizaria o flagrante delito. Diante dessas considerações, entendemos que o melhor caminho a ser seguido pelo juiz é sempre a simples remessa, por ofício, da cópia do depoimento à autoridade competente instruída

[201] NUCCI, Guilherme de Souza. *Tribunal do júri*. Rio de Janeiro: Forense, 2014. p.223.

com as peças pertinentes, para que se evitem prisões prematuras e constrangimentos ilegais.

No tocante à competência para processamento e julgamento dos crimes de falso testemunho, tem-se que será da Justiça Estadual se o falso ocorreu nos processos de sua competência. Já à Justiça Federal, caberá julgar os falsos ocorridos em seus processos, nos processos eleitorais e trabalhistas. Quando o delito ocorrer em depoimento prestado por carta precatória, a competência será do juízo deprecado, muito embora caiba ao juízo deprecante a sua verificação por ocasião da sentença.

- **Na jurisprudência**

STJ: Desnecessidade de aguardar a conclusão do processo para oferecimento de denúncia por falso testemunho.

A Consumação do crime do art. 342 do CP ocorre no momento em que é feita a afirmação falsa, nada impedindo, portanto, o oferecimento da denúncia antes mesmo da sentença definitiva do processo principal, que obsta somente a conclusão do processo em que se apura o crime de falso testemunho diante da possibilidade de retratação, nos termos do art. 342, § 2º, do CP." (HC nº 89885/PE, 5ª Turma, Rel. Arnaldo Esteves Lima, j. 16/03/2010).

STF: possibilidade de participação de advogado no crime de falso testemunho.

Co-autoria. Participação. Advogado que instrui testemunha a prestar depoimento inverídico nos autos de reclamação trabalhista. Conduta que contribuiu moralmente para o crime, fazendo nascer no agente a vontade delitiva. Art. 29 do CP. Possibilidade de co-autoria. Relevância do objeto jurídico tutelado pelo art. 342 do CP: a administração da justiça, no tocante à veracidade das provas e ao prestígio e seriedade da sua coleta. Relevância robustecida quando o partícipe é advogado, figura indispensável à administração da justiça (art. 133 da CF). Circunstâncias que afastam o entendimento de que o partícipe só responde pelo crime do art. 343 do CP. (RHC nº 81327/SP, 1ª Turma, j. 11/12/2001).

STJ: Retratação e necessidade desta ser realizada no processo onde o falso foi proferido.

A afirmação falsa lançada no bojo do contraditório tem o efeito deletério de distanciar o julgador da realidade dos fatos levados ao seu conhecimento, seja no âmbito administrativo, policial ou judicial, levando-o a proferir conclusões que, no mais das vezes, se distanciam do ideal de justiça, pondo em risco a credibilidade da instituição que representa, embora levado a erro pelo ardil. Não é por outra razão que o legislador ordinário, ao tipificar a conduta do agente que faz a afirmação falsa como testemunha, estabeleceu uma causa de extinção da punibilidade quando, mostrando-se arrependido, procura retratar-se ou declarar a verdade antes da sentença, pois tal atitude tem o condão de restabelecer as condições ideais para o julgador exercer o seu mister, fazendo desaparecer, portanto, a violação ao bem jurídico tutelado. Entretanto, ao estabelecer como termo para a incidência da retratação como causa de extinção da punibilidade, a sentença não pode ser outra senão aquela a ser proferida no próprio processo no qual o agente fez a afirmação falsa, justamente para que, trazendo para os autos a verdade, sejam afastados os efeitos deletérios da errônea percepção da realidade pelo julgador. (RHC nº 33350/RS, 5ª Turma, Rel. Jorge Mussi, j. 01/10/2013).

5.14. Limitação do rol de testemunhas

O CPP, referindo-se ao procedimento ordinário no art. 401, é expresso ao prever o limite de 8 (oito) testemunhas a serem arroladas pela acusação e 8 (oito) pela defesa. A flexibilização desta baliza, em observância aos princípios da razoabilidade e proporcionalidade, se dá em casos nos quais se visa a apurar a prática de mais de um fato delitivo, ou de conduta complexa supostamente cometida por mais de um acusado.

Note-se, contudo, que a aplicação menos rígida do limite imposto pelo CPP é extraordinária, podendo ser vedada pelo magistrado caso o contexto fático da prática delitiva seja o mesmo, não exigindo maior dilação probatória. Nos Tribunais Superiores a extrapolação do rol de testemunhas exige a demonstração pela parte interessada das peculiaridades que justifiquem o aumento. Caso contrário, é dever do magistrado obstar a apresentação de rol contando com testemunhas em número superior ao permitido, ordenando a retificação, sob pena de violação à paridade de armas.[202]

De outro lado, a redução do rol testemunhal por determinação judicial importa em restrição ao direito à prova, logo, à ampla defesa e ao contraditório. Isso porque o direito à prova confunde-se com a noção de devido processo legal. Nessa linha, o juiz não está autorizado a limitar o rol testemunhal abaixo da raia demarcada no CPP mesmo que justifique a necessidade na celeridade processual, na perspectiva de risco de extinção da punibilidade em virtude da prescrição ou na quantidade de volumes dos autos.

Além disso, incorre em inversão tumultuária do processo o juiz que determina a apresentação de justificativa para o arrolamento de cada uma das testemunhas. A demonstração da necessidade da respectiva inquirição – que estiver dentro do rol permitido no CPP – importa certamente em inverter o ônus da prova a externar à acusação o conteúdo da defesa oral antes mesmo de sua materialização em audiência. É de se dizer que, ao demonstrar a necessidade da inquirição da testemunha, a defesa estará adiantando suas intenções com a prova, situação que deveria perfectibilizar-se apenas em audiência.

Na jurisprudência, temos importante decisão do TJRS nos seguintes termos: "O art. 401 do CPP prevê o número máximo de oito testemunhas em relação a cada um dos réus e, por uma questão de interpretação

[202] "Paridade de armas no processo penal é a igual distribuição, durante o processo penal – desde sua fase pré-judicial até a executiva –, aos envolvidos que defendem interesses contrapostos, de oportunidades para apresentação de argumentos orais ou escritos e de provas com vistas a fazer prevalecer suas respectivas teses perante uma autoridade judicial." (VIEIRA, Renato Stanziola; BADARÓ, Gustavo Henrique Righi Ivahy (Coord.); CALMON, Petrônio (Coord.). *Paridade de armas no processo penal*. Brasília: Gazeta Jurídica, 2014. p. 236. (Ada Pellegrini Grinover; v. 2))

jurisprudencial, entende-se que o número de testemunhas deve considerar o número de fatos imputados. Os réus não excederam o número de testemunhas previsto na lei processual penal e, desse modo, com a limitação da prova imposta pelo Juízo de 1º grau (ao número de três por fato, exigindo, ainda, que a Defesa demonstre a necessidade de suas inquirições), corre-se o risco concreto de superveniente declaração de nulidade por cerceamento de defesa. Cumpre registrar que – como bem observado pelo Ministério Público em parecer – não é possível aferir-se, de antemão, que as testemunhas arroladas são impertinentes ou desnecessárias, ou, ainda, com o intuito meramente protelatório." (Correição Parcial nº 70068913045, 4ª Câmara Criminal, Rel. Mauro Evely Vieira de Borba, j. 12/05/2016).

- **Na jurisprudência**

STJ: Limitação do número máximo de testemunhas pelas partes.

O art. 401 do Código de Processo Penal impõe como limite máximo o total de 8 testemunhas possíveis de serem arroladas, seja pela defesa, seja pela acusação, salvo em situações excepcionais, plenamente caracterizadas nas especificidades e fatos a provar, nas quais o rol poderá ser expandido, não sendo suficiente a simples afirmação de ligação das testemunhas aos fatos, comprometendo a marcha processual. (HC nº 256.421/MG, 6ª Turma, Rel. Min. Nefi Cordeiro, j. 08/03/2016).

STJ: Limitação do número máximo de testemunhas pelas partes.

Na hipótese, conquanto a exordial acusatória impute aos recorrentes a suposta prática de dois delitos, verifica-se a ocorrência de apenas um contexto fático, não havendo qualquer peculiaridade que justifique a pretendida extrapolação do número de testemunhas, razão pela qual a limitação conforme o disposto no 401 do CPP encontra-se em observância aos postulados da razoabilidade, proporcionalidade e razoável duração do processo (precedentes). (RHC nº 45.061/SC, 5ª Turma, Rel. Min. Felix Fischer, j. 30/06/2015).

5.15. O valor probatório do testemunho por ouvir dizer: *hearsay testimony*

Como já referido, testemunha é toda pessoa que comparece perante a autoridade (policial, ministerial ou judicial) para dizer o que viu ou ouviu dizer acerca de fato juridicamente relevante. Assim, de acordo com a autorização do art. 202 do CPP, toda pessoa poderá ser testemunha, indicando que aquele indivíduo que ouviu dizer, muito embora não tenha presenciado o fato, também poderá figurar do rol testemunhal.

O testemunho de ouviu dizer só poderá ser recebido e valorado como prova testemunhal quando trouxer aos autos elementos suficientes para identificação daquele que efetivamente teve contato com o fato delituoso, em verdadeiro procedimento de testemunha referida (art. 209 do CPP). Do contrário, apesar de poder ser arrolado, não há sentido algum valorar-se como prova testemunhal a fala de alguém que refere ter ouvido dizer sem apontar o responsável pela informação originária relevante ao caso.

Nesse sentido, a fraqueza do valor probatório do testemunho de ouviu dizer cresce de acordo com a maior incerteza da origem do depoimento. Quando tiver lugar origens indeterminadas e anônimas, o testemunho de ouviu dizer não terá nenhum valor probatório.[203]

Nesse sentido, ao classificar as testemunhas entre direta, aquela que presenciou o fato, e indireta, aquela que ouviu dizer de outra pessoa, Tornaghi esclarece que: "se deve é exigir da testemunha indireta a indicação das fontes de sua ciência",[204] concluindo que a testemunha que não aponta seus informantes não deveria ter valorado o seu depoimento.[205]

O STJ já se manifestou sobre o tema, concluindo que "a prova produzida por meio da testemunha de 'ouvi dizer' não pode ser peremptoriamente considerada imprestável para o processo, uma vez que a partir dela é possível se chegar a uma testemunha referida, a qual possa confirmar o testemunho daquele que nada viu. Lado outro, não se pode admitir nos autos a prova que acusa sem ter contato com os fatos e sem identificar quem teve, pois, reitero que a denúncia anônima demanda diligências complementares para iniciar o processo quanto mais para servir de prova para condenação. Aceitar a manutenção da referida prova nos autos subverteria todas as garantias constitucionais do processo penal, tão caras ao ordenamento jurídico. Nesse encadeamento de ideias, reafirmo que o exame da prova testemunhal impugnada não supera o exame da legitimidade, pois não pode ser considerada testemunha aquele que não teve contato com o fato criminoso nem pode identificar quem teve, se limitando a testemunhar que ficou sabendo por terceiros que o paciente seria o autor dos fatos".[206]

5.16. A valoração do testemunho por ouvir dizer no momento da pronúncia

No âmbito do procedimento do júri, o CPP autoriza o juiz a pronunciar o acusado se convencido da materialidade do fato e da existência de indícios suficientes de autoria ou de participação, consoante a dicção do art. 413.

---

[203] MALATESTA, Nicola Framarino dei Malatesta. *A Lógica das provas em Matéria Criminal*. Tradução de J. Alves de Sá. 2ª ed. Lisboa: Livraria Clássica Editora M. Teixeira Cia, 1927, p. 407.

[204] TORNAGHI, Hélio. *Compêndio de processo penal*. Tomo III. Rio de Janeiro: José Konfino – editor, 1967. p. 868.

[205] Id., ibid.

[206] HC nº 397485/RJ, 5ª Turma, Rel. Min. Reynaldo Soares da Fonseca, j 08/08/2017.

No contexto da pronúncia, até os elementos indiciários têm permitido uma decisão que declare a procedência da acusação, circunstância esta aceita pelos nossos tribunais sob o entendimento de que as proibições do art. 155 do CPP, no âmbito do procedimento dos crimes dolosos contra a vida, devem ser valoradas com reserva. Assim, indícios produzidos unilateralmente e sem contraditório na fase policial autorizam a sequência do procedimento sob a invocação do *in dubio pro societate*, olvidando-se, portanto, que a dúvida deveria funcionar, sobretudo em se tratando de prova, como um critério de resolução da incerteza em favor acusado.[207] A incerteza deveria, portanto, conduzir à impronúncia (dúvidas sobre a existência do fato e os indícios não suficientemente esclarecedores da autoria ou participação).[208]

É que, apesar da necessidade de indícios suficientes de autoria para autorizar-se a pronúncia, não há determinação do alcance da suficiência – não há um *standard* seguro de prova, como critério de julgamento, que permita um verdadeiro controle da decisão judicial. Esta abertura e a ausência de critérios de julgamento têm autorizado decisões arbitrárias e com pouca chance de reversão nas instâncias impugnativas justamente porque o "suficiente" é indeterminado, é subjetivo.

A partir de Knijnik, temos que o livre convencimento encontra limites na necessidade de motivação e na demonstração dos modelos de constatação, critérios de julgamento ou *standards* de prova. É preciso, portanto, que a decisão judicial evidencie o *standard* de prova utilizado para aquele caso concreto que, no processo penal, se identifica com o modelo da "prova além da dúvida razoável".[209]

Como vimos, a complexidade aumenta nos casos em que a existência de dúvida razoável sobre os pedidos da acusação tem autorizado que o acusado seja submetido ao Conselho de Sentença (entrando em cena a íntima convicção e exibindo-se episódios muito semelhantes ao "vale-tudo"). Sob o pretexto de "não usurpar a competência constitucional do Júri", os julgados indicam uma omissão confortável chamando o *in dubio pro societate* para elevar toda e qualquer dúvida, mesmo que mínima, ao padrão: "A decisão de pronúncia encerra mero juízo de admissibilidade da acusação, não se exigindo certeza, mas tão somente o exame de prova da materialidade e de indícios da autoria, prevalecendo, nesta fase, o princípio do *in dubio pro societate*".

Em nosso sentir, a pronúncia deveria funcionar como mecanismo de segurança e imposição de limites ao Estado, garantindo-se que o

207 LOPES JR., Aury. *Direito processual penal*. São Paulo: Saraiva, 2012. p. 554.

208 NASSIF, Aramis. *O novo júri brasileiro*. Porto Alegre: Livraria do Advogado, 2009. p. 67.

209 KNIJNIK, Danilo. *A prova nos juízos cível, penal e tributário*. Rio de Janeiro: Forense, 2007. p. 19-38.

acusado seja submetido ao Tribunal Popular somente quando existirem provas suficientes da autoria e materialidade da infração penal e desde que o critério de julgamento seja menos fluido do aquele precariamente informado pelo órfão *in dubio pro societate.*

Nessa linha é que, principalmente no contexto dos crimes dolosos contra a vida, o testemunho de ouviu dizer só poderá ser valorado como prova testemunhal quando trouxer aos autos elementos suficientes para identificação daquele que efetivamente teve contato com o fato delituoso.

- **Na jurisprudência**

STJ: Pronúncia fundamentada exclusivamente em testemunha de ouvir dizer.

A norma segundo a qual a testemunha deve depor pelo que sabe *per proprium sensum et non per sensum alterius* impede, em alguns sistemas – como o norte-americano –, o depoimento da testemunha indireta, por ouvir dizer (*hearsay rule*). No Brasil, ainda que não haja impedimento legal a esse tipo de depoimento, "não se pode tolerar que alguém vá a juízo repetir a *vox publica.* Testemunha que depusesse para dizer o que lhe constou, o que ouviu, sem apontar seus informantes, não deveria ser levada em conta" (Helio Tornaghi)." (REsp nº 1674198/MG, 6ª Turma, Rel. Rogério Schietti, j. 05/12/2017).

6. Reconhecimento de pessoas e coisas

6.1. Conceito

Segundo Tornaghi: "O reconhecimento é o ato pelo qual alguém verifica e confirma a identidade de pessoa ou coisa que lhe é mostrada, com pessoa ou coisa que já viu (ouviu, palpou – que já lhe caiu sob os sentidos)".[210] Portanto, para que haja o reconhecimento é necessário que tenha havido um contato prévio entre o reconhecedor e a pessoa ou coisa a ser reconhecida. No processo penal, o reconhecimento pode ser realizado pela vítima, por testemunhas e até mesmo pelo acusado ou indiciado, como forma de ampliar o conjunto probatório.

Assim, tem-se que o reconhecimento é um meio de prova, na medida em que será fator de convencimento judicial quando realizado de acordo com as formalidades legais. Quanto ao momento de realização, o reconhecimento pode ocorrer tanto na fase policial quanto em juízo, sendo que neste último caso deverá ser realizado após as eventuais acareações e antes do interrogatório do acusado (art. 400 do CPP).

Importante esclarecer a diferença entre o reconhecimento de pessoas, que é o meio probatório formal e típico previsto no Capítulo VII do

[210] TORNAGHI, Hélio. *Compêndio de processo penal.* Tomo III. Rio de Janeiro: José Konfino – editor, 1967. p. 918.

estatuto processual penal e que possui um valor probatório inato maior, e o reconhecimento informal, que seria qualquer identificação realizada por alguém aquém das formalidades do art. 226 do CPP. Desse modo, se durante o depoimento de uma testemunha, esta apenas afirma (ou aponta) que o réu era a pessoa que estava no local do crime, não se estará diante de um reconhecimento de pessoas, mas sim de reconhecimento informal, que, nesta hipótese, deverá ser valorado como prova testemunhal.

- **Na jurisprudência**

STJ: Reconhecimento informal de pessoas caracteriza-se como prova testemunhal.

Na medida em que não se realiza propriamente o reconhecimento de pessoas, mas aquela modalidade nominada de informal, verdadeiro prolongamento da prova testemunhal, não se pode falar em violação da ordem dos atos probatórios prevista no artigo 400 do Código de Processo Penal, que estatui que o reconhecimento pessoal deve se dar posteriormente à colheita das testemunhas de defesa. (HC nº 196797/SP, 6ª Turma, Rel. Maria Thereza de Assis Moura, j. 11/03/2014).

STJ: Não obrigatoriedade do reconhecimento e ausência de vinculação por parte do magistrado.

Inexiste a alegada nulidade por falta de realização de auto de reconhecimento ou de acareação entre o réu a e testemunha, pois além de ser facultativa a realização das referidas diligências, nos termos dos artigos 226 e 229 do Código de Processo Penal, não está o Magistrado vinculado as suas conclusões. (HC nº 97195/SP, 6ª Turma, Rel. Haroldo Rodrigues, j. 19/10/2009).

6.2. Formalidades

Para que o reconhecimento de pessoas ou coisas seja considerado como meio de prova é necessário que seja realizado de acordo com as formalidades constantes do art. 226 do CPP. O legislador descreveu a forma pertinente à identificação de pessoas, ressalvando que tais cautelas deverão ser observadas ao reconhecimento de coisas, no que for cabível (art. 227 do CPP).

Num primeiro momento, a pessoa convidada a fazer o reconhecimento deverá descrever a pessoa a ser reconhecida. Com isso, busca-se ter uma maior certeza acerca da validade do reconhecimento posterior, evitando-se que haja influências externas que possam comprometer o que estava previamente armazenado na memória do reconhecedor. Eventual inabilidade do reconhecedor em descrever perfeitamente a coisa ou pessoa não invalidará o ato,[211] a não ser que a desconformidade seja grosseira.

211 BONFIM, Edison Mougenot. *Curso de processo penal.* São Paulo: Saraiva, 2014. p. 435-436.

Em sequência, o CPP dispõe que: "A pessoa, cujo reconhecimento se pretender, será colocada, se possível, ao lado de outras que com ela tiverem qualquer semelhança, convidando-se quem tiver de fazer o reconhecimento a apontá-la" (art. 226, II). A utilização da expressão "se possível" abre caminho para duas interpretações: (*a*) somente *se possível* haverá mais de uma pessoa para reconhecimento ou (*b*) somente, *se possível*, estas outras pessoas terão características semelhantes. A doutrina majoritariamente entende que o "se possível" se refere às características semelhantes. Não se permite, portanto, que apenas uma pessoa seja submetida ao reconhecimento, sendo necessário pelo menos duas (daí a utilização da palavra "outras").[212] Assim, comparando as pessoas submetidas ao reconhecimento é que o reconhecedor poderá identificar aquela que mais se assemelha a sua descrição inicial. O caminho mais indicado, portanto, é encontrar pessoas semelhantes para participação no ato. Não sendo possível, mesmo assim se procederá ao reconhecimento com outras pessoas presentes no local.

Ao final, em atendimento ao art. 226, IV, do CPP, será lavrado auto pormenorizado, subscrito pela autoridade, pelo reconhecedor e por duas testemunhas presenciais (testemunhas instrumentárias). No documento, deverão constar todos os detalhes do reconhecimento como as reações do reconhecedor, eventuais demonstrações de dúvida e o nome da pessoa ou a coisa identificada.

Há, ainda, a previsão de que, havendo receio de que por intimidação a pessoa chamada para o reconhecimento falte com a verdade, a autoridade poderá providenciar para que ela não seja vista por quem deva ser reconhecido, protegendo a integridade do reconhecedor.

Não obstante, o CPP ressalva que a separação entre reconhecedor e reconhecido não terá aplicação na instrução criminal ou em plenário de julgamento, mas somente na fase preliminar. O receio de intimidação é fator que, normalmente, não se modifica conforme o local e o momento de realização do reconhecimento; pelo contrário, poder-se-ia argumentar que o reconhecimento na instrução, perante o juiz que dará a sentença ou perante os jurados, poderá causar maior revolta por parte do reconhecido do que aquela identificação policial que resultou em meros elementos indiciários. Neste norte, seria descabido que se permita a retirada do réu da sala de audiências no momento do depoimento de vítima ou testemunha em juízo por temor ou constrangimento e, quando do reconhecimento, as obrigue a enfrentar diretamente o réu. Assim, muito embora a existência de posicionamento pela coerência da disposição legal,[213] entendemos que, na instrução criminal e no plenário do júri,

[212] TOURINHO FILHO, Fernando da Costa. *Manual de Processo Penal*. São Paulo: Saraiva, 2009. p. 584.
[213] Id., ibid.

também deverá se oportunizar o afastamento entre o reconhecedor e a pessoa a ser reconhecida em casos de intimidação devidamente consignados em ata.

Ressalte-se que o ato de reconhecimento deverá ser sempre individualizado, não sendo permitido o reconhecimento simultâneo em grupo (art. 228 do CPP). O objetivo é evitar que o reconhecimento feito por um dos indivíduos venha a influenciar na identificação do outro. Neste ponto, é importante que haja igualmente a incomunicabilidade entre aquele que já reconheceu e o que irá reconhecer como forma de garantir uma maior credibilidade ao ato de reconhecimento.

Por fim, tem-se que o eventual desrespeito às formalidades impostas pelo CPP conduziria à nulidade relativa do ato de reconhecimento. Sendo demonstrado o prejuízo – o que se admite apenas para argumentar – deveríamos submeter o acusado a um novo reconhecimento. Discordamos. Nos crimes cometidos na clandestinidade, o reconhecimento normalmente está presente entre os precários meios de prova constantes dos autos e tem valor probatório relevante – mesmo que os juízes e tribunais não admitam expressamente essa importância nos julgados. Se eventual formalidade for desrespeitada, não há sentido em refazer o ato. Apesar das teorias ao redor da prova ilícita e ilegítima e do nosso posicionamento no tópico 12.1 (Da prova ilegal, vedada ou proibida – classificação) do Título II (Das provas em espécie), entendemos que, no caso do reconhecimento, o ato não deverá ser refeito, mas sim desconsiderado como meio de prova pelo magistrado, uma vez que o novo ato estará maculado pelo reconhecimento realizado anteriormente.

- **Na jurisprudência**

STJ: Não observância das formalidades e nulidade relativa.

Consoante a jurisprudência deste Superior Tribunal de Justiça, no reconhecimento pessoal do agente, a inobservância do disposto no art. 226 do Código de Processo Penal não enseja, em si, nulidade da instrução criminal, mormente quando a sentença fundamenta-se em outras provas constantes nos autos para reconhecer a autoria delitiva. No caso, a comprovação da autoria do ato infracional análogo ao crime de tentativa de homicídio, amparou-se não só no reconhecimento pessoal do Paciente pelas vítimas, o qual foi repetido em juízo, mas também nos depoimentos das testemunhas. A declaração de nulidade do ato processual exige a demonstração da ocorrência de efetivo prejuízo ao réu – não evidenciado na espécie –, em face do princípio *pas de nullité sans grief*, insculpido no art. 563 do Código de Processo Penal. (AgRg no HC nº 272660/ES, 5ª Turma, Rel. Laurita Vaz, j. 22/04/2014).

STJ: Possibilidade de reconhecimento exclusivo na fase policial se corroborado pelas demais provas.

Em relação a suposta inobservância das formalidades previstas no art. 226 do Código de Processo Penal, o STJ já firmou entendimento no sentido de que não enseja nulidade do ato de reconhecimento do autor em sede policial, caso eventual édito condenatório esteja fundamentado em idôneo conjunto fático probatório, produzido sob o crivo do contraditório, que asseste a autoria do ilícito ao acusado. (AgRg no AREsp nº 475610/RS, 5ª Turma, Rel. Jorge Mussi, j. 18/06/2014).

⇒ **Em discussão**
A (i)legalidade da condução coercitiva no reconhecimento pessoal

Consoante análise anterior, o princípio *nemo tenetur se detegere* está intimamente ligado ao direito ao silêncio e é uma prerrogativa do cidadão para evitar que ele se torne um instrumento de prova contra si mesmo. Assim, qualquer pessoa, seja na qualidade de suspeito, acusado ou até mesmo de testemunha, pode-se recusar a fornecer evidências ou informações que, em última instância, poderão ser usadas pra incriminá-lo.

Nesta banda, por óbvio que o reconhecimento de determinado suspeito como autor do crime é ato que lhe acarretará consequências negativas, seja ele culpado ou inocente, porquanto o simples fato de responder a processo criminal já lhe trará gravames. Por esta razão, entendemos que o suspeito poderá exercer o seu direito de não autoincriminação ao se recusar a fazer parte do ato de reconhecimento, sem que disto decorra qualquer presunção de culpabilidade ou inversão do ônus da prova.

Sublinhe-se, contudo, que o art. 260 do CPP determina que: "Se o acusado não atender à intimação para o interrogatório, reconhecimento ou qualquer outro ato que, sem ele, não possa ser realizado, a autoridade poderá mandar conduzi-lo a sua presença". Entendemos, nos moldes do exposto no tópico do interrogatório judicial, que a condução coercitiva no caso de reconhecimento pessoal não se coaduna com o direito constitucional a não autoincriminação, motivo pelo qual não deve ter aplicação prática.

6.3. Outras espécies de reconhecimento

Ocorrência bastante comum é o reconhecimento fotográfico de pessoas na fase policial, principalmente em casos onde não se tem testemunhas que possam apontar o autor do fato ou quando a vítima não conhece o suspeito para que se possa trazê-lo ao reconhecimento pessoal. Assim, a autoridade policial solicita à vítima que observe diversas fotografias com o intuito de que esta reconheça o suspeito dentre os indivíduos.

Ocorre que as fotografias, na maioria das vezes, não são uma correspondência perfeita da realidade, podendo dar margem a graves equívocos, principalmente se considerarmos que o próprio ato de selecionar um suspeito dentre certos indivíduos (normalmente já "fichados" na polícia) poderá induzir um falso reconhecimento. Parece muito óbvio que *alguém* deverá ser apontado pelo reconhecedor.

Neste ponto, Di Gesu alerta: "Se por algum motivo o ofendido ou a testemunha não conseguiu, no momento da prática delituosa, captar a imagem do suspeito – devido ao efeito 'foco na arma'; porque ele estava com o rosto encoberto por touca ou capacete; ou porque não obteve contato direto com aquele envolvido, dentre outras diversas moduladoras que concorrem para piorar a qualidade da identificação, tais como o tempo da exposição da vítima ao crime e ao contato com o agressor, a gravidade do fato, o intervalo de tempo entre o delito e a realização do reconhecimento (...) – poderá fixar na memória a fotografia anteriormente vista, sendo induzido a posterior reconhecimento pessoal".[214]

Feitas essas ressalvas, entendemos que o reconhecimento fotográfico não tem qualquer conteúdo probatório, podendo apenas ser usado como um indício para dar início às investigações. O mais correto é que, havendo o reconhecimento fotográfico, a autoridade policial expeça um chamamento ao suspeito para o fim de prestar esclarecimentos ou até mesmo submeter-se – caso concorde – ao reconhecimento pessoal, não se olvidando que este deverá ser ratificado na fase judicial sob o crivo do contraditório.

Além disso, o reconhecedor deveria ser cientificado, antes de avistar as fotografias, que a do suspeito pode não estar entre elas, o que evitaria que a pessoa acabasse apontando aquele mais parecido com o autor do fato, sem a certeza de que é ele efetivamente. Ademais, para reforçar a validade do reconhecimento fotográfico, pensamos ser imprescindível seguir as formalidades do art. 226 do CPP, no que for possível.

Outrossim, cabe referir a existência de projeto de lei (PL n° 7.213/04) que propõe a alteração dos arts. 226 e seguintes do CPP, disciplinando o reconhecimento de pessoas tanto na sua forma pessoal como por fotografia. Dentre as disposições, chama a atenção: (*a*) a pessoa que tiver de fazer o reconhecimento será informada sobre a possibilidade de o suspeito estar ou não dentre as pessoas ou fotos apresentadas (art. 226, I, *a*); (*b*) a testemunha deverá prestar declaração sobre seu grau de convicção quanto ao reconhecimento (art. 226, § 3°) e (*c*) que o reconhecimento por fotografia, por si só, não será elemento de prova capaz de ensejar condenação criminal (art. 226, § 4°).

Outro reconhecimento que poderá ser necessário durante a instrução ou investigação criminal é a identificação de vozes. No entanto, por não haver qualquer previsão acerca das formalidades a serem seguidas, uma vez que as aplicáveis a pessoas e coisas são incompatíveis com tal

[214] DI GESU, Cristina. *Prova penal e falsas memórias*. Porto Alegre: Livraria do Advogado, 2014. p. 159.

finalidade, entendemos que o reconhecimento de voz não se caracteriza como o meio de prova do art. 226 do CPP. Assim, a identificação de voz normalmente será valorada como prova testemunhal, já que reconhecida a voz do suspeito/acusado pelo próprio declarante no ato de depoimento.

Caso diverso ocorre quando se requer o reconhecimento de voz constante de gravação comparando-a com aquela do suspeito/acusado, a exemplo da interceptação telefônica, quando será necessária a realização de perícia (comparação de voz/autenticação de voz).

- **Na jurisprudência**

STJ: Diferença entre o reconhecimento fotográfico e a prova do reconhecimento de pessoas.

O reconhecimento fotográfico dos prováveis autores do crime pela vítima, quando noticia o crime, não se confunde com a prova obtida no reconhecimento de pessoas que, no caso, observou de modo escorreito o art. 226 e seguintes do Código de Processo Penal. A condenação, de todo modo, não está fundada apenas no reconhecimento dos autores do crime pela vítima, na fase inquisitorial, mas em amplo contexto probatório, colhido durante a instrução criminal, sendo descabida a pretensão de anular a sentença condenatória. (HC nº 105966/RJ, 5ª Turma, Rel. Laurita Vaz, j. 04/10/2010).

STJ: Validade do reconhecimento fotográfico se corroborado por outros elementos.

Este Superior Tribunal sufragou entendimento "no sentido de que o reconhecimento fotográfico, como meio de prova, é plenamente apto para a identificação do réu e fixação da autoria delituosa, desde que corroborado por outros elementos idôneos de convicção" (HC 22.907/SP, Rel. Ministro Felix Fischer, Quinta Turma, DJ 04/08/2003), assim como ocorreu *in casu*, onde o reconhecimento por fotografia feito na fase inquisitiva foi confirmado em juízo, pelas declarações do ofendido, as quais ganharam ainda mais credibilidade na medida em que uma testemunha afirmou ter presenciado o reconhecimento feito em sede policial. (HC nº 229908/RJ, 6ª Turma, Rel. Maria Thereza de Assis Moura, j. 04/02/2014).

STJ: A dispensabilidade da autenticação de voz em interceptação telefônica.

(...) 7. A autenticação da voz do interceptado não figura como indispensável, diante do teor da norma concernente, mostrando-se, contudo, possível o requerimento da defesa ao magistrado de origem a fim de que se proceda a perícia, caso o julgador a entenda por devida, diante da sua discricionariedade, providência refutada, sob o fundamento de que o próprio réu reconheceu em vários momentos a sua voz nos diálogos contidos nas mídias. (...) (HC nº 258.763/SP, 6ª Turma, Rel. Maria Thereza de Assis Moura, j. 07/08/2014)

STF: Validade do reconhecimento fotográfico se ratificado em juízo.

O reconhecimento fotográfico do acusado, quando ratificado em juízo, sob a garantia do contraditório e da ampla defesa, pode servir como meio idôneo de prova para lastrear o édito condenatório. Ademais, como na hipótese dos autos, os testemunhos prestados em juízo descrevem de forma detalhada e segura a participação do paciente no roubo. Precedentes. (HC nº 104404/MT, 1ª Turma, Rel. Dias Toffoli, j. 21/09/2010).

7. Acareação

7.1. Conceito

A acareação ou acareamento é o ato através do qual se colocam frente a frente duas ou mais pessoas que já tenham prestado declarações, objetivando eliminar importantes contradições acerca de fatos ou circunstâncias relevantes.

A razão de existir de tal procedimento está fundada na eventual consequência do enfrentamento. O confronto direto das versões poderá fazer com que aquele que havia prestado falsa declaração se retrate ou mesmo que a pessoa de boa-fé que anteriormente havia prestado declaração errônea venha a corrigir sua fala, contribuindo para a formação da *opinio delicti* (fase preliminar) ou servindo ao livre convencimento motivado (fase judicial).

Neste ponto, havendo divergência considerável acerca de fato ou circunstância relevante para o feito, poderíamos indicar o uso deste procedimento, não fosse a sua inutilidade na prática forense. Da forma como proposto pelo legislador aparenta permitir que se esclareçam contradições e incongruências derivadas da prova, tornando o conjunto probatório mais coeso e uníssono. Ocorre que os festejados traços adversariais dos códigos processuais penais na atualidade têm contribuído para a participação mais ativa das partes, fazendo com que eventuais discrepâncias no depoimento de testemunhas sejam dissipadas através de perguntas e reperguntas. Assim, a acareação acaba perdendo significância como meio de prova diante da dinâmica imposta à instrução criminal.[215]

Nucci ainda ressalta que, quando confrontadas, a maior parte das testemunhas prefere defender a posição inicialmente apresentada em audiência do que efetivamente se retratar, mesmo diante da possibilidade de sofrer os efeitos da persecução penal pelo crime de falso testemunho.[216]

- **Na jurisprudência**

STJ: Pressupostos para o deferimento da acareação.

O deferimento da acareação, exige a presença de dois pressupostos: 1) as pessoas a serem acareadas já devem ter prestado suas declarações perante o mesmo juízo e sobre os mesmos fatos e circunstâncias; 2) as declarações já prestadas devem ser divergentes sobre algum ponto relevante para a solução da causa, hipóteses não presentes no caso dos autos, já que a defesa pretendia acareação de policiais civis não arrolados como testemunhas por nenhuma das partes e que não foram ouvidos na fase judicial ou extrajudicial da persecução criminal sobre o alegado emprego de tortura contra o paciente,

[215] CHAIA, Rubén A. *La prueba en el proceso penal*. Buenos Aires: Hammurabi, 2015. p. 808.

[216] NUCCI, Guilherme de Souza. *Provas no Processo Penal*. São Paulo: RT, 2011, 2ª edição. p. 189.

estando ausente o pressuposto da declaração divergente. (HC nº 320.974/SC, 5ª Turma, Rel. Min. Reynaldo Soares da Fonseca, j. 22/11/2016).

STJ: Não vinculação do magistrado à acareação.

Inexiste a alegada nulidade por falta de realização de auto de reconhecimento ou de acareação entre o réu a e testemunha, pois além de ser facultativa a realização das referidas diligências, nos termos dos artigos 226 e 229 do Código de Processo Penal, não está o Magistrado vinculado as suas conclusões. (HC nº 97195/SP, 6ª Turma, Rel. Haroldo Rodrigues, j. 19/10/2009.

STJ: Inexistência de ilegalidade no indeferimento da acareação.

Embora o acusado no processo penal tenha o direito à produção da prova necessária a dar embasamento à tese defensiva, é certo que, ao magistrado é facultado o indeferimento, de forma fundamentada, das providências que julgar protelatórias, irrelevantes ou impertinentes, devendo sua imprescindibilidade ser devidamente justificada pela parte. Mostrando-se desnecessária para o deslinde do feito a acareação, não há ilegalidade a ser reconhecida. (AgRg no REsp nº 1205385/ES, 6ª Turma, Rel. Min. Nefi Cordeiro, j. 28/04/2015)

STF: Necessidade de comprovação da relevância da divergência.

Com efeito, a acareação tem lugar quando duas ou mais testemunhas divergirem sobre pontos essenciais da causa, como dispõe o art. 470 do C. Processo Penal. Mas o art. 229 admite a acareação entre acusado e testemunha, inclusive. Numa e noutra hipótese, o Juiz só a autorizará se houver divergência sobre pontos essenciais ou fatos ou circunstâncias relevantes. Do conjunto da prova produzida no plenário, não fica nenhum dúvida sobre os fatos relevantes ou os pontos essenciais em torno de quem atirou na vítima. Ainda que se admita, a acareação, com a consequência delonga dos trabalhos, há que ficar demonstrada desde logo a importância, a absoluta relevância do ponto controvertido. (HC nº 64629/PR, 2ª Turma, Rel. Carlos Madeira, j. 16/12/1986).

7.2. Momento e sujeitos

A acareação poderá ser realizada na fase preliminar e na instrução criminal, bastando para tanto que haja versões contraditórias acerca de fato ou circunstância relevante para a causa.

O juiz poderá determinar a sua realização de ofício ou a requerimento das partes, autorizando-a se entendê-la conveniente e desde que não importe demora prejudicial ao processo. Não há impedimento a que a autoridade policial proceda ao acareamento desde que atendendo pedido do investigado ou da vítima.

Consoante o disposto no art. 229 do CPP, a acareação é admitida entre acusados, entre acusado e testemunha, entre testemunhas, entre acusado ou testemunha e a pessoa ofendida e entre pessoas ofendidas. Em resumo, acusados, testemunhas e ofendidos poderão ser acareados entre si e uns com os outros.

No tocante à possibilidade de o acusado (e aqui se inclui também o investigado ou indiciado na fase policial) se recusar a participar do ato, o entendimento é idêntico aquele dispensado ao reconhecimento de pessoas tópico 6.2 (Formalidades – Em discussão: A (i)legalidade da condução coercitiva no reconhecimento pessoal) da Parte II (Provas em Espécie), no sentido de que estaria exercendo seu direito à não autoincriminação.

Ponto importante diz respeito à participação da testemunha na acareação, seja frente à outra testemunha, ao ofendido ou ao próprio acusado[217]. Como já mencionado anteriormente, a testemunha tem até a sentença de primeiro grau para se retratar de eventual falso testemunho prestado. Assim, se durante a acareação ela voltar atrás em seu depoimento, desfazendo as contradições e expondo a verdade, não poderá ser processada posteriormente pelo crime em comento. Do mesmo modo, caso os esclarecimentos a serem prestados na acareação possam implicar em autoincriminação, a testemunha e, por óbvio, o réu, poderão exercer o direito ao silêncio.

De outro lado, no tocante à participação do perito em acareação, entendemos tratar-se de procedimento inócuo independentemente de divergências técnicas ou falseamento com a verdade. Geralmente as eventuais contradições entre laudos periciais não derivam de afirmações falsas, mas sim de opiniões técnicas distintas acerca de determinado ponto, o que pode ser determinante para o deslinde da causa. Mesmo que houvesse indícios de falsa perícia, a controvérsia entre laudos poderia ser dirimida, de forma prática, com esclarecimentos escritos pelos próprios *experts* ou mesmo com a determinação de uma nova perícia subscrita por um terceiro técnico.

- **Na jurisprudência**

STJ: Acareação e discricionariedade do juiz presidente.

O indeferimento da acareação perante o Tribunal do Júri, por si só, não acarreta cerceamento de defesa já que, nos termos do inciso XI do artigo 497 do Código de Processo Penal, a admissão da prova se inclui no âmbito da discricionariedade do magistrado que preside o julgamento popular. (REsp nº 1327433/PR, 6ª Turma, Rel. Maria Thereza de Assis Moura, j. 18/06/2014).

7.3. Procedimento

No ato de acareação, as pessoas que deram depoimentos divergentes são colocadas frente a frente na presença das partes e do juiz, o qual deverá apontar quais os pontos das declarações foram contraditórios.

---

[217] É de se considerar, ainda, que parte da doutrina compreende o dispositivo legal que prevê a acareação como inválido no que diz respeito à possibilidade de realização da técnica entre acusado e testemunha. Repise-se que a Constituição Federal de 1988 consagrou o direito do réu ao silêncio (art. 5°, inciso LXIII), de modo que o acusado não pode ser obrigado a depor no processo penal. (PACELLI, Eugênio; FISCHER, Douglas. *Comentários ao Código de Processo Penal e sua jurisprudência*. 9. ed. São Paulo: Atlas, 201. p. 476.)

Por meio de reperguntas, as pessoas participantes da acareação poderão se retratar do que haviam dito ou manter sua versão, neste caso fornecendo fatos suficientes para justificar a ratificação. Segundo Pacelli e Fischer, as reperguntas deverão ser feitas diretamente pelo juiz, pois este, como responsável pelo controle de regularidade dos atos processuais, deve atuar com firmeza e autoridade para impedir que haja manipulações deliberadas do convencimento judicial.[218]

Ao final do ato, deverá ser formalizado o auto de acareação, no qual deverão constar as reperguntas formuladas, suas respostas, bem como quaisquer reações por parte dos participantes que possam ser relevantes para a posterior valoração do ato.

7.4. Acareação a distância

O art. 230 do CPP prevê a modalidade de acareação a distância, a qual será realizada através de carta precatória nos casos em que uma das pessoas estiver ausente.

A pessoa que reside na comarca onde tramita o processo deverá se apresentar em juízo para o ato de acareação, quando será questionada sobre os pontos contraditórios de seu depoimento em relação ao da pessoa ausente. Se os esclarecimentos da pessoa presente forem suficientes para sanar as divergências, o ato será encerrado, não sendo necessária a oitiva do ausente. No entanto, se a pessoa presente não se retratar, deverá ser expedida carta precatória para a oitiva da pessoa ausente, para que o juízo deprecado realize as reperguntas quanto aos pontos contraditórios. A acareação a distância só será realizada se, além de o juiz entender a conveniência, não importar em demora prejudicial ao processo.

Ocorre que a acareação à distância acaba por descaracterizar o instituto, uma vez que, por não estarem frente a frente, não haverá o elemento do constrangimento/confronto. Neste contexto, dificilmente aquele que havia falseado com a verdade se retratará espontaneamente.

De outra banda, a Lei n° 11.900/2009 autorizou a realização da acareação por videoconferência como forma alternativa à precatória. Já o PLS n° 156/2009 propõe que, diante da ausência da testemunha cujas declarações divirjam das de outra que esteja presente, a acareação, sempre que possível, será realizada por videoconferência ou outro recurso tecnológico de transmissão de sons e imagens em tempo real.

---

[218] FISCHER, Douglas; OLIVEIRA, Eugênio Pacelli. *Comentários ao código de processo penal e sua jurisprudência.* São Paulo: Atlas, 2012. p. 442.

8. Prova documental

8.1. Conceito e classificação

O CPP, no art. 232, define arcaicamente documento como: "Quaisquer escritos, instrumentos ou papéis, públicos ou particulares". Hoje o conceito de documento evoluiu, abrangendo todo o instrumento que seja capaz de representar um fato ou ato juridicamente relevante. Não se restringe, portanto, àquilo que está escrito em papel, englobando toda forma de manifestação de vontade do ser humano que possa ser fixada de algum modo. Desta forma, consideram-se como documentos: fotos, vídeos, desenhos, *pen-drives*, CDs, DVDs, *e-mails*, figuras, gravuras, áudios, etc.

Apesar da amplitude da definição, não podem as partes dela valer-se para fazer admitir ao processo provas ilegítimas ou obtidas por meios ilícitos. A respeito do tema, Lopes Jr. traz o exemplo do depoimento testemunhal colhido de modo externo ao feito e juntado ao processo[219], que deve ser considerado ilícito à medida que o CPP determina que a prova testemunhal seja produzida perante o juízo.

Para ter o mesmo valor probatório do original, a fotocópia (ou cópia xerográfica) deverá ser autenticada, isto é, reconhecida como verdadeira por funcionário público competente (art. 232, parágrafo único, do CPP). A cópia simples também poderá ser utilizada como prova documental se não impugnada pela parte contrária, cabendo ao magistrado, dentro do livre convencimento, valorá-la no conjunto probatório.

Com relação às funções que o documento poderá exercer, Bacigalupo as definiu como *función de perpetuación, función probatoria* e *función de garantia.*[220] A função de garantia ou autenticidade diz respeito à

---

[219] LOPES JR., Aury. *Direito Processual Penal.* São Paulo: Saraiva, 2017, 14ª edição. p. 503.

[220] Función de perpetuación: consistente en fijar sobre un soporte determinado la declaración de pensamiento que, por regla, implicará el reconocimiento de determinados hechos relevantes dentro de una relación jurídica. (...) Función probatoria: el documento es protegido en el Código Penal como medio de prueba en el sentido de los arts. 1216 y ss. C.Civ. y arts. 596 y ss. de la LECiv. El propio art. 26 requiere que tenga "eficacia probatoria". No es claro a qué se refiere el texto de este artículo cuando se refiere además a "cualquier otro tipo de relevancia jurídica", pues no es fácil imaginar qué otra relevancia puede tener un documento fuera de la probatoria. En efecto, en su sentido común la palabra "documento" significa "escrito en que constan datos fidedignos o susceptibles de ser empleados como tales para probar algo". Lo que consta es la declaración de pensamiento y ella es también lo que es susceptible de ser probado. "La naturaleza de la obligación o derecho de la que el documento da constancia es irrelevante". El documento no prueba, en principio, la veracidad del contenido de la declaración de pensamiento, salvo cuando la ley así lo determina (p. ej. respecto de las declaraciones del oficial público en los documentos públicos). Dicho rotundamente: una declaración no se convierte en veraz por ser documentada. La documentación fija la declaración, pero no convierte las mentiras en verdades. El documento sólo prueba que la declaración se ha hecho. Función de garantía: la declaración perpetuada debe poder ser imputada a un sujeto determinado. Sólo puede existir un documento si prueba "contra" alguien conocido. A estos fines el documento

possibilidade de se imputar a uma pessoa determinada os dados inseridos no documento. Já a perpetuação se refere à preservação da declaração de direitos significativos em um meio material. Por fim, a função probatória está relacionada à idoneidade do documento para comprovar relações jurídicas relevantes. Desta feita, pode-se concluir que o papel primordial dos documentos não é possuir credibilidade perante aquele que o recebe (fé-pública), mas sim ter eficácia probatória, ser escrito por alguém definido e com o intuito de perpetuar um direito através de sua fixação material.

No tocante à classificação, os documentos podem ser divididos em dois tipos: instrumentos e papéis. Por instrumentos, entende-se como os documentos pré-constituídos para a formação de prova, ou seja, já são elaborados com o objetivo específico de ser prova do ato ou fato neles consubstanciados, como, por exemplo, um contrato ou uma escritura pública.

Para ser considerado um instrumento público, ele deverá ter os seguintes requisitos: a) qualidade de funcionário público daquele que o emite; b) competência material e territorial do funcionário para expedir o instrumento; c) a ocorrência de determinados fatores prévios que permitam a sua expedição, como a prévia aprovação em exame de direção para a CNH; e d) o respeitos às formalidades exigidas. Os instrumentos públicos possuem fé pública, que se traduz na presunção de veracidade *iuris tantum*, o que significa que admitem prova em contrário, como nas hipóteses em que ocorre vício de consentimento.[221] É o caso da procuração, escritura de compra e venda, etc.

Já o instrumento particular é aquele realizado pelo particular sem qualquer intervenção estatal. Se subscrito pelas partes e assinado por, no mínimo, duas testemunhas, terá força probante quanto aos fatos ali descritos, mas apenas vinculando as partes. É possível também que o instrumento particular seja autenticado por tabelião através do reconhecimento de firma, caso este em que eventual impugnação não poderá dizer respeito à autoria do documento, mas somente a vícios de consentimento ou ao teor do instrumento em si (art. 411 c/c 412 do novo CPC). Ainda, caso o instrumento público seja feito por autoridade incompetente ou sem observar as formalidades legais, ele será equiparado ao instrumento particular, nos termos do art. 407 do novo CPC.

---

no necesita ser escrito de propia mano, ni tampoco ser necesariamente firmado. Excepcionalmente se requiere la propia escritura en los testamentos ológrafos (arts. 678 y 688 C. Civ.) De aquí se deduce que el que hace la declaración no debe ser necesariamente quien confecciona el documento. (BACIGALUPO, Enrique. *El delito de falsedad documental.* Madrid: Dykinson, 1999, p. 12).

[221] BONFIM, Edison Mougenot. *Curso de processo penal.* São Paulo: Saraiva, 2014. p. 441.

De outra banda, os documentos escritos também podem ser classificados como papéis (documentos eventuais[222]). Estes seriam todos os escritos que não foram elaborados com o intuito probatório, mas que, eventualmente, poderão servir de prova, como por exemplo, uma matéria jornalística, uma carta ou um bilhete.

⇒ **Em discussão**

Valor probatório do documento anônimo

Há controvérsia na doutrina e na jurisprudência quanto à aceitação do documento apócrifo (anônimo) como elemento probatório. Não obstante opiniões contrárias, entendemos que o escrito anônimo deve ser levado em consideração pelo magistrado, mas com menor valor probatório do que aquele nominativo e desde que existam outras provas que corroborem seu conteúdo.

Isso porque, dependendo do contexto, o fato de o documento ser apócrifo não lhe retira o caráter de instrumento que representa algo juridicamente relevante. Por exemplo, uma foto de autor desconhecido chega às mãos da autoridade policial retratando um suspeito saindo da cena do crime sujo de sangue. Paralelamente, o suspeito, que já havia sido intimado para prestar declarações, decide confessar o fato. Se, durante o processo judicial, forem produzidas outras provas que corroborem a prova documental inicialmente apresentada, não há porque excluí-la do conjunto probatório, devendo, contudo, o magistrado valorá-la com menor intensidade.

- **Na jurisprudência**

STF: Validade do documento apócrifo desde que existentes outras provas para embasar a condenação.

Nesse particular, é oportuno observar que a tese ora sustentada não contraria os julgados desta Corte que, inicialmente, evidenciam que documentos anônimos, por si só, não são aptos a ensejar a persecução penal. É dizer, na linha da jurisprudência firmada pelo STF, ainda que constem nos autos escritos anônimos, a condenação criminal é legitima desde que amparada em outras provas validamente obtidas, ou seja, que não tenham relação direta com tais elementos formativos. (RExt nº 413559/RJ, 2ª Turma, Rel. Gilmar Mendes, j. 28/11/2006).

8.2. Momento da juntada

A regra, no processo penal, é que as partes poderão juntar documentos a qualquer tempo, ou seja, em qualquer fase do processo (art. 231 do CPP). Após o trânsito em julgado, somente será permitida a juntada de documento se tratar-se de prova nova (que não era de conheci-

[222] TORNAGHI, Hélio. *Compêndio de processo penal*. Tomo III. Rio de Janeiro: José Konfino – editor, 1967. p. 931.

mento das partes à época do processo) e em favor da defesa. Tal juntada, no entanto, não ocorrerá no processo originário, pois deverá ser feita através da revisão criminal, nos termos do art. 621 do CPP.

Do mesmo modo, as partes possuem a liberdade de juntar qualquer tipo de documento, desde que não sejam ilícitos, como é o caso das cartas particulares interceptadas ou obtidas por meios criminosos (art. 233 do CPP).

Na lição de Fernandes, se aplica à juntada de documentos o art. 398 do CPC o qual determina que: "Sempre que uma das partes requerer a juntada de documento aos autos, o juiz ouvirá, a seu respeito, a outra, no prazo de cinco dias",[223] prazo ampliado para 15 (quinze) dias no novo CPC (art. 437, § 1°). Nesta mesma linha, o PLS n° 156/2009 propõe que as partes poderão apresentar documentos em qualquer fase do processo, ouvida a parte contrária em 5 (cinco) dias (art. 222, *caput*).

Tal providência se coaduna com a efetivação dos princípios do contraditório e da ampla defesa, possibilitando que as partes tenham conhecimento do conjunto probatório. Nada impede que, diante da complexidade ou volume dos documentos, seja concedido prazo maior nos termos do novo estatuto processual civil.

- **Na jurisprudência**

STF: Nulidade ante a não abertura de vista à parte contrária para se manifestar da juntada de documento.

As partes poderão juntar documentos em qualquer fase do processo (CPP, art. 231). A acusação juntou aos autos certidões e folhas de antecedentes criminais do paciente, sem que fosse dado oportunidade à defesa de manifestar-se. Não havendo tal oportunidade, há violação dos princípios do contraditório e da ampla defesa. A pena foi fixada acima do mínimo legal, em razão dos maus antecedentes. Não há falar-se em anulação da sentença, pois isso levaria à prescrição, mas em redução da pena no que excedeu ao mínimo legal. *Habeas* concedido, em parte, para reduzir a pena ao mínimo legal. (HC nº 76985/SP, 2ª Turma, Rel. Nelson Jobim, j. 23/02/1999).

8.2.1. Exceção: juntada de documentos no Tribunal do Júri

Como exceção à juntada de documento a qualquer tempo, o art. 479 do CPP determina que durante o julgamento no tribunal do júri não será permitida a leitura de documentos (ou a exibição de objeto) que não tenham sido juntados aos autos com antecedência mínima de 3 dias úteis, dando-se ciência à outra parte.

Neste ponto, se a juntada se der no último dia útil, o cartório deverá dar ciência imediata à parte contrária, sob pena de adiamento da sessão plenária. Isso porque o objetivo da norma é justamente preservar

223 FERNANDES, Antônio Scarance. *Processo penal constitucional*. São Paulo: RT, 2012. p. 87.

o contraditório ao conceder à parte contrária 3 dias úteis para analisar os novos documentos, evitando que seja surpreendida por fatos que prejudiquem suas teses em plenário. Visa-se manter a lealdade processual, oportunizando a produção de contraprova pela parte contrária.[224]

Contudo, entendemos que tal regra não pode ser um óbice à juntada de documentos imprescindíveis para o conjunto probatório que só tenham sido conhecidos pela parte momentos antes do julgamento. Assim, se estivermos diante de documento que poderá ser decisivo para o deslinde do feito e estando a parte de boa-fé quanto ao não conhecimento prévio do mesmo, deverá o magistrado presidente adiar a sessão para que a parte contrária possa ter ciência do conteúdo do documento. Eventual indeferimento por parte do juiz, por entender que o escrito é irrelevante, poderá ser desafiado em posterior recurso de apelação, cabendo à parte interessada comprovar o prejuízo que o indeferimento lhe causou.

Nesta proibição peculiar do procedimento do Júri, compreende-se a leitura de jornais ou qualquer outro escrito, bem como a exibição de vídeos, gravações, fotografias, laudos, quadros, croqui ou qualquer outro meio assemelhado, cujo conteúdo versar sobre matéria de fato submetida à apreciação e julgamento dos jurados (art. 479, parágrafo único, do CPP).

Da redação do dispositivo, pode-se perceber que os documentos que não tenham vinculação direta com o crime em julgamento ou com a pessoa do acusado poderão ser exibidos sem a observância da antecedência de 3 dias úteis. É o caso dos documentos utilizados para auxiliar as partes no momento do debate e que apenas ilustram uma situação, não se tratando de provas propriamente ditas.[225] Como exemplo, pode-se citar uma reportagem jornalística acerca da crescente taxa de homicídios relacionada com o tráfico de drogas, sem vinculação direta com o homicídio em questão.

Ainda, caso uma das partes viole o dispositivo, mostrando em plenário documento cujo conteúdo vincular matéria de fato, a parte contrária que se sentir prejudicada deverá impugnar, fazendo constar em ata seu protesto sob pena de preclusão.

⇒ **Em discussão**

Exibição extemporânea de documentos no plenário do júri

É prática comum no Plenário do Júri o pedido de uma das partes, durante os debates, para utilizar determinado documento que não havia sido juntado com a antecedência determinada em lei. Diante disso, o juiz-presidente, com o objetivo de garantir o contraditório, questiona a

224 NASSIF, Aramis. *O novo júri brasileiro*. Porto Alegre: Livraria do Advogado, 2009. p.125.

225 NUCCI, Guilherme de Souza. *Tribunal do júri*. Rio de Janeiro: Forense, 2014. p.231.

parte contrária se aceita a produção da prova documental fora do prazo. Segundo Lopes Jr., tal atitude acaba por colocar a parte em situação dificílima que poderá inclusive comprometer o julgamento.[226]

Se a parte aceita a produção da prova, estará se colocando em evidente desvantagem probatória, pois será surpreendida por conteúdo que conforme o caso poderá aniquilar suas teses, uma vez que não terá tempo suficiente para contraditá-la devidamente.

De outra banda, se a parte for contrária à exibição do documento, aquele que pretendia produzi-la poderá se utilizar disso para convencer os jurados de que "se recusou é porque tinha algo a esconder", o que poderá influenciar a decisão plenária. Trata-se de manobra para induzir nos jurados a falsa impressão de que o documento, se aceito, poderia alterar o rumo da sessão.[227]

Entendemos que o juiz-presidente, diante do pedido de uma das partes para exibir documentos extemporâneos, terá duas alternativas: ou indefere sem questionar a outra parte (o que evita os constrangimentos acima apontados) ou, se verificar a imprescindibilidade do documento, dissolve o conselho de sentença e determina que o documento seja juntado ao processo, dando-se vista à parte contrária.

- **Na jurisprudência**

STJ: Forma de contagem do prazo do art. 479 do CPP.

O prazo estabelecido no art. 479 do Código de Processo Penal ("Durante o julgamento não será permitida a leitura de documento ou a exibição de objeto que não tiver sido juntado aos autos com a antecedência mínima de 3 (três) dias úteis, dando-se ciência à outra parte.") difere bastante dos demais prazos processuais, a começar pelo fato de a contagem ser feita para trás. Além disso, ainda há a peculiaridade de ser contado apenas em "dias úteis". Outrossim, a parte contrária deve ser imediatamente intimada, de modo a garantir-se-lhe a paridade de armas para o exercício do contraditório. E o mais importante: a regra geral do § 1º do art. 798 ("Não se computará no prazo o dia do começo, incluindo-se, porém, o do vencimento.") é mitigada, na medida em que o prazo para juntada de documento ou objeto a ser utilizado em julgamento no Plenário do Júri estabelece "antecedência mínima" a ser observada. Concluiu-se, pois, que o prazo em tela estabelece um interstício mínimo entre a juntada de documento ou objeto e a respectiva sessão de julgamento perante o Tribunal do Júri. Assim, se o julgamento está aprazado para segunda-feira (como no caso), o material deve ser juntado pela parte até a terça-feira da semana anterior, termo final do prazo, de modo a respeitar o interstício mínimo de três dias úteis entre esse ato e o julgamento. Ausência de contrariedade do art. 479 do Código de Processo Penal. (REsp nº 1307166/SP, 5ª Turma, Rel. Laurita Vaz, j. 27/08/2013).

STF: Não observância do art. 479 e necessidade de novo julgamento.

Ao contrário de afrontar o princípio constitucional da soberania do veredicto do Tribunal do Júri, a exibição de documentos nitidamente capazes de influenciar no ânimo dos jurados, sobre os quais a acusação não teve a oportunidade de examinar no prazo legal pre-

---

[226] LOPES JR., Aury. *Direito processual penal*. São Paulo: Saraiva, 2012. p. 698.

[227] NASSIF, Aramis. *O novo júri brasileiro*. Porto Alegre: Livraria do Advogado, 2009. p. 126.

visto no art. 475 do Código de Processo Penal, justifica a necessidade de realização de um novo julgamento pelo Tribunal do Júri. 3. Habeas corpus denegado. (HC nº 102442/MT, 1ª Turma, Rel. Cármen Lúcia, j. 26/10/2010).

STJ: Proibição do art. 479 do CPP se estende aos antecedentes.

O art. 479 do Código de Processo Penal dispõe acerca da necessidade de juntada de documentos ou objetos que serão utilizados pelas partes na sessão plenária dentro do prazo legal de 3 (três) dias úteis a contar do dia designado para o julgamento, em obediência aos princípios do contraditório, da não surpresa, da lealdade processual e da paridade de armas. Para incidência da norma constante do art. 479 é imprescindível que o conteúdo do documento ou objetos utilizados na sessão plenária versem sobre a matéria de fato submetida à apreciação e julgamento dos Jurados, ou que, a despeito de não se referirem diretamente ao fato em discussão, digam respeito ao agente, como a sua certidão de antecedentes criminais, que é o que ocorre no caso em julgamento. Eventuais nulidades decorrentes da inobservância do art. 479 do Código de Processo Penal são de natureza relativa e, como tal, exigem a demonstração de efetivo prejuízo pela parte dita prejudicada. Máxima *pas de nullite sans grief.* Precedentes. (REsp nº 1307086/MG, 6ª Turma, Rel. Maria Thereza de Assis Moura, j. 03/06/2014).

STJ: Ausência de proibição quanto à juntada de doutrina e precedentes jurisprudenciais.

Se o documento ou objeto não guarda relação direta com os fatos retratados nos autos e imputados ao agente, desnecessária sua juntada dentro do tríduo legal. Referência doutrinárias e repertórios jurisprudenciais que não digam respeito ao caso submetido a julgamento não estão abrangidos pela proibição constante do art. 479 do CPP. (REsp nº 1339266/DF, 6ª Turma, Rel. Maria Thereza de Assis Moura, j. 03/06/2014).

8.2.2. Juntada de ofício

O art. 234 do CPP dispõe que: "Se o juiz tiver notícia da existência de documento relativo a ponto relevante da acusação ou da defesa, providenciará, independentemente de requerimento de qualquer das partes, para sua juntada aos autos, se possível". Trata-se da possibilidade de o juiz determinar, de ofício, a produção de prova documental.

Tal previsão é mais uma demonstração dos poderes instrutórios conferidos ao magistrado que acabam por violar o sistema acusatório constitucional e a imparcialidade do julgador. Não se olvida que alguns documentos somente poderão ser conhecidos através de requerimento judicial, como é o caso da quebra de sigilo bancário. No entanto, entendemos que a iniciativa probatória deve partir de uma das partes através de requerimento ao juiz, que, aí sim, teria a legitimidade (à luz do sistema acusatório) para requisitar a juntada do documento aos autos.

- **Na jurisprudência**

STJ: Nulidade da sentença por juntada de documentos de ofício sem a oitiva das partes.

No processo penal acusatório o juiz não é um mero expectador, mas também não pode assumir posição de liderança na produção de provas, como ocorreu na espécie, determinando a juntada de documentos, ex officio, quando já encerrada a instrução, sem que as partes fossem ouvidas. Nulidade da condenação, em tal caso, que se impõe. Flagrante ilegalidade reconhecida. Impetração não conhecida, mas concedida a ordem de ofício para anular o édito condenatório e determinar a abertura de vista às partes para manifestarem-se, em contraditório, sobre toda a prova acrescida, devendo, após, ser proferida nova sentença. (HC nº 114478/PR, 6ª Turma, Rel. Rogério Schietti Cruz, j. 18/03/2014).

8.3. Correspondência

O CPP, no parágrafo único do art. 233, autoriza que o destinatário de uma correspondência a exiba em juízo como prova documental, mesmo sem o consentimento do signatário, desde que para defesa de seu direito. Neste conceito, incluem-se as correspondências eletrônicas ou eletromagnéticas, como os *e-mails*.

A doutrina entende que tal previsão não viola os preceitos constitucionais insculpidos no art. 5º, X, da CF, uma vez que, quando o remetente envia correspondência para determinada pessoa, está mitigando a privacidade com relação ao conteúdo nela escrito em detrimento do destinatário, afinal compartilhou voluntariamente a matéria com ele. Ademais, o uso da correspondência pelo destinatário poderia ser amparado pela excludente de ilicitude da legitima defesa própria, violando o suposto "direito à intimidade" do remetente para preservar o direito do destinatário.[228]

No caso de terceiro que obteve a correspondência através de meios fraudulentos, este somente estará autorizado a utilizar a correspondência se esta for o único meio apto a comprovar a sua inocência, em consonância com a teoria da proporcionalidade *pro reo*. Do contrário, a prova será considerada como ilícita e não será admitida em juízo (art. 233 do CPP).

⇒ **Em discussão**

Um pouco sobre as comunicações entre cliente e advogado

A Operação Lava Jato retomou ponto de preocupação da advocacia criminal: o alcance do sigilo das comunicações entre o cliente e seus defensores.

Segundo o noticiário: (*a*) o presidente de um dos Grupos de empresas que está custodiado na Polícia Federal em Curitiba alcançou um bilhete aos seus advogados por meio de um policial; (*b*) a mensagem foi copiada pelo policial, sendo entregue o original aos advogados do preso; (*c*) em interpretação do pedido, o Delegado responsável pela Operação declarou a clara possibilidade do conteúdo do bilhete significar condutas estranhas à relação advogado-cliente; (*d*) a chamada mais comum, diante do caso, é: 'Destruir e-mail sondas', pede o empresário desde a prisão.

[228] AVENA, Norberto Claudio Pâncaro. *Processo penal*. São Paulo: Método, 2009. p.337.

De acordo com o artigo 41, parágrafo único, da Lei de Execução Penal (Lei nº 7.210/84), o preso tem direito a contato com o mundo exterior por meio de correspondência escrita, da leitura e de outros meios de informação que não comprometam a moral e os bons costumes (Inciso XV). Tal prerrogativa somente poderá ser mitigada por meio de ato motivado do diretor do estabelecimento prisional, uma vez que, não obstante se reconheça a possibilidade de restrição do direito fundamental ao sigilo de correspondência em prol da segurança pública, esta deverá ser exceção e, como tal, deve estar devidamente justificada com o fim de evitar abusos estatais.

Segundo o STF, a leitura da correspondência do preso poderá ser restringida apenas quando se observar as regras previstas na Lei de Execução Penal e, obviamente, em hipóteses excepcionais: segurança pública / disciplina penitenciária / preservação da ordem jurídica.[229]

A complexidade aumenta quando se trata de correspondência entre o cliente preso e seu advogado. Neste caso temos que o sigilo das comunicações opera em grau máximo, o que é, aliás, da essência da atividade.

Segundo Wunderlich e Estellita, "o sigilo é ínsito à atividade profissional do advogado. É uma relação concreta onde os deveres de orientação e assistência contemplam, em si, o dever de sigilo. Não é possível admitir-se restrição ou limitação genérica do atuar do causídico-procurador, em qualquer fase, judicial ou extrajudicial, em procedimentos ou processos de qualquer natureza, sob pena de frustrarmos o caráter confidente da relação profissional e macularmos a essência do direito de defesa".[230]

Mais do que isso, sem adentrarmos na análise meticulosa do conteúdo do bilhete, duas premissas óbvias decorrem da leitura da mensagem (segundo publicação em vários sítios da internet):

Um. A anotação de próprio punho foi endereçada aos advogados;

Dois. O conteúdo deixa muito claro que se trata de teses defensivas: o título do bilhete é "PTS P/HC".

Assim, fica fácil concluir que o bilhete não poderia ter sido interceptado e nem mesmo tornado público. As interpretações sobre o conteúdo do bilhete não dizem respeito à Autoridade Policial e nem podem invocar o interesse público como cláusula de validade, pois a relação é sigilosa entre advogado e cliente. Se a moda pega, os advogados podem ter interceptadas suas conversas nos parlatórios dos presídios e delegacias, o que seria romper – definitivamente – com o Estado de Direito.

---

229 STF, HC nº 70814/SP, 1ª Turma, Rel. Celso de Mello, j. 01/03/1994.

230 WUNDERLICH, Alexandre; ESTELLITA, Heloisa. Sigilo, deveres de informação e advocacia na Lei de Lavagem de Dinheiro. *In*: Janaina Paschoal; Renato de Mello Jorge Silveira. (orgs.). *Livro Homenagem a Miguel Reale Júnior*. Rio de Janeiro: GZ, 2014. p. 27.

• **Na jurisprudência**

STJ: Encomenda não é equiparada a correspondência.

Correspondência, para os fins tutelados pela Constituição da República (art. 5º, VII) é toda comunicação de pessoa a pessoa, por meio de carta, através da via postal ou telegráfica. (Lei nº 6.538/78). A apreensão pelo Juiz competente, na agência dos Correios, de encomenda, na verdade tigre de pelúcia com cocaína, não atenta contra a Constituição da República, art. 5º, VII. Para os fins dos valores tutelados, encomenda não é correspondência. (RHC nº 10537/RJ, 5ª Turma, Rel. Edson Vidigal, j. 13/03/2001).

8.4. Falsidade do documento e exame pericial

Havendo dúvida quanto à autenticidade do documento particular no que se refere à sua letra e/ou firma, deverá ser realizado exame pericial para verificar se o documento é materialmente falso (art. 235 do CPP). A prova pericial é realizada a partir do fornecimento de padrões grafotécnicos por aquele que seria o suposto autor do documento, devendo seguir os preceitos do art. 174 do CPP.

Importante referir que a perícia técnica somente será realizada no caso de falsidade material, a qual ocorre quando há adulteração na forma do documento. A falsidade ideológica, que diz respeito às alterações relacionadas ao conteúdo do fato ou ato constante do documento, não tem como ser verificada através de perícia, somente perante o confronto com outros elementos probatórios.

A arguição por escrito da falsidade de documento, seja ela material seja ideológica, poderá ser suscitada pelo réu, vítima, Ministério Público, querelante, por procurador com poderes especiais ou, de ofício, pelo magistrado. A medida tem por finalidade a verificação da autenticidade de um documento inserido nos autos do processo sobre o qual há controvérsia. O juiz mandará autuar em apartado a impugnação e, em seguida, ouvirá a parte contrária que, no prazo de 48 horas, oferecerá resposta. Após, assinará o prazo de três dias, sucessivamente, a cada uma das partes, para prova de suas alegações, podendo ordenar as diligências que entender necessárias. Reconhecida a falsidade, por decisão transitada em julgado, o juiz determinará o desentranhamento do documento, remetendo-o ao Ministério Público para apurar a responsabilidade penal pela falsificação e o uso do documento falso. A decisão, qualquer que seja, não faz coisa julgada em prejuízo de ulterior processo penal ou civil. Dessa forma, mesmo que reconhecida a falsidade no incidente, poderá ocorrer absolvição no processo instaurado para apurar o crime de falso.[231]

[231] SILVA, Davi André Costa; EBERHARDT, Marcos; GIULIANI, Ricardo Henrique A. *Manual de prática penal*: teoria e prática. Porto Alegre: Verbo Jurídico, 2015. p. 139-141.

• **Na jurisprudência**

STJ: Desnecessidade de perícia para comprovação da falsidade ideológica.

Passa-se, então, ao exame do pleito de realização de perícia para se comprovar a existência de falsidade documental. Ora, como salientado na impetração, apontou o *Parquet* a existência de falsidade ideológica de certos documentos. Penso não colher a irresignação no particular, porquanto os instrumentos ideologicamente falsos são insuscetíveis de perícia, pois, numa perspectiva material são regulares, sendo a mendacidade se encontraria no plano do conteúdo, cuja perfídia é apurada pelo simples confronto com os dados da realidade e, não, por meio de sondagem técnica. (HC nº 108919/SP, 6ª Turma, Rel. Maria Thereza de Assis Moura, j. 16/06/2009).

STJ: Obrigatoriedade de instauração de incidente de ofício ante a alegação informal de falsidade por uma das partes.

Com efeito, cumpre destacar, que o dispositivo legal não estabelece nenhuma forma especial para a instauração de incidente de falsidade, restringindo-se a prescrever que a arguição deve ser feita por escrito. (...) Ademais, em observância ao princípio da verdade real, consagrado no direito processual penal brasileiro, a busca da realidade dos fatos não pode encontrar limites na forma ou iniciativa das partes, sob pena de causar prejuízos graves para as partes e a Administração da Justiça. Decorre, ainda, desse preceito o dever do juiz de promover ex officio à verificação da falsidade (art. 147 CPP). Sendo assim, uma vez questionada, por escrito, a autenticidade de um documento, com relevância jurídica para o julgamento da causa, deve o magistrado "*mandar autuar em apartado a impugnação*" (letra da lei) instaurando-se o incidente de falsidade. (REsp nº 770525/GO, 5ª Turma, Rel. Felix Fischer, j. 14/03/2006).

8.5. Documentos em língua estrangeira e públicas-formas

Os documentos escritos em língua estrangeira somente deverão ser traduzidos quando necessário (art. 236 do CPP). Assim, um documento redigido em língua espanhola que, por sua similitude com a língua portuguesa, é de fácil compreensão pelas partes, poderá ser juntado ao processo sem a necessária tradução, se assim entender o magistrado.[232]

No entanto, caso uma das partes requeira a tradução, deverá o juiz determinar que seja realizada por um tradutor público ou, na falta, por pessoa idônea nomeada pela autoridade mediante compromisso, sem prejuízo da imediata juntada do documento nos autos. Importante lembrar que tradutor público (ou juramentado) é o profissional autorizado e habilitado pelo Poder Público como perito apto a realizar traduções, as quais gozam de fé pública.

Outrossim, o art. 237 do CPP determina que: "As públicas-formas, só terão valor quando conferidas com o original, em presença da autoridade". Primeiramente, deve-se questionar: o que seriam as públicas-formas? Segundo Espínola Filho, trata-se de: "cópias literais avulsas

[232] NUCCI, Guilherme de Souza. *Manual de processo penal e execução penal*. Rio de Janeiro: Forense, 2015. p. 450.

de qualquer documento feito por oficial público".[233] Tal disposição, no entanto, não tem qualquer aplicação prática já que, segundo o próprio CPP, as fotocópias autenticadas do documento terão o mesmo valor probatório do original, suprimindo a necessidade de nova conferência (art. 232, parágrafo único).

- **Na jurisprudência**

STJ: Responsabilidade pela tradução é do Poder Judiciário.

Não obstante o titular da ação penal seja o Ministério Público, o órgão que tem condições de providenciar a tradução dos documentos essenciais à persecução penal, a teor do contido na Resolução nº 558/2007 do Conselho da Justiça Federal, é o Poder Judiciário. (RMS nº 38725/RJ, 6ª Turma, Rel. Maria Thereza de Assis Moura, j. 07/11/2013).

STJ: Discricionariedade do magistrado para indeferir traduções desnecessárias.

Não se configura cerceamento de defesa o indeferimento de pedido de tradução de todos os documentos em língua estrangeira juntados aos autos se claramente consignado pelo Juiz sentenciante a suficiência, para a avaliação da conduta, dos documentos já traduzidos. A literalidade da norma determina expressamente que a tradução de documentos em língua estrangeira terá lugar se necessário, cumprindo ao Juiz – por ser ele o destinatário final da prova – ponderar e avaliar quais documentos carecem de tradução, para a livre formação de sua convicção. (REsp nº 1234097/PR, 5ª Turma, Rel. Gilson Dipp, j. 03/11/2011).

8.6. Devolução de documentos

Os documentos originais, juntados em processo transitado em julgado, quando não existir motivo relevante que justifique a sua conservação nos autos, poderão, mediante requerimento, e ouvido o Ministério Público, ser entregues à parte que os produziu, ficando cópia nos autos (art. 238 do CPP). O juiz, portanto, não poderá proceder à restituição de ofício.

Nos casos em que o documento for objeto do crime, ou seja, quando a conduta delituosa recai sobre o próprio documento, como no crime de uso de documento falso, ele deverá permanecer juntado no processo até o seu trânsito em julgado, pois constitui a materialidade do delito (art. 118 do CPP); após o trânsito, deverá ser inutilizado (art. 124 do CPP).

Outrossim, havendo dúvida sobre quem é o legítimo proprietário do documento, entendemos que o juiz deverá aguardar a resolução do conflito na esfera civil para, só então, deferir eventual desentranhamento.

- **Na jurisprudência**

STJ: Possibilidade de restituição antes do trânsito em julgado.

É possível a restituição de passaportes apreendidos, antes do trânsito em julgado da sentença final, se os documentos não interessarem ao processo, inteligência do art. 118 do Código de Processo Penal. (REsp nº 827135/RJ, 5ª Turma, Rel. Laurita Vaz, j. 14/10/2008).

[233] ESPÍNOLA FILHO, Eduardo. *Código de processo penal brasileiro anotado*. Rio de Janeiro: Editora Rio, 1976. p.173.

STJ: Possibilidade de impetração de *Habeas Corpus* quando a retenção do documento impedir a livre locomoção.

Constituiu constrangimento ilegal o desnecessário acautelamento de documentos pessoais do Réu e familiares em processo criminal, restringindo sua liberdade de ir e vir. Ordem concedida para determinar a restituição dos passaportes dos ora Pacientes, se não houver determinação de apreensão desses mesmos documentos em outro processo porventura existente. (HC nº 81222/SP, 5ª Turma, Rel. Laurita Vaz, j. 27/05/2008).

8.7. Correio eletrônico como meio de prova

O STJ tem aplicado ao *e-mail* entendimento análogo ao que se firmou em relação a mensagens trocadas por meio do aplicativo de celular *WhatsApp*, no sentido de que "dizem respeito à intimidade e à vida privada do indivíduo, sendo, portanto, invioláveis, nos termos do art. 5º, X, da CF" (HC nº 372.762/MG, 5ª Turma, Rel. Min. Felix Fischer, j. 03/10/2017), fulcro no artigo 7º da Lei nº 12.965/14, que consagra o direito à inviolabilidade da intimidade e da vida privada por meio da *internet*.

Portanto, compreende-se que para mensagens transmitidas por meio de correio eletrônico receberem valor probatório no processo penal, devem ser obtidas a partir da autorização judicial com base na demonstração de imprescindibilidade da medida. Do contrário, estaremos diante de prova ilícita que necessariamente deve ser desentranhada dos autos.

Noutro aspecto, agora para o fim de *status* de *notitia criminis*, o *e-mail* vem sendo equiparado, pelo STJ,[234] à ligação telefônica, autorizando o endereçamento de fato para apuração à autoridade policial ou ao Ministério Público. Contudo, tratando-se de correspondência eletrônica anônima, como qualquer outra modalidade de denúncia apócrifa, exige-se a realização de diligências preliminares para confirmar a mínima veracidade dos fatos antes da deflagração da persecução penal.

9. Dos indícios

9.1. Conceito

O nosso Código de Processo Penal entendeu por indício, segundo o art. 239, a circunstância conhecida e provada, que, tendo relação com o fato, autorize, por indução, concluir-se a existência de outras ou outras circunstâncias. Moura conceitua indício como "todo rastro, vestígio, sinal e, em geral, todo fato conhecido, devidamente provado, suscetível

[234] RHC nº 62.067/SP, 5ª Turma, Rel. Min. Jorge Mussi, j. 06/03/2018.

de conduzir ao conhecimento de fato desconhecido, a ele relacionado, por meio de operação de raciocínio".[235]

Segundo Taruffo há, pelo menos, três acepções principais acerca do termo "indício": "En una primera acepción, típica de la doctrina menos reciente, «indicio» es sinónimo de «presunción» (y de «conjetura») en la medida en que indica el razonamiento o el argumento mediante el que se vinculan dos hechos, extrayendo de uno de ellos consecuencias para el outro. En una segunda acepción, también muy difundida, «indicio» se distingue de «presunción» en la medida en que haría referencia a aquellos elementos de prueba que, a pesar de que no carecen de eficacia probatoria, no presentan los requisitos exigidos por la ley para la utilización de las presunciones simples. Se trataría, por tanto, de algo parecido a las presunciones simples, pero «más débil», incapaz de dar lugar a una verdadera presunción en sentido estricto. Como es obvio, se hace referencia aquí a una noción muy genérica y definida únicamente en términos negativos (es indicio lo que no llega a ser una verdadera presunción simple), que parece tener sentido sólo en la medida en que tiende a recuperar elementos de conocimiento que pueden ser de alguna utilidad aunque estén dotados de un valor probatorio mínimo. Existe, finalmente, una tercera acepción, más rigurosa y más clara, según la cual «indicio» hace referencia al «hecho conocido» o a la «fuente» que constituye la premisa de la inferencia presuntiva: así pues, es un indicio cualquier cosa, circunstancia o comportamiento que el juez considere significativo en la medida en que él puedan derivarse conclusiones relativas al hecho a probar".[236]

Trata-se de prova indireta, e não de efetivo meio de prova,[237] pois o fato do qual se quer fazer prova é inferido de outros elementos através de um processo lógico; o indício, por si só, não faz prova do fato principal.

Importante sublinhar que o indício deverá estar devidamente comprovado para que possa ser usado no processo lógico-indutivo. Assim,

---

[235] MOURA, Maria Thereza Rocha de Assis. *A prova por indícios no processo penal*. Rio de Janeiro: Lumen Juris, 2009. p.105.

[236] TARUFFO, Michele. *La prueba de los hechos*. Madrid: Trotta. 2002. p. 479-480.

[237] MAIER, tratando os indícios como prova indireta e desqualificando-os como meio de prova, refere que "Los *indicios* no son un medio de prueba, sino, tan sólo, una aplicación del razonamiento humano inductivo-deductivo que, a partir de un hecho considerado como cierto, arriba a una segunda afirmación a través de una regla de cualquier tipo (científica, técnica, artística o de la experiencia). Precisamente por eso, ellos son los representantes de la llamada *prueba indirecta* según su objeto (*supra*, B, introducción, *y b*, I), en el sentido de que el tema a probar en ellos (objeto de prueba) no es un elemento de la imputación penal (objeto del processo), sino un hecho circunstancia o característica ajeno a ella, de la cual se infiere algún elemento del objeto del procedimento (*pertinencia* del objeto de prueba con el objeto procesal)." (MAIER, Julio B.J. *Derecho procesal penal*: parte general: actos procesales. Buenos Aires: Del Puerto, 2011. p. 180.)

se uma pessoa é encontrada junto ao cadáver de outra, que acabou de ser esfaqueada, segurando uma faca suja de sangue e na posse dos pertences do *de cujus* por certo que esses fatos poderão ser indícios de que esta pessoa matou a vítima.[238] Estes indícios devem estar provados, ou seja, deve haver prova testemunhal ou outro meio probatório que ateste que o sujeito efetivamente se encontrava nestas circunstâncias.

Mais do que isso, Leone adverte que, além da necessidade de que os indícios sejam certos ou comprovados (do que se infere que um indício não pode derivar de uma hipótese simplesmente), o processo lógico de dedução deve se inspirar no máximo de rigor na avaliação, com a utilização, por exemplo, de regras de experiência, preferencialmente, fixas e distantes de meros juízos de probabilidade. É preciso, além disso, uma concordância entre os indícios existentes.[239]

A inferência contrária àquela trazida pelo indício costuma chamar-se de contraindício e, segundo Moura, se "coexistem indícios e contra-indícios relativamente ao fato desconhecido que se investiga, sem que seja possível desprezar-se razoavelmente uns ou outros, em virtude de sua qualidade intrínseca, a conclusão não é firme nem clara, razão pela qual não pode levar ao pleno convencimento da certeza do fato".[240] Ao exemplo, encontrar um objeto supostamente pertencente à vítima em poder do acusado pode opor-se o fato de que o objeto era apenas semelhante àquele que o acusado possuía.[241]

- **Na jurisprudência**

STF: Utilização de indícios para aferir a dedicação à atividade criminosa.

Consectariamente, ainda que se tratasse de presunção de que o paciente é dedicado à atividade criminosa, esse elemento probatório seria passível de ser utilizado mercê de, como visto, haver elementos fáticos conducentes a conclusão de que o paciente era dado à atividade delituosa. O princípio processual penal do favor rei não ilide a possibilidade de utilização de presunções *hominis* ou *facti*, pelo juiz, para decidir sobre a procedência do *ius puniendi*, máxime porque o Código de Processo Penal prevê expressamente a prova indiciária, definindo-a no art. 239 como "a circunstância conhecida e provada, que, tendo relação com o fato, autorize, por indução, concluir-se a existência de outra ou outras circunstâncias". Deveras, o julgador pode, mediante um fato devidamente provado que não constitui elemento do tipo penal, utilizando raciocínio engendrado com supedâneo nas suas experiências empíricas, concluir pela ocorrência de circunstância relevante para a qualificação penal da conduta. (HC nº 111666/MG, 1ª Turma, Rel. Luiz Fux, j. 08/05/2012).

---

238 TORNAGHI, Hélio. *Compêndio de processo penal*. Tomo III. Rio de Janeiro: José Konfino – editor, 1967. p. 945.

239 LEONE, Giovanni. *Tratado de derecho procesal penal*. Trad. Santiago Sentis Melado. Buenos Aires: EJEA, 1961. p. 164-165.

240 MOURA, Maria Thereza Rocha de Assis. *A prova por indícios no processo penal*. Rio de Janeiro: Lumen Juris, 2009. p. 101.

241 Id. ibid.

9.2. Valor probatório

O nosso ordenamento limita-se a descrever o conceito de indício, não havendo qualquer outra orientação quanto a sua aplicação efetiva no processo penal. Diante disso, a doutrina não é unânime quanto à possibilidade de o indício, por si só, servir como base de uma sentença condenatória.

Para Pacelli e Fischer, o indício, como meio de prova, obtido por um processo lógico indutivo que considera as regras de experiência, estará dependente da maior ou menor solidez de sentido do critério de experiência para aquele caso.[242] Neste mesmo sentido, Nucci refere que os indícios não devem ter sua valoração menosprezada, pois, conforme o caso concreto, poderão ser mais seguros do que a própria prova direta.[243] Mougenot acrescenta que a prova indiciária será especialmente relevante se for verificado que todos os indícios apontam para o mesmo sentido (conjunto indiciário), não havendo divergência entre eles.[244]

De outra banda, Lopes Jr. aduz que os indícios, por serem elementos distintos das provas, nunca poderão dar azo a um decreto condenatório, sob pena de se violar o principio da presunção de inocência, o qual exige provas robustas de autoria e materialidade.[245]

Na mesma linha, Grinover arremata advertindo que "em um sistema que adote a presunção de inocência, com a consequência de que ninguém pode ser condenado se não estiver provada sua culpa, além de qualquer dúvida razoável, não é viável a condenação com base em um único indício, uma vez que este, quando o processo inferencial se dá por meio de uma máxima fundada no que normalmente acontece, fornece uma conclusão em grau de probabilidade, mas não de certeza".[246]

Entendemos que as circunstâncias indiciárias dependem sempre de demonstração por outros efetivos meios de prova, de modo que isoladamente não podem conduzir a uma sentença condenatória. E, neste sentido, o PLS nº 156/2009, ao declarar que o juiz formará livremente o seu convencimento (art. 168), também propôs que *a existência de um fato não pode ser inferida de indícios, salvo quando forem graves, precisos e concordantes* (§ 1º). Difícil mesmo será aferir o alcance de *graves, precisos* e *concordantes*.

---

[242] FISCHER, Douglas; OLIVEIRA, Eugênio Pacelli. *Comentários ao código de processo penal e sua jurisprudência*. São Paulo: Atlas, 2012. p. 451.

[243] NUCCI, Guilherme de Souza. *Provas no processo penal*. São Paulo: RT, 2011. p. 202.

[244] BONFIM, Edison Mougenot. *Curso de processo penal*. São Paulo: Saraiva, 2014. p. 444.

[245] LOPES JR., Aury. *Direito processual penal*. São Paulo: Saraiva, 2012. p. 701.

[246] GRINOVER, Ada Pellegrini. *O processo*: III série: estudos e pareceres de processo penal. Brasília: Gazeta Jurídica, 2013. p. 184.

- **Na jurisprudência**

STF: Impossibilidade de comprovação da materialidade por indícios.

Quando o Código de Processo Penal, no seu artigo 311, exige, para o efeito da prisão preventiva, "prova de existência de crime e indícios suficientes da autoria", quer significar, sem dúvida alguma, que, se para a imputação da autoria, bastam indícios capazes de gerar, não plena certeza, mas fundada ou razoável suspeita, é indispensável, quanto à existência do crime, a presença de elementos probatórios que excluam qualquer hipóteses plausível de inexistência do crime. (RHC nº 32940/SP, 1ª Turma, Rel. Nelson Hungria, j. 30/12/1954).

STF: Ausência de hierarquia entre indícios e as demais provas.

Os indícios, dado ao livre convencimento do Juiz, são equivalentes a qualquer outro meio de prova, pois a certeza pode provir deles. Entretanto, seu uso requer cautela e exige que o nexo com o fato a ser provado seja lógico e próximo. (HC nº 70344/RJ, 2ª Turma, Rel. Paulo Brossard, j. 14/09/1993).

STJ: Possibilidade de oferecimento da denúncia somente com indícios da materialidade do crime antecedente na lavagem de dinheiro.

A jurisprudência do Superior Tribunal de Justiça consolidou o entendimento de que é suficiente, para fins de oferecimento da denúncia referente ao delito de lavagem de dinheiro, a utilização de prova indiciária para a comprovação da existência do delito antecedente. 3. Os fatos e conclusões apontados na inicial descrevem, satisfatoriamente, com base nos elementos até então conhecidos, um acordo de vontades entre os acusados para a perpetração do delito de lavagem de dinheiro, com a descrição individualizada da participação de cada um dos envolvidos na prática delituosa, de modo a permitir ao paciente o desembaraçado exercício da ampla defesa. (HC nº 139940/PE, 5ª Turma, Rel. Marco Aurélio Bellizze, j. 28/02/2012).

9.3. Distinção entre presunção e indício

A presunção pode ser definida, segundo Moura, como "a ilação que a lei ou o magistrado tira de um fato conhecido, partindo da experiência comum, para afirmar, antecipadamente, como certo ou provável, um fato desconhecido; vale dizer, antes que de outra forma seja demonstrado".[247]

Assim, pode ser dizer que a presunção pode ser *legal* ou *de direito* (quando a inferência do fato conhecido ao fato desconhecido advém da lei) e *judicial*, do *homem* ou *de fato* (quanto a inferência decorre de uma operação mental do julgador).[248]

No campo das presunções legais, podemos classificá-las em relativas ou absolutas. A presunção absoluta (*juris et de jure*) não admite prova em contrário, como é o caso da inimputabilidade penal do menor

[247] MOURA, Maria Thereza Rocha de Assis. *A prova por indícios no processo penal*. Rio de Janeiro: Lumen Juris, 2009. p.48.

[248] LEONE, Giovanni. *Tratado de derecho procesal penal*. Trad. Santiago Sentis Melado. Buenos Aires: EJEA, 1961. p.161-162.

de 18 anos contida no art. 27 do CP, sendo vedado em qualquer hipótese que o menor figure no polo passivo da relação processual penal. Já a presunção relativa (*juris tantum*) admite prova em sentido contrário. Por exemplo, se presume que o maior de 18 anos é imputável; no entanto, se o laudo de insanidade mental comprovar que o indivíduo, ao tempo do fato, era total ou parcialmente incapaz de compreender o caráter ilícito do fato e de se autodeterminar de acordo com esse entendimento, a presunção será desconstituída, e ele será considerado inimputável.

No que se refere à diferenciação entre indício e presunção, a doutrina diverge, havendo entendimento, inclusive, de que os institutos em nada diferem.[249] Tornaghi, de sua vez, indica, exemplificando, que "o indício é o fato indicativo e a presunção o fato indicado. A embriaguez é indício de periculosidade; a embriaguez é o fato indicativo, o indício; a perigosidade é o fato indicado, presumido: há uma presunção de periculosidade".[250] Ou seja, a presunção seria a conclusão (efeito) produzida pelo fato antecedente (indício). Discordamos deste posicionamento que entende a presunção como conclusão do raciocínio lógico indiciário, confundindo-a, portanto, com a inferência indiciária.[251]

Moura arremata a discussão explicando que "a diferença substancial entre indício e presunção simples, ou do homem: esta é a ilação que o magistrado tira de um fato conhecido, partindo tão somente da experiência comum, para afirmar, antecipadamente, como provável, fato desconhecido. Vale dizer, antes que de outra forma seja provado. Aquele, o indício, remonta, de fato específico certo, concreto, a uma conclusão, cujo conteúdo é fornecido de proposição geral, ditada da lógica ou da experiência comum", ou seja, "a presunção é subjetiva, abstrata, genérica. O indício é objetivo, concreto, específico".[252]

- **Na jurisprudência**

STJ: Estupro de vulnerável e presunção absoluta.

A jurisprudência do Supremo Tribunal Federal e do Superior Tribunal de Justiça assentou o entendimento de que é absoluta a presunção de violência no estupro e no atentado violento ao pudor (referida na antiga redação do art. 224, "a", do CPB), quando a vítima não for maior de 14 anos de idade. É entendimento consolidado desta Corte Superior de Justiça que a aquiescência da adolescente – como ocorreu na espécie – não tem relevância jurídico-penal na tipificação da conduta criminoso. (REsp nº 1276434/SP, 6ª Turma, Rel. Rogério Schietti Cruz, j. 07/08/2014).

---

[249] MARQUES, José Frederico. *Elementos de direito processual penal*, vol. II. Rio de Janeiro: Forense, 1961. p. 374.

[250] TORNAGHI, Hélio. *Compêndio de processo penal*. Tomo III. Rio de Janeiro: José Konfino – editor, 1967. p. 950.

[251] MOURA, Maria Thereza Rocha de Assis. *A prova por indícios no processo penal*. Rio de Janeiro: Lumen Juris, 2009. p. 53.

[252] Id. ibid.

10. Da busca e apreensão

10.1. Conceito e natureza jurídica

Muito embora *busca* e *apreensão* sejam termos comumente utilizados como expressão única, estando inclusive dispostos conjuntamente no capítulo XI do CPP, trata-se de institutos com conceitos distintos mas de mesma natureza jurídica instrumental.

Por *busca*, entende-se a diligência realizada para encontrar determinada pessoa (testemunha, perito, vítima, suspeito, indiciado ou acusado) ou coisa (objetos, documentos ou papéis) que interesse ao processo criminal ou ao inquérito policial.

De outra banda, a *apreensão* é o ato através do qual se retira algo ou alguém do poder de outra pessoa ou de determinado lugar, com a finalidade probatória (*hard disk* que poderá ser utilizado mais tarde como demonstração das operações de sonegação fiscal) ou de preservação de direitos (bem móvel destinado à eventual reparação do dano ambiental).

Apesar de parte da doutrina entender que a finalidade da busca é sempre a apreensão,[253] entendemos que há hipóteses em que tais institutos são independentes. É o caso do mandado de busca que visa somente à libertação da vítima ou à tomada de fotografias de certo local,[254] sem qualquer tipo de apreensão. O inverso também é possível, como quando a autoridade comparece ao local do fato e apreende os objetos ali presentes (art. 6º, II, CPP) ou quando a entrega do bem é espontânea.

Geralmente a busca e apreensão tem caráter útil durante o inquérito policial e no curso do processo judicial. Mas é possível sua utilização antes da instauração de inquérito ou mesmo da existência de qualquer investigação formal, como no caso de *blitz* policial que encontra drogas ilícitas no interior do veículo ou quando a polícia comparece ao local do crime logo após o seu cometimento e apreende objetos. Assim também durante a execução penal para verificar o cumprimento de benefícios por parte do apenado tem cabimento o instituto.

Importante referir que, por serem a busca e a apreensão medidas que restringem o direito individual à inviolabilidade da intimidade, da vida privada, do domicílio e da integridade física ou moral do indivíduo, sempre se deve atentar às ressalvas legais e constitucionais pertinentes à sua determinação e autorização, como veremos posteriormente.

---

[253] TORNAGHI, Hélio. *Compêndio de processo penal.* Tomo III. Rio de Janeiro: José Konfino – editor, 1967. p. 1006.

[254] NUCCI, Guilherme de Souza. *Manual de processo penal e execução penal.* Rio de Janeiro: Forense, 2015. p. 460.

Por derradeiro, deve-se sublinhar que o CPP, no *caput* do art. 240, dividiu a busca e apreensão em domiciliar e pessoal, categorização esta que servirá de norte para os seguintes subcapítulos.

⇒ **Em discussão**

Busca e apreensão determinada por CPI

É possível que a Comissão Parlamentar de Inquérito (CPI) determine a realização de busca e apreensão no interesse de suas investigações? A discussão travada na doutrina e na jurisprudência cinge-se ao aparente conflito entre as normas constitucionais insculpidas no art. 58, § 3º, e no art. 5º, X, ambos da CF.

O primeiro preconiza que: "As comissões parlamentares de inquérito, que *terão poderes de investigação próprios das autoridades judiciais*, além de outros previstos nos regimentos das respectivas Casas, serão criadas (...)". Da leitura deste dispositivo, pode-se extrair o entendimento de que as CPIs, por terem poderes de investigação próprios de autoridade judicial, estariam autorizadas constitucionalmente a determinar todas as medidas investigativas que um juiz poderia fazê-lo no processo penal, nestas se incluindo a busca e a apreensão.

De outra banda, o art. 5º, X, determina que: "A casa é asilo inviolável do indivíduo, ninguém nela podendo penetrar sem consentimento do morador, salvo em caso de flagrante delito ou desastre, ou para prestar socorro, ou, durante o dia, *por determinação judicial*". Pode-se perceber, portanto, que o legislador constitucional optou por reservar exclusivamente ao Poder Judiciário, na figura do juiz, as medidas investigatórias que violem ou mitiguem direitos e garantias fundamentais. Tal reserva de jurisdição é um preceito fundamental que visa assegurar as garantias e direitos do cidadão[255] ao permitir que o direito à intimidade e à vida privada seja relativizado somente por determinação judicial.

Desta feita, entendemos que a CPI terá todos os poderes de investigação pertinentes a autoridades judiciais, com exceção daqueles que a própria Constituição Federal incluiu na reserva de jurisdição como é o caso da busca e apreensão, da decretação de prisão, dentre outros.

Deve-se ressaltar que, muito embora a maior parte da doutrina entenda ser inviável a autorização de busca e apreensão por CPI em razão da reserva de jurisdição, a jurisprudência dos Tribunais Superiores não possui entendimento consolidado sobre o tema, havendo decisões em ambos os sentidos.

[255] NUCCI, Guilherme de Souza. *Manual de processo penal e execução penal*. Rio de Janeiro: Forense, 2015. p. 462.

• **Na jurisprudência**

STJ: Possibilidade da CPI determinar busca e apreensão.

O artigo 58, § 3º, da CF/88, estabelece que as Comissões Parlamentares de Inquérito têm os poderes próprios das autoridades judiciais na condução dos procedimentos investigatórios para os quais foram constituídas. Se o Judiciário tem poder para realizar buscas no exercício de suas atribuições jurisdicionais, é inegável a competência das CPI's na expedição de mandado de busca e apreensão. Reveste-se de vitalidade jurídica a denúncia oferecida com fundamento em provas obtidas por força de diligência de busca e apreensão determinada por Comissão Parlamentar de Inquérito. (HC nº 3985/RJ, 6ª Turma, Rel. Vicente Leal, j. 01/12/1998).

STF: CPI não possui autorização constitucional para determinar busca e apreensão.

Entendimento do STF segundo o qual as CPI'S não podem decretar bloqueios de bens, prisões preventivas e buscas e apreensões de documentos de pessoas físicas ou jurídicas, sem ordem judicial. (MS nº 23455/DF, Tribunal Pleno, Rel. Néri da Silveira, j. 24/11/1999).

O postulado da reserva constitucional de jurisdição importa em submeter, à esfera única de decisão dos magistrados, a prática de determinados atos cuja realização, por efeito de explícita determinação constante do próprio texto da Carta Política, somente pode emanar do juiz, e não de terceiros, inclusive daqueles a quem se haja eventualmente atribuído o exercício de "poderes de investigação próprios das autoridades judiciais". A cláusula constitucional da reserva de jurisdição – que incide sobre determinadas matérias, como a busca domiciliar (CF, art. 5º, XI), a interceptação telefônica (CF, art. 5º, XII) e a decretação da prisão de qualquer pessoa, ressalvada a hipótese de flagrância (CF, art. 5º, LXI) – traduz a noção de que, nesses temas específicos, assiste ao Poder Judiciário, não apenas o direito de proferir a última palavra, mas, sobretudo, a prerrogativa de dizer, desde logo, a primeira palavra, excluindo-se, desse modo, por força e autoridade do que dispõe a própria Constituição, a possibilidade do exercício de iguais atribuições, por parte de quaisquer outros órgãos ou autoridades do Estado. Doutrina. – O princípio constitucional da reserva de jurisdição, embora reconhecido por cinco (5) Juízes do Supremo Tribunal Federal – Min. Celso de Mello (Relator), Min. Marco Aurélio, Min. Sepúlveda Pertence, Min. Néri da Silveira e Min. Carlos Velloso (Presidente) – não foi objeto de consideração por parte dos demais eminentes Ministros do Supremo Tribunal Federal, que entenderam suficiente, para efeito de concessão do *writ* mandamental, a falta de motivação do ato impugnado" (MS nº 23452/RJ, Tribunal Pleno, Rel. Celso de Mello, j. 16/09/1999).

10.2. Busca e apreensão domiciliar

A busca e apreensão domiciliar, por tratar-se de medida que restringe o direito fundamental à inviolabilidade do domicílio, possui proteção constitucional insculpida no art. 5º, XI, da CF: "A casa é asilo inviolável do indivíduo, ninguém nela podendo penetrar sem consentimento do morador, salvo em caso de flagrante delito ou desastre, ou para prestar socorro, ou, durante o dia, por determinação judicial".

Desta feita, depreende-se que, para fins penais, a busca domiciliar somente poderá ocorrer nas seguintes hipóteses: (*a*) durante o dia, sem mandado judicial, mas com autorização do morador; (*b*) durante o dia, sem autorização do morador, mas com mandado judicial; (*c*) durante a noite, somente com a autorização do morador; e (*d*) durante o dia ou à noite, em caso de flagrante delito, independentemente da autorização do morador.

Frise-se que a autorização do morador para entrada no domicílio tem ser válida, ou seja, deverá ser dada por pessoa capaz que tenha compreensão integral da diligência a ser realizada, bem como de suas consequências. Do contrário, o consentimento estará eivado de vício, o que acarretará a ilegalidade da busca e apreensão previamente realizada. Neste ponto, Lopes Jr. entende que o consentimento dado por pessoa presa cautelarmente, por si só, já deve ser considerado como inválido, visto que o agente estará submetido a forte intimidação ambiental ou situacional que, por certo, viciará qualquer forma de manifestação de vontade.[256]

Considera-se *dia* o período entre 6 e 20h em aplicação analógica ao art. 212 do CPC, muito embora a existência de posicionamento no sentido de considerar-se a existência ou não de luz solar. O PLS n° 156/2009 propõe, inclusive, no art. 235, que as buscas domiciliares serão executadas entre 6 e 20h, salvo se o morador consentir que se realizem em horário diverso.

Sempre que tais regras não forem respeitadas, estar-se-á diante de prova ilegal e, conforme o caso, a conduta poderá ser enquadrada no crime de violação de domicílio (art. 150 do CP) ou abuso de autoridade (art. 3°, *b*, da Lei n° 4.898/65).

⇒ **Em discussão**

A desnecessidade de mandado para busca e apreensão em caso de flagrante

Consoante o preconizado na CF, a inviolabilidade do domicílio poderá ser abrandada, sem qualquer autorização do Poder Judiciário, quando estivermos diante de uma situação de flagrante delito dentro da residência. Tal medida se justifica pelo fato de que a Carta Magna somente protege aqueles que estiverem no exercício regular de seu direito à intimidade e à privacidade, não abarcando as condutas atentatórias à ordem jurídica. Assim, se o cidadão estiver praticando um delito dentro de sua residência, o direito fundamental à inviolabilidade do domicílio não lhe protegerá.

As hipóteses de flagrância estão descritas no CPP. Segundo o art. 302, estará em flagrante delito quem: está cometendo a infração penal (Inciso I); acaba de cometê-la (Inciso II); é perseguido, logo após, pela autoridade, pelo ofendido, ou por qualquer pessoa, em situação que faça presumir ser autor da infração (Inciso III) ou é encontrado, logo depois,

[256] LOPES JR., Aury. *Direito processual penal*. São Paulo: Saraiva, 2012. p. 709.

com instrumento, armas, objetos ou papéis que façam presumir ser ele autor da infração (Inciso IV).

Quando se tratar de crimes permanentes – aqueles em que a consumação se prolonga no tempo – o CPP determina que: "entende-se o agente em flagrante delito enquanto não cessar a permanência". Isso significa que a prisão em flagrante poderá ocorrer a qualquer tempo, enquanto perdurar a consumação do delito. É o caso dos crimes de receptação qualificada e tráfico de drogas, na modalidade de "ter em depósito".

Entendemos que, em se tratando de crime permanente, tal previsão deve ser aplicada com extrema cautela pelos operadores de direito. Do contrário, estar-se-á autorizando que a autoridade policial ingresse em qualquer residência com base em "denúncia anônima" acerca de crime permanente, dando margem a condutas arbitrárias e ilegais, burlando-se o sistema constitucional de proteção ao domicílio.

- **Na jurisprudência**

STJ: Possibilidade de busca e apreensão sem mandado em caso de crime permanente.

É dispensável o mandado de busca e apreensão quando se trata de flagrante de crime permanente, sendo possível a realização das medidas sem que se fale em ilicitude das provas obtidas (Doutrina e jurisprudência). Tratando-se de paciente acusado do crime de receptação qualificada, na modalidade de expor à venda coisa que sabia ser produto de crime, não se vislumbra ilegalidade na apreensão de objetos relacionados com a infração penal e localizados em seu estabelecimento comercial e na sua residência, notadamente quando existem nos autos indícios de que teria autorizado, na presença de seu advogado, o ingresso dos policiais nos referidos locais. (HC nº 296417/MT, 5ª Turma, Rel. Jorge Mussi, j. 21/08/2014).

10.2.1. Conceito de casa

A CF elevou a casa do indivíduo ao *status* de asilo inviolável. O conceito de casa, para fins de busca e apreensão, não se restringe à definição de domicílio do Estatuto Civil, segundo o qual o domicílio é o local em que a pessoa se estabelece com ânimo definitivo de moradia ou onde exerce sua profissão. O art. 246 do CPP traz conceito com maior abrangência: "Compartimento habitado ou aposento ocupado de habitação coletiva ou em compartimento não aberto ao público, onde alguém exercer profissão ou atividade", na mesma linha do que refere o Código Penal no art. 150, § 4º: qualquer compartimento habitado (*Inciso I*), aposento ocupado de habitação coletiva (*Inciso II*) e compartimento não aberto ao público, onde alguém exerce profissão ou atividade (*Inciso III*).

Seguindo a doutrina de Bitencourt,[257] podemos compreender o que representa cada um destes enunciados da seguinte forma:

---

[257] BITENCOURT, Cezar Roberto. *Tratado de direito penal*: parte especial, vol. 2. São Paulo: Saraiva, 2007. p. 397-399.

Primeiro – qualquer compartimento habitado: O compartimento pode ser móvel, como, por exemplo: barco, *trailer*, *motor-home*, cabina de um trem velho, vagão de metrô abandonado, abrigo embaixo de ponte ou viaduto, quarto de hotel, quarto de pensão.

Segundo – aposento ocupado de habitação coletiva: Abrange as partes ocupadas de hotel, motel, pensão ou similares, que pode ser, inclusive, a cozinha, lavanderia, a administração, desde que não abertas ao público.

Terceiro – compartimento não aberto ao público, onde alguém exerce profissão ou atividade: Refere-se ao local que alguém exerce sua atividade, abrangendo o escritório de advocacia, contabilidade, administração, consultório médico, psicanalítico. Não estão abrangidas as dependências destes locais que são abertas ao público (recepção, por exemplo). Assim, em relação aos locais abertos ao público, como bares, restaurantes, cinemas, não há necessidade de autorização judicial para busca e apreensão. As dependências da casa integram o conceito de casa quando cercadas.

Os automóveis, caminhões e ônibus não se encontram no âmbito da proteção constitucional, exceto quando e enquanto utilizados como dormitórios pelo motorista, como é o caso específico da cabina de caminhão.

- **Na jurisprudência**

STF: Extensão do conceito de casa para quartos de hotel ocupados.

Para os fins da proteção jurídica a que se refere o art. 5º, XI, da Constituição da República, o conceito normativo de "casa" revela-se abrangente e, por estender-se a qualquer aposento de habitação coletiva, desde que ocupado (CP, art. 150, § 4º, II), compreende, observada essa específica limitação espacial, os quartos de hotel. Doutrina. Precedentes. – Sem que ocorra qualquer das situações excepcionais taxativamente previstas no texto constitucional (art. 5º, XI), nenhum agente público poderá, contra a vontade de quem de direito ("invito domino"), ingressar, durante o dia, sem mandado judicial, em aposento ocupado de habitação coletiva, sob pena de a prova resultante dessa diligência de busca e apreensão reputar-se inadmissível, porque impregnada de ilicitude originária. Doutrina. Precedentes (RHC nº 90376/RJ, 2ª Turma, Rel. Celso de Mello, j. 03/04/2007).

10.2.2. Hipóteses autorizadoras

O art. 240 do CPP, no seu § 1º, fornece um rol taxativo de hipóteses autorizadoras da busca domiciliar, elencando oito situações em que a autoridade judicial poderá deferir o mandado.

Primeira – Prender criminosos: tendo em vista que a prisão em flagrante, no interior do domicílio, não necessita de mandado judicial, tem-se que esta previsão legal trata das demais hipóteses de prisão, seja preventiva, temporária ou decorrente de sentença transitada em julgado.

Assim, quando for determinada judicialmente a prisão de alguém e, para cumpri-la, for necessário invadir seu domicílio, deverá ser expedido mandado de busca, evitando-se, com isso, que a autoridade policial responda posteriormente por abuso. Não há, portanto, a apreensão do agente, mas sim sua prisão, pois o mandado de busca tem a finalidade exclusiva de permitir a entrada da autoridade no domicílio para o cumprimento do mandado de prisão.

Segunda – Apreender coisas achadas ou obtidas por meios criminosos: as coisas obtidas por meios criminosos diferem daquelas obtidas a partir do proveito do crime. Conforme já advertimos, a medida assecuratória sequestro tem cabimento em relação a bens adquiridos com os proventos da infração (automóvel comprado com o lucro do tráfico de drogas). Já a busca e apreensão é indicada para bens obtidos por meios criminosos e para instrumentos do crime (automóvel furtado).[258]

Terceira – Apreender instrumentos de falsificação ou de contrafação e objetos falsificados ou contrafeitos: os objetos e documentos falsificados ou contrafeitos constituem o próprio corpo de delito, motivo pelo qual a sua apreensão é devida. Da mesma forma, os instrumentos e apetrechos devem ser apreendidos como forma de comprovação da materialidade do delito do art. 294 do CP, o qual criminaliza a conduta de posse de instrumento destinado à falsificação.

Quarta – Apreender armas e munições, instrumentos utilizados na prática de crime ou destinados a fim delituoso: com relação às armas e munições, estas somente poderão ser apreendidas se forem ilegais ou tiverem sido utilizadas para a prática de ato delituoso. Em relação aos instrumentos do crime, pode ser apreendida a faca utilizada para matar a vítima, por exemplo.

Quinta – Descobrir objetos necessários à prova da infração ou à defesa do réu: trata-se de previsão perigosamente genérica que permite a apreensão de objeto que, tendo conexão com o crime, possa vir auxiliar na comprovação da materialidade ou autoria, seja em favor da acusação ou da defesa. Mais adiante (Tópico 12.5.3.) discutiremos o encontro fortuito de provas na busca e apreensão. De qualquer forma, é preciso desde já atentar para necessidade de conexão probatória entre os objetos apreendidos e o fato delituoso. Assim, se durante uma busca e apreensão para colher evidências do crime de homicídio, são encontrados documentos que apontam para a existência de sonegação fiscal, tais elementos poderão ser apreendidos e usados para deflagrar nova investigação criminal. Nessa linha, a doutrina indica que surgirão duas opções diante do caso em que a autoridade policial encontra prova de

[258] SILVA, Davi André Costa; EBERHARDT, Marcos; GIULIANI, Ricardo Henrique A. *Manual de prática penal*: teoria e prática. Porto Alegre: Verbo Jurídico, 2015. p. 161.

crime diverso daquele constante do mandado. Se a descoberta for *absolutamente casual* a diligência é válida mesmo que esteja além do conteúdo do mandado. O risco de perda da prova será grande se for requerido novo mandado de busca e apreensão. De outro lado, se o encontro do indício é *forçado* pela autoridade, então estaremos diante de uma prova ilícita.[259]

Sexta – Apreender cartas, abertas ou não, destinadas ao acusado ou em seu poder, quando haja suspeita de que o conhecimento do seu conteúdo possa ser útil à elucidação do fato: a apreensão de correspondência fechada vai de encontro ao disposto no art. 5º, XII, da CF, o qual aduz que: "É inviolável o sigilo da correspondência e das comunicações telegráficas, de dados e das comunicações telefônicas, salvo, no último caso, por ordem judicial, nas hipóteses e na forma que a lei estabelecer para fins de investigação criminal ou instrução processual penal". No entanto, há quem entenda que os direitos e garantias individuais concedidos pela CF não são absolutos, podendo ser mitigados ante aos interesses da coletividade. Neste sentido, NUCCI aponta que, do contrário, não haveria sentido autorizar-se a violação do sigilo bancário e fiscal, pois são medidas tão atentatórias contra a intimidade e a vida privada do individuo quanto à violação da correspondência.[260]

Sétima – Apreender pessoas vítimas de crime: note-se que a expressão utilizada é apreender, justamente por não se tratar de prisão, mas sim de uma medida utilizada para liberar a vítima de alguma situação de risco, geralmente envolvendo exploração sexual, maus-tratos, redução à condição análoga à de escravo, sequestro ou cárcere privado.

Oitava – Colher qualquer elemento de convicção: trata-se de permissivo amplamente genérico, autorizando a apreensão de qualquer elemento (não somente objeto) que possa auxiliar na formação da *opinio delicti* ou endereçado ao livre convencimento judicial. Pelos mesmos motivos já expostos, entendemos que a aplicação desta cláusula genérica, sem a especificação de qual elemento de convicção deverá ser objeto da busca, é inconstitucional por violação ao art. 5º, X e XI, da CF.

- **Na jurisprudência**

STJ: Rol do art. 240 do CPP é exemplificativo.

O artigo 240 do Código de Processo Penal, ao tratar da busca e apreensão, apresenta um rol exemplificativo dos casos em que a medida pode ser determinada, no qual se encontra a hipótese de arrecadação de objetos necessários à prova da infração ou à defesa do réu, não havendo qualquer ressalva de que não possam dizer respeito à intimidade ou à vida privada do indivíduo. (HC nº 142205/RJ, 5ª Turma, Rel. Jorge Mussi, j. 04/11/2010).

---

[259] PACELLI, Eugênio; FISCHER, Douglas. *Comentários ao código de processo penal e sua jurisprudência*. São Paulo: Atlas, 2012. p. 465-466.

[260] NUCCI, Guilherme de Souza. *Manual de processo penal e execução penal*. Rio de Janeiro: Forense, 2015. p. 472.

STF: Relativização da inviolabilidade das comunicações.

A jurisprudência desta Corte consagrou o entendimento de que o princípio constitucional da inviolabilidade das comunicações (art. 5º, XII, da CF) não é absoluto, podendo o interesse público, em situações excepcionais, sobrepor-se aos direitos individuais para evitar que os direitos e garantias fundamentais sejam utilizados para acobertar condutas criminosas. A busca e apreensão das cartas amorosas foi realizada em procedimento autorizado por decisão judicial, nos termos do art. 240, § 1º, *f*, do Código de Processo Penal. (RHC nº 115983/RJ, 2ª Turma, Rel. Ricardo Lewandowski, j. 16/04/2013).

STF: Relativização da inviolabilidade ante a possibilidade de interceptação de correspondência de preso.

A administração penitenciaria, com fundamento em razoes de segurança pública, de disciplina prisional ou de preservação da ordem jurídica, pode, sempre excepcionalmente, e desde que respeitada a norma inscrita no art. 41, parágrafo único, da Lei n. 7.210/84, proceder a interceptação da correspondência remetida pelos sentenciados, eis que a cláusula tutelar da inviolabilidade do sigilo epistolar não pode constituir instrumento de salvaguarda de praticas ilícitas. – O reexame da prova produzida no processo penal condenatório não tem lugar na ação sumaríssima de *habeas corpus*. (HC nº 70814/SP, 1ª Turma, Rel. Celso de Mello, j. 01/03/1994).

10.2.3. Ordem judicial

Segundo o art. 240, § 1º, do CPP, a busca domiciliar somente será realizada quando *fundadas razões* a autorizarem, devendo o magistrado especificar as razões concretas que ensejaram a sua expedição, em observância ao art. 93, IX, da CF. Segundo o magistério de Tornaghi "essas razões se fundam na suspeita, grave, séria, confortada pelo que a autoridade sabe, pelo que teme, pelo que deve prevenir ou remediar, e não na realidade que só por meio da busca vai ser conhecida." e por isso "para avaliar se é legítima a ação da autoridade, deve o juiz colocar-se na situação e no tempo em que decidiu dar a busca".[261]

Além da motivação, o mandado de busca domiciliar deverá: "Indicar, o mais precisamente possível, a casa em que será realizada a diligência e o nome do respectivo proprietário ou morador" (art. 243, I, primeira parte, do CPP). Não se admite, portanto, que o mandado seja genérico e vago, porquanto possibilitaria à autoridade policial que adentrasse em qualquer residência, em flagrante desrespeito à inviolabilidade domiciliar atestada pela CF.

Por fim, quando a diligência de busca e apreensão domiciliar for realizada pessoalmente pelo juiz, dispensa-se obviamente a necessidade de mandado (art. 241 do CPP). Não obstante o mencionado artigo estenda a prerrogativa de desnecessidade de mandado ao delegado de

[261] TORNAGHI, Hélio. *Compêndio de processo penal*. Tomo III. Rio de Janeiro: José Konfino – editor, 1967. p. 1010.

polícia, tal norma não foi recepcionada pelo art. 5º, XI, da CF, o qual expressamente aduz a necessidade de autorização judicial.

⇒ **Em discussão**

A inviolabilidade do escritório de advocacia

Questão que merece maior destaque é a busca e apreensão a ser realizada em escritório de advocacia ou em qualquer local no qual o advogado exerça sua profissão. O Estatuto da Advocacia (Lei nº 8.906/94) determina em seu art. 7º, II, que são direitos do advogado: "A inviolabilidade de seu escritório ou local de trabalho, bem como de seus instrumentos de trabalho, de sua correspondência escrita, eletrônica, telefônica e telemática, desde que relativas ao exercício da advocacia".

Com vista a salvaguardar tal prerrogativa, o art. 243, § 2º, do CPP assevera que não será permitida a apreensão de documento em poder do defensor do acusado, salvo quando constituir elemento do corpo de delito, como é o caso do documento falso. Assim, caso o defensor esteja acompanhando a diligência de busca domiciliar, os documentos em seu poder (mesmo que referentes ao réu) serão salvaguardados pela prerrogativa advocatícia.

Com relação à determinação de busca e apreensão em escritório de advocacia, o Estatuto da Advocacia, no seu art. 7º, § 6º, somente a autoriza se estiverem presentes indícios de autoria e materialidade da prática de crime por parte do próprio advogado, devendo ser cumprida na presença de representante da OAB. Em virtude do sigilo profissional decorrente da natureza da relação advocatícia, não poderão ser apreendidos ou utilizados para quaisquer fins os documentos, mídias ou outros objetos pertencentes a clientes ou que contenham informações sobre os mesmos. No entanto, tal ressalva não se estende aos clientes que estejam igualmente sendo investigados como partícipes ou coautores do delito que deu azo ao mandado judicial. Ressalte-se que, tratando-se de objeto ilícito, poderá haver sua apreensão independente de quem for seu proprietário, pois a própria posse já caracterizaria crime por parte advogado, como no caso da posse de armas ilegais.

Ainda, tem-se que o mandado de busca e apreensão domiciliar em escritório de advocacia (ou qualquer local utilizado por advogado para o desenvolvimento da atividade) deverá conter uma descrição mais detalhada e pormenorizada dos objetos a serem apreendidos, com o objetivo de proteger o sigilo e a privacidade de terceiros não investigados.

- **Na jurisprudência**

STF: Mandado em escritório de advocacia deve ser especificado para proteger os direitos de terceiros não investigados.

O sigilo profissional constitucionalmente determinado não exclui a possibilidade de cumprimento de mandado de busca e apreensão em escritório de advocacia. O local de trabalho do advogado, desde que este seja investigado, pode ser alvo de busca e apreensão, observando-se os limites impostos pela autoridade judicial. Tratando-se de local onde existem documentos que dizem respeito a outros sujeitos não investigados, é indispensável a especificação do âmbito de abrangência da medida, que não poderá ser executada sobre a esfera de direitos de não investigados. Equívoco quanto à indicação do escritório profissional do paciente, como seu endereço residencial, deve ser prontamente comunicado ao magistrado para adequação da ordem em relação às cautelas necessárias, sob pena de tornar nulas as provas oriundas da medida e todas as outras exclusivamente delas decorrentes. Ordem concedida para declarar a nulidade das provas oriundas da busca e apreensão no escritório de advocacia do paciente, devendo o material colhido ser desentranhado dos autos do INQ 544 em curso no STJ e devolvido ao paciente, sem que tais provas, bem assim quaisquer das informações oriundas da execução da medida, possam ser usadas em relação ao paciente ou a qualquer outro investigado, nesta ou em outra investigação. (HC nº 91610/BA, 2ª Turma, Rel. Gilmar Mendes, j. 08/06/2010).

STJ: Impossibilidade de utilização de documentos de clientes para instauração de inquérito policial.

Consoante o disposto nos §§ 6º e 7º do art. 7º da Lei n.8.906/1994, documentos, mídias e objetos pertencentes a clientes do advogado averiguado, bem como demais instrumentos de trabalho que contenham informações sobre clientes, somente poderão ser utilizados caso estes estejam sendo formalmente investigados como partícipes ou coautores pela prática do mesmo crime que deu causa à quebra de inviolabilidade. No caso, o paciente não estava sendo formalmente investigado e o crime ora apurado não guarda relação com o estelionato judiciário (que originou a cautelar de busca e apreensão). Ordem concedida em parte, para afastar do Inquérito Policial n 337/09, instaurado contra o paciente, a utilização de documentos obtidos por meio da busca e apreensão realizada no escritório do advogado do paciente." (HC nº 227799/RS, 6ª Turma, Rel. Sebastião Reis Junior, j. 10/04/2012).

STJ: Possibilidade de apreensão de objeto não descrito no mandado por conta de descobrimento fortuito no momento da diligência.

A posse ilegal/irregular de armas e munições é crime permanente, cuja consumação se protrai no tempo, perdurando o flagrante delito enquanto não cessar a permanência. A apreensão decorrente do conhecimento fortuito da posse ilegal/irregular das armas e munições não implica extrapolação ou nulidade do mandado expedido para a busca e apreensão de objetos referentes a crime diverso. O mandado foi adequadamente expedido, mas a apreensão decorreu do flagrante constatado no interior da residência do acusado. (AP nº 686, Corte Especial, Rel. João Otávio de Noronha, j. 18/12/2013).

STJ: Nulidade do mandado de busca e apreensão domiciliar quando ausente a motivação.

Não há neste *decisum* a indicação de qualquer motivo para a expedição do mandado de busca e apreensão. Ainda que tenha sido lançado no rosto da petição em que a autoridade policial representou pela medida, dando, portanto, a concluir que o MM. Juiz concordou integralmente com as razões ali deduzidas, era de se exigir ao menos a referência expressa à adoção de tais argumentos, assim como um mínimo de justificação a embasar a medida, o que não ocorreu. Em se tratando de restrição a direitos fundamentais, tem especial relevo a adequada fundamentação da decisão, em homenagem ao princípio da ampla defesa. (...) Daí se concluir pela ilicitude da prova obtida com a violação da garantia da motivação das decisões judiciais, prevista no artigo 93, IX da Constituição da República. (HC nº 51586/PE, 6ª Turma, Rel. Maria Thereza de Assis Moura, j. 12/11/2007).

STJ: Desnecessidade de pormenorizar os objetos a serem apreendidos.

Ao contrário, o artigo 243 da Lei Processual Penal disciplina os requisitos do mandado de busca e apreensão, dentre os quais não se encontra o detalhamento do que pode ou não ser arrecadado. Não há no ordenamento jurídico pátrio qualquer exigência de que a manifestação judicial que defere a cautelar de busca e apreensão esmiúce quais documentos ou objetos devem ser coletados, até mesmo porque tal pormenorização só é possível de ser implementada após a verificação do que foi encontrado no local em que cumprida a medida, ou do que localizado em poder do indivíduo que sofreu a busca pessoal. (HC nº 142205/RJ, 5ª Turma, Rel. Jorge Mussi, j. 04/11/2010).

10.2.4. Procedimento

Os arts. 245 e seguintes do CPP estipulam uma série de orientações a serem seguidas pelo agente que irá cumprir a diligência, de forma a assegurar que estará revestida da legalidade necessária à violação do domicílio alheio.

Assim, de posse do mandado de busca e apreensão, a autoridade policial deverá comparecer até o local especificado no documento e ler o seu teor para o morador ou seu representante, intimando-o a abrir a porta, lembrando-se que em casa habitada, a busca será feita de modo que não moleste os moradores mais do que o indispensável para o êxito da diligência.

Havendo desobediência por parte do morador ou de seu representante ao impedir a autoridade de adentrar no imóvel, a autoridade poderá arrombar a porta e forçar a sua entrada no local (art. 245, § 2°, CPP), podendo o morador ser autuado em flagrante por desobediência (art. 330 do CP) ou, caso empregue violência ou ameaça contra o funcionário, pelo crime de resistência (art. 329 do CP). Se, após a entrada no imóvel, o morador persistir na resistência (recalcitrância), a autoridade poderá utilizar-se de força contra os objetos no interior do domicílio para fins de descobrimento daquilo que se procura (art. 245, § 3°, CPP).

Nas hipóteses acima, descritas no art. 245, § 2°, (desobediência) e § 3°, CPP (recalcitrância), a autoridade, quando ausentes os moradores, deverá intimar qualquer vizinho a assistir à diligência.

Sendo determinada a pessoa ou coisa que se vai procurar, o morador será intimado a mostrá-la (art. 245, § 5°, CPP). Se descoberta a pessoa ou coisa que se procura, será imediatamente apreendida e posta sob custódia da autoridade ou de seus agentes (art. 245, § 6°, CPP). Não sendo encontrada a pessoa ou coisa procurada, os motivos da diligência serão comunicados a quem tiver sofrido a busca, se o requerer.

Ao final da diligência, os executores lavrarão auto circunstanciado, assinando-o com duas testemunhas presenciais (art. 245, § 7°, CPP).

10.3. Busca pessoal

Proceder-se-á à busca pessoal, nos termos do art. 240, § 2°, do CPP, quando houver *fundada suspeita* de que alguém oculte consigo *arma proibida* ou os seguintes objetos: coisas achadas ou obtidas por meios criminosos; instrumentos de falsificação ou de contrafação e objetos falsificados ou contrafeitos; armas e munições, instrumentos utilizados na prática de crime ou destinados a fim delituoso; que sejam necessários à prova de infração ou à defesa do réu; cartas, abertas ou não, destinadas ao acusado ou em seu poder, quando haja suspeita de que o conhecimento do seu conteúdo possa ser útil à elucidação do fato; ou representativo de qualquer elemento de convicção.

Nestes casos, a busca pessoal é a diligência a ser realizada no próprio corpo do agente ou em seus pertences (roupas, carteira), podendo envolver o veículo, motocicleta, desnecessitando de mandado (art. 244, CPP) diante da urgência. Quando realizada em mulher, deverá ser realizada por outra mulher, desde que tal providência não resulte em retardamento ou prejuízo da diligência.

Ao que se percebe, até mesmo pela complexa situação cautelar de urgência, a busca pessoal se legitima a partir da existência de *fundada suspeita*, expressão subjetiva e aberta. Apesar disso é importante referir que o STF já se manifestou sobre o alcance do conceito informando que "A 'fundada suspeita', prevista no art. 244 do CPP, não pode fundar-se em parâmetros unicamente subjetivos, exigindo elementos concretos que indiquem a necessidade da revista, em face do constrangimento que causa. Ausência, no caso, de elementos dessa natureza, que não se pode ter por configurados na alegação de que trajava, o paciente, um 'blusão' suscetível de esconder uma arma, sob risco de referendo a condutas arbitrárias ofensivas a direitos e garantias individuais e caracterizadoras de abuso de poder".[262]

A fundada suspeita não se configura, portanto, como intuição da autoridade policial, algumas vezes baseada em elementos subjetivos como a cor da pele, vestimenta ou modo de andar, sob pena de desautorizar a abordagem, tornando ilícita a prova eventualmente obtida.

- **Na jurisprudência**

STJ: Busca em veículo se equipara à busca pessoal.

Havendo fundada suspeita de que a pessoa esteja na posse de objetos ou papéis que constituam corpo de delito, como no caso, a busca em veículo, a qual é equiparada à busca pessoal, independerá da existência de mandado judicial para a sua realização. (HC nº 216437/DF, 6ª Turma, Rel. Sebastião Reis Júnior, j. 20/09/2012).

---

[262] STF, HC n° 81305/GO, 1ª Turma, Rel. Ilmar Galvão, j. 13/11/2001.

10.4. Apreensão em território de jurisdição alheia

De acordo com a regra geral, cada autoridade deverá proceder à busca e apreensão dentro do território de sua circunscrição.[263] No entanto, quando as autoridades estiverem no seguimento de pessoa ou coisa, poderá ocorrer a necessidade de realizar-se a apreensão em território de jurisdição alheia. Neste cenário, os agentes deverão se apresentar perante a autoridade local antes da diligência para informar o fato ou, em caso de urgência, após o seu cumprimento. Havendo desconfiança acerca da legitimidade das pessoas ou da legalidade dos mandados, as autoridades locais poderão exigir prova do alegado, desde que não frustre a diligência.

O art. 250, no § 1º do CPP, elenca as hipóteses em que se configura o seguimento de pessoa ou coisa. O primeiro ocorre quando os agentes, tendo conhecimento direto da remoção ou transporte da pessoa ou coisa, a seguirem sem interrupção, mesmo que a percam de vista posteriormente. Na segunda hipótese, os agentes obtêm informações fidedignas ou indícios de que a coisa ou pessoa está sendo removida ou transportada em determinada direção e, mesmo sem a avistar, vão a seu encalço em razão da urgência, como no caso de vítima que está para ser transportada de um cativeiro a outro.

11. Da prova emprestada

11.1. Conceito e natureza jurídica

A prova emprestada é aquela colhida em um determinado processo e transportada para outro com o intuito de gerar efeitos probatórios neste último. É o aproveitamento da prova já produzida noutro feito, fundado na economia processual. Poderá ser constituída de um testemunho, documento, perícia ou qualquer outro meio probatório lícito.

Independentemente da modalidade de prova originária, a prova emprestada acostada aos autos deverá observar, quanto à forma, as regras da prova documental, pois foi extraída dos autos originários através de algum mecanismo de cópia. Já em relação ao seu valor probatório deverá sempre corresponder à prova originária.[264] E justamente por isso,

---

[263] Deve-se alertar que a autoridade policial não possui competência, atributo este destinado à autoridade judiciária. Denomina-se de circunscrição a porção de território na qual a autoridade policial exerce suas funções. (BADARÓ, Gustavo Henrique Righi Ivahy. *Processo penal*. Rio de Janeiro: Elsevier, 2014. p. 71.)

[264] GRINOVER, Ada Pellegrini; FERNANDES, Antonio Scarance; GOMES FILHO, Antonio Magalhães. *As nulidades no processo penal*. São Paulo: RT, 2007. p. 149.

como veremos adiante, há uma séria de limitações à utilização da prova emprestada no processo penal.[265]

Quanto à natureza jurídica, a prova emprestada não está elencada no rol do CPP, por isso trata-se de um meio de prova inominado. Nesta circunstância é possível admitir-se que a doutrina e a jurisprudência acabaram por catalogar os requisitos mínimos para admissão da prova emprestada no processo. O STJ já se manifestou sobre o tema indicando que a "prova emprestada é admissível no âmbito do processo penal, quando colhida em feito entre as mesmas partes, foi produzida com obediência aos procedimentos legais, diz respeito aos mesmos fatos objetos da acusação que se busca provar, com ampla oportunidade de manifestação do acusado em ambas as ações, inexistindo, assim, ofensa ao princípio do contraditório".[266]

De sua vez, o PLS n° 156/2009 propõe delimitar a admissão da prova emprestada no processo penal. Segundo as disposições do art. 169 e seus parágrafos, admite-se a prova emprestada quando produzida em processo judicial ou administrativo em que tenha participado do contraditório aquele contra o qual será utilizada. Deferido o requerimento, o juiz solicitará à autoridade responsável pelo processo em que a prova foi produzida o traslado do material ou a remessa de cópia autenticada. Após a juntada, a parte contrária será intimada a se manifestar no prazo de 3 dias, sendo admitida a produção de prova complementar.

11.2. Requisitos de admissão

Para que a prova emprestada seja admitida, deverão ser observados alguns requisitos:

Identidade de partes: a prova que se pretende trasladar deve ser produzida em processo envolvendo as mesmas partes que no feito destinatário. Deste modo, tanto a acusação quanto a defesa terão participado da produção originária da prova, o que garantirá a plenitude do direito ao contraditório e à ampla defesa.

Formalidades na colheita: a prova emprestada deverá ter sido produzida na origem respeitando todas as regras processuais pertinentes àquela modalidade probatória. Deste modo, se a prova for declarada

---

[265] Knijnik alerta para a relação entre a livre circularidade de provas e o eventual desvio da finalidade originária do uso de informações privadas. Mais do que isso, o autor ainda trabalha a circularidade de provas entre o processo administrativo e o processo penal, demonstrando importante preocupação com o tema já que o processo administrativo não exige tantas cautelas quanto o processo penal. (KNIKNIK, Danilo. *A prova nos juízos cível, penal e tributário*. Rio de Janeiro: Forense, 2007. p. 77-81).

[266] HC n° 63658/RS, 5ª Turma, Rel. Napoleão Nunes Maio Filho, j. 07/08/2007.

nula no processo originário, o vício será transferido para o processo destinatário, devendo ser igualmente anulada a prova emprestada.

Além disso, é obrigatória a sua prévia submissão ao contraditório. Por esta razão, entendemos que as diligências produzidas em investigações preliminares não poderão ser utilizadas como prova emprestada, uma vez que tais procedimentos prévios não possuem contraditório pleno. Apesar do entendimento do STF, entendemos que é o caso da interceptação telefônica.

Contraditório posterior: uma vez trasladada para o processo destinatário, a prova deverá ser novamente submetida ao contraditório. Não obstante as partes sejam (ou devam ser) as mesmas, é imprescindível que se renove o contraditório, pois é necessário confrontar a prova à luz do novo fato probando.

Rangel ainda exige um quarto requisito, indicando que o fato probando deve ser o mesmo,[267] limitando acertadamente a admissão da prova emprestada no processo penal.

Se os requisitos não forem observados, a prova emprestada deverá ser considerada ilícita, porquanto obtida com a violação de princípios constitucionais e normas legais, especialmente o contraditório e a ampla defesa. Diante de tais constatações, deverá o magistrado determinar o seu desentranhamento dos autos. De igual modo, caso a prova emprestada tenha sido declarada nula no processo originário, os efeitos de tal vício repercutirão no processo destinatário.

No entanto, deve-se destacar que, na hipótese de decretação de nulidade do processo originário por vício que não abranja a prova emprestada, esta terá eficácia plena no processo destinatário. Como exemplo, pode-se citar o processo anulado por não ter a defesa sido notificada para apresentar alegações finais após a instrução probatória, ou seja, depois de já terem sido produzidas validamente todas as provas.[268]

- **Na jurisprudência**

STJ: Prova emprestada colhida sem contraditório é ilícita.

A prova emprestada, que é a realizada com inobservância dos princípios do contraditório e do devido processo legal, e por isso é qualificada como prova ilícita, não se presta para embasar sentença penal condenatória. Como tal não deve ser considerado o conjunto de

---

[267] Exemplifica o autor referindo que: "Se durante a oitiva de uma testemunha no processo X (que apura um crime de homicídio imputado a Tício), a mesma depõe dizendo que no dia do fato viu Tício ao volante de um automóvel, marca Perereca, cor verde, com um bagageiro no teto, Tício, agora, responde pelo crime de receptação do automóvel marca Perereca, cor verde, que tem um bagageiro em cima do teto. O Ministério Público requer ao juiz o depoimento da testemunha do processo X para fazer prova da receptação, além de outros elementos de prova que possui. Nesse caso, o fato probando é o mesmo, ou seja, o objeto *de* prova é idêntico: Tício estava na posse de um carro marca Perereca, de cor verde com um bagageiro no teto." (RANGEL, Paulo. *Direito processual penal.* São Paulo: Atlas, 2013. p. 484.)

[268] RANGEL, Paulo. *Direito processual penal.* São Paulo: Atlas, 2013. p. 485-486.

informações contidas no bojo de inquérito policial ou de procedimento administrativos, que consubstanciam meros elementos que servem de base ao oferecimento da denúncia. (HC nº 14274/PR, 6ª Turma, Rel. Vicente Leal, j. 03/05/2001).

STF: Admissibilidade da Interceptação telefônica como prova emprestada em processo administrativo disciplinar.

(...) Prova licitamente obtida por meio de interceptação telefônica realizada com autorização judicial para instruir investigação criminal pode ser utilizada em processo administrativo disciplinar (...) (RMS n° 24194, 1ª Turma, Rel. Luiz Fux, j. 13/09/2011)

STF: Admissibilidade da Interceptação telefônica como prova emprestada em processo administrativo disciplinar.

PROVA EMPRESTADA. Penal. Interceptação telefônica. Escuta ambiental. Autorização judicial e produção para fim de investigação criminal. Suspeita de delitos cometidos por autoridades e agentes públicos. Dados obtidos em inquérito policial. Uso em procedimento administrativo disciplinar, contra os mesmos servidores. Admissibilidade. Resposta afirmativa a questão de ordem. Inteligência do art. 5º, inc. XII, da CF, e do art. 1º da Lei federal nº 9.296/96. (...) (QO n° 2424, Pleno, Rel. Cezar Peluso, j. 25/04/2007)

STF: Prova emprestada sem contraditório é de valor duvidoso.

A prova emprestada, quando produzida com transgressão ao princípio constitucional do contraditório, notadamente se utilizada em sede processual penal, mostra-se destituída de eficácia jurídica, não se revelando apta, por isso mesmo, a demonstrar, de forma idônea, os fatos a que ela se refere." (...) "Essa diretriz jurisprudencial – segundo a qual 'É nula a decisão proferida em processo que correu em branco, sem que nenhuma prova fosse produzida em juízo" (RT 520/484) – encontra apoio em autorizado magistério doutrinário (JOSÉ FREDERICO MARQUES, "Tratado de Direito Processual Penal", vol. I/104 e 194, 1980, Saraiva; FERNANDO DE ALMEIDA PEDROSO, "Processo Penal – O Direito de Defesa", p. 56, item n. 14, 1986, Forense, v.g.). Por tal razão, "a prova emprestada", produzida com desrespeito ao contraditório, "é de valor duvidoso" (Julgados do TACRIM/SP, Lex, vol. 89/445). O recorrente questiona a utilização, no processo em que sofreu condenação, dos depoimentos judiciais de algumas testemunhas, que foram trasladados, por empréstimo, dos autos de outro processo. Não hesitaria em prover o presente recurso, se, efetivamente, a condenação penal, no caso, tivesse como único fundamento prova unilateralmente produzida no âmbito da investigação penal promovida pela Polícia Judiciária. Ocorre, no entanto, como bem o revelou o acórdão recorrido, que a decisão penal condenatória apoiou-se em elementos de prova que, produzidos em juízo sob o crivo do contraditório, tornaram possível demonstrar a autoria, pelo ora recorrente, do crime de estelionato cuja prática lhe fora atribuída.(...) (RHC n° 106398, 2ª Turma, Rel. Celso de Mello, j. 04/10/2011)

STF: Admissibilidade da Interceptação telefônica como prova emprestada exigindo-se contraditório tardio.

(...) Quanto à utilização de prova emprestada de interceptação telefônica realizada no bojo de outra investigação, a tanto não há óbice, desde que franqueado à Defesa o acesso a ela, em garantia ao contraditório e à ampla defesa assegurados constitucionalmente. No caso, a condenação não se fez exclusivamente com base na prova emprestada, que ratificou os demais elementos de convicção. Além disso, facultados ao paciente o contraditório e a ampla defesa no que tange à prova extraída do processo da Vara da Infância e da Juventude. (HC n° 114074, 1ª Turma, Rel. Rosa Weber, j. 07/05/2013)

12. Da prova ilegal, vedada ou proibida

12.1. Conceito e classificação

O conceito de prova ilícita é tema bastante discutido na doutrina, não havendo consenso quanto a sua terminologia e nem quanto às consequências práticas daí advindas. As provas ilícitas, ilegais, vedadas ou proibidas são a categoria *lato sensu*, nas quais se incluem as provas ilícitas *stricto sensu* e as ilegítimas.

Por ilícitas *stricto sensu*, entendem-se aquelas provas que foram obtidas infringindo *normas constitucionais*, como a extração de material genético contra a vontade do suspeito (violação da garantia de não autoincriminação – art. 5º, § 2º, da CF), ou aquelas que violaram uma *regra penal*, como é o exemplo da confissão obtida mediante tortura, da apreensão de objeto por meio da violação de domicílio, etc. Nestes casos, para obter a prova, foi necessário infringir um preceito de direito material, pois tanto a tortura quanto a violação de domicílio são condutas censuradas pelo Direito Penal.

Já as provas ilegítimas seriam aquelas que violam uma norma de direito processual penal (formalidades do processo) para sua produção.[269] É o caso da leitura de documento no plenário do Júri sem que a defesa (ou a acusação, conforme o caso) seja comunicada três dias antes, consoante o preceito do art. 479 do CPP, ou da oitiva de pessoa proibida de depor, em violação ao art. 207 do CPP.

Observe-se que, no tocante à prova ilícita *stricto sensu*, o material probatório foi *obtido* com a violação de normas penais ou constitucionais, enquanto na prova ilegítima, foi a sua *produção* que infringiu regras processuais. Assim, se as normas constitucionais com cunho processual penal forem violadas para se *obter* a prova, estar-se à diante de prova ilícita *stricto sensu*, pois o que é determinante para a configuração da ilicitude é não observância na obtenção da prova de preceito previsto na Carta Magna.

Importante mencionar que não se discute acerca da nulidade da prova ilícita *stricto sensu*, mas sim de sua (in)admissibilidade.[270] A nulidade se constitui quando há um desrespeito às formalidades do processo durante a colheita/produção da prova, que é o caso das provas ilegítimas, como no caso de inversão da ordem da oitiva de testemu-

---

[269] AVOLIO, Luiz Francisco Torquato. *Provas ilícitas*: interceptações telefônicas, ambientais e gravações clandestinas. São Paulo, RT. 2015. p. 50.

[270] FERNANDES, Antônio Scarance. *Processo penal constitucional*. São Paulo: RT, 2012. p. 97.

nhas, e poderá ser relativizada ou mesmo refeita.[271] Já no caso da prova ilícita, o próprio conteúdo probatório é obtido com violação à norma legal, como no caso de obtenção de objetos na residência do acusado sem mandado de busca e apreensão.

O CPP, ao internalizar a norma constitucional, prevê, no art. 157, que: "São inadmissíveis, devendo ser desentranhadas do processo, as provas ilícitas, assim entendidas as obtidas em violação a normas constitucionais ou legais". Por norma legal, entende-se apenas norma de direito material. Concluindo-se pela ilicitude da prova (ilícita *stricto sensu*), portanto, a solução é o seu imediato desentranhamento, de forma que não contamine os demais elementos probatórios.

Apesar disso, uma vez admitida a prova ilícita no processo, a sentença proferida exclusivamente com base em tal elemento probatório será passível de nulidade. De sua vez, a denúncia sustentada em prova ilícita acabará maculando de nulidade a eventual decisão de seu recebimento bem como os atos posteriores que disto dependerem.

12.2. Teoria da proporcionalidade

12.2.1. Ponderação de direitos fundamentais

A vedação à utilização de provas obtidas por meios ilícitos está consagrada no rol de direitos e garantias fundamentais da CF, mais especificamente no art. 5º, LVI.[272] Em matéria de direitos fundamentais, há uma aplicação direta do princípio da proporcionalidade quando se fala em prova ilícita: deve-se encontrar um ponto de equilíbrio entre o dever estatal de combate à criminalidade e prestação de segurança pública e a garantia fundamental posta em perigo por meio de determinado método de obtenção de prova (intimidade, integridade física, etc.).

Neste sentido, o legislador constituinte cuidou de estabelecer limites aos direitos fundamentais, como, por exemplo, a previsão constitu-

---

[271] LOPES JR., Aury. *Direito processual penal*. São Paulo: Saraiva, 2012. p. 594.

[272] No âmbito internacional, pode-se citar a previsão do Estatuto de Roma do Tribunal Penal Internacional acerca da proibição da prova ilícita: "Art. 69 (Prova), item 7. Não serão admissíveis as provas obtidas com violação do presente Estatuto ou das normas de direitos humanos internacionalmente reconhecidas quando: a) Essa violação suscite sérias dúvidas sobre a fiabilidade das provas; ou b) A sua admissão atente contra a integridade do processo ou resulte em grave prejuízo deste." Acerca da importância da previsão expressa de tal artigo, Guariglia assevara que: "permite afirmar la formación, aunque sea incipiente, de um estándar internacional que no tolera la utilización de prueba ilegitimamente obtenida, aplicable incluso a los crímenes más graves que pueda imaginar la consciência universal, estándar que tal vez pueda tener um efecto didáctico em los ordienamientos nacionales y orientar su reacción frente a este tipo de prueba." (GUARIGLIA, Fabricio. *Concepto, fin y alcance de las prohibiciones de valoración probatoria en el procedimento penal*: una propuesta de fundamentación. Buenos Aires: Del Puerto, 2005. p. 240.)

cional da possibilidade de quebra de sigilo telefônico quando necessário à investigação criminal, ou a possibilidade de entrada forçada no domicílio quando há flagrante delito. A prova torna-se ilícita quando extrapola os limites pré-estabelecidos às garantias fundamentais, configurando violação direta àquele direito trazido pela Constituição Federal.

Isto significa dizer que a atuação dentro dos limites constitucionalmente previstos não caracteriza a prova como ilícita. Filiamo-nos ao entendimento doutrinário de que o princípio da proporcionalidade em matéria de direitos fundamentais deve ser aplicado pelo próprio legislador ao fazer constar as exceções dentro das quais a autoridade pública pode atuar na produção de provas e na sua posterior valoração. Não se trata de uma aplicação valorativa deste princípio pelo julgador para admitir a prova obtida por meio ilícito, transbordando o delineado pela CF, o que caracterizaria flagrante ilegalidade.

⇒ **Em discussão**

Sobre a ponderação de interesses em matéria de prova

Noutro ponto, há que se discutir a ponderação de interesses em matéria de prova no processo penal, tema muito bem colocado por Prado para quem: "A par da tímida atuação do Poder Judiciário – no controle de constitucionalidade das leis penais e processuais penais editadas como resposta emergencial a problemas estruturais, com violação aos direitos e garantias consagrados na Constituição Federal de 1988 – e do Ministério Público – na provocação desse controle – expressivos são, na atualidade, os pronunciamentos judiciais exarados no processo penal em que, a pretexto de se alcançar a 'verdade' necessária à 'tutela da segurança social', admite-se a produção de provas com violação aos direitos e garantias fundamentais do acusado e até mesmo de terceiros, ou, ainda, a introdução de provas produzidas ilicitamente, invocando-se uma ponderação de interesses, com base no princípio da proporcionalidade, para conferir legitimidade a tais violações".[273]

Ao que se vê, a primeira incoerência que faz parte do discurso jurídico penal operante ainda na maioria dos nossos julgados é de um conflito entre a "segurança social" e as liberdades individuais. No entanto, ainda segundo Prado: "a idéia de segurança, no Estado democrático de direito, não é algo excludente do conceito de liberdade individual, mas complementar a este. Não há que se falar em segurança social divorciada do valor liberdade. A invocação da segurança social em contraposição à liberdade individual é ideológica e tem um objetivo evidente: dar

[273] PRADO, Fabiana Lemes Zamalloa do. *A ponderação de interesses em matéria de prova no processo penal*. São Paulo: IBCCRIM, 2006. p. 158.

uma resposta emergencial, simbólica, aos conflitos sociais pela 'neutralização' de algumas pessoas".[274]

A mesma lógica deve servir para a prova no processo penal, que deve funcionar como uma garantia do acusado em relação ao poder punitivo estatal[275] muito embora não seja esta a retórica utilizada comumente.

Ocorre que: "o conflito de interesses que se estabelece no processo penal é, em regra, entre o interesse de punir estatal, deslegitimado no Estado democrático de direito, e os direitos e garantias fundamentais da pessoa. Especificamente em matéria de prova, esse é o conflito que se põe em evidência, tendo em vista o próprio conceito de prova no processo penal. Nessas hipóteses, ilegítima é a invocação do princípio da proporcionalidade para a produção de uma prova com violação aos direitos fundamentais do acusado ou de terceiro, ou, ainda, para admissão, no processo penal, de um prova produzida ilicitamente. É o que ocorre, por exemplo, quando, para a comprovação do fato definido com crime, indispensável à prolação de uma sentença condenatória, seja necessária a realização de provas que violem os direitos e garantias fundamentais do acusado, como, *exempli gratia*, exames periciais invasivos, obtenção de confissão por meio de torturas, utilização de detector de mentiras, hipnose ou interceptações telefônicas, a partir dos quais se obtém a confissão do acusado. Nessas situações, é evidente a contraposição entre o interesse de punir do Estado e os direitos fundamentais do acusado, não havendo que se falar, portanto, em colisão real entre direitos ou bens constitucionalmente protegidos".[276]

Noutras situações, no âmbito do processo penal, teremos verdadeiros conflitos entre bens/direitos constitucionalmente protegidos, casos em que: "a restrição a direito ou garantia fundamental é determinada para fazer cessar uma atividade lesiva a um direito ou bem, também garantidos constitucionalmente. É o caso, por exemplo, de uma interceptação telefônica realizada para descobrir o local do cativeiro de uma pessoa sequestrada, fazer cessar uma extorsão ou para o desbaratamento de uma organização criminosa. Fala-se, nessas situações, em coerção direta, e não propriamente em prova, pois esta, no processo penal, é uma atividade destinada à comprovação de um fato passado, definido como crime, para a aplicação ou não de uma pena. Assim, quando a intervenção em um direito fundamental objetivar a interrupção de uma atividade lesiva a um bem ou direito, também garantido constitucional-

[274] PRADO, Fabiana Lemes Zamalloa do. *A ponderação de interesses em matéria de prova no processo penal*. São Paulo: IBCCRIM, 2006. p. 164.

[275] Id. ibid.

[276] Id. p. 204.

mente protegidos, a ser resolvida pela ponderação de interesses, com base no princípio constitucional da proporcionalidade. Atendidas as máximas parciais do princípio da proporcionalidade (adequação, necessidade e proporcionalidade em sentido estrito), a restrição ao direito ou bem constitucionalmente protegido será legítima".[277]

12.2.2. Teoria da proporcionalidade "pro reo"

A teoria da proporcionalidade (ou da razoabilidade) preceitua que a proibição às provas ilícitas não é absoluta, podendo ser admitida em alguns casos. Para tanto, o magistrado terá que sopesar os bens jurídicos que estão em conflito (direitos individuais x interesse da coletividade).

Fernandes entende ser possível a admissão de prova ilícita em prejuízo do réu e a favor da coletividade. Como exemplo, cita o caso em que, para impedir a fuga de presos perigosos da prisão, violou-se a correspondência destes, descobrindo-se que o plano de fuga incluía o sequestro de um juiz de direito. Na hipótese a proteção à vida do juiz e à segurança do presídio justificaria a utilização das correspondências ilícitas como prova em juízo.[278]

Apesar da importância da situação exemplificada e da coerência do posicionamento, temos grande preocupação com o alargamento de hipóteses excepcionais. Assim, muito embora não seja absoluta a vedação à utilização da prova ilícita, esta poderá sofrer relativização principalmente em favor da defesa, pois apenas neste caso teremos dois bens jurídicos de *status* constitucional em confronto. Mostra-se plenamente razoável que o réu, acusado injustamente de um crime, utilize-se do conteúdo de interceptação telefônica ilegal para provar a sua inocência, evitando grave e irreversível erro judiciário. De um lado, teremos a inviolabilidade do sigilo da correspondência e das telecomunicações e, de outro, os princípios constitucionais da presunção de inocência e da ampla defesa. Neste caso, a prova ilícita deverá ser admitida e valorada, sob pena de se distorcer por completo todas as garantias e direitos fundamentais protegidos pela CF.

Quanto à natureza jurídica de tal permissão, há quem entenda estar o réu acobertado pela legítima defesa ou até mesmo pela inexigibilidade de conduta diversa. Entendemos tratar-se de verdadeiro estado de necessidade justificante que exclui a ilicitude da conduta. Assim, se considerarmos que a licitude da prova deriva justamente do estado de necessidade em que se encontrava o réu (na iminência de ser condena-

---

[277] PRADO, Fabiana Lemes Zamalloa do. *A ponderação de interesses em matéria de prova no processo penal*. São Paulo: IBCCRIM, 2006. p. 208.

[278] FERNANDES, Antônio Scarance. *Processo penal constitucional*. São Paulo: RT, 2005. p. 92-3.

do injustamente), tem-se que ela não poderá ser usada para fazer prova contra terceiros,[279] uma vez que não estará presente a excludente de ilicitude necessária.

- **Na jurisprudência**

STF: Impossibilidade de aplicação da teoria da proporcionalidade em razão da gravidade do delito.

Provas ilícitas: sua inadmissibilidade no processo (CF, art. 5º, LVI): considerações gerais. 2. Da explícita proscrição da prova ilícita, sem distinções quanto ao crime objeto do processo (CF, art. 5º, LVI), resulta a prevalência da garantia nela estabelecida sobre o interesse na busca, a qualquer custo, da verdade real no processo: conseqüente impertinência de apelar-se ao princípio da proporcionalidade – à luz de teorias estrangeiras inadequadas à ordem constitucional brasileira – para sobrepor, à vedação constitucional da admissão da prova ilícita, considerações sobre a gravidade da infração penal objeto da investigação ou da imputação. III. Gravação clandestina de "conversa informal" do indiciado com policiais. (...) A prova obtida mediante a escuta gravada por terceiro de conversa telefônica alheia é patentemente ilícita em relação ao interlocutor insciente da intromissão indevida, não importando o conteúdo do diálogo assim captado.(...) Prova ilícita e contaminação de provas derivadas (fruits of the poisonous tree). (HC nº 80949/RJ, 1ª Turma, Rel. Sepúlveda Pertence, j. 30/10/2001).

12.3. Prova ilícita por derivação

A ilicitude por derivação determina que a prova obtida a partir de uma prova ilícita estará igualmente eivada de ilicitude, devendo ser desentranhada dos autos. Assim, a prova ilícita por derivação, mesmo que tenha aparência legal quando isoladamente considerada, estará contaminada em sua origem. É o denominado efeito expansivo da ilicitude ou prova reflexa.[280] Portanto, se a autoridade policial descobrir o local onde estão armazenados os produtos do crime através de interceptação telefônica ilegal, de nada adiantará solicitar ao juiz mandado de busca e apreensão para apreender os objetos, pois eventual legalidade do ato posterior não retira o vínculo ilícito com a prova que lhe originou. Pensar o contrário seria tornar a previsão constitucional inócua, permitindo que se produzam efeitos legais a partir de atos ilícitos.

A Suprema Corte Norte-Americana, ao enfrentar tal questão, enunciou a teoria denominada *fruits of the poisonous tree* (teoria dos frutos da árvore envenenada),[281] a qual determina que os vícios da árvore já envenenada (prova ilícita originária) são transmitidos aos seus frutos (prova ilícita derivada). Assim, se em razão de uma escuta telefônica não

[279] LOPES JR., Aury. *Direito processual penal*. São Paulo: Saraiva, 2012. p. 598.

[280] GIACOMOLLI, Nereu José. *O devido processo penal: abordagem conforme a Constituição Federal e o Pacto de São José da Costa Rica*. São Paulo: Atlas, 2015. p. 180.

[281] O primeiro caso a tratar do tema foi *Silverthorne vs United States* (1920); no entanto, a terminologia utilizada atualmente só foi enunciada no caso *Nardone vs United States* (1939).

autorizada judicialmente chegou-se a determinada testemunha, ambas as provas deverão ser declaradas ilícitas, eliminando-as do processo.

Obviamente que a extensão desta ilicitude (*o alcance do veneno*) encontra limitações. No Brasil,[282] as exceções a não utilização da prova ilícita por derivação estão disciplinadas, num primeiro momento, no art. 157, § 1º, do CPP: a) quando não for evidenciado o nexo de causalidade entre a prova originária e a derivada; b) quando a prova derivada puder ser obtida por fonte independente (teoria da fonte independente/*independent source doctrine*).

A primeira hipótese é óbvia no contexto da prova penal. É preciso que haja um nexo de causalidade entre a árvore e o fruto para que este seja considerado derivado e, portanto, envenenado. É necessária a existência do binômio *causa* e *efeito*, ou seja, deve restar comprovado que a prova secundária efetivamente derivou da prova ilícita originária e que existia um liame entre ambas.

Com relação à segunda situação, que chama à baila a teoria da fonte independente, caso interessante e que podemos adotar como exemplo ocorreu na decisão *State vs O'Bremski* (1967) da Suprema Corte Norte-Americana, no qual uma menina de 14 anos foi encontrada no domicílio do suspeito de delito sexual por ocasião de uma busca e apreensão ilícita. Apesar da diligência ter sido considerada como prova ilícita (não havia mandado de busca e apreensão ou de prisão), a Corte entendeu que o depoimento da menina não havia sido contaminado, pois a descoberta do seu paradeiro não decorreu diretamente da busca e apreensão, uma vez que a polícia já havia sido informada previamente do seu local em razão de informações prestadas por um informante, o que configuraria uma fonte independente.[283]

Ocorre que, na ânsia de conceituar a fonte independente como exceção à extensão da ilicitude, o legislador acabou por defini-la de maneira equivocada, utilizando-se de teoria do direito norte-americano distinta: a teoria da descoberta inevitável *(inevitable discovery exception).* O §2º do art. 157 prevê: "Considera-se fonte independente aquela que por si só, seguindo os trâmites típicos e de praxe, próprios da investigação ou instrução criminal, seria capaz de conduzir ao fato objeto da prova".

---

282 Nos Estados Unidos, além das duas hipóteses previstas no artigo 157 do CPP brasileiro, são aceitas como exceções à prova ilícita a doutrina da atenuação (*Wong Sun vs United States* – 1963) e exceção de boa-fé (*United States vs Leon* – 1984).

283 AMBOS, Kai. A teoria do efeito extensivo no direito processual penal estadunidense e sua aplicação ao processo penal alemão. *In*: SANTIAGO, Nestor Eduardo Araruna. (Coord.). *Proibições probatórias no processo penal*: análise do direito brasileiro, do direito estrangeiro e do direito internacional. Brasília: Gazeta Jurídica, 2013. p. 55.

Na teoria da fonte independente existem dentro do processo duas provas aptas a gerar a prova derivada: a obtida ilicitamente e a produzida dentro dos ditames legais e constitucionais. Caberá a parte, deste modo, comprovar que a fonte independente (prova previamente existente) também possui nexo causal com a prova derivada e que esta, portanto, não derivou exclusivamente de ilicitude.

Já no caso descrito no § 2º, a situação exposta é distinta da fonte independente. Nos autos do processo existe apenas a prova ilícita originária e a prova derivada. Para que se quebre o nexo de causalidade, a parte terá que comprovar que, mesmo que a prova ilícita não existisse, a prova derivada seria descoberta de qualquer maneira através dos atos lícitos e autônomos de investigação não vinculados à ilicitude da prova anterior, ou seja, que a prova derivada *poderia ter sido* originada de uma prova lícita. Percebe-se que a quebra do nexo se dará por uma prova não existente, que será admitida através de um raciocínio hipotético. É o que prevê a teoria da *inevitable discovery exception,* e não a teoria da fonte independente.

Essa importante teoria foi utilizada no caso *Nix vs. Williams* (1984), em que a acusação era de que o suspeito havia matado uma criança e escondido seu corpo. Na tentativa de localização do corpo, 200 voluntários haviam iniciado uma busca em toda a área. Ao mesmo tempo, Williams entregou-se aos oficiais, sendo preso e conduzido. No deslocamento foi interrogado pelos policiais, o que acabou por levar à confissão e indicação da localização do corpo, que foi encontrado no local indicado.

O primeiro julgamento foi anulado a pedido da defesa, já que o interrogatório em que obtida a confissão teria sido realizado sem a presença de um advogado, violando a Sexta Emenda Constitucional. Num segundo julgamento, o Tribunal entendeu que a localização do corpo seria possível mesmo sem a confissão de Williams apesar de entenderem como ilegal o interrogatório sem a presença do advogado. Em resumo, segundo a Suprema Corte Norte-Americana, aplica-se ao caso a teoria da descoberta inevitável, segundo a qual a descoberta do corpo teria ocorrido inevitavelmente se os populares continuassem as buscas.

Não obstante tal confusão legislativa, o Supremo Tribunal Federal[284] tem aceitado ambas as teorias – fonte independente e descoberta inevitável – como exceções à extensão da ilicitude.

No entanto, parecem-nos muito subjetivos os conceitos trazidos pelo CPP como exceções à prova ilícita por derivação, alargando – de forma irresponsável e desnecessária – as disposições constitucionais no

[284] STF, HC nº 52995/AL, 6ª Turma, Rel. Og Fernandes, j. 16/09/2010.

que concerne ao tema. Na prática, ficará a cargo do juiz a decisão de aceitar ou não a prova derivada como livre de vícios e ilegalidades.[285]

- **Na jurisprudência**

STJ: Relativização da teoria dos frutos da árvore envenenada.

De fato, ainda que se tenha reputado como ilícitas as provas obtidas por meio do endereço eletrônico do recorrente, não há como concluir, por ora, pela inexistência de fonte independente apta a subsidiar a produção de demais provas que justifiquem a continuidade da ação penal instaurada em desfavor do recorrente. Na verdade, o curso normal da instrução probatória, ainda em trâmite, poderá conduzir à existência de elementos informativos que vinculem o recorrente aos fatos investigados. Não se pode olvidar que nem sempre a existência de prova ilícita determinará a contaminação imediata de todas as outras constantes do processo, devendo ser verificada, no caso concreto, a configuração da derivação por ilicitude. Vale dizer, a Teoria dos Frutos da Árvore Envenenada não é absoluta, sendo mitigada quando ausente nexo de causalidade entre a prova ilícita e as demais provas e quando houver fonte independente, conforme o disposto no art. 157, § 1º, do Código de Processo Penal. Dessa forma, não há como se reconhecer a nulidade de todas as provas obtidas a partir do endereço eletrônico do recorrente, como pretendido. (RHC nº 36486/RJ, 6ª Turma, Rel. Sebastião Reis Júnior, j. 08/10/2013).

STF: Adoção da teoria das provas ilícitas por derivação.

Ninguém pode ser investigado, denunciado ou condenado com base, unicamente, em provas ilícitas, quer se trate de ilicitude originária, quer se cuide de ilicitude por derivação. Qualquer novo dado probatório, ainda que produzido, de modo válido, em momento subseqüente, não pode apoiar-se, não pode ter fundamento causal nem derivar de prova comprometida pela mácula da ilicitude originária. – A exclusão da prova originariamente ilícita – ou daquela afetada pelo vício da ilicitude por derivação – representa um dos meios mais expressivos destinados a conferir efetividade à garantia do *due process of law* e a tornar mais intensa, pelo banimento da prova ilicitamente obtida, a tutela constitucional que preserva os direitos e prerrogativas que assistem a qualquer acusado em sede processual penal. Doutrina. Precedentes. – A doutrina da ilicitude por derivação (teoria dos "frutos da árvore envenenada") repudia, por constitucionalmente inadmissíveis, os meios probatórios, que, não obstante produzidos, validamente, em momento ulterior, acham-se afetados, no entanto, pelo vício (gravíssimo) da ilicitude originária, que a eles se transmite, contaminando-os, por efeito de repercussão causal. Hipótese em que os novos dados probatórios somente foram conhecidos, pelo Poder Público, em razão de anterior transgressão praticada, originariamente, pelos agentes da persecução penal, que desrespeitaram a garantia constitucional da inviolabilidade domiciliar. – Revelam-se inadmissíveis, desse modo, em decorrência da ilicitude por derivação, os elementos probatórios a que os órgãos da persecução penal somente tiveram acesso em razão da prova originaria-

[285] Gargallo menciona em sua obra a decisão 161/199 do Tribunal Constitucional da Espanha, na qual foi decidido se a confissão do acusado poderia ser considerada derivada da busca e apreensão de substâncias realizada ilegalmente (por motivação insuficiente). Para a autora: "es evidente que el sujeto se inculpa en la declaración porque en el registro se han encontrado elementos u objetos que permiten imputarle un delito, la cuestión se centra en si la prueba utilizada para fundar la condena es resultado directo de la lesión de un derecho fundamental y guarda con éste la conexión de antijuridicidad, lo que constitucionalmente justificaría su exclusión." (GARGALLO, Andrea Planchadell. La jurisprudencia española em matéria de prueba prohibida. *In*: Juan-Luis Gómes Colomer (org.). *Temas dogmáticos y probatórios de relevancia en el processo penal*. Santa Fe: Rubinzal-Culzoni, 2010. p. 232).

mente ilícita, obtida como resultado da transgressão, por agentes estatais, de direitos e garantias constitucionais e legais, cuja eficácia condicionante, no plano do ordenamento positivo brasileiro, traduz significativa limitação de ordem jurídica ao poder do Estado em face dos cidadãos. – Se, no entanto, o órgão da persecução penal demonstrar que obteve, legitimamente, novos elementos de informação a partir de uma fonte autônoma de prova – que não guarde qualquer relação de dependência nem decorra da prova originariamente ilícita, com esta não mantendo vinculação causal –, tais dados probatórios revelar-se-ão plenamente admissíveis, porque não contaminados pela mácula da ilicitude originária. (RHC nº 90376/RJ, 2ª Turma, Rel. Celso de Mello, j. 03/04/2007).

12.4. Consequência de sua utilização

Como já referido, a utilização da prova ilícita resulta no seu desentranhamento dos autos, bem como no de todas as provas que dela tenham derivado, sob pena de nulidade absoluta da decisão que a utilizar como fundamento. Trata-se de uma atuação do magistrado que deve ocorrer de ofício: em um primeiro momento, inadmitir a prova ilícita ao processo; caso não o faça, posteriormente, deverá determinar sua imediata remoção dos autos.[286]

Segundo o art. 157, § 3º, do CPP, uma vez preclusa a decisão de desentranhamento da prova ilícita, ela deverá ser inutilizada por decisão judicial através de incidente, sendo facultado às partes acompanhá-lo.

Depreende-se, portanto, que a discussão acerca da ilicitude da prova deverá acontecer nos próprios autos, conforme o momento processual em que a mesma for utilizada. Assim, se for admitida como base para o oferecimento da denúncia, deverá ser impugnada na resposta à acusação. Do mesmo modo, se for apresentada durante a fase instrutória, a impugnação ocorrerá nos memoriais. E, caso o magistrado refute o pedido em sentença, a parte poderá impugnar a ilicitude como preliminar na apelação.

Impende assinalar o entendimento de parte da doutrina no sentido de que a discussão sobre a admissibilidade da prova reputada como ilícita deverá ocorrer em autos apartados, nos moldes do incidente de falsidade (arts. 145 e seguintes do CPP), de forma a reduzir, na medida do possível, eventual influência que a prova poderá exercer sobre as partes e o magistrado.[287]

De outra banda, o não acatamento do pedido de reconhecimento de ilicitude em primeiro grau dará margem à utilização de *Habeas Corpus* para determinar o desentranhamento da prova ilícita dos autos. Ainda,

---

[286] FERNANDES, Antonio Scarance. *Processo Penal Constitucional*. 7ª ed. São Paulo: RT, 2010. p. 97.

[287] GIACOMOLLI, Nereu José. *O devido processo penal*: abordagem conforme a Constituição Federal e o Pacto de São José da Costa Rica. São Paulo: Atlas, 2015. p. 185.

se tal prova for a única a embasar a acusação, deverá ser pedido no *writ* o trancamento da ação penal/inquérito policial por ausência de justa causa. Pacelli e Fischer atentam para a utilização da expressão *preclusa a decisão de desentranhamento* e aduzem que da decisão que reconhece a ilicitude da prova caberia recurso em sentido estrito.[288]

Por fim, preclusa a decisão que declarou a prova ilícita, deverá ocorrer sua destruição através de incidente de ilicitude, a fim de evitar que venha a ser divulgada ou mesmo utilizada em outro processo.

Outrossim, interessante é a análise do vetado § 4º do art. 157, o qual visava a impedir a contaminação do juiz sentenciante pela prova ilícita: "O juiz que conhece o conteúdo da prova declarada inadmissível não poderá proferir a sentença ou acórdão". O objetivo era dar máxima eficácia ao preceito constitucional, fazendo com que a prova ilícita não exercesse qualquer tipo de influência sobre o magistrado.

A justificativa para o veto foi que: "O objetivo primordial da reforma processual penal consubstanciada, dentro outros, no presente projeto de lei, é imprimir celeridade e simplicidade ao desfecho do processo e assegurar a prestação jurisdicional em condições adequadas. O referido dispositivo vai de encontro a tal movimento, uma vez que pode causar transtornos razoáveis ao andamento processual, ao obrigar que o juiz que fez toda a instrução processual deva ser eventualmente substituído por um outro que nem sequer conhece o caso".

A partir disso, pode-se concluir que o legislador reformista optou por dar preferência à celeridade processual em detrimento da imparcialidade do julgador, o que, em nossa opinião, é um claro equívoco. Há de se considerar, porém, que a maioria da doutrina recebeu com louvor o veto em face da não violação da identidade física do juiz (art. 399, § 2º, do CPP), princípio adotado na reforma processual de 2008.

Por fim, importante lembrar que no procedimento dos crimes dolosos contra a vida, a admissão de prova ilícita se dá em contexto de maior complexidade. Como é sabido, os jurados leigos não têm o ônus processual de fundamentar a decisão exarada em plenário, tomando-a por íntima convicção, desde que não seja manifestamente contrária à prova dos autos. Dada a desnecessidade de fundamentação das decisões tomadas pelo Tribunal do Júri, é impossível determinar o papel que a eventual prova ilícita exerceu sobre o jurado no julgamento, de modo que é impositiva a anulação da sessão de julgamento quando estivermos diante da constatação de ilicitude da prova.

---

[288] FISCHER, Douglas; OLIVEIRA, Eugênio Pacelli. *Comentários ao código de processo penal e sua jurisprudência*. São Paulo: Atlas, 2012. p. 327.

12.5. Encontro fortuito de provas: serendipidade, serendipismo ou descoberta por acidente

12.5.1. Noções introdutórias

O fenômeno da serendipidade representa o encontro fortuito de provas[289] que indiquem a existência de outros delitos ou novos investigados. Até pouco tempo, a orientação jurisprudencial era pela licitude da prova encontrada acidentalmente, desde que esta possuísse conexão com o crime que estava sendo investigado. Seria o caso, por exemplo, de uma interceptação telefônica autorizada para monitorar crime de receptação de veículos acabando por encontrar evidências acerca do prévio roubo/furto desses automóveis.

Atualmente, no entanto, o STJ já tem posicionamento no sentido de acatar o fenômeno da serendipidade admitindo a prova até mesmo para pessoas ou crimes diversos daqueles inicialmente perseguidos ainda não conexos.

Há de se ressaltar que uma investigação, por si só, é uma invasão à privacidade do cidadão que se vê alvo das autoridades policiais. Trata-se de uma violação relativa de direito fundamental. Portanto, mostra-se lógica a modulação da eficácia de determinadas medidas investigativas, visando a causar o menor impacto possível na intimidade do investigado.

A doutrina[290], neste sentido, leciona que o ato autorizador da instauração de uma medida cautelar de investigação (por exemplo, interceptação telefônica ou quebra de sigilo bancário e/ou telefônico) é causal, estritamente vinculada às circunstâncias do processo que lhe dá causa. Assim, a melhor compreensão do tema indica que o encontro fortuito de provas seja analisado em, pelo menos, duas situações: quando o encontro acidental se der no curso de interceptação telefônica e na execução de mandado de busca e apreensão.

12.5.2. Na interceptação telefônica

Caso singular ocorre na descoberta fortuita de provas no decorrer de interceptação telefônica. Recentemente, o STJ lançou posicionamento

[289] VALENTE, ao analisar a sistemática utilizada no processo penal português, atenta para a distinção entre os conhecimentos fortuitos e o "efeito-à-distância". Enquanto que este último trata-se de um resultado indireto de um meio probatório ilegal, o conhecimento fortuito seria o resultado direto de um meio de obtenção de prova legal, como é o caso da interceptação telefônica legalmente autorizada. VALENTE, Manuel Monteiro Guedes. *Conhecimentos fortuitos*: a busca de um equilíbrio apuleiano. Coimbra: Almedina, 2006. p. 83.

[290] LOPES JR., Aury. *Direito Processual Penal*. 14ª ed. São Paulo: Saraiva, 2017. p. 385.

entendendo que a interceptação tem validade como prova "para pessoas ou crimes diversos daquele originalmente perseguido, ainda que não conexos ou continentes, desde que a interceptação seja legal".[291]

Não obstante a posição dos Tribunais Superiores, o serendipismo, como fenômeno excepcional, deve encontrar limites. Por isso, entendemos que naqueles casos em que, no curso de interceptação telefônica, ficar aparente o cometimento de crimes sem conexão com aqueles inicialmente investigados e em relação aos quais a medida restritiva foi autorizada, o conteúdo de tais conversas telefônicas poderá subsidiar a deflagração de nova investigação, mas jamais poderá servir de meio de prova dentro do mesmo procedimento criminal. A atuação da autoridade policial nestes casos, diferentemente do que acontece na hipótese da busca e apreensão, é totalmente passiva, uma vez que o encontro da prova não pode ser forçado durante a diligência; pelo contrário, ao acompanhar as conversas realizadas pelos investigados, o policial não terá a opção de "não encontrar" o indício, uma vez que não possui controle sobre o que é dito no decorrer da interceptação. Alertamos, no entanto, para a possível manipulação do Poder Judiciário através de pedidos relativos a um crime (intenção manifesta) quando, na verdade, pretende-se captar provas de outro (intenção latente).[292]

A discussão não para por aqui. A lei que regulou a matéria (Lei n° 9.296/96), em seu artigo 2°, admite a interceptação telefônica apenas para crimes punidos com reclusão. Assim, questiona-se acerca da legalidade da descoberta fortuita de prova de crime punido com detenção no curso de interceptação telefônica. Prado entende que: "muito embora a informação sobre o crime punido com detenção exista (ou sobre a contravenção penal ou ainda acerca da infração penal de menor potencial ofensivo) e tenha sido obtida de modo lícito, pois a interceptação estava autorizada por juiz criminal, esta informação não será válida como prova dessas infrações e não poderá servir de base para a condenação".[293]

Ou seja, o conteúdo da interceptação telefônica nos casos mencionados (delitos punidos com detenção/crimes não conexos aos originalmente investigados/pessoas inicialmente não investigadas) não será válido como prova naquele procedimento criminal, mas apenas como elemento indiciário capaz de eventualmente deflagrar uma nova investigação.

---

[291] STJ, APn nº 690/TO, Corte Especial, Rel. João Otávio de Noronha, j. 15/04/2015.

[292] PRADO, Geraldo. *Limite às interceptações telefônicas e a jurisprudência do Superior Tribunal de Justiça*. Rio de Janeiro: Lumen Juris, 2006. p. 63.

[293] Id., p. 60-61.

12.5.3. Na busca e apreensão

Inicialmente, é preciso distinguir-se entre o encontro fortuito de provas na busca e a apreensão e os casos de flagrante delito ou crime permanente. Se durante o cumprimento da diligência em uma residência a autoridade encontrar uma arma, esta poderá ser apreendida sob a justificativa de que a posse, por si só, já configura a situação de flagrância. Não se trata aqui de encontro fortuito de provas sem conexão probatória. No entanto, quando houver, por exemplo, a descoberta de documentos que a posse, por si só, não configura crime, mas que os elementos nele contidos podem ser indícios da ocorrência de outro delito, estar-se-á diante do encontro fortuito de provas.

Assim, se durante uma busca e apreensão para colher evidências do crime de homicídio são encontrados documentos que apontam para a existência de sonegação fiscal, tais elementos poderão ser usados para deflagrar nova investigação criminal.

Nessa linha, a doutrina indica que surgirão duas opções diante do caso em que a autoridade policial encontra prova de crime diverso daquele constante do mandado. Se a descoberta for *absolutamente casual*, a diligência é válida mesmo que esteja além do conteúdo do mandado. O risco de perda da prova será grande se for requerido novo mandado de busca e apreensão. De outro lado, se o encontro do indício é *forçado* pela autoridade então estaremos diante de uma prova ilícita.[294]

- **Na jurisprudência**

STJ: Serendipidade e competência do juízo.

Esta Corte possui entendimento firmado no sentido de que "como consequência da serendipidade, aplica-se a teoria do juízo aparente, segundo a qual não há nulidade na colheita de elementos de convicção autorizada por juiz até então competente para supervisionar a investigação. (Rcl 31.629/PR, Corte Especial, Rel. Min. Nancy Andrighi, DJe 28/09/2017, grifei)." (RHC nº 67.468/SP, 5ª Turma, Rel. Min. Felix Fischer, j. 20/03/2018)

O encontro fortuito de provas, que não guarda relação com o objeto da investigação principal, não torna prevento o juízo que autoriza a busca e apreensão. Precedentes. (HC nº 380.698/SP, 6ª Turma, Rel. Min. Sebastião Reis Júnior, j. 05/10/2017)

O chamado fenômeno da serendipidade ou o encontro fortuito de provas – que se caracteriza pela descoberta de outros crimes ou sujeitos ativos em investigação com fim diverso – não acarreta qualquer nulidade ao processo que se sucede no foro competente, desde que remetidos os autos ao Juízo competente tão logo verificados indícios durante a apuração. (RHC nº 76.817/MG, 6ª Turma, Rel. Min. Nefi Cordeiro, j. 01/06/2017).

STJ: Serendipidade e descoberta de novos acusados.

A descoberta de fatos novos advindos do monitoramento judicialmente autorizado pode resultar na identificação de pessoas inicialmente não relacionadas no pedido da

---

[294] PACELLI, Eugênio; FISCHER, Douglas. *Comentários ao código de processo penal e sua jurisprudência*. São Paulo: Atlas, 2012. p. 465-466.

medida probatória, mas que possuem estreita ligação com o objeto da investigação. Tal circunstância não invalida a utilização das provas colhidas contra esses terceiros (Fenômeno da Serendipidade). Precedentes. (RHC nº 28794/RJ, 5ª Turma, Rel. Laurita Vaz, j. 06/12/2012).

STJ: Serendipidade e desnecessidade de conexão com os crimes ou pessoas inicialmente investigados.

A quebra do sigilo telefônico do paciente e demais investigados foi permitida em razão dos elementos de convicção que já teriam sido reunidos em outro inquérito policial. Não se vislumbra qualquer ilegalidade em tal procedimento, já que se a autoridade policial, em decorrência de interceptações telefônicas legalmente autorizadas, tem notícia do cometimento de novos ilícitos por parte daqueles cujas conversas foram monitoradas, é sua obrigação e dever funcional apurá-los, ainda que não possuam liame algum com os delitos cuja suspeita originariamente ensejou a quebra do sigilo telefônico. Precedentes do STJ e do STF. (HC nº 189735/ES, 5ª Turma, Rel. Jorge Mussi, j. 07/02/2013).

Não há violação ao princípio da ampla defesa a ausência das decisões que decretaram a quebra de sigilo telefônico em investigação originária, na qual de modo fortuito ou serendipidade se constatou a existência de indícios da prática de crime diverso do que se buscava, servindo os documentos juntados aos autos como mera *notitia criminis*, em razão da total independência e autonomia das investigações por não haver conexão delitiva. (RHC nº 60.871/MT, 6ª Turma Rel. Nefi Cordeiro, j. 04/10/2016)

STJ: Serendipidade admitida para crimes e pessoas.

A "serendipidade" não pode ser interpretada como ilegal ou inconstitucional simplesmente porque o objeto da interceptação não era o fato posteriormente descoberto. Claro que, no caso, deve-se abrir novo procedimento específico, como aconteceu neste episódio, mas não entender como nula *tout court* a prova obtida ao acaso. Corrobora esse entendimento o acórdão desta Corte Especial da relatoria do Ministro Teori Zavascki nos EDcl na APn n. 425/ES, Corte Especial, sessão de 21.6.2007. Não se desconhece a respeitosa doutrina que discorda do aproveitamento fortuito da interceptação telefônica quando os crimes não são conexos ou relativo a pessoas que não eram objeto da escuta, a exemplo de Luiz Flávio Gomes e Raúl Cervini (Interceptação Telefônica, RT, p. 194). Para eles, o encontro fortuito de fatos que constituem crimes conexos, seria a serendipidade de primeiro grau, cujo aproveitamento é possível. Se a prova dizer respeito a fatos ou pessoas distintas daquelas para os quais a medida foi autorizada – serendipidade de segundo grau –, a prova não pode ser utilizada, servindo apenas como *notitia criminis*, incoerência não explicada pelo autor. Damásio de Jesus (RT 735/467), por sua vez, não admite a serendipidade em hipótese alguma. Aqui, opto pela orientação do STJ, como exposta (cf., ainda, HC 197.044/SP, rel. Min. Sebastião Reis Júnior, DJe 23.09.2014; HC 187.189/SP, rel. Min. Og Fernandes, DJe 2308.2013), e da maioria da doutrina (por todos: Fernando Capez, Curso de Direito Penal, 4 v., 9a. ed., 2014, p. 491), ou seja, que a prova é admitida para pessoas ou crimes diversos daquele originalmente perseguido, ainda que não conexos ou continentes, desde que a interceptação seja legal. (APn nº 690/TO, Corte Especial, Rel. João Otávio de Noronha, j. 15/04/2015.)

13. Da interceptação telefônica

13.1. Noções introdutórias

A CF, no seu art. 5°, XII, elevou ao *status* de direito fundamental o sigilo das comunicações telefônicas, determinando que somente possa ser violado por ordem judicial para fins de investigação ou instrução criminal.

A exceção prevista ao final da norma constitucional configura, portanto, uma contraposição de direitos fundamentais: de um lado, tem-se o direito à privacidade, estampado como a garantia do sigilo das comunicações (sejam elas por carta, telégrafo ou telefone); de outro, observa-se o dever estatal de garantia da segurança pública, primando-se pela efetividade da persecução penal.

Neste sentido, a previsão constitucional de quebra do sigilo telefônico para fins de investigação criminal caracteriza limite ao direito fundamental à medida que serve tanto para assegurar a aplicação da lei penal ao que nela se enquadra por prática delitiva, quanto para garantir que não haverá abuso da autoridade pública no curso da investigação, gerando violação de privacidade deliberada que fere o direito fundamental do investigado.

No Processo Penal, a interceptação telefônica é regulada pela Lei n° 9.296/96, diploma legal que indica as formalidades necessárias à quebra do sigilo sob pena de ilicitude do procedimento de obtenção de prova, situação que obrigará, necessariamente, o seu desentranhamento. A Lei em comento surgiu após um período de intensa controvérsia quanto ao uso indiscriminado dos chamados, à época, "grampos telefônicos", com fins criminais e políticos[295], sem o devido sopesamento do sigilo das comunicações como direito fundamental.

Tendo em vista que a interceptação telefônica envolve, por si só, a violação – ainda que permitida constitucionalmente – de um direito fundamental, deve ser meio excepcional de investigação. Tanto que o art. 2°, II, da própria Lei n° 9.296/96 veda a autorização de interceptação telefônica se a prova puder ser obtida por meio diverso. Trata-se de um requisito básico para permitir tal modalidade investigativa.

13.2. Classificação

É relevante distinguir entre as diversas formas de interceptação (*lato sensu*) de dados telefônicos.

[295] AVOLIO, Luiz Francisco Torquato. *Provas Ilícitas*: interceptações telefônicas, ambientais e gravações clandestinas. 6ª ed. São Paulo: RT, 2015. p. 167.

A *interceptação telefônica* ou *interceptação telefônica em sentido estrito* é aquela em que terceiro, utilizando-se de aparelhos próprios para tanto, captura conversa via telefone entre duas ou mais pessoas, sem o conhecimento destas. O referido diálogo poderá ser gravado ou apenas escutado. De sua vez, a *escuta telefônica* ou *grampo* consiste na captura de conversa entre duas ou mais pessoas via telefone realizada por terceiro com a autorização de um dos interlocutores.

Outra modalidade de interceptação de dados que não está sujeita à Lei n° 9.296/96 é a *gravação telefônica ou clandestina*, que ocorre sem a interferência de terceiro, uma vez que um dos interlocutores é quem grava a conversa com outra pessoa por telefone. Se tal captação for ambiental, estar-se-á diante de uma *gravação ambiental.*

De outra banda, a *interceptação ambiental* consiste na captação de uma conversa ambiente feita por terceiro sem o conhecimento de nenhum dos interlocutores. E, por fim, caso um dos interlocutores tenha conhecimento da captação sendo realizada por terceiro, teremos *escuta ambiental.*

Em síntese, tem-se que apenas a interceptação telefônica *stricto sensu* e a escuta telefônica, por envolverem a participação de terceiro na interceptação dos dados telefônicos, deverão seguir os ditames da Lei n° 9.296/96.

Cumpre mencionar que "não se submetendo a gravação clandestina à disciplina da interceptação telefônica, e reconhecendo-se o direito de toda pessoa de gravar a própria conversa, o seu resultado pode ser validamente admitido no processo (...) desde que não configure prova ilícita".[296]

Contudo, filiamo-nos à posição de que ainda que haja a caracterização de prova ilícita a partir da gravação clandestina, esta pode ser admitida no processo em favor do acusado no contexto da ampla defesa – que também consta do rol de direitos fundamentais garantidos pela CF, de modo que se resume à nova aplicação do princípio da proporcionalidade, no qual a defesa do acusado tem tanto peso quanto o direito à intimidade. Ressalvam-se, todavia, as hipóteses de existência de causa legal do sigilo da conversa, como o sigilo das comunicações profissionais.

- **Na jurisprudência**

STF: Licitude da gravação clandestina.

Conversa telefônica. Gravação clandestina, feita por um dos interlocutores, sem conhecimento do outro. Juntada da transcrição em inquérito policial, onde o interlocutor requerente era investigado ou tido por suspeito. Admissibilidade. Fonte lícita de prova. Inexistência de interceptação, objeto de vedação constitucional. Ausência de causa legal de sigilo

[296] AVOLIO, Luiz Francisco Torquato. *Provas Ilícitas*: interceptações telefônicas, ambientais e gravações clandestinas. 6ª ed. São Paulo: RT, 2015. p. 167/ss.

ou de reserva da conversação. Meio, ademais, de prova da alegada inocência de quem a gravou. Improvimento ao recurso. Inexistência de ofensa ao art. 5º, incs. X, XII e LVI, da CF. Precedentes. Como gravação meramente clandestina, que se não confunde com interceptação, objeto de vedação constitucional, é lícita a prova consistente no teor de gravação de conversa telefônica realizada por um dos interlocutores, sem conhecimento do outro, se não há causa legal específica de sigilo nem de reserva da conversação, sobretudo quando se predestine a fazer prova, em juízo ou inquérito, a favor de quem a gravou. (RE nº 402717, 2ª Turma, Rel. Cezar Peluso, Segunda Turma, j. 02/12/2008).

STJ: Validade da prova obtida mediante gravação ambiental.

É válida a utilização da gravação ambiental realizada por um dos interlocutores do diálogo como meio de prova no processo penal, independentemente de prévia autorização judicial. Precedentes. (RHC nº 59.542/PE, 6ª Turma, Rel. Rogerio Schietti Cruz, j. 20/10/2016).

STJ: A escuta telefônica – com o consentimento de um dos interlocutores – não está sujeita à Lei n°9.296/96.

A interceptação telefônica é a captação de conversa feita por um terceiro, sem o conhecimento dos interlocutores, que depende de ordem judicial, nos termos do inciso XII do artigo 5º da Constituição Federal. A escuta é a captação de conversa telefônica feita por um terceiro, com o conhecimento de apenas um dos interlocutores, ao passo que a gravação telefônica é feita por um dos interlocutores do diálogo, sem o consentimento ou a ciência do outro. A escuta e a gravação telefônicas, por não constituírem interceptação telefônica em sentido estrito, não estão sujeitas à Lei 9.296/1996, que regulamentou o artigo 5º, inciso XII, da Carta Magna, podendo ser utilizada, a depender do caso concreto, como prova no processo. (HC nº 161053/SP, 5ª Turma, Rel. Jorge Mussi, j. 27/11/2012).

STJ: Gravação feita por um dos interlocutores é lícita.

As liberdades públicas não podem ser utilizadas como um verdadeiro escudo protetivo da prática de atividades ilícitas, tampouco como argumento para afastamento ou diminuição da responsabilidade civil ou penal por atos criminosos, sob pena de total consagração ao desrespeito a um verdadeiro Estado de Direito. Dessa forma, aqueles que, ao praticarem atos ilícitos, inobservarem as liberdades públicas de terceiras pessoas e da própria sociedade, desrespeitando a própria dignidade da pessoa humana, não poderão invocar, posteriormente, a ilicitude de determinadas provas para afastar suas responsabilidades civil e criminal perante o Estado (...)" (Alexandre de Moraes, in *Constituição do Brasil Interpretada e Legislação Constitucional*, 2ª ed., 2003, São Paulo, Editora Atlas, páginas 382/383). Não há falar em ilicitude da prova que se consubstancia na gravação de conversação telefônica por um dos interlocutores, vítima, sem o conhecimento do outro, agente do crime. (RHC nº 12266/SP, 6ª Turma, Rel. Hamilton Carvalhido, j. 09/09/2003).

13.3. (Des)necessidade de procedimento criminal em andamento

Como mencionado, a Lei n° 9.296/96 refere-se à interceptação telefônica autorizada por juiz competente e conduzida pela autoridade policial para fazer prova em investigação criminal e/ou instrução processual penal. Isso não significa, porém, que deverá haver um inquérito previamente instaurado para que se dê o deferimento da interceptação, uma vez que possui natureza cautelar preparatória, bastando, segundo o entendimento do STJ, que estejam presentes os requisitos autorizadores da medida.

Não obstante a CF tenha autorizado apenas a mitigação do sigilo das comunicações telefônicas, o art. 1°, parágrafo único, da Lei n° 9.296/96 expandiu tal previsão ao possibilitar também a interceptação do fluxo de comunicações em sistemas de informática e telemática.

Discute-se, aí, a questão do juízo competente para deferir a medida de interceptação telefônica, nos termos do art. 1° da Lei n° 9.296/96, que atribui o ônus de autorizar a medida ao julgador responsável pelo processo principal. Contudo, inexistindo processo em curso, como se dá a definição da autoridade que tem competência para analisar a necessidade da medida investigatória? A posição das Cortes Superiores neste ponto é que o art. 1° da Lei das Interceptações Telefônicas deve ser visto com ressalva quando a medida tem caráter preventivo, não havendo nulidade quando o deferimento partir do julgador que aparentemente era competente à época do início das diligências policiais.

- **Na jurisprudência**

STJ: Possibilidade de deferimento da interceptação telefônica sem instauração prévia de inquérito.

Esta Corte já decidiu ser prescindível a prévia instauração de inquérito ou ação penal para a decretação de quebra de sigilo telefônico; isso porque, a interceptação telefônica, disciplinada na Lei 9.296/96, tem natureza de medida cautelar preparatória, exigindo-se apenas a demonstração da existência de indícios razoáveis da autoria ou participação em infração penal punida com reclusão. (HC nº 136659/SC, 5ª Turma, Rel. Napoleão Nunes Maia Filho, j. 23/03/2010)

STJ: Mudança na competência do processo principal.

Nos termos dos precedentes desta Corte, sendo as interceptações telefônicas decretadas pelo magistrado então competente, válida é a prova colhida, e provas consequentes. (RHC nº 47.405/MT, 6ª Turma, Rel. Min. Nefi Cordeiro, j. 13/09/2016).

13.4. Necessidade de autorização judicial motivada e requisitos para seu deferimento

Por se tratar de violação a direito constitucional, a interceptação telefônica somente poderá ser autorizada mediante decisão devidamente motivada e por escrito do juiz competente para processar a respectiva ação penal. É de se dizer que deverão ser observadas eventuais características da pessoa a ser investigada que possam gerar prerrogativa de foro e, portanto, deslocamento da competência. Assim, se o investigado for um juiz, somente o Presidente do Tribunal poderá autorizar a interceptação.[297]

---

[297] STRECK, Lenio Luiz. *As interceptações telefônicas e os direitos fundamentais*: constituição, cidadania, violência: a Lei 9.296/96 e seus reflexos penais e processuais. Porto Alegre: Livraria do Advogado: 2001. p. 43.

No tocante aos requisitos para deferimento da medida, aponta-se à escolha legislativa pela formulação negativa,[298] vedando a concessão de autorização da interceptação telefônica em determinadas situações. *In casu*, para que seja deferida a medida, deverão estar presentes indícios razoáveis de autoria ou participação em infração penal punida com reclusão. Isso significa que a quebra dos dados telefônicos não poderá ser o primeiro ato de investigação, sendo necessário que a autoridade requerente demonstre previamente o *fumus comissi delicti*, bem como indique e qualifique os investigados.

Ora, nada mais correto do que certificar-se de que existam evidências prévias de que o cidadão que terá seu direito fundamental violado esteja colocando em risco bem jurídico tutelado pela legislação penal. Nesse compasso, entendemos por vedada a autorização para interceptação telefônica baseada exclusivamente em denúncia anônima, devendo existir demonstração nos autos da existência de diligências prévias à quebra do sigilo.

Mais do que isto, também é exigível a presença de *periculum in mora*, tendo em vista que não se pode proceder à interceptação se a prova em comento puder ser obtida por qualquer outra via que não acarrete na necessária violação do direito fundamental do acusado. Neste sentido, trata-se de uma inteligente adição legislativa que força a interceptação telefônica a ser a *ultima ratio* no que diz respeito aos meios de obtenção de prova na esfera penal.

Ainda, o legislador optou por restringir a violação ao sigilo das comunicações telefônicas aos delitos mais graves, excluindo os crimes punidos com apenas detenção. A opção legislativa nos parece acertada à luz do princípio da proporcionalidade, impedindo que medida de extrema excepcionalidade seja utilizada em casos em que o bem jurídico tutelado não justifica a violação de um direito fundamental.

Apesar de exigir a descrição clara da situação objeto da investigação, inclusive com a indicação e qualificação dos investigados, o legislador retrocedeu ao admitir a hipótese de *impossibilidade manifesta, devidamente justificada*. Tal previsão, além de genérica e aberta, poderá dar margem à quebra de sigilo sem prévias diligências, em grave violação aos ditames constitucionais.

13.5. Legitimados a requerer a medida

Os legitimados a requerer a interceptação telefônica, de acordo com o art. 3° da Lei n° 9.296/96, são o próprio juiz, de ofício, ou a autoridade

[298] AVOLIO, Luiz Francisco Torquato. *Provas Ilícitas*: interceptações telefônicas, ambientais e gravações clandestinas. 6ª ed. São Paulo: RT, 2015. p. 193.

policial (na investigação criminal) e o Ministério Público (na investigação ou instrução processual penal). Quando o requerente for a autoridade policial, a lei prevê ciência ao Ministério Público para acompanhar a realização da diligência.

O legislador foi omisso, no entanto, ao não disciplinar a necessidade de oitiva prévia do *parquet* em caso de requerimento policial. Streck aponta para a obrigatoriedade de vista ao Ministério Público antes da análise judicial do pedido: "Em matéria de tamanha relevância – eis que a autorização de interceptação é uma invasão na esfera da privacidade do cidadão – não tenho dúvidas em afirmar que, necessariamente, deve haver a prévia participação (portanto, ouvida) do Ministério Público, cuja missão constitucional é justamente a de ser o guardião dos direitos individuais e coletivos da sociedade".[299] Coadunamos com tal posicionamento, pois a interceptação telefônica é um meio probatório que, se acontecer na fase policial, terá como objetivo formar a *opinio delicti*.

13.6. Prazo de duração da medida

Relativamente à duração da interceptação telefônica, apesar de a lei ter estabelecido que a diligência não poderá exceder o prazo de quinze dias, renovável por igual tempo, a jurisprudência tem aceitado prorrogações sucessivas, desde que, a cada 15 dias, haja nova decisão motivando a necessidade.

A nosso ver, a perduração da interceptação pelo tempo necessário à elucidação dos fatos é critério por demasiado subjetivo, podendo dar margem a violações intermináveis do direito ao sigilo e, consequentemente, à intimidade do cidadão. É como se a interceptação telefônica pudesse ter a duração necessária ao encontro (até mesmo acidental) de fatos ilícitos, o que certamente significa quebra da segurança jurídica.

É necessário que a interceptação telefônica seja o único meio disponível para obter a prova, uma vez que não se justificaria a violação de direito fundamental quando existentes instrumentos menos invasivos para tanto. Não se pode olvidar que a quebra de sigilo é exceção, não podendo ser usada livremente pelos órgãos investigativos.

- **Na jurisprudência**

STF: Possibilidade de prorrogações sucessivas da interceptação.

É possível a prorrogação do prazo de autorização para a interceptação telefônica, mesmo que sucessivas, especialmente quando o fato é complexo a exigir investigação diferenciada e contínua. Não configuração de desrespeito ao art. 5º, *caput*, da L. 9.296/96. 2. A

[299] STRECK. Lenio Luiz. *As interceptações telefônicas e os direitos fundamentais*: constituição, cidadania, violência: a Lei 9.296/96 e seus reflexos penais e processuais. Porto Alegre: Livraria do Advogado: 2001. p. 76.

interceptação telefônica foi decretada após longa e minuciosa apuração dos fatos por CPI estadual, na qual houve coleta de documentos, oitiva de testemunhas e audiências, além do procedimento investigatório normal da polícia. Ademais, a interceptação telefônica é perfeitamente viável sempre que somente por meio dela se puder investigar determinados fatos ou circunstâncias que envolverem os denunciados. (HC nº 83515/RS, Tribunal Pleno, Rel. Nelson Jobim, j. 16/09/2004).

14. Instrumentos probatórios na lei do crime organizado

A Lei n° 12.850/13, que disciplina as organizações criminosas,[300] trouxe diversas inovações em matéria de prova penal. O artigo 3° estipula um rol específico de fontes de prova a ser utilizado em qualquer fase da persecução penal quando esta envolver crime organizado, quais sejam: I – colaboração premiada; II – captação ambiental de sinais eletromagnéticos, ópticos ou acústicos; III – ação controlada; IV – acesso a registros de ligações telefônicas e telemáticas, a dados cadastrais constantes de bancos de dados públicos ou privados e a informações eleitorais ou comerciais; V – interceptação de comunicações telefônicas e telemáticas, nos termos da legislação específica; VI – afastamento dos sigilos financeiro, bancário e fiscal, nos termos da legislação específica; VII – infiltração, por policiais, em atividade de investigação; e VIII – cooperação entre instituições e órgãos federais, distritais, estaduais e municipais na busca de provas e informações de interesse da investigação ou da instrução criminal.

Com relação à colaboração premiada, remetemos o leitor ao tópico 3.4 (Delação Premiada) da Parte II (Provas em Espécie). Do mesmo modo, o tema relativo à interceptação de comunicações telefônicas e telemáticas foi tratado no tópico 13 (Interceptação Telefônica) da Parte II (Provas em Espécie).

14.1. Captação ambiental de sinais eletromagnéticos, ópticos ou acústicos

A Lei n° 12.850/13 foi imprecisa ao disciplinar a *captação ambiental* como fonte de prova em relação ao crime organizado. Como referimos anteriormente, a interceptação ambiental *lato sensu* pode ser dividida em gravação (sem interferência de terceiro), interceptação (com interfe-

[300] Segundo o art. 1°, § 1°: "Considera-se organização criminosa a associação de 4 (quatro) ou mais pessoas estruturalmente ordenada e caracterizada pela divisão de tarefas, ainda que informalmente, com objetivo de obter, direta ou indiretamente, vantagem de qualquer natureza, mediante a prática de infrações penais cujas penas máximas sejam superiores a 4 (quatro) anos, ou que sejam de caráter transnacional".

rência de terceiro e sem conhecimento dos interlocutores) e escuta (com interferência de terceiro e com conhecimento de um dos interlocutores). Assim, o termo captação poderia ser interpretado como interceptação ambiental *lato sensu*.

Anteriormente ao advento da Lei nº 12.850/13, a norma que regulamentava o crime organizado era a Lei nº 9.034/95, a qual, em seu artigo 2º, IV, permitia a captação e interceptação ambiental de sinais eletromagnéticos, óticos ou acústicos *mediante circunstanciada autorização judicial*. Ao promulgar o novo regramento legal, o legislador optou por excluir a necessidade de autorização judicial, o que entendemos ter sido temerário diante do alto poder de invasão de privacidade que tais instrumentos probatórios geram.

Muito embora a doutrina entenda pela desnecessidade de regulamentação especial da matéria,[301] o PLS nº 510/2013, de autoria do Senador Vital do Rego, pretende regulamentar a gravação, a escuta e a interceptação ambiental de sinais eletromagnéticos, ópticos ou acústicos, para fins de utilização em processos judiciais ou administrativos. Segundo o PLS, a interceptação ambiental consiste na técnica de captação ambiental de sinais eletromagnéticos, ópticos ou acústicos, realizada sem conhecimento de qualquer dos interlocutores ou participantes da conversa, ato ou reunião (art. 1º, § 1º, III) e dependerá de autorização judicial (art. 7º), salvo quando realizada em locais públicos (art. 2º), somente sendo admitida se não houver outro meio menos gravoso para a produção da prova (art. 8º, I) e quando houver indícios razoáveis da autoria ou participação em infração penal punível, no mínimo, com reclusão (art. 8º, II).

Na análise do PLS ponderou o Senador Humberto Costa: "Embora a Lei nº 12.850, de 2013, possibilite a utilização da captação ambiental de sinais eletromagnéticos, ópticos ou acústicos, em qualquer fase da persecução penal, esse meio de prova não se encontra devidamente disciplinado. Essa lacuna legislativa gera insegurança jurídica e inúmeros recursos em nossos tribunais, quando é arguida a ilicitude da captação ambiental, por falta de previsão legal.", opinando pela aprovação com algumas emendas, dentre as quais, destaca-se aquela em relação ao art. 10, cuja sugestão de nova redação ficou assim: "O período de interceptação não ultrapassará 30 dias, podendo ser prorrogado por igual período, quantas vezes seja necessário, sempre mediante decisão fundamentada", já que no texto original não havia limitação do prazo após a prorrogação.

---

[301] GRECO FILHO, Vicente. *Comentários à Lei de Organização Criminosa*: Lei nº 12.850/13. São Paulo: Saraiva, 2014. p. 35.

De tudo isso, o certo é que atualmente a Lei nº 12.850/13 autoriza captação ambiental de sinais eletromagnéticos (registrar sinais de rádios transmissores), ópticos (filmar, fotografar) ou acústicos (gravar conversa), mas não dispõe acerca do procedimento que deve ser utilizado. Em razão de tais instrumentos probatórios violarem direitos constitucionais, entendemos ser necessária a aplicação, por analogia, dos procedimentos da Lei n° 9.296/96 como forma de garantir a lisura da prova e evitar futuras nulidades por violação à intimidade e à vida privada.

14.2. Ação controlada (flagrante retardado, adiado, prorrogado, postergado ou diferido)

Como já referimos noutro momento, a Lei n° 9.034/95 introduziu no cenário processual brasileiro a possibilidade de se retardar a interdição policial, com a finalidade de sua comissão ocorrer no momento mais eficaz do ponto de vista da formação de provas e fornecimento de informações (art. 2º, II).[302]

Vige, para a autoridade policial e seus agentes, a regra da obrigatoriedade da interdição policial (art. 301, *in fine*, CPP). Com o permissivo legal referido, no entanto, o agente policial passou a ter discricionariedade para deixar de efetuar a prisão em flagrante no momento em que presencia a prática da infração penal, podendo aguardar circunstância mais propícia à prova ou à investigação. Tem-se aí uma verdadeira mitigação ao princípio da obrigatoriedade do flagrante compulsório.[303]

Em 2013, a Lei nº 12.850, revogando a lacunosa Lei nº 9.034/95, definiu organização criminosa e dispôs sobre a investigação criminal e

[302] COSTA SILVA, Davi André; EBERHARDT, Marcos. *Leis penais e processuais comentadas*. Porto Alegre: Verbo Jurídico, 2010. p. 123.

[303] Essa situação não se confunde com o flagrante esperado, porque neste a polícia tem notícia da infração penal, mas não tem sua certeza, enquanto na ação controlada a polícia tem certeza de um crime que está sendo cometido, mas não age na busca de maior efetividade na interdição. A ação controlada tampouco deve ser confundida com o flagrante preparado ou provocado, também chamado de delito de ensaio, delito de experiência, delito putativo por obra do agente provocador. Este ocorre quando alguém provoca o agente à prática do crime e, ao mesmo tempo, toma as providências para que ele não se consume. Diante da ausência de vontade livre e espontânea do infrator e da ocorrência de crime impossível (art. 17 do CP), a conduta é considerada atípica. Trata-se de flagrante ilegal, incidindo na espécie a Súmula 145 do STF, segundo a qual "não há crime quando a preparação do flagrante pela polícia torna impossível a sua consumação". Embora o verbete se refira apenas à polícia, nada impede que o particular atue como provocador. Por fim, não há falar em prevaricação (art. 319 do CP) por parte dos policiais no ato de não agir diante do crime, pois esse delito exige interesse ou sentimento pessoal para sua configuração. No procedimento em exame – flagrante prorrogado –, o interesse é estatal, de natureza processual. De qualquer forma, ficaria afastado o crime de prevaricação porque presente uma causa de exclusão de ilicitude – exercício regular de direito (o de retardar a interdição), ou ainda, estrito cumprimento do dever legal (o de levar a cabo a investigação). (COSTA SILVA, Davi André; EBERHARDT, Marcos. *Leis penais e processuais comentadas*. Porto Alegre: Verbo Jurídico, 2010. p. 123.)

os meios de obtenção da prova. Dentre as técnicas especiais de investigação, segundo o art. 8º da Lei 12.850/13, está a ação controlada, que consiste em postergar a intervenção policial ou administrativa relacionada a atos praticados por organizações criminosas quanto tal medida mostrar-se mais eficaz à formação e obtenção de provas. Para tanto, a autoridade deverá manter sob sua observação a ação da organização, de forma que seja possível intervir no momento posterior. Assim se, por exemplo, através de uma interceptação telefônica a autoridade policial descobre o local onde ocorrerá o pagamento de propina, poderá deixar de realizar o flagrante com o objetivo de monitorar para quem os valores serão repassados posteriormente.

Grego Filho ressalta que a ação controlada não interferirá na tipicidade e punibilidade da conduta vigiada, autorizando somente a suspensão temporária de medidas de repressão: "Adotada a medida e dentro dos parâmetros estipulados, fica suspenso o dever de a autoridade prender em flagrante os agentes envolvidos até que a operação alcance seus objetivos, quer se trate de crime consumado ou consumando-se como os crimes permanentes, quer de uma fase executiva da tentativa".[304]

No entanto, para que a ação controlada seja lícita, é necessário que a autoridade policial ou administrativa comunique previamente ao juiz competente acerca da postergação do ato. De acordo com o caso concreto, o magistrado poderá estabelecer os limites da ação controlada e comunicar o Ministério Público. Não se trata, portanto, de prévia autorização judicial, mas sim de comunicação ao juiz competente. Ainda, sempre que a ação controlada envolver transposição de fronteiras, deverá haver cooperação das autoridades dos países que figurem como prováveis destinos do investigado, visando reduzir os riscos de fuga ou extravio do produto, objeto, instrumento ou proveito do crime.

Questão que se apresenta é se a ação controlada, diante da produção de elementos probatórios pelos próprios investigados, não violaria o *nemo tenetur se detegere*. Nesta esteira, Queijo entende que: "o interesse público na persecução penal dos delitos praticados por organizações criminosas justifica a restrição ao *nemo tenetur se detegere*, representada pela 'ação controlada', em consonância com o princípio da proporcionalidade. Mas é preciso ter cautela porque, a pretexto de investigar e coibir o crime organizado, podem ser regulamentadas e legitimadas violações desmensuradas a direitos fundamentais. (...) A adequação, a necessidade

[304] GRECO FILHO, Vicente. *Comentários à Lei de Organização Criminosa*: Lei nº 12.850/13. São Paulo: Saraiva, 2014. p. 53.

e a proporcionalidade em sentido estrito da restrição aos direitos fundamentais deverão ser observadas".[305]

De outro lado, a Lei de Lavagem de Capitais (Lei nº 9.613/98), com redação dada pela Lei nº 12.683/12, disciplinou no artigo 4-B que: "a ordem de prisão de pessoas ou as medidas assecuratórias de bens, direitos ou valores poderão ser suspensas pelo juiz, ouvido o Ministério Público, quando a sua execução imediata puder comprometer as investigações". Tratando-se de um retardamento da atividade estatal estaremos diante de modalidade de ação controlada que, apesar disso, não alcança a prisão em flagrante pela literalidade da disposição legal.

⇒ **Em discussão**

A entrega vigiada como modalidade de ação controlada

Indica-se a origem mais remota da entrega vigiada ao Acordo de Schengen, de 14 de junho de 1985. Mais tarde, agora de forma mais clara, o instituto teve importância na Convenção das Nações Unidas contra o Tráfico Ilícito de Entorpecentes e Substâncias Psicotrópicas, assinada em 20/12/88 em Viena e promulgada pelo Decreto nº 154, de 26/06/1991, no Brasil.

No art. 1º, ao tratar das definições, a alínea *l* entendeu por entrega vigiada a técnica de deixar que remessas ilícitas ou suspeitas de entorpecentes, substâncias psicotrópicas, substâncias que figuram no Quadro I e no Quadro II anexos da Convenção, ou substâncias que tenham substituído as anteriormente mencionadas, saiam do território de um ou mais países, que o atravessem ou que nele ingressem, com o conhecimento e sob a supervisão de suas autoridades competentes, com o fim de identificar as pessoas envolvidas em praticar delitos especificados no parágrafo 1 do artigo 2º da Convenção.

Alargando a utilização da entrega vigiada, o Brasil promulgou a Convenção Interamericana contra a Fabricação e o Tráfico Ilícitos de Armas de Fogo, Munições, Explosivos e outros Materiais Correlatos, concluída em Washington, em 14 de novembro de 1997. No art. 1º, ficou enquadrada como entrega vigiada a técnica que consiste em deixar que remessas ilícitas ou suspeitas de armas de fogo, munições, explosivos e outros materiais correlates saiam do território de um ou mais Estados, os atravessem ou neles entrem, com o conhecimento e sob a supervisão de suas autoridades competentes, com o fim de identificar as pessoas envolvidas no cometimento de delitos mencionados no artigo IV desta Convenção (item 7).

[305] QUEIJO, Maria Elizabeth. *O direito de não produzir prova contra si mesmo*: o princípio nemo tenetur se detegere e suas decorrências no processo penal. São Paulo: Saraiva, 2012. p. 418-419.

Assim também na Convenção de Palermo (Convenção das Nações Unidas contra o Crime Organizado Transnacional), promulgada no Brasil, em 12/03/2004, a partir do Decreto nº 5.015, o art. 2º, ao tratar da terminologia, entendeu entrega vigiada como a técnica que consiste em permitir que remessas ilícitas ou suspeitas saiam do território de um ou mais Estados, os atravessem ou neles entrem, com o conhecimento e sob o controle das suas autoridades competentes, com a finalidade de investigar infrações e identificar as pessoas envolvidas na sua prática (alínea *i*).

No Brasil, o legislador não se preocupou com a entrega vigiada como deveria e é comum confundir-se este instituto com a ação controlada. Apesar disso, podemos indicar que a entrega vigiada está prevista no artigo 53, II, da Lei de Drogas (Lei nº 11.343/06): "a não atuação policial sobre os portadores de drogas, seus precursores químicos ou outros produtos utilizados em sua produção, que se encontrem no território brasileiro, com a finalidade de identificar e responsabilizar maior número de integrantes de operações de tráfico e distribuição, sem prejuízo da ação penal cabível".

Ao que se percebe a confusão doutrinária entre ação controlada e entrega vigiada é justificável. Entendemos que, pelas características do instituto, a entrega vigida é uma modalidade de ação controlada.

O item 4 do artigo 20 da Convenção das Nações Unidas contra o Crime Organizado Transnacional prevê as formas de realização da entrega vigiada: "As entregas vigiadas a que se tenha decidido recorrer a nível internacional poderão incluir, com o consentimento dos Estados Partes envolvidos, métodos como a intercepção de mercadorias e a autorização de prosseguir o seu encaminhamento, sem alteração ou após subtração ou substituição da totalidade ou de parte dessas mercadorias".

Podem-se extrair do referido artigo três modalidades de entrega vigiada.[306] Na interdição, ocorrerá a interrupção da entrega da coisa e na substituição (entrega limpa) haverá a troca das remessas ilícitas por outro produto similar antes do destinatário final. Já no acompanhamento, a coisa será monitorada pela autoridade até o seu destino final, o que demandará um maior controle para se evitar o extravio do produto ilícito.

14.3. Acesso a registros de ligações telefônicas e telemáticas, a dados cadastrais constantes de bancos de dados públicos ou privados e a informações eleitorais ou comerciais

O art. 15 da Lei nº 12.850 determina que a autoridade policial ou o Ministério Público somente poderão ter acesso sem autorização judicial

[306] FERNANDES, Antônio Scarance. O equilíbrio na repressão ao crime organizado. *In*: FERNANDES, Antônio Scarance; ALMEIDA, José Raul Gavião de; MORAES, Maurício Zanoide de (coords.). *Crime Organizado*: aspectos processuais. São Paulo: RT, 2009. p. 16.

aos dados cadastrais do investigado que informe sua qualificação pessoal, a filiação e o endereço, quer sejam mantidos por cadastros públicos, como é o caso da Justiça Eleitoral, quer sejam por privados como as empresas telefônicas, instituições financeiras, provedores de internet e administradoras de cartão de crédito. Pode-se perceber, portanto, que o acesso aos dados de movimentação financeira ou o conteúdo das ligações telefônicas, por violarem direitos constitucionais, continuam necessitando de autorização judicial, nos termos da legislação específica. No entanto, havendo abuso na utilização dos dados cadastrais, com desvio de finalidade, o agente será passível de responsabilização no plano penal e extrapenal.[307]

No tocante aos dados relativos a viagens, a lei prevê que as empresas de transporte deverão fornecer, pelo prazo de 05 anos, acesso direto e permanente do magistrado, do Ministério Público ou do delegado aos bancos de dados de reservas e registro de viagens. Por direto e permanente, entende-se que as autoridades mencionadas poderão ter acesso constante e sem necessidade de autorização prévia a tais dados. No entanto, para que não haja abuso de direito e violações desnecessárias à intimidade alheia, o acesso ao cadastro deverá estar condicionado à existência prévia de denúncia ou indiciamento.[308]

Por fim, as concessionárias de telefonia fixa ou móvel igualmente terão que manter, por cinco anos, os registros de identificação dos números dos terminais de origem e de destino das ligações telefônicas internacionais, interurbanas e locais. No entanto, tem-se que o acesso a tais dados irrestritamente, sem autorização, é inconstitucional por violar diretamente o direito à intimidade e à privacidade. Portanto, entendemos que somente com prévia autorização judicial é que o Ministério Público ou o delegado poderão requisitar tais informações.

14.4. Afastamento dos sigilos financeiro, bancário e fiscal, nos termos da legislação específica

Ao tratar sobre o sigilo de dados financeiros, bancários e fiscais, Bitencourt e Busato atentam para o fato de que: "Naturalmente, não é a proteção dos dados em si mesmos o que se almeja. Ou seja, a entidade bancária, até porque concessionária de serviços públicos, não tem direito algum à preservação do sigilo a respeito de suas movimentações financeiras. Ao contrário, tem obrigação de abri-las à fiscalização do CEAF. O que se procura preservar, na verdade, são os aspectos de

[307] BITENCOURT, Cezar Roberto; BUSATO, Paulo César. *Comentários à lei de organização criminosa: Lei 12.850/2013*. São Paulo: Saraiva, 2014. p. 189.

[308] Id., p. 191.

caráter privado, relativos aos clientes dos bancos e das instituições financeiras, que possam ser deduzidos a partir do conhecimento de tais dados bancários".[309]

A Lei Complementar nº 105/2001 disciplina a quebra do sigilo bancário, estipulando que esta poderá ser decretada quando necessária para a apuração de ocorrência de qualquer ilícito, em qualquer fase do inquérito ou do processo judicial e especialmente nos crimes de terrorismo; de tráfico ilícito de substâncias entorpecentes ou drogas afins; de contrabando ou tráfico de armas, munições ou material destinado a sua produção; de extorsão mediante sequestro; contra o sistema financeiro nacional; contra a Administração Pública; contra a ordem tributária e a previdência social; lavagem de dinheiro ou ocultação de bens, direitos e valores; e praticado por organização criminosa. O rol inserido no §4º do artigo 1° é meramente exemplificativo, podendo haver a quebra do sigilo para outros crimes, desde que guardem relação com a necessidade de verificação da movimentação bancária.[310]

Por fim, o artigo 3º da referida Lei Complementar, além de restringir o acesso aos dados às partes para os fins da lide, informa que as instituições bancárias somente prestarão as informações ordenadas pelo Poder Judiciário, demonstrando a impossibilidade de requisição direta por parte do Ministério Público e dos agentes policiais.

14.5. Infiltração policial

A Lei nº 9.034/95 recebeu veto na disposição do inciso I ao art. 2º, que assim dispunha no projeto: "a infiltração de agentes da polícia especializada em quadrilhas ou bandos, vedada qualquer coparticipação delituosa, exceção feita ao disposto no art. 288 do Decreto-Lei nº 2.848, de 7 de dezembro de 1940 – Código Penal, de cuja ação se preexclui, no caso, a antijuridicidade".

Com a edição da Lei nº 10.217/01, o tema foi novamente enfrentado, resultando no acréscimo do inciso V ao artigo 2º com a seguinte redação: "infiltração por agentes de polícia ou de inteligência, em tarefas de investigação, constituída pelos órgãos especializados pertinentes, mediante circunstanciada autorização judicial", como procedimento de investigação e formação de provas.

De sua vez, a Lei nº 10.409/02 previu que, em relação ao tráfico ilícito de entorpecentes e em qualquer fase da persecução penal, seriam

---

309 BITENCOURT, Cezar Roberto; BUSATO, Paulo César. *Comentários à lei de organização criminosa:* Lei 12.850/2013. São Paulo: Saraiva, 2014. p. 107.

310 MENDRONI, Marcelo Batlouni. *Crime Organizado*: aspectos gerais e mecanismos legais. São Paulo: Atlas, 2015. p. 231.

permitidos determinados procedimentos investigatórios como, por exemplo, a infiltração de policiais em quadrilhas, grupos, organizações ou bandos, com o objetivo de colher informações sobre operações ilícitas desenvolvidas no âmbito dessas associações (art. 33, I). Mais tarde, a Lei nº 11.343/06 igualmente previu a infiltração de agentes no art. 53, I: "a infiltração por agentes de polícia, em tarefas de investigação, constituída pelos órgãos especializados pertinentes", sem, no entanto, especificar as peculiaridades do instituto, como também o fez a legislação anterior.

Foi somente com a Lei nº 12.850/13, nos artigos 10 a 14, que a infiltração de agentes recebeu importância na sua disciplina. Segundo Greco Filho: "O agente infiltrado (*underground agent*) é um membro do corpo policial que, para desbaratar a atividade de grupos criminosos, ingressa no grupo e participa de suas atividades até a colheita de elementos probatórios suficientes para a persecução penal".[311] A solicitação para infiltração poderá ser feita pelo delegado de polícia (com a oitiva do Ministério Público) ou pelo Ministério Público (com manifestação técnica do delegado) quando houver indícios de infrações penais de que trata o art. 1º da Lei e se a prova não puder ser produzida por outros meios disponíveis.

Diversamente da ação controlada, a infiltração exige prévia autorização judicial motivada e sigilosa, onde serão estabelecidos os limites da ação do agente e, quando possível, os nomes ou apelidos das pessoas investigadas e o local da infiltração. A autorização será válida pelo prazo de até seis meses, podendo haver renovações devidamente motivadas se comprovada a sua imprescindibilidade. No entanto, havendo riscos à integridade física do agente infiltrado, o procedimento poderá ser suspenso a qualquer momento.

A necessidade de se delimitar o alcance das tarefas dos agentes infiltrados se torna essencial diante da previsão do art. 13: "O agente que não guardar, em sua atuação, a devida proporcionalidade com a finalidade da investigação, responderá pelos excessos praticados. Parágrafo único. Não é punível, no âmbito da infiltração, a prática de crime pelo agente infiltrado no curso da investigação, quando inexigível conduta diversa". Deste modo, sempre que o agente infiltrado vier a cometer algum delito em razão de sua inserção na organização criminosa, deverá o magistrado realizar um juízo de proporcionalidade entre as delimitações e objetivos originais da infiltração e as circunstâncias em que se encontrava o agente. Conforme já nos posicionamos acerca destes limites: "deve-se buscá-los no contexto constitucional de garantias e confrontá-los com o bem jurídico exposto, assim entendido como aquele que se

[311] GRECO FILHO, Vicente. *Comentários à Lei de Organização Criminosa*: Lei nº 12.850/13. São Paulo: Saraiva, 2014. p. 58.

pretende sacrificar para o atingimento da proteção do bem jurídico tutelado, cuja proteção se objetiva resguardar com a infiltração".[312] Por óbvio que, na maior parte das vezes, é necessário que o agente realize certos atos para comprovar a plausibilidade de seu disfarce e até mesmo para manter sua integridade física, motivo pelo qual a ponderação judicial deverá sempre levar em consideração os riscos a que estava submetido o agente.

Outrossim, não se pode confundir a figura do agente infiltrado com a do agente encoberto. Enquanto o infiltrado possui uma postura ativa, conquistando a confiança dos suspeitos e inserindo-se dentro da organização criminosa, o agente encoberto atua com absoluta passividade. Ele age à paisana e a distância, frequentando lugares públicos como bares, cafés, etc., com o objetivo de identificar suspeitos e flagrar o cometimento de delitos. Valente aponta que: "a presença do agente encoberto nesses lugares conotados com o crime e a sua qualidade não influenciam «o rumo dos acontecimentos; naquele lugar e naquele momento poderia estar qualquer pessoa e as coisas aconteceriam da mesma forma; aqui o risco corre, no todo, por conta do delinquente (...) o agente encoberto nunca teve nem o domínio absoluto nem o domínio funcional do facto".[313]

De outra banda, tem-se a figura do agente provocador (*entrapment doctrine*), que é aquele que instiga ou induz alguém ao cometimento de um crime com o fim de responsabilizá-lo criminalmente por esta prática, sem que esta pessoa tivesse a prévia intenção de cometê-lo. A ação do agente provocador não é considerada lícita e a conduta praticada pelo individuo instigado é enquadrada pela doutrina como um crime impossível por absoluta eficácia do meio (art. 17 do CP).[314]

Faz-se necessário, ainda, diferenciar a legalidade da prisão em flagrante nestes casos. A ação praticada pelo agente provocador dará azo ao chamado flagrante preparado, o qual é vedado pela Súmula 145 do STF diante da impossibilidade absoluta de consumação do delito. Já nos casos de agente encoberto, a prisão dele derivada é a do flagrante esperado, o qual, segundo entendimento jurisprudencial, é plenamente válido. Por derradeiro, deve-se esclarecer que, nos casos de infiltração de agente legalmente autorizada, não se aplica a Súmula 145 do STF, a qual veda apenas a figura do flagrante preparado ou forjado. É de se dizer que nos casos da Lei de Organização Criminosa, não haverá o requisito da impossibilidade absoluta de consumação do delito, pois por mais

---

312 COSTA SILVA, Davi André; EBERHARDT. *Marcos. Leis penais e processuais comentadas*. Porto Alegre: Verbo Jurídico, 2010. p. 124.

313 VALENTE, Manuel Monteiro Guedes. *Processo penal*. Tomo 1. Coimbra: Almedina, 2010. p. 538-9.

314 KNIJNIK, Danilo. *A prova nos juízos cível, penal e tributário*. Rio de Janeiro: Forense, 2007. p. 117-120.

cautela que os agentes infiltrados tomem, a perfectibilização do crime é plenamente possível.[315]

Devido à periculosidade da infiltração em organizações criminosas, a Lei nº 12.850/13 estabeleceu um rol de direitos ao agente que se submete a tal tarefa, com o fim de proteger sua identidade e integridade física. São eles: I – recusar ou fazer cessar a atuação infiltrada; II – ter sua identidade alterada, aplicando-se, no que couber, o disposto no art. 9º da Lei nº 9.807/99, bem como usufruir das medidas de proteção a testemunhas; III – ter seu nome, sua qualificação, sua imagem, sua voz e demais informações pessoais preservadas durante a investigação e o processo criminal, salvo se houver decisão judicial em contrário; IV – não ter sua identidade revelada, nem ser fotografado ou filmado pelos meios de comunicação, sem sua prévia autorização por escrito.

- **Na jurisprudência**

STJ: Validade do flagrante esperado.

Não há, por outro lado, confundir flagrante preparado, forjado e esperado. No primeiro, "o agente é induzido à prática de um crime pela 'pseudo vítima', por terceiro ou pela polícia, no caso chamado de agente provocador"; no segundo, "os policiais ou particulares 'criam' provas de um crime inexistente"; já no terceiro, "a atividade policial é apenas de alerta, sem instigar o mecanismo causai da infração, e que procura colher a pessoa ao executar a infração (...), quer porque recebeu informações a respeito do provável cometimento do crime, quer porque exercia vigilância sobre o delinquente. (Julio Fabbrini Mirabete, *in Processo Penal*, 5ª ed. Atlas, 1996, p. 371/373). (...) Não incide, pois, na espécie, o enunciado nº 145 da Súmula do Supremo Tribunal Federal, que, como cediço, não se aplica às hipóteses de flagrante esperado". (HC nº 17483, 6ª Turma, Rel. Hamilton Carvalhido, j. 11/09/2001).

15. Indeferimento de provas e medidas processuais cabíveis

Como visto anteriormente, a produção de provas poderá ser requerida em momentos ordinários (para acusação, a denúncia ou a queixa-crime, e para defesa, a resposta à acusação ou defesa prévia) ou extraordinários.

No momento ordinário, o magistrado só estará autorizado a indeferir a produção de determinada prova caso entenda ser esta impertinente ao processo. Nesta hipótese, a parte prejudicada poderá utilizar-se de correição parcial, *habeas corpus* (em favor da defesa) ou mandado de segurança (em favor da acusação).

[315] GRECO FILHO, Vicente. *Comentários à Lei de Organização Criminosa*: Lei nº 12.850/13. São Paulo: Saraiva, 2014. p. 61.

De outra banda, o indeferimento no momento extraordinário poderá ocorrer sempre que o magistrado entender que a prova é desnecessária para a formação de seu convencimento. Desta feita, salvo casos de flagrante cerceamento de defesa (ou acusação), a parte deverá aguardar a sentença para, se necessário, impugnar o indeferimento em preliminar recursal na apelação. Por óbvio que a impugnação poderá e deverá ser feita igualmente em sede de memoriais; no entanto, já tendo havido indeferimento pelo mesmo magistrado quando do pedido inicial, é raro que o pleito seja acolhido neste momento processual.

- **Na jurisprudência**

STJ: Da fundamentação necessária ao indeferimento de provas em cada momento. Em sede de processo penal, as provas requeridas na fase das alegações escritas (CPP, art. 395), desde que admitidas em direito e pertinentes a materialidade e a autoria do fato criminoso, não podem ser indeferidas pelo juiz, sob pena de desrespeito aos princípios da ampla defesa e do contraditório. Na fase do art. 499, do código de processo penal, não ha espaço para a ampla produção de provas, podendo o juiz indeferir aquelas consideradas desnecessárias ou inconvenientes, devendo, todavia fundamentar suficientemente a decisão, com indicação objetiva das razões do indeferimento. Recurso ordinário provido. *Habeas corpus* concedido. (RHC nº 6103/BA, 6ª Turma, Rel. Vicente Leal, j. 18/03/1997).

16. Análise judicial da prova nas infrações de menor potencial ofensivo

A simplificação das formas e rituais combinada com a possibilidade de imposição de medidas despenalizadoras informam o processo e julgamento perante o Juizado Especial Criminal.

Nessa linha, recentemente, a Lei nº 13.603/18 modificou o art. 62 da Lei nº 9.099/95, que passou a conter a simplicidade como critério orientador do processo perante os Juizados Especiais Criminais. A consequência lógica é intensificar a desburocratização da forma dos atos processuais, que, na verdade, já continha inspiração e fundamento no art. 2º da Lei nº 9.099/95.

No entanto, todo cuidado com a simplificação é pouco diante da atual tendência de *economia das decisões judiciais*.[316] Não é por outro motivo o alerta de Giacomolli: "a simplicidade não pode ser confundida com superficialidade, com ausência de motivação das decisões, com flexibilização ou supressão de direitos e garantias individuais".[317]

---

[316] Ver mais PRADO, Geraldo. *Prova penal e sistema de controle epistêmicos*: a quebra da cadeia de custódia das provas obtidas por métodos ocultos. São Paulo: Marcial Pons, 2014.

[317] GIACOMOLLI, Nereu José. *Juizados Especiais Criminais*. Porto Alegre: Livraria do Advogado, 2009, p. 62.

O art. 93, IX, da Constituição Federal de 1988 expressamente determina que todas as decisões judiciais devem ser fundamentadas, sob pena de nulidade, incluindo-se, por óbvio, aquelas proferidas no âmbito do Juizado Especial Criminal.

Na mesma linha, a Turma Recursal Criminal do Estado do Rio Grande Sul traçou importante padrão de decisão e análise da prova no âmbito do JECCrim ao decidir que "A circunstância de estarmos diante de infrações de menor potencial ofensivo não significa a possibilidade de relativização da prova".[318]

Assim, mesmo diante de uma infração de menor potencial e da simplificação dos atos processuais, o padrão exigido para a análise da prova, perante uma sentença condenatória, deve ser aquele informado pelo Livre Convencimento Motivado.

Além disto, o Novo Código de Processo Civil, aplicável ao ponto por força do art. 3º do Código de Processo Penal, definiu os parâmetros mínimos para a fundamentação de decisão judicial: "Art. 489 (...) § 1º Não se considera fundamentada qualquer decisão judicial, sela ela interlocutória, sentença ou acórdão, que: I – se limitar à indicação, à reprodução ou à paráfrase de ato normativo, sem explicar sua relação com a causa ou questão decidida; (...) III – invocar motivos que se prestariam a justificar qualquer outra decisão; IV – não enfrentar todos os argumentos deduzidos no processo capazes de, em tese, infirmar a conclusão adotada pelo julgador; (...)".

Sobre o tema, o Des. João Batista Marques Tovo, em julgamento da Terceira Câmara Criminal do TJRS, em 06/04/2016, expressamente utilizou o art. 489, § 1º, do CPC, como baliza de fundamentação da decisão penal.[319] Assim, também o Superior Tribunal de Justiça tem utilizado as disposições do art. 489, § 1º, do CPC como vetores de motivação aplicáveis ao processo penal[320].

Portanto, mesmo diante de infrações de menor potencial ofensivo, a decisão judicial deve analisar as exigências de quantidade e qualidade probatória como expressão do devido processo legal e da fundamentação das decisões na mesma linha exigida pelo CPP e pelos vetores do CPC.

---

318 Recurso Crime nº 71005529045, Rel. Luiz Antônio Alves Capra, j. 07/03/2016.

319 Apelação Crime nº 70067431817, Rel. João Batista Marques Tovo, j. 06/04/2016.

320 RHC nº 78408, 6ª Turma, Rel. Rogério Schietti Cruz, j. 14/03/2017.

Bibliografia

ALBUQUERQUE, Paulo Pinto. *Comentários ao código de processo penal à luz da constituição da república e da convenção europeia dos direitos do homem*. Lisboa: Universidade Católica, 2011.

ANDRADE, Manuel da Costa. *Sobre as proibições de prova em processo penal*. Coimbra: Coimbra Editora, 1991 (reimpressão de 2013).

AVENA, Norberto Claudio Pâncaro. *Processo penal*. São Paulo: Método, 2009.

AVOLIO, Luiz Francisco Torquato. *Provas ilícitas*: interceptações telefônicas, ambientais e gravações clandestinas. São Paulo, RT. 2015

BACIGALUPO, Enrique. *El debido proceso penal*. Buenos Aires: Hammurabi, 2005.

——. *El delito de falsedad documental*. Madrid: Dykinson, 1999.

BADARÓ, Gustavo Henrique Righi Ivahy. *Ônus da prova no processo penal*. São Paulo: RT, 2003.

——. *Processo penal*. Rio de Janeiro: Elsevier, 2014.

——. Tribunal do júri. In: Maria Thereza Rocha de Assis Moura (org.). *As reformas no processo penal*: as novas Leis de 2008 e os projetos de reforma. São Paulo: RT, 2009.

——; BOTTINI, Pierpaolo Cruz. *Lavagem de dinheiro*: aspectos penais e processuais penais: comentários à Lei 9.613 com as alterações da Lei 12.683/2012. São Paulo: RT, 2013.

BALTAZAR JÚNIOR, José Paulo. A sentença penal de acordo com as leis de reforma. In: NUCCI, Guilherme de Souza (org.). *Reformas do Processo Penal*. Porto Alegre: Verbo Jurídico. 2009.

BATISTA, Nilo. A política criminal d'a utopia e a maldição de Hedionduras. *Discursos Sediciosos: crime, direito e sociedade*. Rio de Janeiro, ano 2, n. 3, p. 87-96, 1º sem. 1997.

BECHARA, Fábio Ramazzini. *Cooperação jurídica internacional em matéria penal*. São Paulo: Saraiva, 2011.

BECK, Francis Rafael. Inovações quanto ao papel do ofendido no processo penal brasileiro: entre texto, a necessidade e a efetividade. *In*: *Reformas do Código de Processo Penal*. CALLEGARI, André Luis; WEDY, Miguel Tedesco (orgs.). Porto Alegre: Livraria do Advogado, 2009.

BEDÊ JÚNIOR, Américo; SENNA, Gustavo. *Princípios do processo penal*: entre o garantismo e a efetividade. São Paulo: RT, 2009.

BINDER, Alberto M. *Introdução ao direito processual penal*. Tradução de Fernando Zani. Rio de Janeiro: Lumen Juris, 2003.

BITENCOURT, Cezar Roberto. *Tratado de direito penal: parte especial*, Volume 2. São Paulo: Saraiva, 2007.

——; BUSATO, Paulo César. *Comentários à lei de organização criminosa: Lei 12.850/2013*. São Paulo: Saraiva, 2014.

BITTAR, Walter Barbosa. *Delação premiada*: direito estrangeiro, doutrina e jurisprudência. Rio de Janeiro: Lumen Juris, 2011.

BIZZOTTO, Alexandre; RODRIGUES, Andreia de Brito. *Processo penal garantista*: visão constitucional e novas tendências. Goiânia: AB, 2003.

BONFIM, Edison Mougenot. *Curso de processo penal*. São Paulo: Saraiva, 2014.

BOTELHO, Marta Maria Maio Madalena. *Utilização das técnicas de ADN no âmbito jurídico*: em especial, os problemas jurídico-penais da criação de uma base de dados de ADN para fins de investigação criminal. Coimbra. Almedina. 2013.

BOVINO, Alberto. *Problemas del derecho procesal penal contemporâneo*. Buenos Aires: Editores del Puerto, 1998.

CARVALHO, Salo; WUNDERLICH, Alexandre. Criminalidade econômica e denúncia genérica: uma prática inquisitiva. *In*: BONATO, Gilson (org.). *Garantias constitucionais e processo penal*. Rio de Janeiro: Lumen Juris, 2002.

CAVALI, Marcelo Costenaro. Duas faces da colaboração premiada: visões "conservadora" e "arrojada" do instituto na Lei 12.850/2013. *In*: MOURA, Maria Thereza de Assis; BOTTINI, Pierpaolo Cruz. (coords.). *Colaboração Premiada*. São Paulo: RT, 2017.

CHAIA, Rubén A. *La prueba en el proceso penal*. Buenos Aires: Hammurabi, 2015.

CHOUKR, Fauzi Hassan. *Código de Processo Penal Comentado*: comentários consolidados e crítica jurisprudencial. Rio de Janeiro: Lumen Juris, 2009.

CORDERO, Franco. *Procedura penale*. Milano: Giuffrè. 2003.

COSTA SILVA, Davi André; EBERHARDT, Marcos. *Leis penais e processuais comentadas*. Porto Alegre: Verbo Jurídico, 2010.

COUTINHO, Jacinto Nelson de Miranda. *Glosas ao verdade, dúvida e certeza, de Francesco Carnelutti, para os operadores do direito*. Porto Alegre: Revista de Estudos Criminais nº 14, 2004.

——. O papel do novo juiz no processo penal. *In*: COUTINHO, Jacinto Nelson Miranda de (org.). *Crítica à teoria geral do direito processual penal*. Rio de Janeiro/São Paulo: Renovar, 2001.

DEU, Teresa Armenta. *A prova ilícita*: um estudo comparado. Tradução Nereu José Giacomolli. São Paulo: Marcial Pons, 2014.

DI GESU, Cristina. *Prova penal e falsas memórias*. Porto Alegre: Livraria do Advogado, 2014.

DIAS, Jorge de Figueiredo. *Direito processual penal*. Coimbra: Coimbra Editora, 1974 (reimpressão em 2004),

DOTTI, René Ariel. A presença do defensor no interrogatório. *Revista de Estudos Criminais*. Vol. 10. 2003

EBERHARDT, Marcos. Ainda sobre as reformas processuais penais no âmbito da produção probatória: o interrogatório por vídeo conferência *In*: CALLEGARI, André Luis; WEDY, Miguel Tedesco (orgs.). *Reformas do código de processo penal*. Porto Alegre: Livraria do Advogado, 2009.

——; SCALON, Rodrigo. Comparação de perfis genéticos no prova processo penal: entre o sucesso dos métodos tecnológicos e a relativização de garantias. *Boletim Informativo IBRASPP*, v. 06. 2014.

ESPÍNDOLA FILHO, Eduardo. *Código de processo penal brasileiro anotado*, vol. II, Rio de Janeiro: Borsoi, 1954.

——. *Código de processo penal brasileiro anotado*. Rio de Janeiro: Editora Rio, 1976.

ESPÍNDULA, Alberi. *Perícia criminal e cível*: uma visão geral para peritos e usuários da perícia. São Paulo: Millennium, 2009.

FERNANDES, Antônio Scarance. O equilíbrio na repressão ao crime organizado. *In*: FERNANDES, Antônio Scarance; ALMEIDA, José Raul Gavião de; MORAES, Maurício Zanoide de (coords). *Crime Organizado*: aspectos processuais. São Paulo: RT, 2009.

——. *processo penal constitucional*. São Paulo: RT, 2005.

——. *Processo penal constitucional*. São Paulo: RT, 2012.

FERRAJOLI, Luigi. *Derechos y garantías*: la ley del más débil. Madrid: Trotta, 2006.

——. *Direito e razão*: teoria do garantismo penal. Tradução de Ana Paula Zomer Sica; Fauzi Hassan Choukr; Juarez Tavares; Luiz Flávio Gomes. São Paulo: RT, 2006.

GARGALLO, Andrea Planchadell. La jurisprudencia española em matéria de prueba prohibida. In: Juan-Luis Gómes Colomer (org.). *Temas dogmáticos y probatórios de relevancia en el processo penal*. Santa Fe: Rubinzal-Culzoni, 2010.

GARLAND, David. *A cultura do controle.* Tradução de André Nascimento. Rio de Janeiro: Revan, 2008.

GIACOMOLLI, Nereu José. Investigação e prova na cooperação jurídica internacional em matéria criminal: aspectos introdutórios. *In*: POZZEBON, Fabrício Dreyer de Ávila; ÁVILA, Gustavo Noronha de. (org.). *Crime e interdisciplinaridade*: estudos em homenagem à Ruth M. Chittó Gauer. Porto Alegre: EDIPUCRS, 2012.

——. *O devido processo penal*: abordagem conforme a Constituição Federal e o Pacto de São José da Costa Rica. São Paulo: Atlas, 2015.

GOMES, Luiz Flávio; CUNHA, Rogério Sanches; PINTO, Ronaldo Batista. *Comentários às reformas do Código de Processo Penal e da Lei de Trânsito.* São Paulo: RT, 2008.

GRECO FILHO, Vicente. *Comentários à Lei de Organização Criminosa*: Lei nº 12.850/13. São Paulo: Saraiva, 2014.

GRINOVER, Ada Pellegrini. *O processo*: III série: estudos e pareceres de processo penal. Brasília: Gazeta Jurídica, 2013.

——; FERNANDES, Antonio Scarance; GOMES FILHO, Antonio Magalhães. *As nulidades no processo penal.* São Paulo: RT, 2007.

GUARIGLIA, Fabricio. *Concepto, fin y alcance de las prohibiciones de valoración probatoria en el procedimento penal*: una propuesta de fundamentación. Buenos Aires: Del Puerto, 2005.

GUZMÁN, Nicolás. *La verdad en el proceso penal*: una contribución a la epistemología jurídica. Buenos Aires: Del Puerto, 2006.

JAUCHEN, Eduardo M. *Derechos del imputado.* Santa Fe: Rubinzal-Culzoni, 2005.

JOBIM, Augusto; BIZZOTTO, Alexandre; EBERHARDT, Marcos. Informalização e crise do processo penal. Sistema acusatório: (apenas) uma necessidade do processo penal constitucional. *In*: Rodrigo G. Azevedo; Salo de Carvalho. (orgs.). *A crise do processo penal e as novas formas de administração da justiça criminal.* Sapucaia do Sul: Notadez, 2006.

KNIJNIK, Danilo. *A prova nos juízos cível, penal e tributário.* Rio de Janeiro: Forense, 2007.

LEONE, Giovanni. *Tratado de derecho procesal penal.* Trad. Santiago Sentis Melado. Buenos Aires: EJEA, 1961.

LOPES JR., Aury. *Direito processual penal.* São Paulo: Saraiva, 2012.

——. *Introdução crítica ao processo penal* (fundamentos da instrumentalidade). Rio de Janeiro: Lumen Juris, 2006.

——; BADARÓ, Gustavo Henrique. *Direito ao processo penal no prazo razoável.* Rio de Janeiro: Lumen Juris, 2006.

MAIER, Julio B. J. *Derecho procesal penal*: parte general: actos procesales. Buenos Aires: Del Puerto, 2011.

MANZANERA, Luis Rodríguez. *Victimologia:* estudio de la víctima. México: Editora Porrua, 2002.

MANZANO, Luís Fernando de Moraes. *Prova pericial*: admissibilidade e assunção da prova científica e técnica no processo brasileiro. São Paulo: Atlas, 2011.

MARQUES, José Frederico. *Elementos de direito processual penal*, vol. II. Rio de Janeiro: Forense, 1961.

MARQUES, Leonardo Augusto Marinho. O princípio da oralidade e a descentralização da informação relevante no processo penal. *Revista de Estudos Criminais.* n. 46. Porto Alegre: Síntese, 2012.

MARTÍN, Agustín-Jesús Pérez-Cruz. La prueba. *In*: MARTIN, Agustín-Jesús Pérez-Cruz; BAAMONDE, Xulio-Xosé Ferreiro, *et al.* (orgs.). *Derecho Procesal Penal.* Pamplona: Arazadi, 2014.

MARTINS, Rui Cunha. *O ponto cego do direito – the brazilian lessons.* Rio de Janeiro: Lumen Juris. 2010.

MENDES, Paulo de Souza. *Lições de direito processual penal.* Coimbra: Almedina, 2014.

MENDONÇA, Andrey Borges de. Os benefícios possíveis na colaboração premiada: entre a legalidade e a autonomia da vontade. *In*: MOURA, Maria Thereza de Assis; BOTTINI, Pierpaolo Cruz. (Coord.). *Colaboração Premiada.* São Paulo: RT, 2017.

MENDRONI, Marcelo Batlouni. *Crime Organizado*: aspectos gerais e mecanismos legais. São Paulo: Atlas, 2015.

MENEZES, Sofia Saraiva de. O direito ao silêncio: a verdade por trás do mito. *In: Prova criminal e direito de defesa*: estudos sobre teoria da prova e garantias de defesa em processo penal. Teresa Pizarro Beleza e Frederico de Lacerda da Costa Pinto (orgs.). Lisboa: Almedina, 2010.

MIRABETE, Julio Fabbrini. *Processo penal*. São Paulo: Atlas, 2007.

MORAIS DA ROSA, Alexandre. *Decisão penal*: a bricolage de significantes. Rio de Janeiro: Lumen Juris, 2006.

MOURA, Maria Thereza Rocha de Assis. *A prova por indícios no processo penal*. Rio de Janeiro: Lumen Juris, 2009.

NASSIF, Aramis. *O novo júri brasileiro*. Porto Alegre: Livraria do Advogado, 2009.

NUCCI, Guilherme de Souza. *Código de processo penal comentado*. São Paulo: RT, 2012.

——. *Leis penais e processuais penais comentadas*. São Paulo: RT, 2009.

——. *Manual de processo penal e execução penal*. Rio de Janeiro: Forense, 2015.

——. *Provas no processo penal*. São Paulo: RT, 2011.

——. *Tribunal do júri*. Rio de Janeiro: Forense, 2014.

OLIVEIRA, Eugênio Pacceli de; FISCHER, Douglas. *Comentários ao código de processo penal e sua jurisprudência*. São Paulo: Atlas, 2012.

——. *Comentários ao Código de Processo Penal e sua jurisprudência*. São Paulo: Atlas, 2017.

OLIVEIRA, Eugênio Pacelli. *Curso de processo penal*. São Paulo: Atlas, 2015.

PASTOR, Daniel. *El plazo razonable en el proceso del estado de derecho*. Buenos Aires: Ad-Hoc, 2002.

PRADO, Fabiana Lemes Zamalloa do. *A ponderação de interesses em matéria de prova no processo penal*. São Paulo: IBCCRIM, 2006.

PRADO, Geraldo. *Limite às interceptações telefônicas e a jurisprudência do Superior Tribunal de Justiça*. Rio de Janeiro: Lumen Juris, 2006.

——. *Prova penal e sistema de controle epistêmicos*: a quebra da cadeia de custódia das provas obtidas por métodos ocultos. São Paulo: Marcial Pons, 2014.

QUEIJO, Maria Elizabeth. *O direito de não produzir prova contra si mesmo*: o princípio nemo tenetur se detegere e suas decorrências no processo penal. São Paulo: Saraiva, 2012.

RANGEL, Paulo. *Direito processual penal*. São Paulo: Atlas, 2013.

RODRIGUES, Roger de Melo. *A tutela da vítima no processo penal brasileiro*. Curitiba: Juruá, 2014.

ROXIN, Claus. *Derecho procesal penal*. Buenos Aires: Editores del Puerto, 2000.

——. *Pasado, presente y futuro del derecho procesal penal*. Santa Fe: Rubinzal Culzoni, 2007.

SILVA, Davi André Costa; EBERHARDT, Marcos; GIULIANI, Ricardo Henrique A. *Manual de prática penal*: teoria e prática. Porto Alegre: Verbo Jurídico, 2015.

STRECK, Lenio Luiz. O sentido comum teórico dos juristas e o "princípio" da "verdade real": o ponto de encontro do solipsismo com o arbítrio. *Revista de Estudos Criminais*. Vol. 44. 2012. Síntese.

——. *As interceptações telefônicas e os direitos fundamentais*: constituição, cidadania, violência: a Lei 9.296/96 e seus reflexos penais e processuais. Porto Alegre: Livraria do Advogado: 2001.

TARUFFO, Michele. *La prueba de los hechos*. Madrid: Trotta. 2002.

THUMS, Gilberto. *Sistemas processuais penais*. Rio de Janeiro: Lumen Juris, 2006.

TORNAGHI, Hélio. *Compêndio de processo penal*. Tomo III. Rio de Janeiro: José Konfino – editor, 1967.

TOURINHO FILHO, Fernando da Costa. *Manual de Processo Penal*. São Paulo: Saraiva, 2009.

——. *Processo penal*, 3º Vol. São Paulo: Saraiva, 2004.

VALENTE, Manuel Monteiro Guedes. *Conhecimentos fortuitos*: a busca de um equilíbrio apuleiano. Coimbra: Almedina, 2006.

——. *Processo penal*. Tomo 1. Coimbra: Almedina, 2010.

VASCONCELLOS, Vinicius Gomes de. *Barganha e Justiça Criminal Negocial*: análise das tendências de expansão dos espaços de consenso no processo penal brasileiro. São Paulo: IBCCRIM, 2015.

——. *Colaboração Premiada no Processo Penal*. São Paulo: RT. 2017.

WINTER, Lorena Bachmaier. Acusatorio versus Inquisitivo. Reflexiones acerca del proceso penal. *In*: Lorena Bachmaier Winter (coord.). *Proceso penal y sistemas acusatorios*. Madrid: Marcial Pons, 2008.

WUNDERLICH, Alexandre. Colaboração premiada: o direito à impugnação de cláusulas e decisões judiciais atinentes aos acordos. *In*: MOURA, Maria Thereza de Assis; BOTTINI, Pierpaolo Cruz. (coords.). *Colaboração Premiada*. São Paulo: RT, 2017.

——; ESTELLITA, Heloisa. Sigilo, deveres de informação e advocacia na Lei de Lavagem de Dinheiro. *In*: Janaina Paschoal; Renato de Mello Jorge Silveira. (orgs.). *Livro Homenagem a Miguel Reale Júnior*. Rio de Janeiro: GZ, 2014

YOKAICHITA, Cristina Emy. A utilização de novas tecnologias no processo penal espanhol: reflexões sobre tipicidade e atipicidade em matéria probatória. In: Antonio Scarance Fernandes, José Raul Gavião de Almeida, Maurício Zanoide de Moraes (org.). *Provas no processo penal* – estudo comparado. São Paulo: Saraiva, 2011.

Impressão:
Evangraf
Rua Waldomiro Schapke, 77 - POA/RS
Fone: (51) 3336.2466 - (51) 3336.0422
E-mail: evangraf.adm@terra.com.br